Voici, Mon cher et excellent collègue,
mne opinion que j'ai rédigée à la
hâte sur la note que j'avais prise
pour parler dans la loi des ventes.
je n'ai pu faire usage de mes notes
parceque j'étais trop malade pour
aller à la chambre et surtout pour
rester plus de dix minutes à la
tribune.

La discussion va se renouer à la
Chambre des pairs. Si vous jugez utile
et convenable, de reproduire dans
le constitutionnel mon opinion en
tout ou en partie, je vous prie
de le faire et d'agréer l'expression
de mes sentiments les plus dévoués

M. C. Roy

Paris 9 mai 1826

Lettre adressée à Mr. Etienne.

nard et Delarue, Litho: Rue N. D. des Victoires N.° 16.

SOUS PRESSE.

MÉMOIRES

DE JULIEN GABRIEL OUVRARD,

SUR

QUELQUES CIRCONSTANCES DE SA VIE,

ET SUR SES DIVERSES OPÉRATIONS FINANCIÈRES.

PARIS, IMPRIMERIE DE GAULTIER-LAGUIONIE.

DISCOURS

DU

GÉNÉRAL FOY.

TOME I.

DISCOURS

DU

GÉNÉRAL FOY,

PRÉCÉDÉS

D'UNE NOTICE BIOGRAPHIQUE

PAR M. P. F. TISSOT;

D'UN ÉLOGE PAR M. ÉTIENNE,

ET D'UN ESSAI SUR L'ÉLOQUENCE POLITIQUE EN FRANCE, PAR M. JAY.

Avec Portrait et Fac-Simile.

TOME PREMIER.

PARIS,

P. A. MOUTARDIER, LIBRAIRE-ÉDITEUR,

RUE GÎT-LE-COEUR, N° 4.

1826.

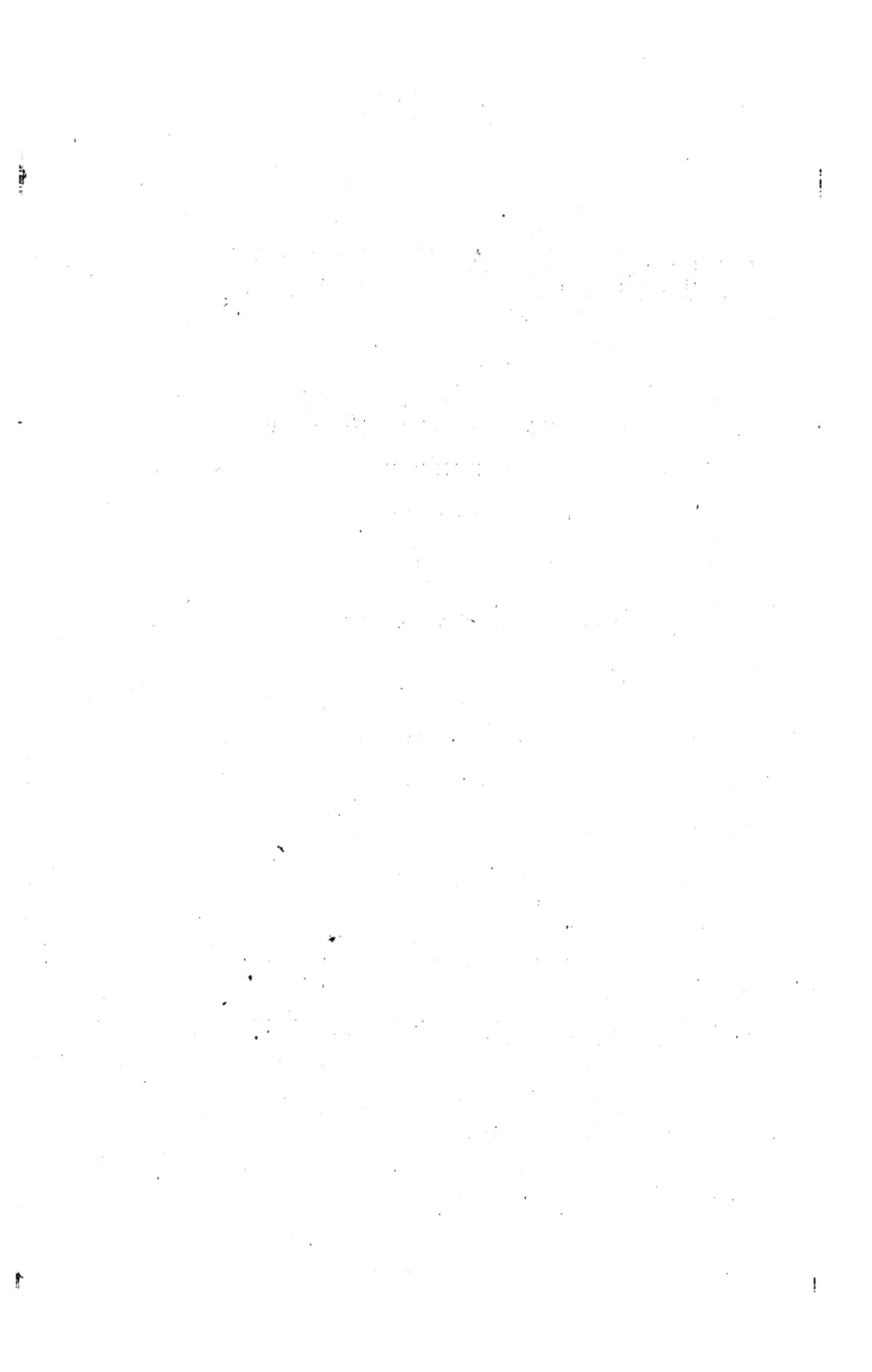

NOTICE

SUR LA VIE

DU GÉNÉRAL FOY.

Foy (Maximilien-Sébastien) naquit à Ham, département de la Somme. Son père, homme distingué par ses connaissances, avait combattu à
Fontenoy. Retiré du service; devenu maire et directeur de la poste, c'est lui qui haranguait le
maréchal de Saxe toutes les fois que ce grand capitaine passait par la ville de Ham pour se rendre
à l'armée. Le jeune Maximilien n'avait que quatre
ans et neuf mois lorsque son père lui fut enlevé;
mais celui-ci avait déjà pressenti l'avenir du dernier de ses fils; il lui annonça même en mourant
de brillants succès, soit au barreau, soit dans
toute autre carrière libérale. Ce pronostic ne pouvait être trompeur; en effet, outre les heureuses
dispositions que Maximilien avait reçues de la nature, on vit éclater en lui, dès l'âge le plus tendre,
un goût très-vif pour l'étude, une intelligence pré-
coce, et le besoin de se rendre un compte exact
de tout ce qui frappait ses yeux ou ses oreilles :

F. I.

a

jamais il ne laissait passer un mot sans l'avoir compris par ses propres efforts ou par les explications qu'il demandait aux autres.

La mère de Maximilien, Élisabeth Wisbeck, resta veuve avec cinq enfants qui trouvèrent en elle une femme forte, et d'un caractère également propre à lui concilier l'amour et le respect. Pénétrée d'une vive affection pour sa famille, Maximilien, le plus jeune de ses enfants, lui inspira en outre cet intérêt pressant et particulier que sollicite un âge qui a besoin de tous les secours. Grace à l'heureux mélange de la tendresse et de la fermeté qui étaient en elle, Maximilien adorait et craignait sa mère. Ces deux sentiments, dont l'un rendit son enfance si heureuse, dont l'autre servit de frein naturel à la vivacité de ses penchants, ont conservé leur empire sur lui pendant tout le reste de sa vie. Parvenu aux premiers honneurs de l'armée, il gardait pour sa mère cette déférence respectueuse qui s'allie bien avec l'abandon d'une amitié sans bornes. Jamais il n'omit un seul des devoirs de la tendresse filiale; quelque part qu'il se trouvât, en Allemagne, au fond de l'Italie, à Constantinople, ses lettres parvenaient toujours à temps, soit pour l'époque de la nouvelle année, soit pour la fête de cette mère chérie, qui ne lui a été enlevée qu'en 1814, à l'âge de quatre-vingts ans.

Rien de plus aimable, de plus gai, de plus sémillant que le jeune Foy; ses yeux étincelaient d'esprit; et cependant aucun de ses condisciples ne l'égalait en application. Une mémoire prodigieuse secondait sa vive sagacité; il saisissait, pour ainsi dire, les choses au vol; son esprit s'en pénétrait et les conservait comme dans un dépôt fidèle où il était sûr de les retrouver au besoin. C'est ainsi qu'après une séparation de vingt-cinq ans, après tant de voyages, d'exploits, de travaux, d'événemens de toute espèce, il surprit son professeur de rhétorique, en lui récitant tout entière une ode que celui-ci avait composée et oubliée. Avec de tels avantages il ne pouvait faire que des progrès rapides dans toutes les choses qu'on lui enseignait.

Il posséda de très-bonne heure les éléments de la langue latine; à neuf ans sa plume avait déjà de l'élégance; à quatorze ans il avait fini ses études au collége de l'Oratoire à Soissons. Les élèves de cette maison le chérissaient, parce que sa supériorité reconnue de tous n'ôtait rien à sa bonté native; les maîtres à leur tour rivalisaient d'affection pour lui, à cause de ses triomphes classiques qui donnaient un nouveau prix à la grace de son caractère, à la gaîté de son humeur, à la facilité de son obéissance. Jamais il n'a oublié ni le bon Genovéfain, son premier instituteur, dont il faisait si gravement la partie de trictrac, malgré une pétulance excessive, ni ces prix du collége dont le souvenir avait tant de charmes pour le vainqueur de Denain. Couvert des lauriers de la guerre et de la tribune, il se plaisait à rappeler l'époque où des régents émerveillés de lui le proclamaient illustrissime du haut de la chaire professorale. Mais quoi-

a.

qu'il fût heureux chez les oratoriens, le regret de
la maison paternelle le poursuivait sans cesse; deux
fois il médita des projets de fuite pour revenir dans
le pays natal. Voir sa mère, lire et travailler près
d'elle était pour lui le bonheur suprême.

Son extrême jeunesse suggéra l'idée de l'envoyer
faire une seconde année de rhétorique à Paris;
mais, après huit jours d'essai au collége de Lisieux,
il se sentit plus fort que ses nouveaux condisciples,
et résolut de quitter une maison où il ne ferait
aucun progrès. Le jour de sa fuite, il s'arrêta long-
temps à considérer les membres de l'assemblée
constituante, qui se rendaient en corps au lieu
de leurs séances, et prit enfin le chemin de la barrière; mais il manquait d'argent pour sa route; un
courrier de la malle le reconnut et se chargea de
le conduire. Il n'était pas sans crainte au moment
d'aborder sa mère; il fit cependant agréer ses ex-
cuses fondées sur des motifs que l'opinion même
de ses maîtres rendait admissibles. Bientôt sa famille délibéra sur le parti à prendre pour lui. Il
avait annoncé des dispositions pour la profession
des armes; on résolut de l'envoyer à La Fère. Dix-
huit mois de travail dans l'école d'artillerie de cette
ville le mirent en état de se présenter aux examens
de Châlons-sur-Marne. Admis le troisième, dans un
concours de plus de deux cents élèves, vers la fin
de 1790, on le vit, après quelques mois de nouvelles études, partir comme second lieutenant dans
le troisième régiment d'artillerie, qui se rendait à
l'armée du Nord. La politique occupait alors tous

les esprits; l'école de Châlons se partageait en trois partis; les défenseurs de l'ancien régime, les neutres et les constitutionnels. Le nouveau lieutenant était à la tête de ces derniers, et suivait avec beaucoup d'ardeur le grand mouvement imprimé à tous les esprits, par une révolution destinée à changer la face du monde. Voilà les préludes du général Foy dans la carrière politique; telle fut l'origine du généreux enthousiasme qu'il a scellé de son sang et payé de sa vie.

Militaire novice encore pendant les campagnes de 1792 et 1793, en Flandre et dans la Belgique, mais porté à l'observation, accoutumé à exercer sans cesse son coup-d'œil et son jugement, il sentit à Jemmapes la grande faute commise par un général qui, moins tardif dans sa marche pour arriver sur le champ de bataille, aurait pu couper la retraite aux ennemis, et rendre plus complète et plus décisive la victoire héroïque de nos jeunes volontaires contre les vieilles bandes de l'Europe.

Après notre fatale retraite de Belgique, le jeune et futur rival de tant d'officiers illustres que la guerre allait nous révéler, entra comme premier lieutenant dans le deuxième régiment d'artillerie à cheval. Cette arme, nouvellement admise dans notre système militaire, joignait à sa force réelle un grand pouvoir sur le moral des ennemis; son apparition sur le champ de bataille contribua souvent à ses premiers triomphes. Le capitaine Foy acquit bientôt une brillante réputation à l'armée du Nord, successivement commandée par les gé-

néraux Dumouriez, Dampierre, Jourdan, Pichegru et Houchard. Sur ces cinq capitaines, le maréchal Jourdan reste seul avec sa gloire et sa
constance; les quatre autres ont eu une destinée
malheureuse. Le premier est mort à Londres dans
les ennuis de l'exil; le second en face de l'ennemi
victorieux, qu'il voulut arrêter par son audace et
son dévouement; le quatrième s'est vu réduit à s'é-
trangler dans une prison; le dernier a péri sur l'échafaud: le capitaine Foy faillit éprouver le même sort.

Dénoncé pour avoir éclaté l'année précédente
en plaintes contre la journée du 31 mai, si funeste
à la représentation nationale, il fut jeté dans les
prisons de Cambrai, et traduit au tribunal révolutionnaire de cette ville, en messidor de l'an III. Le
courage que le captif avait montré au milieu des
combats le suivit dans les fers. Depuis le jour de
son entrée dans la prison jusqu'au 11 thermidor,
il s'oublia entièrement pour composer la défense
de chacun de ses camarades d'infortune, que malheureusement son éloquence ne sauvait pas. Joseph Lebon ayant fait paraître devant lui le prisonnier, celui-ci, au lieu d'avoir recours à une
lâche dissimulation de la vérité, laissa éclater sa
généreuse imprudence par des paroles aussi fran-
ches que hardies; loin de redouter la mort présente, il semblait l'embrasser comme un honneur
et un bienfait. La même assurance le soutint devant ses juges qui, touchés peut-être de sa candeur
et de ses services, se contentèrent de le renvoyer
en prison jusques à plus ample informé. Malgré

cet arrêt dilatoire, le glaive restait suspendu sur la tête du capitaine Foy. La journée du neuf thermidor sauva ses jours, mais la liberté ne lui fut rendue que vers la fin du mois de vendémiaire suivant. Un décret, sollicité par ses deux frères unis avec lui par l'amitié la plus tendre, le rendit à l'armée. Paris renfermait alors des hommes qui, cachant leurs mauvais desseins sous un voile d'humanité, travaillaient à la ruine de la liberté qu'ils trahissaient ; Foy eut avec eux des relations inévitables pour le service ; mais il resta pur et fidèle à la plus noble des causes, au milieu d'un foyer d'intrigues et de corruption.

Les deux célèbres campagnes de Moreau (celles de l'an IV et de l'an V) virent le capitaine Foy, à la tête d'une compagnie d'artillerie volante, se venger de la persécution par d'importants services rendus à la république. C'est alors qu'il fit connaissance avec Desaix. Il n'avait pas vingt ans ; déjà général de division et célèbre dans l'armée, Desaix touchait à son sixième lustre, mais la conformité des esprits effaçait entre eux la distance de l'âge et du grade. Dès ce moment, dit-il, le monde s'ouvrit devant moi ; je compris la guerre et la politique dans les entretiens de cet homme supérieur par la vertu, le talent et les lumières. « La pureté des mœurs, la simplicité des goûts, le désintéressement, l'amour de l'étude, la passion de la gloire, resserraient à chaque instant les liens de l'intimité pour ces deux hommes à peu près pareils, quoique différents, comme les héros de Plutarque. » C'est au capitaine Foy que Desaix dit, en voyant apparaître Bonaparte sur l'horison : « Voilà l'homme que j'attendais. »

Pendant la campagne de 1796 (an V), le capitaine Foy fut attaché, avec sa batterie, à la droite de l'armée sous les ordres du général Ferino; il se trouvait au passage du Rhin à Waterwihr, en face des Autrichiens dont ses batteries foudroyèrent le flanc gauche; il se distingua de même aux combats d'Offeimbourg et de Schweighausen. Le 12 août de la même année, il montra la plus grande énergie dans la poursuite de l'arrière-garde d'un corps auxiliaire depuis Westerheim jusqu'au camp d'Ercheim, où elle fut refoulée sur son corps d'armée que l'on chassa jusqu'à Kamlac. Le 15 août, ce corps, ayant voulu reprendre l'offensive, surprend avant le jour la troisième demi-brigade d'infanterie légère qui formait l'avant-garde du général Ferino; cette brave troupe se replie en bon ordre sur le quatre-vingt-neuvième de ligne; les deux demi-brigades réunies soutiennent long-temps le choc de forces supérieures; mais enfin nos soldats, brûlant d'attaquer à leur tour, se précipitent avec rage sur elles et les mettent en déroute; elles fuient sans pouvoir s'arrêter, à la fois poursuivies par le quatrième de dragons et écrasées par les batteries du capitaine Foy. Le 24, au passage du Lech à Hauslette, ce brave officier se jette l'un des premiers dans la rivière et obtient sa part de gloire dans le succès du général Abattucci qui commandait l'avant-garde de l'aile droite : il assure le succès de la journée en s'élançant

avec ses canonniers sur les derrières de l'ennemi.
Le 3o du même mois, le capitaine Foy contribue
encore à rejeter les Autrichiens sur la rive droite
de l'Iser. La cinquième compagnie du deuxième
régiment d'artillerie volante, et son chef aussi habile qu'intrépide, ajoutèrent beaucoup à leur renom pendant la première invasion de la Souabe et
de la Bavière par notre Fabius, qui entreprenait
alors avec audace. Toutes les relations officielles
de cette époque citent avec honneur les services
de cette compagnie devenue en quelque sorte un
corps d'élite sous les auspices d'un jeune homme
dévoré par les deux plus nobles passions du
cœur humain, l'amour de la patrie et celui de la
gloire.

Abattucci était de la trempe de Desaix ; si celui-ci a été l'un des premiers lieutenants de nos
grands capitaines, il n'a manqué à son rival que
de vivre plus long-temps pour acquérir une gloire
immense. Instruit de tous les brillants faits d'armes
du capitaine Foy, Abattucci, qui défendait la tête
du pont d'Huningue, après la retraite de Moreau
et notre passage du Rhin sur ce point et à Kelh,
avait désiré cet officier pour commander l'artillerie de la demi-lune dans l'ouvrage à corne adossé
au fleuve ; Foy vint se proposer lui-même, mit ses
canonniers à pied, laissa leurs chevaux à Huningue,
et s'établit avec ses pièces au poste du péril et de
l'honneur.

Vers le milieu de novembre, les troupes du prince
Charles environnèrent la tête de pont ; le 27 du mois

elles ouvrirent la tranchée, et déployèrent un grand nombre de pièces d'artillerie contre des fortifications que l'on achevait sous leur feu continuel; dans cette attaque, notre pont de bateaux fut rompu et entraîné. Cependant le voisinage de la Suisse, et particulièrement celui de la ville de Bâle, donnait beaucoup de facilité à l'armée française pour être instruite exactement des mouvements de l'ennemi. Le 30 novembre (9 frimaire an V) le général Abattucci fut prévenu que dans la nuit les Autrichiens devaient tenter d'enlever par surprise la demi-lune, et que trois coups de canon seraient le signal de l'attaque : cependant, comme depuis plusieurs jours le même avis avait été répété sans que les effets eussent répondu aux paroles, on se gardait assez mal.

Le soir, étaient réunis dans la tente d'Abattucci quelques officiers qu'il affectionnait particulièrement, le capitaine Foy se trouvait du nombre; Abattucci leur lisait à haute voix le dixième livre de l'Énéide. A onze heures, un coup de canon résonne, Foy se lève en s'écriant : « C'est l'attaque. » Au second coup, que le général avait voulu attendre, tout le monde est debout, et Abattucci, qui tenait encore en main son Virgile, achève sa lecture par ce trait du poëte, qu'il semblait adresser à chacun de ses compagnons comme un avis et un dernier adieu :

Ultor eris mecum, aut, aperit si nulla viam vis,
Occumbes pariter [1].

[1] Dans l'application faite par le général, ce vers qui était un ar-

Ils sortent tous de la tente. Le troisième coup retentit dans les airs, et au même instant les cris effroyables de nos soldats, surpris et égorgés par la baïonnette, sèment l'alarme et la terreur. Tout entre dans une confusion épouvantable ; fantassins, artillerie, tout le monde tirait à l'aventure et sans direction. Le capitaine Foy court à la demi-lune, fait cesser le feu, rassure ses canonniers, rétablit l'ordre, prépare la défense pour le moment décisif, et se met à examiner l'attaque des ennemis avec sang-froid. A la clarté produite par l'explosion des batteries du flanc droit de l'ouvrage à corne, il voit se former entre le territoire suisse et notre ouvrage avancé une immense colonne de grenadiers hongrois, dont la direction imminente était sur le point qu'il occupait. Le capitaine laisse approcher la colonne, et fait tirer à la fois toutes les pièces qu'il avait dirigées sur elle. A cette décharge imprévue le désordre se met dans cette masse qui marchait avec tant d'assurance ; une grande partie des Hongrois se précipite confusément dans le fossé de l'ouvrage, le reste s'éparpille et se disperse sur le territoire suisse. Cependant les ennemis amoncelés dans le fossé n'étant plus atteints ni par les coups de fusil, ni par la mitraille, et entendant continuer l'attaque sur le flanc gauche, se rassurent ; quelques officiers les excitent à ten-

___

rêt prophétique pour lui et pour plusieurs de ses compagnons, voulait dire : « Vous vengerez avec moi les revers de la patrie, ou si le courage et la force ne nous ouvrent aucun moyen de triomphe, nous succomberons ensemble à la même heure. »

ter l'escalade. Mais le capitaine Foy, monté sur le parapet, avait vu cette masse d'ennemis combler le fossé, appliquer des échelles au revêtement; ne pouvant plus se servir de son artillerie, il prend un obus, l'allume, et le fait rouler tout enflammé sur eux; en même temps il ordonne à quelques vieux canonniers d'imiter son exemple. On peut juger des ravages de ces obus ainsi lancés pendant un quart - d'heure; leurs éclats font un carnage épouvantable. Cependant d'autres canonniers se saisissent de leurs refouloirs, de leurs leviers, s'avancent sur le parapet, et renversent tout ce qui se présente. Une partie de la colonne reste ensevelie dans le triomphe qu'elle attendait; l'autre s'échappe à droite et à gauche des fossés; l'escalade échoue, grace à la fermeté, à la présence d'esprit d'un jeune homme qui sait contenir, exciter et diriger de braves soldats.

Alors les Autrichiens qui attaquaient aussi notre flanc gauche tournent la demi-lune et y pénètrent par la gorge; cette circonstance force le capitaine Foy et ses canonniers de rentrer dans l'ouvrage à corne. Cependant il fallait reprendre la demi-lune; le général Abattuci et le capitaine Foy sortent, suivis de quelques artilleurs et d'une dixaine de grenadiers, passent le pont et marchent sur la demi-lune. La clarté du feu des canons révèle la présence des Français aux Autrichiens, qui tombent à genoux en demandant grace. Mais le général, s'apercevant que la demi-lune était remplie d'un grand nombre d'ennemis, et que la faiblesse de son escorte ne lui permettait pas de profiter de leur frayeur, résolut de regagner avec ses compagnons l'ouvrage à corne, et fit diriger le feu sur le terre-plein de la demi-lune; foudroyés de nouveau par l'artillerie, les Autrichiens évacuèrent la position en la laissant jonchée de leurs morts. Cette attaque leur coûta environ dix-huit cents hommes d'élite. A l'aube du jour le général Abattuci et le capitaine Foy allèrent visiter l'ouvrage avancé, pour juger les résultats de l'affaire; ils étaient montés tous deux sur le parapet; un grenadier hongrois que sa blessure retenait dans le fossé aperçut le général, et lui tira un coup de fusil. Abattuci se sentit frappé à mort, et tomba dans les bras du capitaine Foy qu'il fit dépositaire de ses dernières volontés. Abattucci était alors l'une des plus brillantes espérances de l'armée; cette vérité avouée de tous à été exprimée avec l'accent de la conviction par le général Foy, son compagnon d'armes et son ami. « Dans un temps fécond en beaux talents et en grands caractères, je n'ai pas connu un homme plus remarquable qu'Abattucci et qui promît davantage à la France. Un coup fatal l'a enlevé trop tôt à la célébrité qui l'attendait; il est mort pleuré des siens, et honoré par ceux qu'il avait combattus. » On trouve cet éloge dans une lettre, écrite le 19 février 1819, au Constitutionnel, sur la souscription ouverte par les habitants d'Huningue pour relever le monument érigé à la mémoire du général Abattuci, leur illustre défenseur. On lisait dans la même lettre : « Aujourd'hui les soldats étrangers se sont éloignés de nos frontières ; la France renaît à l'indépendance et à l'honneur, c'est le moment de recueillir une cendre héroïque, et de consacrer la mémoire d'un général qui fut un homme de génie, un soldat intrépide et un bon citoyen. »

Au passage du Rhin à Diersheim, le 1er floréal an V, le capitaine Foy, sans en avoir reçu l'ordre, ayant porté sa compagnie dans une île du Rhin à cent toises du rivage ennemi, attira sur lui le feu de la mousqueterie et de l'artillerie des Autrichiens qui perdirent beaucoup de monde. Cette diversion favorisa le passage et l'établissement de l'infanterie française sur l'autre rive du fleuve. Blessé grièvement le lendemain, au fort de l'action, par un boulet, il fut nommé chef d'escadron sur le champ de bataille ; mais on ne voulut pas le séparer des braves qu'il avait si souvent conduits à la victoire ; on lui conserva le commandement de la cinquième compagnie du deuxième régiment d'artillerie à cheval.

La paix de Campo-Formio arriva peu de temps après ; le capitaine Foy, dont la blessure était à peine guérie au bout de six mois, employa les loisirs de sa convalescence à étudier le droit public des nations sous le célèbre professeur Koch de Strasbourg. Sur la fin de cette année, il occupait, avec sa compagnie, des cantonnements près de Béfort et de Colmar ; il eut alors pour hôte M. Hartemann, fabricant célèbre, avec lequel il conserva toujours des liaisons

intimes. Il avait conçu de la vénération pour cet
honorable citoyen, et tenait à honneur de l'avoir
choisi pour parrain de l'un de ses enfants.

Au printemps de 1798 (an VII), le nouveau chef
d'escadron passa, ainsi que son régiment, sur les
côtes du nord de la France, à l'aile droite de l'armée d'Angleterre. Ce nom fastueux d'armée d'Angleterre avait pour but de détourner l'attention
des Anglais de l'expédition d'Égypte qui se préparait dans les ports de la Méditerranée. Le vainqueur d'Italie, sur la demande positive et pres-
sante du général Desaix, nomma le chef d'escadron
Foy son aide-de-camp. Quoique rempli d'admiration pour le génie militaire et l'immense supériorité du général Bonaparte, Foy n'accepta point
une distinction qui semblait être le chemin de la
plus haute fortune, et revint prendre le commandement de sa compagnie à Douai. On attribua dans
le temps ce refus à un genre de prévoyance et à
des principes qui ont motivé plus tard son vote
contre l'établissement de la monarchie impériale.
Nul doute que l'officier d'artillerie, saisissant l'occasion d'acquérir une gloire nouvelle, sous les
yeux du plus grand des capitaines du siècle, ne
fût parvenu au premier rang parmi les lieutenants
de Napoléon; mais sa destinée était de rester en
France, pour la défendre contre une invasion plus
redoutable que les précédentes, et dont le danger
n'a pu être apprécié dans toute sa grandeur que
par ceux qui avaient une connaissance approfondie de l'état de leur patrie à cette époque. L'avenir

réservait encore une autre espèce d'illustration au
jeune émule de nos officiers supérieurs. Il fallait
qu'après quinze ans d'une gloire immense et d'un
pouvoir sans bornes, un empire élevé par le génie
tombât sous les efforts des princes de l'Europe conjurés, ou plutôt sous les coups des peuples entraînés par les noms magiques d'indépendance et de
patrie, pour qu'un soldat de la liberté, toujours
fidèle à son drapeau depuis 1792 jusqu'à notre dernière bataille, devînt le premier orateur du dix-
neuvième siècle.

Mais avant que le chef d'escadron Foy fût appelé
à combattre encore les ennemis de la France, sous
les murs de Zurich, ses principes d'obéissance,
comme soldat et comme citoyen, lui imposèrent
une obligation pénible, lorsqu'un ordre du directoire le fit passer à l'armée d'Helvétie, qui était sous
les ordres du général Schawembourg. Foy se trouvait à la prise du canton d'Unterwald, dont les habitants avaient levé l'étendard contre nous. Ce fut
lui qui fit l'attaque de Stanzstadt, par eau; entreprise aussi hardie que difficile. Aucun devoir,
dit-il lui-même, ne m'a tant coûté à remplir que
celui de prendre part à une lutte si dispropor-
tionnée, entre une agression aussi injuste que formidable, et une défense dictée par les lois les plus
saintes du patriotisme et de la morale. Victorieux
à regret, il eut du moins le bonheur d'arriver assez
tôt à Stanz, capitale du canton, pour sauver la vie
à plusieurs centaines de paysans qui s'obstinaient
à la résistance, quoique notre infanterie les eût

tournés, passant par les hautes montagnes. Le chef
d'escadron Foy honorait les mâles vertus, aimait le
caractère simple des pâtres héroïques de l'antique
Helvétie ; aussi cherchait-il tous les moyens de ménager ce peuple. La bonté de son cœur, son respect pour la liberté conquise par le courage, et
conservée par les mœurs plus puissantes que les
lois, plaidaient sans cesse devant lui en faveur
des descendants de Guillaume-Tell ; heureux s'il
avait eu le pouvoir de détourner d'eux le fléau de
la guerre !

En l'an VIII (1799), une nouvelle coalition ayant
été formée entre la Russie et l'Autriche, le général
Masséna prit le commandement de l'armée de
Suisse, destinée à arréter le torrent qui menaçait
de se déborder sur nous. Le général Oudinot était
à la tête de l'avant-garde ; le chef d'escadron Foy
se trouvait sous ses ordres avec deux batteries
d'artillerie à cheval. Oudinot ouvrit la campagne
par un passage du Rhin à gué en face de l'ennemi
devant Werdenberg, dans le Rheinthal. Ce passage, en raison de la profondeur et de la rapidité
du fleuve, et des forces que présentait l'ennemi
sur la rive droite, peut être regardé comme une
des opérations les plus audacieuses de toute la
guerre de la révolution. Il s'ensuivit un combat
très-vif près de Feldirch, au succès duquel l'artillerie volante eut beaucoup de part.

L'armée de Suisse, devenue l'armée du Danube,
offrit souvent au chef d'escadron Foy l'occasion
de se signaler par le sang froid, le zèle et les ta-

lents d'un officier qui embrassait déjà dans sa pensée toutes les combinaisons, toutes les chances, toutes les ressources de la guerre. Il concourut de la manière la plus active à l'établissement du pont sur le Rhin, et au passage de nos troupes, qu'il fallait dérober à Korsakoff. Elles avaient enfin franchi tous les obstacles; en passant le pont à son tour, Masséna, quoique doué d'une fermeté inébranlable, mais qu'il ne possédait peut-être tout entière qu'en face du plus grand péril, et surtout dans les désastres, laissa percer, malgré lui, un air d'inquiétude sur son visage. «Qu'avez-vous, mon général, «lui dit le chef d'escadron Foy, avec sa franchise «et sa vivacité accoutumées? Tout réussit à merveille, l'ennemi n'a pas senti notre passage.» — «Je vois Suwarow qui me tourne.» — «Vous aurez «battu Korsakoff avant que Suwarow ne débouche «sur vous, répondit Foy.» A cette affaire, dont la glorieuse issue justifia sa prédiction, il donna son cheval au général Oudinot exposé à perdre la vie, et combattit pendant deux heures à pied avec son artillerie volante; elle fit des prodiges. Aussi celui qui l'avait dirigée avec tant d'ardeur et d'habileté fut-il nommé adjudant-général, chef de brigade sur le champ de bataille même, tant le vainqueur était pressé de reconnaître et de récompenser de si brillants services, rendus sous ses yeux. En attendant la confirmation de ce nouveau grade par le directoire, Foy acheva, comme chef d'escadron d'artillerie à cheval, la campagne contre les Russes et les Autrichiens.

Cependant Masséna poursuivait l'armée de Korsakoff; elle avait une tête de pont très-forte au-dessus de Diessenhoffen; on se contenta donc d'une démonstration sur cet ouvrage, et l'on remonta le Rhin pour le passer au-dessus de Schaffouse; l'adjudant-général Foy reçut l'ordre de tirer sur la ville. Il était seul, en plaine, avec ses artilleurs et cinquante hussards; tout-à-coup il vit déboucher du pont, pendant vingt minutes, une masse de cavalerie; il reconnut aussitôt la grandeur du péril, s'empressa de ranger ses pièces en carré dans un bouquet de sapins, et s'apprêta ainsi à recevoir la charge de deux mille chevaux. Elle fut aussi impétueuse que terrible; cependant ses canonniers, excités par les paroles et les exemples d'un chef qui était à la fois ardent et calme, ne cessèrent de tirer à mitraille sous le sabre des ennemis. Dépassé de deux cents toises, dans la mêlée, il eut le bonheur de conserver ses pièces, et de causer encore une perte énorme aux Russes. Alors survinrent deux régiments de cette belle infanterie de la république, dont il ne parlait jamais que comme de la première infanterie du monde. Le colonel de l'un de ces régiments[1], homme d'une rare intrépidité, voyant que la cavalerie russe ne pouvait l'entamer, malgré les efforts les plus acharnés, dispose tout-à-coup une colonne d'attaque, et marche audacieusement vers le pont à travers les ennemis. Ceux-ci, craignant que la retraite ne leur soit coupée, se précipitent sur un

[1] Le centième de ligne.

b.

petit pont de bois : alors les artilleurs, à la voix
de leur commandant, s'élancent sur l'ennemi, et
confirment sa défaite en secondant le courage des
autres troupes, que rien ne peut arrêter. Dans cette
campagne, Masséna conçut une grande idée des
talents, du courage et du coup-d'œil du nouvel
adjudant - général ; plus tard, il lui donnera des
preuves de sa haute estime.

L'adjudant-général Foy fit le commencement de
la campagne de 1800 à l'aile droite de l'armée du
Rhin, sous le commandement du général Lecourbe.
A la tête d'un corps de cavalerie légère, il effectua,
vers l'entrée de la Forêt Noire, la jonction de cette aile
avec l'armée principale aux ordres du général Moreau. Après avoir combattu aux batailles d'Engen,
de Moëskirch et de Biberach ; après avoir forcé avec
une brigade le passage de l'Ister à Altrach, et fixé
l'attention du général Moreau qui voyait grandir
chaque jour le jeune officier dont il se rappelait
les services en Souabe, en Bavière, et surtout à
Huningue, l'adjudant-général Foy quitta par ordre
du gouvernement l'armée du Rhin alors arrêtée
devant Ulm. Il dut se rendre en Italie avec un corps
de 15,000 hommes confié au général Moncey. Ce
général passa le Saint-Gothard, en même temps que
le premier consul franchissait le Saint-Bernard pour
aller surprendre ses ennemis qui ne soupçonnaient
pas le chemin que se frayait le nouvel Annibal.
Chargé de conduire un corps de flanqueurs dans les
AlpesRhétiques, l'adjudant-général Foy repoussa les
troupes autrichiennes qui occupaient la haute vallée

des Grisons et le comté de Chiavenne, et prit ensuite possession de la Valteline. S'il éprouva le vif regret de ne pas se trouver à la bataille de Marengo, il n'eut pas du moins la douleur de voir tomber à ses côtés le magnanime Desaix, qui aurait assurément demandé à posséder près de lui son jeune compagnon de gloire de l'armée du Rhin ; celui-ci sentit profondément une si grande perte, et donna de longs regrets à son premier maître de guerre et de politique ; il n'a cessé d'en parler avec une juste admiration comme d'un grand capitaine mort avant d'avoir acquis toute sa renommée.

Vers la fin de 1800, l'Autriche commit la faute de renouveler la guerre en Italie malgré ses défaites, et surtout malgré les inconcevables résultats qu'avait eus pour nous la bataille de Marengo, où les conditions dictées par le vainqueur furent plus étonnantes que le triomphe lui-même. Le général Moncey, lieutenant-général en chef pour l'aile gauche de l'armée commandée par le général Brune, vainqueur des Anglais et des Russes en Hollande, confia la conduite de son avant-garde, composée de troupes d'élite, à l'adjudant-général Foy. Celui-ci prépara, avec un autre officier, le passage de la division Delmas en présence de 3,000 Autrichiens placés dans un canal d'irrigation de l'autre côté du fleuve, et se jeta le premier dans un bateau en criant aux soldats : Suivez-moi. Blessé dans le combat, il revint prendre part au péril et à la gloire de l'armée. Plusieurs avantages considérables remportés sur l'ennemi le firent remarquer dans cette

campagne; en 1801 il commanda la place de Milan, et se livra dans cette belle capitale à toute l'ardeur de son goût pour l'étude. Alors un voyage
dans la Péninsule, et la vue de Naples et de Rome
offrirent de nouveaux aliments à son ardente curiosité. La beauté des lieux, les grands souvenirs,
les monuments des arts, le frappèrent d'admiration; l'Italie resta toujours dans ses souvenirs,
comme un pays magique, et qui donnait de grandes pensées. La paix d'Amiens le vit rentrer en
France comme colonel du cinquième régiment
d'artillerie à cheval.

En 1803, au moment où les hostilités allaient
recommencer entre nous et l'Angleterre, le colonel Foy fut chargé de commander, sous les ordres
de l'amiral Bruix, six batteries flottantes, destinées
à la défense des côtes de la 16ᵉ division militaire.
Il était à Paris au commencement de 1804, et voyait
souvent le général Moreau qui lui témoignait estime et amitié. Cette circonstance et les sentiments
de liberté qu'il continuait d'exprimer avec quelque
énergie attirèrent l'attention des agents subalternes
d'une police ombrageuse; au moment du fameux
procès, un mandat d'arrêt fut lancé contre lui; mais,
avisé par un ami fidèle, il était parti la veille pour
la Hollande; le premier consul ordonna que le
mandat restât sans exécution. Il était chef d'état-
major d'artillerie au camp d'Utrecht, lorsque l'affaire de Georges, de Pichegru et de leurs complices,
parmi lesquels figurait malheureusement le général Moreau, eut éclaté; le commandant en chef

du camp, que Foy avait connu à l'école de Châlons,
fit signer à son corps une adresse au premier consul sur cet événement ; il voulut avoir aussi l'adhé-
sion de son ancien camarade ; celui-ci répondit
avec autant de sagesse que de fermeté : « Je félici-
terai, autant de fois qu'on le voudra, le premier
consul d'avoir échappé à une conspiration contre
sa vie ; mais je ne signerai jamais, jamais je ne ferai signer à mes officiers une adresse qui désigne
tels ou tels individus comme auteurs ou chefs de
cette conspiration, parce que je suis militaire, et
que je ne suis pas juge. » Quand on se rappelle
la gravité des circonstances, quand on voit encore l'ardente émulation de tous les corps de l'état
pour enflammer la colère de Bonaparte, et lui demander une vengeance terrible contre ses ennemis,
quand on sait par trente années d'expérience combien le courage politique est rare, on sent tout le
prix d'une pareille réponse.

Vers la même époque, le gouvernement de la
France passa subitement du consulat à vie à la
monarchie absolue. Bientôt on ouvrit dans toute
la France des registres destinés à recueillir les suffrages pour l'érection de l'empire décrétée par le
corps législatif et le sénat conservateur, d'après la
proposition du tribunat, infidèle gardien des libertés publiques. Le colonel Foy n'était pas de ceux
qui pensent qu'en prenant les armes pour la défense du pays, on abdique ses droits de citoyen
et l'indépendance de ses opinions ; fidèle à ses
principes comme Carnot, il refusa de voter pour la

nouvelle dignité que Bonaparte affectait, en substituant le nom de Napoléon à celui que l'Italie et
l'Égypte avaient immortalisé sous les drapeaux de
la république. Foy voulait Bonaparte premier magistrat, et non pas monarque de la France. Vers
le même temps, au milieu d'un repas, on l'invitait
à se joindre aux convives pour un toast à l'empereur qui n'était pas encore définitivement revêtu
de ce titre; il se contenta de boire au premier
consul. Cependant, ses intentions n'avaient rien
d'hostile pour le chef de l'état; mais il voyait avec
douleur un grand homme manquer à son propre
génie, aux vœux du siècle, en refusant à la nation
les institutions libérales et conservatrices qu'il était
en son pouvoir de lui donner. D'ailleurs tout porte
à croire que le colonel Foy avait assez de maturité
de jugement, assez d'avenir dans la pensée, pour
apercevoir les fatales conséquences d'une mesure
qui ravissait la liberté au peuple français, et déli-
vrait de tout frein un autre Alexandre dont les in-
discrétions volontaires ou calculées avaient annoncé, dès les premières campagnes d'Italie, un
homme capable d'embrasser aussi le monde entier
dans ses vastes desseins.

Napoléon connut ces actes de franchise et de
courage, et s'il n'employa pas moins le colonel
Foy, il le laissa neuf années dans le même grade,
sans même lui conserver celui d'adjudant-général,
si bien mérité après six campagnes terminées par
sa brillante conduite à Zurich. Il est à croire que
les principes libéraux de cet officier ont été la

cause des lenteurs de son avancement. Mais rien ne put refroidir son zèle; il servait son pays et ne demandait pas de récompense pour l'accomplissement d'un devoir. Le colonel Foy soutint et accrut sa réputation pendant la campagne d'Autriche, qu'il fit avec l'artillerie du deuxième corps de la grande armée, sous les ordres du général Marmont. La justesse de son coup-d'œil, la précision de ses manœuvres, sa vigilance sans égale, son intelligence de la grande guerre, le firent remarquer de tous les chefs, et de Napoléon lui-même. En 1806, le colonel Foy commandait l'artillerie du corps stationné dans le Frioul; ce fut alors que le général Baraguay-d'Hilliers, revêtu des premiers grades militaires, lui donna sa belle-fille en mariage. La jeune épouse, âgée de seize ans, avait de la beauté, un esprit orné de diverses connaissances; elle était douée d'un noble caractère, et apportait encore pour dot à l'époux de son choix une conformité de goûts et de penchants qui fait surtout le bonheur de l'union conjugale. Le colonel Foy reçut ainsi le prix le plus doux des talents et des services qui environnaient déjà son nom d'une brillante auréole.

Au commencement de 1807, un ordre du ministre de la guerre envoya le colonel Foy à Constantinople, pour y commander un corps de douze cents canonniers que l'empereur Napoléon envoyait au sultan Selim contre les Anglais et les Russes. La révolution survenue dans l'empire ottoman fit retourner les canonniers sur leurs pas, mais leur chef continua sa route et se rendit à sa destination. Il

eut une grande part à la défense des Dardanelles;
en effet, pendant que la Porte amusait l'amiral
anglais par la lenteur de ses réponses évasives, le
colonel fit mettre en position un grand nombre
de batteries qui forcèrent l'ennemi à se retirer pour
ne pas voir sa flotte foudroyée dans une attaque
téméraire, dont le succès était devenu impossible.
Ce voyage, utile à la Porte-Ottomane, et vraiment
glorieux pour le colonel qui continua de s'enve-
lopper dans sa modestie, ne fut pas perdu pour
l'instruction dont il était si avide. L'ancienne ville
de Constantin, émue par ces grandes circonstances
qui font éclater le caractère d'une nation, lui offrit
les moyens d'étudier et de comprendre un pays,
un gouvernement, un peuple, des mœurs qui lui
étaient également inconnus. Le séjour de la Turquie avait laissé une impression profonde dans cet
esprit observateur et dont la capacité augmentait
à mesure que l'horison s'agrandissait devant lui.

Le colonel Foy passa des Dardanelles en Portugal; il se trouvait à la bataille de Vimiero, où il
ne cessa point de combattre, malgré une nouvelle blessure. Nommé enfin général de brigade
le 3 septembre 1808, il commanda une brigade
d'infanterie dans le deuxième corps placé successivement sous les ordres du duc de Dalmatie et
du général Reynier. La bataille de la Corogne témoigne encore de la brillante attaque du village
de Palavea, enlevé par la brigade du général Foy
sur les Anglais, qu'il poursuivit le lendemain jusque sous les ponts-levis de la place. Le même corps,

le même chef triomphèrent aussi dans les combats de Villaza, de Ruyvaens, à la prise des redoutes de Carvallo d'Esto, devant Braga, et au passage de l'Arve, exécuté de vive force.

Blessé de nouveau dans la seconde campagne de Portugal, il fut envoyé, à cause de ses connaissances locales et de son habileté à manier les esprits, par le maréchal Soult, pour sommer Oporto; on voulait épargner à cette ville les horreurs d'un assaut de vive force et ses conséquences. Pendant les conférences ouvertes avec les chefs portugais, le général Foy fut saisi par des paysans, dépouillé, traîné au milieu du camp d'une population qu'exaltaient les maux dont elle était menacée; il ne put échapper à la mort que parce qu'on le jeta presque nu dans un cachot. Le lendemain les Français entrèrent dans la ville; le général fut délivré assez tôt pour prendre part au combat et poursuivre les ennemis. Le 12 mai suivant il courut le premier au-devant des Anglais, qui avaient surpris le passage du Duero, au-dessus d'Oporto, et donna ainsi à la partie de l'armée qui se trouvait encore dans cette ville le temps d'en sortir.

En février 1810, le général Foy aborde et culbute, avec cinq cents fantassins et cent dragons, trois mille Espagnols à Arrago-del-Gorco en Estramadure. Deux jours après, ayant été détaché à douze lieues de l'armée avec douze cents fantassins et trois cents chevaux, pour rassembler des vivres et des moyens de transport, il se voit attaqué à l'improviste, auprès de Caceres, par le corps du général O'Donnel, composé de six ou sept mille hommes d'infanterie et d'environ deux mille cavaliers. Le faible détachement français est enveloppé en un instant et sommé de mettre bas les armes. Le général Foy répond à cette sommation par un feu de file bien nourri, et poursuit sa route sur Mérida toujours entouré par les ennemis. Parvenu au défilé du Porto del Tranquillo, il le trouve occupé par huit cents chevaux; loin d'être intimidé par ce mouvement inattendu, il continue de diriger son corps à travers un terrain difficile, sous le feu des Espagnols; et, malgré tous leurs efforts, malgré les charges réitérées de leur cavalerie, sa colonne parcourt sans se rompre, et en ne laissant que des morts à l'ennemi, qu'il rebute enfin par sa constance, un chemin de six lieues d'Espagne en cinq heures. Cette retraite, ou plutôt ce long combat, semblable à une marche libre et rapide, passe pour l'un des beaux faits d'armes de la guerre de la Péninsule.

Le général Foy rend de nouveaux services dans la campagne de 1810, en Portugal, avec le deuxième corps qui faisait partie de la grande armée commandée par le prince d'Essling. A la tête d'une brigade de la division Heudelet, il s'élance sur la droite des Anglais à Busaco, et gravit avec une étonnante impétuosité la montagne que les ennemis occupaient; mais, accablé par le nombre, et blessé pour la dixième fois peut-être, il est culbuté avec les siens. Peu de temps après cette bataille, le maréchal, ayant reconnu les obstacles que les lignes d'Alenquer opposaient à sa marche sur Lisbonne, et désespérant de forcer les Anglais à se rembarquer, veut faire connaître les difficultés de la position, et jette les yeux sur le général Foy pour l'expliquer à l'empereur. Le général, qui n'était pas encore guéri de sa blessure, part de Corrégado avec des chasseurs de la légion hanovrienne; lui seul dans l'armée connaissait assez bien le Portugal pour traverser avec une faible escorte un pays dont toute la population était en armes. A Pan-Corvo, suivi de quelques soldats seulement, il est attaqué par un détachement considérable; il rallie les siens autour de lui dans un champ pour faire face à l'ennemi, en attendant que le bruit du feu ait attiré les gendarmes qu'il avait laissés dans un village voisin. Ceux-ci arrivent enfin; leur présence dissipe les Espagnols, dont les plus avides avaient brisé et pillé la chaise de poste du général, tandis que les autres s'étaient précipités sur lui. Assailli avec une faible escorte par près de trois cents hommes, renversé sous son cheval, qui l'avait entraîné dans sa chute, en tombant mort d'un coup de feu, il touchait au moment de devenir le prisonnier des Espagnols, lorsque les gendarmes le délivrèrent d'une position si critique. Arrivé presque nu à la frontière, il poursuivit sa route jusqu'à Paris; là, il se hâta d'acheter un habit de son grade, et se présenta aux Tuileries.

Jusqu'alors Napoléon ne connaissait pas bien le général Foy; il fut si frappé de la manière dont le général lui rendit compte des opérations, des ressources et de la position de l'armée de Portugal,

qu'il le prit dans une haute estime, et le renvoya
bientôt à l'armée, après l'avoir élevé au grade de
général de division.

Le lendemain de cette première entrevue,
un officier de l'état-major du prince Neufchâtel
arrive de mission, et raconte à l'empereur que le
général Foy et son escorte ont éprouvé à Pan-
Corvo un désastre. L'empereur surpris fait revenir le général et lui demande pourquoi il a passé
sous silence ses périls et son malheur à Pan-
Corvo : « Il ne s'agissait plus que de moi, ré-
« pond le général avec simplicité, j'ai jugé le fait
« sans importance pour votre majesté. » L'empereur donna des éloges à ce désintéressement; et
bientôt une gratification de 20,000 francs, ap-
portée au général pour réparer ses pertes, lui
offrit un nouveau témoignage d'estime et de sa-
tisfaction. Cette même mission procura au général Foy l'occasion d'entendre dans huit ou dix
conversations, dont la moindre fut de deux heures,
le plus haut langage qui ait jamais frappé ses oreilles,
Il fut si non persuadé, du moins frappé d'admiration, quand il entendit l'empereur développer ses
vastes projets pour un nouvel arrangement de
l'Europe, projets qui ne pouvaient être accomplis
que par l'action continuelle et exagérée du pouvoir régulateur. S'il arrivait au général de faire
remarquer les obstacles, toujours croissants, qui
devaient naître de tant d'opinions heurtées, de
tant d'intérêts froissés ou compromis; s'il lui arrivait de laisser entrevoir combien le résultat lui pa-

raissait difficile à obtenir, combien, après tout, il serait loin d'être définitif: Que voulez-vous, disait Napoléon; dans ma position, s'arrêter c'est rétrograder, et je ne peux rétrograder jamais.

Pendant les campagnes de 1811 et de 1812, le général Foy commanda presque toujours, soit en Espagne, soit en Portugal, des corps détachés, qui se composaient de plusieurs divisions; son inconcevable activité, la connaissance qu'il avait acquise du théâtre de la guerre, son habileté à tromper l'ennemi par des marches rapides et savantes, l'audace, la prudence et la fermeté dont il avait donné tant de preuves, faisaient toujours tomber le choix sur lui pour les commissions difficiles, et surtout lorsqu'il s'agissait de masquer les opérations de l'armée, ou de protéger ses mouvements. On disait de la première division qu'il commandait: « Voilà les voltigeurs de l'armée. » Effectivement elle semblait se multiplier pour courir au-devant de l'ennemi, et déranger ses desseins; nous n'étions jamais surpris dans les lieux où se trouvait cette division avec son chef, l'un des plus vigilants de nos officiers-généraux, et des moins capables de se laisser intimider par des apparences menaçantes ou par les grandeurs du péril.

A la bataille de Salamanque, le maréchal duc de Raguse, les généraux Bonnet et Clauzel, les plus anciens généraux de division de l'armée, furent blessés; le général Foy, à la tête de l'arrière-garde, couvrit la retraite de l'armée pendant les engagements qu'elle eut avec l'ennemi, jusqu'à

son arrivée sur le Duero. Dans le cours de cette retraite, il marchait avec les derniers régiments chargés de soutenir les efforts de la cavalerie anglaise;
il commandait au milieu du carré du deuxième
bataillon du soixante-neuvième de ligne, qui reçut
à la baïonnette la charge des dragons rouges, et
tua le chef de toute la cavalerie ennemie, le général Cotton. Pendant le reste de la campagne,
il eut à ses ordres la droite de l'armée. Dans le
seul mois d'octobre, on le vit successivement
obtenir les plus brillants avantages sur les Espagnols, en leur enlevant plusieurs bataillons
dans la petite ville de Posa, emporter de vive
force celle de Palencia, faire deux mille prisonniers aux Anglais, passer le Duero à Tordesillas,
et nous aider puissamment à les faire rentrer en
Portugal. Nouvelle activité, nouveaux succès du
général Foy dans l'année 1813, en Galice et en
Biscaye à la tête de la première et de la quatrième
division de l'armée. C'est alors qu'il prend d'assaut la place de Castro-Urdiales, défendue par une
nombreuse garnison espagnole, et par une esca-
drille anglaise; c'est alors qu'il balaye devant lui
ou détruit successivement les bandes armées qui
infestaient le pays.

Le 19 juin, moins de vingt-quatre heures
après la perte de la bataille de Vittoria, le général
Foy réunit à Bergara près de 20,000 hommes
restés sans direction, marche rapidement avec eux
au devant des Espagnols sur la route de Bayonne,
les arrête près de Mondragon, où ils éprouvent

des pertes considérables. Toujours frappé dans les combats comme le maréchal Lannes, qui comptait ses exploits par ses blessures, le général Foy n'est point arrêté par celle qu'il vient de recevoir, et ne pense qu'au salut de l'armée. Le général Graham arrive au secours des corps espagnols, avec une division portugaise et trois divisions anglaises ; il espère nous couper la retraite. Le général Foy se barricade avec la plus grande promptitude, contient ses nouveaux ennemis, arrête long-temps leur marche et leurs efforts, et défend avec intrépidité, contre eux, la position de Tolosa, qu'ils ne purent emporter qu'après dix heures d'un combat acharné qui leur coûta beaucoup de sang. Le soir même, il occupe la position du défilé d'Ardoain, qu'il n'aurait pas quittée, malgré la supériorité des forces de l'ennemi, s'il n'eût reçu du roi Joseph l'ordre de rejoindre le gros de l'armée, en-deçà des Pyrénées : il obéit, mais il a soin de renforcer la garnison de Saint-Sébastien, et rend, par cette prévoyance, un service dont le maréchal Soult sentit toute l'importance dans la suite. Il se retire alors, mais toujours en faisant bonne contenance, à la tête de son corps d'armée, dont la résistance et la fermeté donnent le temps de rassurer les habitants de nos frontières et d'y préparer les moyens de défense. Enfin il repasse la Bidassoa sans avoir laissé un homme vivant, un canon, ni un fusil au pouvoir de l'ennemi. A peine a-t-il touché notre territoire, qu'il s'empresse d'établir sur la rive droite de cette rivière une défense habile, qui retarde l'invasion de son pays. Il avait su tout prévoir ; et le général anglais, quoiqu'il eût déjà l'avantage immense du nombre, crut devoir attendre des renforts, pour courir les chances d'une attaque nouvelle.

Le 25 juillet 1813, l'armée, réorganisée par le maréchal Soult, reprend l'offensive pour débloquer Pampelune et Saint-Sébastien ; mais une effroyable tourmente, des retards dans l'exécution des ordres les plus précis, l'éveil donné à l'ennemi par ces retards, ont appelé toutes les forces de Wellington, composées de 120,000 hommes, sur une armée de soixante mille combattants, qui avaient débuté par des succès. Le maréchal perd ainsi le fruit d'un projet hardi et savamment combiné, qui pouvait rejeter les Anglais sur l'Èbre. Le 10 novembre, les alliés attaquent et forcent à la retraite presque toutes les divisions de l'armée française ; le général Foy, chargé de faire une diversion importante, s'empare de la position de Gorospila, sur les derrières de Wellington, aborde le corps de Morillo avec une rare intrépidité, le culbute, le poursuit l'épée dans les reins, et jette la terreur sur la droite de la ligne ennemie. Malheureusement la perte des camps de Sarre et de Suraid a rendu ses succès inutiles ; obligé enfin à reculer, il se replie dans le plus grand ordre sur Cambo, avec quelques trophées, des prisonniers, des bagages, des troupeaux et tout l'honneur de cette fatale journée. Le lendemain, aussi ferme dans la défense qu'il avait été hardi en prenant l'offensive, il repousse avec vigueur les Anglais, qui avaient réuni des forces et une nombreuse artillerie pour enlever la tête de pont de Cambo.

Le 2 décembre, dans une attaque précédée par une savante manœuvre du maréchal Soult, le général Foy et le général Abbé forcent tous les postes anglais à la baïonnette; la retraite des ennemis a déjà commencé, mais des renforts considérables ont tout-à-coup passé la rive droite. Malgré ces renforts, le général Foy, rivalisant d'audace, d'intrépidité avec le général Abbé, conservera la position importante qu'il vient d'occuper, s'il est secouru : il ne l'est pas; sa troupe va périr foudroyée par le feu des Anglais; il doit céder du terrain; mais il ne le fait qu'après les plus étonnants efforts pour enfoncer les colonnes ennemies. Le 13 du même mois, à la bataille de Saint-Pierre-d'Irulu, le général Foy, entraînant avec lui le sixième régiment d'infanterie légère, qui était tête de colonne, gravit la montagne de Partonhiria pour traverser la droite de Wellington, par Saint-Jean-le-Vieux-Mouguerre. La montagne est enlevée, et notre division se trouve presque en potence sur le flanc droit des alliés, qui voient la bataille perdue, et ne sortent de cette dangereuse situation que par l'arrivée de renforts immenses. En février 1814, le général Foy se montra toujours le même, toujours actif, vigilant, rempli d'intrépidité; mais une blessure, que l'on crut mortelle, l'arracha du champ de bataille d'Orthez; et ce malheur, ralentissant l'audace et l'ardeur de la

e.

division jusqu'alors enflammée par ses exemples, et entraînée par un ascendant particulier qu'il devait à un courage héroïque, et à des soins de père pour nos braves défenseurs, exerça une influence funeste sur la journée.

Le général Foy était encore alité par suite de sa blessure, lorsque le gouvernement de la France éprouva un si grand changement par l'abdication de Napoléon, et par le retour de l'ancienne dynastie sous les auspices d'une charte constitutionnelle. Dans le cours de l'année, il fut nommé inspecteur - général d'infanterie ; il exerçait cet emploi à Nantes à l'époque du 20 mars 1815. Bientôt après, le cri d'alarme se fit entendre dans nos villes et dans nos campagnes; la France fut attaquée, comme en 1792, par l'Europe coalisée; comme en 1792, le général Foy courut aux armes; il voulait avant tout l'indépendance de sa patrie. Il n'a guère prononcé de plus belles paroles que celles qui expriment les sentiments qui l'entraînèrent alors, ainsi que ses compagnons d'armes. « Il faut le dire à cette tribune, les dix-neuf vingtièmes de ceux qui tirèrent l'épée pendant les cent jours pour la défense de la patrie n'avaient contribué en rien à la réussite du 20 mars : ils marchèrent, comme leurs pères avaient marché vingt-trois ans auparavant, aux cris de l'Europe coalisée contre la France. Vouliez - vous que, pour la première fois, nous nous fussions arrêtés devant les ennemis, et que nous eussions demandé combien sont-ils? »

« Nous avons couru à Waterloo, comme les Grecs aux Thermopyles, tous sans crainte, et presque tous sans espoir. Ce fut l'accomplissement d'un magnanime sacrifice ; et voilà pourquoi ce souvenir, tout douloureux qu'il puisse être, nous est resté précieux à l'égal de nos plus glorieux suovenirs. »

Presque toujours le premier devant l'ennemi, le général Foy commença, le 16 juin, l'attaque dans la position des Quatre-Bras, en culbutant une division belge qui, ayant reçu deux divisions de renfort, renouvela le combat ; soutenu à son tour par une autre division, il parvint à tenir en échec des forces doubles des siennes, dans une lutte obstinée que le prince de la Moscowa fit terminer par une charge de cavalerie aussi brillante qu'heureuse. Deux drapeaux et deux obusiers furent les trophées du général Foy dans cette affaire. A la bataille de Waterloo, le général commandait une division qui soutint pendant toute la journée, dans les bois et sur le plateau, à côté de la ferme de Houguemont, un combat des plus vifs contre le régiment des Gardes qui formait l'élite des troupes anglaises. L'action devenait de plus en plus vive et sanglante ; l'ennemi, cédant du terrain, se posta derrière un mur crenelé que masquait une haie, dans un chemin creux. L'action recommençait avec plus d'acharnement ; le général Foy sent qu'il faut redoubler d'efforts ; mais pendant qu'il marchait au milieu du carré du centième à l'attaque de l'aile droite des Anglais, réunis dans une position formidable, une balle lui traverse l'épaule; c'était sa quinzième blessure depuis la guerre. Cette circonstance ne lui fit pas quitter le champ de bataille; négligeant toute espèce de soins, le bras soutenu par un lien, il continua de résister à l'ennemi pendant l'action.

En parcourant la carrière militaire du général Foy, on ne peut s'empêcher d'y reconnaître une suite presque continuelle de brillants succès. Simple lieutenant à l'armée du Nord, on remarque ses efforts; capitaine à l'armée du Rhin, on le distingue; Abattucci l'adopte, Desaix le recherche et l'éclaire; Moreau lui accorde une place dans sa mémoire comme à un officier d'une grande espérance. A Zurich, Masséna apprécie ses talents et récompense ses services sur le champ de bataille; en Portugal, il l'oppose aux plus grands périls et l'envoie ensuite plaider à Paris la cause de l'armée, arrêtée dans sa marche par des obstacles invincibles; au cœur de l'Espagne, les maréchaux s'accordent à lui confier les entreprises les plus difficiles, et jamais il n'hésite, jamais il ne trouve rien d'impossible, jamais il ne compromet les intérêts remis entre ses mains. Après les malheurs de la retraite de Vittoria, sur nos frontières, ou dans de nouvelles tentatives d'invasion, le duc de Dalmatie trouve dans cet officier un de ses plus habiles lieutenants; enfin presque partout la victoire a couronné les travaux du général Foy; et souvent il y a eu des triomphes pour lui au milieu des revers et des désastres de notre armée. Enfin Napoléon, après avoir jugé de loin et connu de près le général Foy, méditait de l'élever à la première dignité de l'armée. Il serait injuste et déraisonnable d'attribuer ce concours de belles actions et de suffrages illustres à des faveurs de la fortune : ce que l'on appelle du bonheur est ici l'œuvre du talent.

Le général Foy, disent ses compagnons d'armes, a réuni presque toutes les qualités de l'homme de guerre. Il portait toujours avec lui les meilleures cartes existantes qu'il savait corriger au besoin ; quand elles lui manquaient, il traçait avec un officier du génie la description exacte des lieux qu'il avait bien observés. A peine établi dans une province ou dans une ville, son premier soin était d'en interroger l'histoire dans les monuments écrits, ou par des entretiens avec les hommes éclairés du pays. La connaissance des langues anciennes, et de presque toutes les langues modernes de notre continent, lui donnait à cet égard de grandes facilités, tandis qu'une sagacité rare, une aptitude singulière à retenir et à s'approprier ce qu'il apprenait des autres, une facilité merveilleuse à exprimer ses idées nouvellement conquises, excitaient l'étonnement de ceux qui l'entendaient tout-à-coup parler si bien de l'objet de leurs longues méditations. Il avait parcouru et étudié presque toute l'Europe ; aussi, de son propre aveu, personne peut-être ne la connaissait mieux que lui.

En marche, dans les séjours, en position, il voyait tout par lui-même. Se trouvait-on près des ennemis ? c'est lui qui choisissait les postes, lui qui

les assignait, lui qui traçait à chacun et même aux
éclaireurs, la conduite du moment, et le parti à
prendre dans les différents cas prévus par son expérience. Pas une heure de trève ou de repos
pour ses officiers, il les lassait tous par des excur-
sions continuelles qui avaient un but. Son activité était extraordinaire : dans le nord de l'Espagne on le vit marcher pendant deux jours et
une nuit pour surprendre un corps considérable
de guérillas. A l'entrée de la nuit nous arrivâmes
tout-à-coup par une route penchante sur le bord
de la mer; en la voyant, un grenadier, harassé de
fatigue, s'écria : « Il était temps que la terre et le
jour finissent, car notre général ne se serait pas
arrêté. »

On aurait trouvé difficilement un officier plus
attentif aux besoins de sa division, plus ennemi
du pillage, un administrateur plus instruit et plus
intègre; la probité chez lui était une vertu sucée
avec le lait dans la maison paternelle. Sobre,
exempt de besoins, content de peu, il appartenait
encore par le désintéressement à l'école romaine, et
à celle qu'enfanta la levée de 1792, mère des nouveaux Fabricius que l'armée française vit apparaître sous la république.

Si les troupes confiées à ses soins voyaient leur
providence dans le général Foy, il savait aussi adou-
cir les maux de la guerre, ménager les villes et les
campagnes, et se concilier les étrangers, autant par
la justice de sa conduite que par la grace de son
accueil, de même qu'il attirait nos soldats avec la

douceur du commandement. Il les charmait encore
par une gaieté vive que le tour de son imagination
rendait originale. Ses entretiens avec eux portaient
l'empreinte d'une familiarité qui ne l'empêchait pas
de trouver au milieu des périls ces hautes inspirations qui viennent de l'ame et commanderaient
l'héroïsme aux plus timides. Son éloquence militaire avait quelque chose d'antique et de moderne.
Dans l'action il était vif et calme ; prompt à exécuter ce qu'il avait conçu avec feu, son coup-d'œil
était rapide et sûr, son esprit fécond en ressources ;
les événements, quels qu'ils fussent, ne le décon-
certèrent jamais.

Aux approches d'une bataille, on le voyait parcourir et reconnaître tour-à-tour les différentes
positions de l'armée, jusqu'au moment où le général en chef s'arrêtait enfin à celle dont il devait
mettre à profit les avantages pour recevoir ou prévenir les attaques de l'ennemi. Il observait de
même la nature, les accidents, les ressources du
champ de bataille futur, ainsi que les mouvements,
les forces réelles, les dispositions morales de nos
troupes comparés avec les obstacles qu'elles
avaient à vaincre. La grande guerre et les concep-
tions du génie faisaient le fond de ses méditations
habituelles ; aussi, quoique soumis aux ordres du
quartier-général, et fidèle à les exécuter, il commandait toujours l'armée en lui-même. De là deux
avantages précieux : le premier d'obéir en homme
qui rattache ses opérations au plan général de l'attaque ou de la défense ; le second d'être toujours

prêt, comme il le fut dans notre retraite d'Espagne, soit à suppléer aux ordres du général en chef, soit à réparer ou du moins atténuer les revers que la fortune avait attirés sur nos armes.

Voilà le général Foy; les militaires, ses juges naturels, penchent à croire que s'il eût toujours servi sous les drapeaux de la république, ou que si son amour invariable pour la liberté n'eût pas détourné les effets de la justice que Napoléon se proposait enfin de lui rendre, il aurait pris dès long-temps sa place à la tête des armées, parmi les capitaines du siècle.

Foy était un homme antique; et si nous avions un Plutarque moderne, il remarquerait sans doute les rapports qui existent entre le général français et Sertorius. Tous deux ont été orphelins de père, et laissés en bas âge aux soins d'une veuve; tous deux nourris de bons enseignements par une femme d'un esprit viril, tous deux pleins d'une tendresse mêlée de vénération pour leur mère, l'ont perdue au milieu de leurs triomphes, avec une douleur profonde; tous deux, aussi prompts à bien dire qu'à bien faire, appelés aux succès du barreau par une éloquence naturelle, ont été contraints d'appliquer leur génie à l'art militaire, dès la plus tendre jeunesse; tous deux encore ont fait la guerre dans les mêmes contrées. On remarque entre ces deux personnages d'autres similitudes, telles que l'amour des lettres, la modération des désirs, une vigilance extrême, le conseil et l'exécution, l'avantage d'inspirer de la crainte et de l'estime aux en-

nemis, l'art d'attirer l'affection des soldats, et la
bienveillance des étrangers; enfin un dévouement
sans bornes pour la patrie, avec le désir continuel
de rentrer dans le pays natal, pour revoir une
mère chérie et vivre près d'elle en citoyen.

La carrière militaire du général Foy avait été
brillante, sa carrière politique devait l'être encore
plus, mais l'une explique le phénomène de l'autre.
Chez lui, le guerrier, l'administrateur, l'homme
d'état et l'orateur s'étaient formés en même temps.
Sa tente fut toujours un cabinet d'études; au sortir
du champ de bataille, il courait à ses livres. Familier avec la littérature ancienne, il aimait à ré-
citer les beaux vers de Virgile, son poète favori.
On voyait autour de lui les Commentaires de César
et les Campagnes de Frédéric II, à côté d'un Tacite
et d'un Montaigne; ce dernier auteur fut toujours
l'objet de sa prédilection particulière. Les littéra-
tures modernes lui étaient connues; ainsi le nouveau traducteur du Camoëns, parlant un jour de
ce poète avec le général Foy, fut tout étonné d'entendre sortir de la bouche du guerrier plusieurs
strophes portugaises et des commentaires qui annonçaient une savante comparaison des divers
textes. Ne rien faire à demi était sa devise; aussi
savait-il beaucoup et bien.

Les mathématiques, la physique et l'histoire
naturelle avaient attiré sa vive attention; il aimait à se tenir au niveau des lumières acquises.
Soit à l'étranger, soit en France, l'entretien des
savants avait des charmes pour lui, parce qu'il

sentait un goût très-vif pour les objets de leurs
études, et qu'il rapportait toujours quelque chose
de leur commerce. Les savants à leur tour étaient
ravis des aperçus lumineux que lui suggéraient
l'habitude de réfléchir et de comparer, et la commotion électrique qui faisait jaillir des éclairs de
son esprit aussitôt qu'il entrait en contact avec ses
semblables. Le général Foy plaisait de même aux
gens de lettres et aux artistes; il se trouvait en
harmonie avec les premiers par la richesse de ses
souvenirs et l'originalité de ses idées; il enchantait
les seconds en leur parlant ou de cette belle Italie,
dont les monuments étaient encore présents à ses
regards et à sa vive imagination, ou de cette sau-
-vage Helvétie qu'il voulait aller revoir pour y admirer encore les merveilles d'une nature tantôt
simple et riante, tantôt grande et sévère, et toujours pittoresque. Un de ses plaisirs était de visiter l'atelier des artistes, et de leur exprimer les
impressions qu'il recevait de leurs ouvrages. Il
avait rapporté de Rome et de Naples un profond
sentiment des beautés de l'architecture, et un goût
passionné pour la musique italienne.

Dans ses campagnes, il apprenait l'économie politique soit en lisant Smith et les écrivains français
qui ont traité les mêmes sujets que cet auteur,
soit en réfléchissant sur l'administration des pays
occupés par nos armes. Il avait mis à profit ses
voyages militaires dans les différentes parties de
l'Europe, pour connaître les lois, les intérêts et la
situation morale des peuples. Il recherchait aussi

avec soin leur histoire, mais il aimait à la faire lui-
même en interrogeant les sources originales, au
lieu de s'en rapporter à des auteurs qui trop souvent retracent les événements d'une manière infidèle, soit par esprit de système ou par ignorance,
soit par mépris des nations et lâche complaisance
pour le pouvoir. En général, il pensait que cette
haute partie de la haute littérature attendait presque
partout des réformateurs instruits à l'école de la
vérité, de la raison et de la philosophie. Quant à
la conduite des affaires et à l'art de manier les
esprits, il avait eu pour institutrice la double nécessité de commander depuis long-temps à des
soldats orgueilleux de leurs triomphes, et de mo-
dérer des populations irritées par les défaites et
par l'amour de l'indépendance. De tous ces éléments d'instruction et d'habileté s'était formé l'ensemble des qualités qui le caractérisaient, comme
l'abondance des données positives, la rectitude du
jugement, la sage appréciation des choses, la connaissance des hommes et l'intelligence des divers
intérêts. Son éloquence n'avait pas non plus attendu la tribune pour éclater; il en avait donné
de telles preuves au collége et à l'école militaire,
qu'on aurait pu lui appliquer ce témoignage de
Plutarque sur l'empereur Sévère : « Dès l'âge de
« dix à douze ans, il commença à étudier les lettres
« grecques et latines avec telle promptitude et
« dextérité qu'au parler, disputer et écrire, on
« l'eût jugé Grec de nature. » Le talent du
général Foy pour la parole s'était développé soit

dans de vives allocutions militaires, ou lorsqu'il traitait quelques grandes questions de science, de guerre et de politique, dans des conversations où il s'abandonnait à sa brillante facilité. Plus d'une personne pressentait alors la gloire qui attendait le général Foy, si jamais la tribune était ouverte à son éloquence.

Rentré dans la vie civile en 1815, après avoir exercé les fonctions d'inspecteur général d'infanterie, qu'il avait préférées à un commandement, pour être moins sous la main du pouvoir, le général Foy s'occupait, avec la plus vive ardeur, d'une histoire de la guerre et de la révolution d'Espagne, quand il fut nommé candidat pour la chambre des députés, par le collége électoral de l'arrondissement de Péronne; cette candidature n'ayant pas été suivie d'une nomination, il reprit ses travaux avec une constance qui faillit lui coûter la vie. Plusieurs attaques d'apoplexie, dont une devint très-sérieuse, forcèrent le docteur Gall à lui tirer presque tout son sang, pour détourner le coup fatal. Le général Foy fut sauvé. Il se rétablit par degrés, et recouvra même les forces de la santé, en interrompant les occupations qui avaient manqué de le ravir à sa famille et à sa patrie. Obligé de suspendre son entreprise historique, et de renoncer à ses immenses lectures, il suivait seulement, avec beaucoup d'attention, dans les journaux, les débats de la chambre. Souvent même ces débats firent jaillir des éclairs de sa pensée. « Si j'étais là, s'écriait-il, je dirais telle chose. Il me semble que j'aurais abordé

ainsi cette question difficile : cet orateur a parlé
d'une manière admirable; mais il a oublié une
puissante objection. » Ces réflexions, qui réveil-
laient en lui la flamme du talent et l'instinct de
son avenir, l'amour de la patrie qui ne lui permettait pas de rester inutile à la France, excitè-
rent le général Foy à désirer les hasards de la
tribune politique, où, retrouvant quelque chose de
l'activité de sa vie militaire, il pourrait soutenir avec
le glaive de la parole cette cause sacrée de la liberté
qu'il avait long-temps défendue avec les armes du
guerrier, et qui eut toujours un autel sous sa tente.

En juillet 1819, il était sur les rangs pour la députation dans le département de l'Aisne; c'est à
cette époque que se rapporte cette belle lettre aux
électeurs du département, où il fait une si noble
profession d'indépendance. Dans le même temps il
publia dans le constitutionnel des observations
pleines de force, ou plutôt un plaidoyer animé par
l'éloquence du cœur, en faveur de l'armée française. Enfin le général Foy fut élu aux applaudissements de tous les amis de la liberté.

Le département de l'Aisne conçut de grandes
espérances de son nouveau député; mais personne, pas même ses amis peut-être, ne soupçonnaient le vol hardi qu'il allait prendre. Il
avait vivement souhaité les honneurs de la représentation nationale; aussitôt sa nomination, il ne
pensa plus qu'à se montrer digne du choix de ses
concitoyens. Comme tous les hommes supérieurs,

il avait la conscience de ses forces, et, près de révéler au grand jour le mystère d'un talent qui
n'attendait qu'un théâtre pour éclater tout entier,
il s'empara de la tribune avec le pressentiment de
son avenir. Cette espèce de fatalisme sans superstition, le seul qui fût compatible avec sa raison sévère, agissait en lui comme un génie familier qui
soutenait sa confiance.

Quel début que son premier élan à la tribune
pour arracher les vainqueurs de l'Europe, mutilés
dans les combats, à la douleur de cacher le signe
de l'honneur qui couvre leur poitrine, et de tendre
la main qui leur restait, pour demander à la pitié
du passant l'obole de Bélisaire ! Mais tout éloquent
qu'il ait paru, à la surprise de l'assemblée entière,
ce discours pouvait n'être que le cri d'un sentiment profond qui enfante un prodige du moment :
conjecture frivole ! Le général Foy renfermait
des trésors d'éloquence; amassés dans son cœur,
dans sa tête, dans sa mémoire, en Allemagne,
en Italie, à Constantinople, en Espagne, en
France, il n'avait plus qu'à les répandre. On fut
bientôt convaincu de cette vérité lorsqu'on vit
sortir de lui ces richesses de doctrine qui faisaient le fond de ses discours. Sans doute il
ne lui fallait que l'indignation de la probité pour
attaquer avec succès les dilapidateurs de la fortune
publique; il y a dans l'honnête homme qui accuse
les Verrès une force de conviction et une autorité
morale que le plus rare talent ne saurait combattre

avec avantage; et le génie lui-même, s'il est cor-
rompu, ne résistera jamais à une attaque en face.
Mais qui avait révélé au général Foy les secrets
détours du labyrinthe de l'administration ? Qui
lui avait appris à démêler tous les subterfuges,
toutes les fictions, tous les mensonges habilement
colorés à l'aide desquels on peut échapper à la responsabilité ? Qu'il ait conçu, au premier coup-
d'œil, le budget du ministère de la guerre, rien
de plus naturel pour un officier supérieur qui avait
trouvé partout les éléments de ce budget dans ses
divers commandements militaires. Il appartenait
encore au général Foy de juger l'administration du
maréchal Gouvion-Saint-Cyr; aussi l'orateur fit-il
autorité en payant un juste tribut d'éloges aux services rendus à la patrie et au roi par ce ministre qui
avait duré trop peu de temps; mais on ne s'attendait pas à voir le même homme examiner tour-à-
tour, avec la même supériorité, les budgets du
clergé, de la justice et de l'intérieur. On se souvien-
dra long-temps de la manière avec laquelle, en dis-
cutant les dépenses des affaires étrangères, ou en
appuyant la pétition des quinze cents donataires
du Mont-de-Milan, il saisit l'occasion de soutenir
la dignité de la France dont le grand nom n'était
pas tombé si bas en Europe que ses justes et énergiques réclamations ne dussent être écoutées avec
respect.

Quelles études constitutionnelles avait donc faites en silence, pendant vingt-cinq années de guerre,
dont quinze se sont écoulées sous le consulat et l'em-

pire, le soldat qui se mit tout à-coup de pair avec
les publicistes les plus distingués? Quelle est parmi
les questions les plus épineuses de l'ordre politique, celle qu'il n'ait point abordée avec succès?
La charte et ses principes, les lois organiques, garanties nécessaires de sa durée, le système des
élections, base de notre édifice social, la liberté
individuelle et la liberté de la presse n'ont-elles
pas trouvé en lui le défenseur le plus habile? Le
nouveau député était encore à son début dans la
lice politique en mars 1820; cependant par quel
sentiment profond d'une situation presque acca-
blante pour tout un parti injustement accusé, par
quel heureux mélange de mesure et de courage
n'imposa-t-il pas à une assemblée ardente et pleine
de passions qui voulaient exploiter à leur profit
un événement terrible? Jamais peut-être la raison
d'état n'a mieux servi de frein à l'éloquence. Plus
d'une fois dans cette discussion qui ne sera point
oubliée, les pensées, les expressions du jeune orateur durent rappeler à la mémoire certaines séances
où Mirabeau, averti par des circonstances graves,
et se trouvant en face de deux oppositions ombra-
geuses, gouvernait sa parole, et ne laissait étinceler
dans un discours habilement ménagé que quelques
grands traits de sa manière large et hardie; dès-
lors on put deviner tout l'avenir du général Foy.
Deux écrivains distingués ont accepté la tâche difficile de caractériser l'émule des Cazalès, des Bar-
nave et des Vergniaud; on peut se reposer sur eux du
soin de montrer comment il était devenu de pro-

grès en progrès l'un des princes de la tribune moderne; je me bornerai seulement à parler ici des
étonnantes inspirations qui ravissaient d'admiration ses auditeurs de toutes les classes. Elles pre-
naient leur source dans un enthousiasme dont la
flamme brûlait toujours en lui, dans l'amour du
beau moral, dans l'habitude de s'élever souvent à
la sphère supérieure où on le trouve à côté du
vrai, enfin dans une grande puissance de méditation qui s'alliait en lui, par un privilége particulier, à la vivacité de l'esprit, à la promptitude de
l'intelligence; sa manière de travailler semble justifier cette explication.

Le général Foy, dans son état ordinaire de santé,
avait toujours à la main quelque volume; une
heure lui suffisait pour lire plus de deux cents pages et saisir tout ce qu'elles contenaient d'important.
C'est par une lecture immense et variée qu'il ajou-
tait chaque jour à ses vastes connaissances. Acquérir sans cesse pour dépenser avec libéralité, voilà
sa vie. Mais avant de distribuer les richesses qu'il
avait acquises, il en faisait sa propriété particulière, et leur donnait une empreinte originale en
les transformant. Voulait-il traiter un sujet? sa tête
fermentait pendant huit jours dans un travail plein
de fatigue et de constance; la délibération de son
esprit était orageuse; peu à peu l'ordre s'établissait dans cette lutte des divers éléments de la conviction; il arrêtait ses principes, classait dans sa
mémoire les faits et leurs déductions, et jetait enfin sur le papier les divisions de son discours. Cette

d.

première opération achevée, il s'occupait de remplir les intervalles entre ces divisions du sujet, semblables à des jalons placés sur sa route, et c'était
en dictant quelquefois pendant deux jours un
grand nombre de phrases bien enchaînées qui cou-
laient comme de source, et qu'il ne revoyait plus.
Libre alors du démon qui l'avait obsédé, il attendait l'époque de la discussion. Voici comme il s'y
présentait; c'est lui-même qui nous a révélé le secret de ces improvisations que l'on rabaissait en
les attribuant aux prodiges d'une mémoire exempte
de la plus légère infidélité. « Je monte à la tribune
sans même relire ce que j'avais dicté; mais, plein
de mon sujet, fort de ma disposition, n'étant pas
persécuté par le souvenir des mots parce que je ne
les sais pas, retrouvant néanmoins tous les traits
heureux, je répands, grace au mouvement que la
parole communique à la pensée, des idées et des
images sur lesquelles j'étais bien loin de compter,
lorsque le sujet s'était d'abord présenté à mes premières méditations. ¹ » Ainsi donc il apportait à la
chambre des communes les fruits d'un grand savoir
et d'une longue réflexion, les brûlantes inspirations de la solitude, les élans heureux d'une éloquence qui déborde du cœur, avec l'étonnante

---

¹ Cette coutume était en partie celle de Démosthènes; ce grand
orateur, au rapport d'Amyot, traducteur de Plutarque, ne rédigeait
pas toujours au long par écrit tout ce qu'il avait à dire, ni aussi ne se
présentait pas à parler qu'il n'en eût premièrement fait quelques
mémoires : et soutenait que cela était un signe d'homme populaire,
de bien penser à ce que l'on prononce devant le peuple, car cette
préparation là montre qu'on l'honore et le révère.

faculté de les resserrer dans de justes limites au moment du combat, et le don plus rare encore des illuminations soudaines de la tribune. Si l'on pouvait révoquer en doute les récits d'un homme aussi véridique et aussi sincère que le général Foy, le souvenir de sa conversation suffirait pour lever toutes les incertitudes. En effet, comme il avait réfléchi sur beaucoup de choses, comme son esprit avait élaboré ses doctrines, il était plein d'ordre, d'abondance et de feu dans les discussions particulières ainsi qu'à la tribune. Tous ceux qui l'entendaient lui faisaient quelques larcins; et souvent il retrouvait enchassés dans de brillants écrits, comme des diamants dans une couronne d'or, les traits heureux qui lui étaient échappés dans la chaleur de l'improvisation.

Du moment où le général Foy fut admis dans notre chambre des communes, et surtout lorsqu'il eut senti que ses talents appelaient le député de l'Aisne à devenir l'homme de la France, l'économie politique, c'est-à-dire l'art de régir, en les fécondant, les richesses d'un pays, s'empara de toutes les puissances de son esprit. Plein de ses souvenirs, éclairé par la lecture et la méditation, par des entretiens fréquents avec les hommes les plus instruits, auxquels son avide intelligence dérobait leur savoir pour le rendre populaire par la clarté de son élocution, il méditait sans cesse sur l'agriculture, sur l'industrie et sur le commerce; il admirait leurs progrès de chaque jour, et devançait avec joie l'avenir de prodiges qui leur

est assuré par leur alliance intime avec le génie
de la science qui s'applique à leur ouvrir des
sources de richesses inconnues à nos pères. Il
avait compris sans peine que le travail est l'ame
des sociétés modernes, le principe de leur prospé-
rité, le meilleur gardien de la liberté des peuples.
Voilà pourquoi, dans sa pensée, le cultivateur qui
arrache de nouveaux présents à la terre, le com-
merçant qui trouve des débouchés pour les productions de son pays, le manufacturier habile, le
créateur d'une industrie se plaçaient à côté du
guerrier, du savant, de l'administrateur, ou de
l'orateur célèbre; il regardait les uns et les autres
comme des instruments de bonheur et de gloire
pour leur pays, et mesurait l'estime ou le respect
qu'il accordait à chacun d'eux sur les services
rendus à l'humanité. Il faisait plus; et quoique
illustré par la victoire, il regardait le titre de citoyen comme le premier des titres d'honneur. Il
avait adopté, il prêchait au nom des libertés publiques, au nom des lumières du siècle, au nom
des espérances sublimes qu'elles ont fait concevoir
au monde, la maxime de Cicéron *cedant arma
togæ*, maxime que sa raison et sa philanthropie
interprétait ainsi : Que les armes du soldat cè-
dent à la toge du consul, et que la guerre enfin
bannie de leur sein, comme un fléau imposé par
l'ignorance, ne vienne plus ravir aux nations les
avantages de la paix unie à la liberté.

Les méditations du général Foy s'étendaient aux
différentes parties du système social; ainsi, par

exemple, on a trouvé un code criminel annoté tout entier de sa main. Suivant les apparences, il s'était livré à ce travail au moment où, pour détourner de la France et de la charte le danger des lois d'exception, il dut faire ressortir avec une vive éloquence, à la tribune, les précautions multipliées qu'un pouvoir ombrageux avait prises contre l'esprit de liberté. Grace à son infatigable ardeur il possédait de même nos différents codes, et les détails comme l'ensemble de l'administration. Mais avec quelle constance, avec quel soin n'avait-il pas approfondi le système financier de l'Angleterre, et le nôtre qui lui ressemble, malgré des différences remarquables! Nuit et jour ce sujet des plus graves études occupait sa pensée; les citoyens distingués que l'opinion place au premier rang, pour leurs lumières sur cette partie si importante des connaissances de l'homme d'état, ne se lassaient pas d'admirer son aptitude à concevoir, à saisir, à embrasser toute une question financière. Ils voyaient en lui un orateur chargé de promulguer les principes d'une science encore trop peu répandue, et que la tribune surtout doit populariser pour que l'opinion éclairée de la nation serve de guide et de frein aux gouvernements toujours tentés d'abuser de leur crédit et des ressources du pays. Ménager du fruit des sueurs du peuple, le général Foy se regardait comme un économe de la France, et un gardien du trésor de l'état; il ne cessa pas un moment de les défendre contre toutes les espèces d'atteintes.

Aucun orateur n'a été plus éclairé dans la discussion des dépenses publiques; aucun n'a su mieux poser la limite entre les véritables nécessités de l'administration et ses besoins factices; aucun n'adoptait les unes avec plus de franchise, et ne rejetait les autres avec plus de sévérité. Aussi les ministres craignaient en lui jusqu'aux lumières et à la bonne foi qui donnaient tant de force à ses attaques contre les exagérations de leurs demandes. Tant de travaux et d'efforts pour se mettre au niveau de sa mission ne l'empêchaient pas de défendre les droits de la représentation nationale violés dans la personne de l'un de ses collègues, et de s'opposer à la guerre d'Espagne, dont il n'avait que trop bien senti les conséquences, c'est-à-dire la perte de la liberté pour la Péninsule; et pour la France, outre des dépenses énormes, tous les inconvénients d'une longue et dangereuse occupation.

L'orateur grandissait chaque jour dans l'estime publique; elle le mettait à la tête de l'opposition et lui assignait une place particulière parmi les plus éloquents défenseurs de la liberté qui ont paru depuis 1789. Tout faisait prévoir qu'il serait réélu à l'expiration de son mandat; il le fut effectivement pour la session de 1824; et, triomphe unique peut-être en son genre, Paris, Saint-Quentin et Vervins lui accordèrent leurs suffrages au même moment. Des circonstances particulières le firent opter pour le dernier des trois colléges électoraux qui l'avaient nommé à la fois; rien de

plus noble et de plus touchant que la lettre dans
laquelle il donne les motifs de cette résolution au
président du collége de Saint-Quentin. Rentré
dans la carrière par une voie si honorable, il sem-
bla redoubler de talents soit dans la brillante défense de l'élection de monsieur Benjamin-Constant,
soit en attaquant l'augmentation de vingt mille hommes que l'on voulait faire au contingent annuel, ou
plutôt à *l'impôt du sang*, expression qui parut être
un cri de l'humanité échappé du cœur d'un guerrier citoyen. La funeste mesure de la septennalité,
la loi sur la retraite imposée à des héros encore
pleins de force et de courage, le scandale des
marchés Ouvrard, l'indemnité des émigrés qui
sont, disait-il, deux contre un dans la chambre,
et un sur mille dans la nation, furent pour le
général Foy autant d'occasions de signaler son courage et son éloquence; l'un et l'autre augmentaient chaque jour en lui, et jamais il ne s'éleva si
haut que dans la nouvelle session où il a terminé sa carrière politique comme un athlète
couronné de palmes aux jeux olympiques. Il avait
inauguré sa mission législative par la défense de
ses compagnons d'armes; ses dernières paroles à
la tribune ont retenti en faveur d'une foule d'officiers-généraux, dont mille champs de bataille
dans les quatre parties du monde attestaient les
travaux pour l'indépendance et la gloire de leur
pays[1].

Après tant de travaux augmentés par une cor-

---

[1] Séance du 30 avril 1825.

respondance considérable et par toutes les obligations qu'imposaient à un tel homme son caractère, son talent et son influence, le général
Foy rentra dans ses foyers. Il était accablé de fatigues et menacé d'une grave maladie; peut-être
même devait-on regarder sa mort comme déjà
commencée depuis l'atteinte terrible que sa santé
avait reçue au moment de la fameuse discussion
relative à l'indemnité des émigrés; en effet, après
son étincelant discours dans une question si haute
et si grave, il était, à son retour de la chambre,
dans un état qui donnait les plus vives alarmes
pour ses jours. Cependant il put reparaître à la
tribune, mais, la session finie, un repos absolu
était indispensable au trop courageux orateur ;
M. Broussais, son médecin, lui prescrivait ce remède
comme la plus impérieuse des nécessités; il parlait
avec l'autorité de l'expérience, il pressait au nom de
l'amitié, sans obtenir de succès; à chaques nouvelles
instances le malade répondait: Cesser de travailler,
pour moi c'est mourir. Enfin l'ascendant d'une
épouse chérie, bien plus que les ordres du médecin, déterminèrent le général Foy à un voyage dans
les Pyrénées. Mais l'activité de son corps et de son
esprit le suivait partout; avide de voir, d'interroger
et de connaître, et se fiant trop sur la renaissance de
ses forces physiques un moment réveillées comme
un flambeau qui jette une vive flamme avant de
s'éteindre, il faisait quelquefois vingt ou trente
lieues dans les montagnes; il revenait de ces courses
fatigantes avec des crachements de sang et d'autres

accidents qui développèrent en lui une ancienne et dangereuse affection, l'hypertrophie du cœur.

C'est en revenant des Pyrénées qu'il obtint un triomphe civique dont il fut vraiment ému; ce triomphe rappelait celui qu'on lui avaitdécerné à Strasbourg, et dont voici quelques détails.

Le 25 août 1821, l'élite de la jeunesse, un grand nombre de citoyens qui composaient le bataillon d'artillerie de la garde nationale, donnèrent au général Foy des sérénades, au milieu de l'affluence du peuple empressé de voir et d'honorer le défenseur de la liberté. Elles recommencèrent le lendemain avec le même enthousiasme, et sans occasioner le plus léger trouble. Le 27, l'autorité ne voulant plus permettre cette innocente expression de l'allégresse publique, les citoyens, réunis en foule devant l'hôtel où logeait le général, se bornèrent à des protestations d'attachement, et firent éclater long-temps le cri de *Vive le général Foy !* Deux jours après, une députation alla chercher le général et le conduisit au banquet qui lui était destiné ainsi qu'à MM. Brackenhoffer, Lambrechts, Saglio, Türckheim et Humann, députés du Bas-Rhin. A son entrée dans la salle il fut accueilli au bruit d'une musique guerrière et des cris de *Vive le général Foy !* l'enthousiasme était à son comble. Pendant le repas, l'un des convives, M. Chatelain, commissaire ordonnateur en retraite, ayant porté ce toast :

« Au brave général Foy ! au défenseur intrépide de nos droits et de nos intérêts les plus chers ! »

Le général répondit par les paroles suivantes :

« A la ville de Strasbourg, et aux bons Français des bords du Rhin. »

C'est ici qu'il faut venir pour connaître que l'Alsace est le boulevard de la France, encore moins par la force de ses places de guerre, que par le patriotisme et l'énergie de ses habitants.

C'est ici qu'il faut venir pour apprendre ce que peuvent amener de bien-être dans un pays la longue habitude des droits de cité, l'égalité des cultes, la division des propriétés, l'absence du privilége.

C'est ici qu'il faut venir pour mieux aimer et mieux comprendre la liberté.

Puisse une législation conforme à l'esprit bienfaisant de la charte faire enfin disparaître de ces excellents départemens du Haut et Bas-Rhin le hideux monopole qui empêche des hommes réputés libres de cultiver dans leurs champs les plantes qui y croîtraient le mieux et le plus utilement pour les consommateurs comme pour les producteurs.

Puisse le développement de nos institutions constitutionnelles assurer partout à la nation son lustre et son indépendance, aux communes leurs droits, au travail son prix et ses honneurs, à la civilisation sa marche progressive hâtée par l'industrie et le commerce, à l'homme, dans les différentes positions de la vie, sa dignité morale tout entière.

« Vive la bonne et illustre ville de Strasbourg ! »

Un poème allemand, de M. Ehrenfied Stocben,

poème rempli d'idées fortes et généreuses, fut offert à l'illustre orateur, qui répondit avec sa grace accoutumée à ce nouvel hommage. Au moment du départ des convives, la foule qui entourait l'hôtel se précipita dans la cour et dans les corridors pour contempler les traits du député de la France; une députation de convives le reconduisit dans son hôtel. C'est là que l'un d'eux, M. Farges Méricourt, avocat, adressa, au nom des patriotes alsaciens, quelques nobles et dernières paroles au général, en lui remettant la couronne de chêne et de laurier qui était restée suspendue au-dessus de sa tête pendant la durée du festin. D'autres honneurs attendaient le général Foy le 30 avril; mais il était parti à la pointe du jour, pour se dérober aux nouvelles manifestations de l'attachement et de l'admiration des Strasbourgeois.

Le 5 septembre suivant, il faisait cette belle réponse dans un banquet qui lui était offert par une réunion de citoyens de la ville de Mulhausen :

« Je ne sais pas, messieurs, si mon nom passera à la postérité; mais ce que je sais bien, c'est que jamais suffrage ne fut plus cher, plus précieux à mon cœur, que celui que je reçois des citoyens de Mulhausen. Où trouverais-je ailleurs de meilleurs juges du patriotisme et de l'honneur?.... Pendant que nos pères, à nous habitants de la vieille France, courbaient la tête sous le joug de la féodalité et du despotisme, vos pères, à vous citoyens de Mulhausen, étaient libres, égaux en droits, et membres d'une cité souveraine. La liberté a porté chez vous

ses fruits accoutumés, elle vous a inspiré l'amour
du travail; et, par le travail, elle vous a donné l'a-
bondance pour les uns, l'aisance pour les autres,
et pour tous cette indépendance d'opinion et cette
dignité morale qui élève l'homme et qui fait le citoyen.

Lorsque la France vous a reçus dans son sein,
vous vous êtes montrés ses enfants les plus tendres, les plus dévoués, les plus généreux. Aux
jours de nos désastres, c'est vous qui les premiers
avez couru aux armes, qui avez quitté vos travaux
pour armer la population contre l'ennemi; qui, ne
voyant plus d'armée française dans votre province,
vous êtes jetés dans les places fortes. Aucun sacrifice ne vous a coûté pour aider, pour secourir la
patrie malheureuse.

Quand la charte nous fut donnée, c'est encore
à Mulhausen que les principes de raison et de liberté qu'elle renferme ont été accueillis avec le plus
d'enthousiasme; nulle part en France la liberté constitutionnelle n'a de plus zélés défenseurs. Des
rangs de vos citoyens est sorti un de nos meilleurs
députés, un de ceux qui marchent le plus droit et
le plus ferme dans le sentier de l'honneur. Si jamais
l'amour de tout ce qui est grand et généreux s'af-
faiblissait dans les cœurs des habitants de la vieille
France, il faudrait qu'ils passassent les Vosges, et
qu'ils vinssent à Mulhausen pour y retremper leur
patriotisme et leur énergie.

Persistez, braves Mulhausiens, dans ces nobles
sentiments. Que votre industrie prospère! que vos

entreprises réussissent! que votre ville soit toujours le foyer de l'amour de la patrie! Continuez à être l'exemple et l'honneur du département du Haut-Rhin, comme le département du Haut-Rhin est lui-même l'élite et l'honneur de la France. »

. Ces preuves de l'estime publique qu'il recevait dans des lieux si voisins du théâtre de ses premiers exploits militaires, causèrent une vive émotion à l'ami d'Abattucci, au rival de nos grands orateurs. D'ailleurs il se plaisait à reconnaître dans les Alsaciens une image de la simplicité des mœurs helvétiques unie à la constance du véritable patriotisme et aux vertus guerrières et politiques. Pour lui la population de l'Alsace était, autant par son courage que par sa position en face de nos plus redoutables ennemis, l'avant-garde du peuple français, toujours menacé dans son indépendance.

Tout le monde se rappelle le premier cri du général Foy à la tribune : « Il y a de l'écho en France « quand on prononce les noms d'honneur et de « patrie. » Sa présence, en 1825, sur les bords de la Gironde rappelait ces belles paroles à la ville de Bordeaux; elle rappelait aussi à la patrie de Guadet et des autres amis de Vergniaud les triomphes de l'éloquence; il ne pouvait échapper à l'enthousiasme public. Vainement il voulut garder l'incognito, vainement il évita toutce qui pouvait le faire reconnaître, en visitant avec curiosité les divers établissements de la ville. Malgré ses précautions, disait l'*Indicateur*, la nouvelle se répandit que Bordeaux possédait dans ses murs le Démosthènes français. Dès-lors les visites se succédèrent à l'hôtel de France où il était logé. Tout le monde fut enchanté de la franchise de ses manières et de la grace de son accueil. L'à-propos et la bienveillance caractérisaient tous les mots qui sortaient de sa bouche ; on reconnaissait en lui un homme éminemment français, et un citoyen vraiment digne de ce nom. Le 5 septembre au soir, après le spectacle, un grand nombre de personnes, parmi lesquelles beaucoup de musiciens amateurs, se réunirent, pour offrir au général une sérénade ; une cantate fut aussi exécutée en son honneur. La foule arrivait de toutes parts, et l'on entendait sans cesse les cris de *Vive le roi! Vive la charte! Vive le général Foy!* accompagnés des vœux les plus ardents pour le bonheur du défenseur de la patrie, de l'orateur éloquent, et du mandataire fidèle. On brûlait de le contempler, on lui demandait de se montrer au peuple assemblé sous ses fenêtres, mais il ne voulut pas céder aux plus vives instances. En ce moment une députation du commerce de Bordeaux vint le haranguer et lui offrir une couronne ; il reçut ce double tribut avec sa modestie et sa grace naturelles, mais en laissant éclater les pensées d'un homme d'état, qui sait apprécier la dignité, l'importance, et les bienfaits du commerce.

Le lendemain, sur les six heures du matin, le général sort de l'hôtel pour aller s'embarquer ; sur son passage tout le monde le salue avec respect ; arrivé au quai du bord de la Gironde, une foule immense se presse autour de lui et fait retentir les airs de ses acclamations. Sur la rivière paraît un bateau à vapeur chargé de sept cents personnes qui espèrent escorter le général jusqu'à Blaye, mais on a préparé pour lui et pour ses amis le bâtiment la Marie-Thérèse sur lequel sont rassemblés cinquante négociants qui viennent à sa rencontre en l'invitant à se réunir à eux. Le général monte sur le bateau qui s'éloigne au son d'une musique harmonieuse. A ce signal, parmi toute la population rassemblée sur le quai, montée sur le toît des maisons, ou pressée sur les mâts des vaisseaux, éclatent des transports unanimes ; les applaudissements, les battements de mains se mêlent à de nouveaux cris : honneur au général Foy ! honneur au député constitutionnel ! Les témoignages d'estime et d'admiration, l'empressement des Bordelais autour du général continuèrent jusqu'à Blaye ; mais avant de quitter, les larmes aux yeux, cette réunion de citoyens honorables et pleins de dévouement pour lui, il reçut encore un touchant tribut d'affection et de respect. Un vieillard attaqué depuis long-temps d'une paralysie se fit transporter sur la plage, pour avoir la joie de contempler, avant de mourir, le défenseur de nos libertés. Le général Foy fut vivement attendri de tous ces honneurs civiques, mais, loin d'en rechercher de nouveaux, il les fuyait. Cependant, reconnu plusieurs fois dans sa route jusqu'à Paris, sa modestie eut encore à subir plus d'une épreuve ; les éloges le poursuivaient dans tous les lieux où il était reconnu.

Ce fut sous ces brillants auspices qu'il revit ses

F. I.   e

pénates qui vont nous dire combien l'homme supérieur à qui la France entière aurait voulu dé-
cerner un triomphe pareil à celui de Bordeaux,
méritait d'être aimé. Il servait de lien commun à
toute sa famille, et chérissait tendrement ses frères
et ses sœurs. Une volonté de sa mère lui paraissait
un ordre du ciel. La mort de son père, qu'il avait
perdu dans un âge si tendre, ne manqua jamais de
le trouver dans une espèce de recueillement.
Même dans les derniers temps de sa maladie, il
n'oublia pas de rappeler l'époque précise de ce
triste anniversaire [1] à la compagne dont il faisait la
gloire et le bonheur. Épouse et mère également
attentive, elle veillait sur ses enfants comme sur
lui, elle était le bon génie de sa maison; elle
seule, lorsque le temps aura calmé la première
violence d'une douleur si profonde, pourra nous
révéler tout ce qu'il apportait de simplicité, de
grace et de charme dans la vie domestique. Homme
tout-à-fait intellectuel, sa douceur venait à la
fois de l'excellence de sa nature et de l'élévation de
ses pensées; avec lui jamais de ces aspérités que
les contradictions de détail et les petites divergences
dans la manière de voir font sentir entre les caractères, au préjudice de la paix et même du bonheur. Mais il n'en savait pas moins descendre des
plus hautes régions de l'intelligence, pour être sans
effort ami facile, bon camarade, prompt à rendre des services, époux aimable et affectueux, et
père rempli d'indulgence. Il partageait volontiers

[1] Son père était mort en novembre 1779.

les jeux de ses enfants, et souffrait sans se plaindre toute la pétulance de leurs ébats au milieu de ses plus graves méditations pour la tribune. Quelquefois seulement il disait à son neveu : Arthur, gronde donc les enfants. Ceux-ci le connaissaient si bien, qu'un jour l'un d'eux ayant commis quelque méfait qui pouvait lui attirer une réprimande, s'écria : « Je t'en prie, mon papa, ne le dis pas à maman. » Cette bonté ne l'empêchait pas de veiller sur leur instruction, pour ne laisser entrer dans leur tête que des idées justes ; il se plaisait surtout à éprouver leur jeune intelligence. Simple dans ses vêtements, on ne lui connut jamais aucun besoin de luxe, aucune espèce de convoitise ; et l'amour de l'ordre était encore le gardien de son indépendance. Bienveillant pour ses semblables, il craignait de les blesser par ses paroles, et n'aimait pas qu'on lui révélât le mauvais côté de l'espèce humaine. Il ne croyait pas avoir d'ennemis ; pourquoi me haïrait-on, disait-il, je ne hais personne. La jalousie, cette maladie trop commune même parmi les hommes supérieurs, lui fut toujours étrangère ; l'éloge de ses rivaux coulait facilement de sa bouche ; il reconnaissait avec plaisir le talent des autres, mais il éprouvait à s'entendre louer en face un embarras qui lui causait même de la répugnance pour les compliments. On a remarqué en lui une disposition particulière à l'estime pour les talents les plus antipathiques avec le sien : la puissance de l'inconnu était aussi très-grande sur son esprit.

A la campagne, tantôt il se plaisait à méditer en

s'abandonnant sur un bateau, et sans s'apercevoir
du cours des heures; c'était Jean-Jacques livré à ses
rêveries dans l'île de Saint-Pierre. D'autres fois il
sortait dès le matin avec un livre et sa longue-vue,
pour parcourir le pays. Il reconnaissait les vieux
soldats à leur marche, leur rappelait leurs batailles, leurs généraux, et les enchantait par le
nombre et l'exactitude de ses souvenirs; il ne
quittait pas ces anciens camarades sans leur donner l'argent qu'il avait dans sa bourse. La conversation des cultivateurs lui plaisait aussi beaucoup;
il disait qu'on apprenait toujours quelque chose
avec les gens les plus simples, pourvu qu'ils fussent
vrais. A Paris, il vivait au milieu des siens dans
le modeste asile où sa célébrité européenne attirait les étrangers empressés de voir l'orateur qui
avait passé, avec tant d'honneur, du champ de
bataille à la tribune. C'est ainsi que la session de
1824 lui valut le plus noble des hommages.

Lord Dacre, membre de la chambre des pairs
d'Angleterre, vint, avec sa famille, passer quelques
jours à Paris dans le courant de l'été. Il eut le désir
bien naturel d'assister à l'une des séances de la
chambre des députés; le hasard le conduisit à
celle dans laquelle le général Foy prononça son
admirable discours sur les marchés Ouvrard. Il
me serait difficile de vous peindre l'impression que
ce discours produisit sur le pair de la Grande-Bre-
tagne; cet étranger n'hésita pas à placer notre illustre compatriote sur la même ligne que les Pitt, les
Fox, les Canning et tous les premiers orateurs

anglais. Il voulut exprimer lui-même au général Foy tout le plaisir que lui avait fait éprouver son éloquence noble, brillante et persuasive. Lord Dacre fut accompagné dans sa visite à l'honorable député, par le général anglais Thomas Graham (aujourd'hui lord Lynedoch), qui a long-temps commandé en Espagne le corps d'armée opposé à celui qui était placé sous les ordres du général Foy. Lorsqu'on eut annoncé à ce dernier les noms des deux étrangers qui venaient lui faire visite, il s'avança cordialement vers le vieux général Graham, et lui rappela le temps où les malheurs de la guerre les avaient souvent mis en présence. Il reçut les félicitations sincères des deux Anglais, et parut extrêmement touché de cette visite, dans laquelle un homme, qui avait combattu contre lui, et un pair d'Angleterre distingué par la délicatesse de l'esprit et l'étendue des connaissances, venaient lui témoigner la haute estime qu'ils avaient conçue pour son éloquence et son caractère.

Le général Foy, livré tout entier à des devoirs si impérieux, à des travaux d'une si haute importance, n'avait pas beaucoup de loisirs; il les consacrait à sa famille, et à quelques amis fidèles. Outre ces liaisons, qu'il se plaisait à cultiver, le général Foy s'empressait encore de visiter les réunions de citoyens sincèrement attachés aux principes constitutionnels; il dévorait avec avidité les événements qui intéressaient la cause constitutionnelle. Les nouvelles défavorables l'affligeaient sans l'abattre : les nouvelles heureuses ranimaient l'activité de son ame ardente ; il vivait tout entier dans la liberté. Prodigue de sacrifices pour elle, il se préparait à la servir encore au péril de ses jours, et sans penser un moment aux symptômes déjà trop développés de la maladie qui allait le ravir à la France.

Que de réflexions, que d'études nouvelles il apportait pour la session prochaine ! Avec quel soin il s'était préparé pour la lutte qui l'attendait ! avec quelle force, avec quel éclat il aurait reparu à la tribune ! Son talent n'était pas parvenu à son apogée ; tout le monde sentait cette vérité, lui-même en avait la conscience, et levait ses regards vers le but sublime que contemplent sans cesse les hommes dignes de l'atteindre. Que d'avenir encore dans notre éloquent orateur ! hélas ! les espérances ambitieuses que la France formait sur le chef de la généreuse élite de ses défenseurs n'étaient que des illusions qu'un réveil terrible devait bientôt dissiper. Au retour du général Foy à Paris, les moyens de salut n'existaient plus pour lui ; son activité ne faisait plus que dérober quelques moments de trève et de délai à la rapide invasion d'une maladie effrayante ; debout encore, il mourait d'un anévrisme au cœur. La courageuse épouse reçut de M. Broussais cette triste déclaration qu'elle renferma dans son sein sans jamais laisser paraître aucune alarme sur son front.

Depuis quinze jours, les spasmes, devenus plus vifs et plus fréquents, annonçaient au malade sa fin prochaine, et la force de son ame semblait

croître avec ses souffrances. Il passait la plus grande
partie de ses longues journées dans la chambre de
sa femme, et trouvait plus de courage auprès d'elle
pour supporter les assauts meurtriers auxquels il
était en proie. Lorsqu'il sentait approcher de son
cœur les étreintes convulsives qui brisaient sa respiration, il se levait, se promenait à grands pas,
et la douleur excessive contre laquelle il se roi-
dissait, conservait encore sur ses traits décomposés
l'expression d'une pensée généreuse.

Chaque jour, vers midi, il faisait un nouvel essai
de ses forces, et sortait en voiture avec le capitaine
Arthur Foy, son neveu, et le plus jeune de ses fils,
dont le babil l'amusait sans le fatiguer ; si près de
quitter la vie, il avait un plaisir infini à voir et à
écouter cet enfant. Les promenades lui faisaient
du bien : « J'ai besoin d'air et d'espace, disait-il,
tout se resserre autour de moi. » Il rentrait vers
quatre heures, et passait la soirée au milieu de
ses enfants, dont les jeux l'intéressaient vivement.

Le 17 novembre, le général Foy se leva, préoc-
cupé du désir de voir encore une fois le Jardin des
Plantes ; sa femme, un de ses neveux, et le plus
jeune des enfants l'accompagnèrent. Arrivés au pont
des Tournelles, en voyant la richesse des provi-
sions dont les quais étaient couverts : « *Puisse cette
année* (1825), dit-il, avec un soupir, être aussi
heureuse, qu'elle est abondante ! » A la vue du pont
d'Austerlitz dont il admirait l'architecture, il s'é-
cria : « Le nom de ce trophée rappellera long-
« temps aux Français leur plus belle victoire. »

Il se promena un quart d'heure dans le jardin, et en retournant pour regagner sa voiture : «*Je ne suis jamais venu ici sans aller voir Geoffroy Saint-Hilaire ; aujourd'hui, je n'en ai point la force,*» dit-il à sa femme, et d'un ton de voix plus bas, à son neveu : *je suis un homme fini....* » Ce fut sa dernière promenade.

Le lendemain, il s'était mis à la fenêtre, et regardait ses enfants jouer dans le jardin : l'aîné de ses fils, âgé de dix ans, se promenait tristement loin de ses frères, aux amusements desquels il évitait de prendre part. Le général le fit appeler : «Mon bon Fernand, lui dit-il, pourquoi es-tu si triste?» L'enfant, sans lui répondre, jeta les bras autour de son cou, et les mots mon papa! mon bon papa! furent les seuls qu'il put articuler au milieu des sanglots qui le suffoquaient. Son père le pressa contre son cœur, et penchant sa tête sur lui, il pleura.

A partir du dimanche, 20 novembre, la maladie prit un caractère désespérant, le malade ne dormit plus, les spasmes qui se succédèrent presque sans interruption pendant cette nuit l'obligèrent à se tenir constamment assis sur son lit, où la moindre pression du dos lui causait d'intolérables douleurs. Plus calme le lundi matin, il essaya encore de sortir en voiture, mais il fut obligé de rentrer au bout de vingt minutes.

Toutes les nuits qui suivirent, les spasmes du cœur combattirent sans relâche le sommeil qui l'accablait, et auquel il cédait à peine, qu'un étouffement subit l'arrachait au repos dont la nature épuisée avait tant besoin.

Il attendait le jour avec une impatience dont il indiquait la vivacité, en faisant signe du doigt à l'aiguille de la pendule qu'il avait sous les yeux, de parcourir rapidement le cercle des heures. Il éprouvait un mouvement de joie lorsque la première clarté du jour entrait dans l'appartement, et saluait l'aurore d'un douloureux sourire.

Dans la nuit du lundi au mardi, il fit étendre à terre quelques matelas, sur lesquels il acheva de souffrir. Dans l'intervalle des spasmes, qui revenaient toutes les cinq minutes, pendant les derniers jours de sa maladie, on l'avait entendu plusieurs fois s'écrier : *Quelle journée, après une pareille nuit ! quelle nuit, après une pareille journée !*

Cependant il n'avait pas tout-à-fait perdu sa gaîté ; quelquefois même il surprenait par la liberté de son esprit, MM. Broussais et Husson, occupés tout entiers à interroger les symptômes, à suspendre les progrès d'une si cruelle maladie.

Courageux contre la mort qu'il voyait approcher sans effroi, il l'était aussi contre la douleur. Le sifflement de la pompe à ventouse déchirait le cœur des assistants, mais lui, toujours plus fort : « Martyrisez-moi, disait-il, la douleur fait diversion à mon mal. »

Pendant un mois tout entier de ces cruelles épreuves, sa tendre et héroïque épouse veillait seule auprès de son lit de douleur, déchirée du spectacle de cette respiration haletante, symptôme

effrayant du mal qui l'a précipité dans la tombe.
Jusqu'aux huit dernières nuits, elle seule avait le
droit de le soigner ; ce n'est que lorsqu'elle fut
épuisée de fatigue et de douleur, que ses neveux
partagèrent ses peines, ses soins et ses veilles avec
une tendresse filiale. Mais c'était toujours elle seule
qui, à genoux devant le lit de son agonie, lui faisait, sur ce cœur qui avait battu tant de fois pour
elle, les frictions destinées à soulager des souffrances déchirantes. Le malade marquait la reconnaissance la plus tendre, et lorsqu'on lui parlait
des soins que lui prodiguaient, avec tant de dévoûment et de sollicitude, les deux médecins justement
investis de toute sa confiance, il disait, en tendant
vers sa femme une main à demi glacée : « Voilà mon
bon docteur. » A ses derniers moments, il répétait
« encore : Ma pauvre amie ! toi seule me fais du bien ;
tu es la meilleure. »

Sa famille, retenant avec effort l'élan de sa douleur, l'entourait des soins les plus tendres et les plus
dévoués ; deux de ses neveux, qui portent le même
nom que lui, l'un son aide-de-camp, l'autre jeune
avocat, n'ont pas quitté un instant son lit de douleur. « Je sens, leur disait-il d'une voix mourante, un
pouvoir désorganisateur qui travaille à me détruire ;
je combats le géant et je ne peux le vaincre. »

A peine il goûtait quelques secondes d'un sommeil dont l'agitation était encore une fatigue. Jamais une plainte n'est sortie de sa bouche ni
un soupir de son cœur. Plus le moment fatal approchait, plus il redoublait de bonté pour ceux

qui étaient près de lui. Son regard à demi éteint cherchait à les consoler, et les paroles entrecoupées qui s'échappaient de sa bouche étaient pleines d'affection et de tendresse.

Il ne parlait pas de la mort, sans doute pour ne pas ajouter à l'affliction de ses amis, qui pleuraient auprès de lui ; seulement on l'entendit répéter plusieurs fois quelques phrases, avec l'accent d'une personne qui réfléchit à de grandes choses.

Dans la nuit du dimanche, il eut quelques rêves, tels qu'en donne le sommeil procuré par l'opium. Des souvenirs de guerre reportaient sa pensée à ces jours de gloire où son épée servait la France. Les neveux du général, ne pouvant plus se faire illusion sur l'imminence des dangers qui le menaçaient, profitèrent d'un moment de calme pour entraîner sa malheureuse épouse hors de la chambre avant le moment fatal.

Quand il vit arriver l'heure suprême, il voulut respirer encore un air pur, et voir pour la dernière fois la lumière du soleil. Ses neveux éplorés le portèrent dans un fauteuil, placé vis-à-vis une fenêtre ouverte ; là, se sentant défaillir, il leur dit : « Mes amis, mes bons amis, mettez-moi sur le lit, Dieu fera le reste. »

Telles furent ses dernières paroles. Deux minutes après, Dieu le reçut dans son sein, et son corps rendit à l'auteur de toutes choses l'ame pure et grande qu'il en avait reçue.

Le général Foy expira à une heure trente-cinq minutes après-midi, le 28 novembre 1825, jour de funeste mémoire, qui, chaque année, renaîtra avec les regrets de la France entière.

Il restait un devoir à remplir envers le général, devoir que lui - même avait appelé patriarchal. M. Arthur Foy, son ancien aide-de-camp, qui ne l'avait pas quitté depuis treize ans, lui ferma les yeux. De concert avec son frère, qui avait été aussi le gardien assidu du malade pendant sa longue agonie, il enferma encore, dans les voiles du cercueil, l'illustre orateur dont de savants artistes venaient de saisir et de conserver les traits pour la postérité.

Au moment de cette opération pénible pour des hommes qui sentaient la grandeur de la perte de la France, la figure du général Foy, que les souffrances avaient altérée, reprit sa douce sérénité, avec quelque chose de tranquille qui n'était encore ni l'immobilité ni la roideur de la mort. Il avait l'air de dormir, et ressemblait à quelque sage de la Grèce dont le temps nous aurait conservé l'image [1]; mais si l'on eût levé le drap mortuaire, quel spectacle fait pour inspirer la douleur et le respect!!! Cette bouche éloquente qui tonnait du haut de la tribune, portait de nombreuses cicatrices; les mains qui avaient tenu si long-temps son épée victorieuse étaient mutilées; ses bras sillonnés par les balles en gardaient l'empreinte profonde; l'une de ses cuisses était déchirée par un boulet;

---

[1] Il n'y a point ici une supposition; le témoignage des personnes qui ont vu le général après sa mort, et sa figure dessinée par un habile artiste, attesteront la vérité de ce récit.

il avait eu l'épaule gauche fracassée à la bataille d'Orthez; l'épaule droite traversée par une balle à Waterloo; sur tout son corps paraissaient, comme des insignes de gloire, les traces du fer ou du feu. Dans cet état, il ne rendait à la mère commune qu'un débris de lui-même, restes chers et sacrés d'un défenseur de la patrie. Mais ses blessures, au lieu d'être muettes, comme Antoine le dit de celles de César, étaient autant de témoins éloquents qui retraçaient une partie de ses exploits.

Au milieu de tant de glorieuses mutilations, l'œil ne découvrait pas la blessure mortelle; elle se cachait sous le cœur de la victime dès long-temps frappée en secret. Cette blessure s'était écartée du général Foy pendant vingt-cinq années de guerre; il devait la recevoir sur un autre champ de bataille; sa vie devait payer la nouvelle palme qu'il était venu conquérir. Au milieu des combats, il gouvernait sans peine son courage et celui des autres; il était de sang-froid en abordant avec audace les plus grands périls; mais s'il portait la même constance dans l'arène politique, il n'y modérait qu'avec peine son ardeur et ses transports; les discours de ses adversaires, les mouvements de l'assemblée, le flux et le reflux d'une orageuse délibération, l'attention profonde de l'orateur qui écoute en méditant sa réponse, le silence douloureux et difficile que doit pourtant s'imposer le mandataire fidèle qui entend des audacieux attaquer la liberté elle-même jusque dans son sanctuaire, enfin les combats et les périls de la tribune aux harangues,

lui communiquaient des émotions vives, impé-
tueuses, irrésistibles : elles renaissaient, elles se
succédaient, elles s'enflammaient à chaque instant, et ne donnaient pas de relâche à son esprit
et à son corps. Ce sont elles qui ont fait battre
trop souvent un cœur sensible et généreux; ce sont
elles qui l'ont dilaté en fatiguant ses ressorts par
des agitations convulsives : trop faible pour contenir leur tumulte, pour réprimer leur violence,
pour suffire par la vîtesse de ses mouvements à la
multiplicité de leurs assauts, il s'est arrêté enfin,
après s'être tant de fois élancé de lui-même au-
devant du coup fatal. La guerre avait respecté les
jours du général Foy, la tribune lui a donné la
mort[1].

Il a cessé de vivre ; la nouvelle fatale vole de
bouche en bouche ; un gémissement universel s'é-
lève dans la capitale; tout le monde devance par
l'expression des regrets les plus amers ces belles
expressions du *Constitutionnel :* « Que la France
entière se couvre de deuil, elle a perdu un de ses
plus grands citoyens : le général Foy est mort ! »

Le jour paraît à peine, et déjà les citoyens désolés
parcourent les rues qui avoisinent sa demeure. Un
voile mortuaire qui en couvre le seuil la désigne
à leur douloureux empressement. La foule s'y pré-

---

[1] Tel est l'avis de M. Broussais, son médecin et son ami depuis
quinze ans. Avec du calme et du repos, avec une vie modérée,
exempte des travaux de l'esprit, le général Foy pouvait prolonger
beaucoup sa carrière. Il a connu toutes les conséquences de son dévouement et de son zèle pour la cause des peuples; il s'est volontairement immolé lui-même sur l'autel de la patrie.

cipite; la cour, le jardin, les appartements sont
envahis par des milliers de Français en larmes.
On se presse en silence, pour pénétrer dans la
chambre où se trouve exposé le cercueil, couvert
d'un simple drap blanc, et décoré des armes et
des insignes de l'illustre mort que chacun des assistants bénit tour-à-tour, en prononçant sur lui
quelques touchantes paroles.

A une heure, le son du beffroi a donné le signal
d'une éternelle séparation, le char de la mort traversant avec peine les flots d'un peuple immense
dont la rue de la Chaussée-d'Antin était couverte,
s'est avancé pour recevoir la dépouille mortelle du
guerrier citoyen.

A ce moment, un cri général s'élève parmi les
élèves des écoles de droit et de médecine, mêlés à
des officiers et à beaucoup d'autres jeunes gens:
« C'est à nous de le porter ! il nous appartient. »
Et en même temps ils chargent sur leurs épaules
le précieux fardeau qu'ils conduisent, au milieu
d'un cortége innombrable et d'un religieux silence, jusqu'à l'église Saint-Jean, située dans la
rue du faubourg Montmartre. Ils avaient la tête
nue ainsi que les autres citoyens dont le cortége
était composé. Toutes les classes de la société étaient
représentées aux funérailles du défenseur de la
patrie : on y voyait confondus ensemble par les
mêmes sentiments, des maréchaux de France, des
officiers-généraux, des ouvriers, des artistes, des
marchands, des manufacturiers, un aide-de-camp
du duc d'Orléans, dont l'une des voitures suivait

le convoi du général, des banquiers, des gens de lettres, des peintres, des sculpteurs, des avocats, des médecins; un grand nombre de femmes profondément affligées augmentaient la foule, où marchaient ensemble MM. Barbé-Marbois et Siméon, tous deux octogénaires. M. Gohier, ancien président du directoire, a voulu, malgré ses quatre-vingts ans, faire aussi la route jusqu'au cimetière. Le même courage a soutenu les forces de M. de Choiseul, pair de France, qui portait les coins du drap avec MM. Casimir Périer, Méchin, députés, avec le général Miollis. Trois des enfants du général suivaient le convoi; les deux premiers donnaient la main à ses neveux, et le troisième à M. Casimir Périer. La profonde douleur empreinte sur toute la personne de l'aîné de ces jeunes orphelins frappait tous les assistants. Un grand nombre de citoyens qui avaient vu le général dans les camps, à la tribune, ou dans la société, observaient, avec des regrets mêlés d'espérance, les rapports du fils avec le père; effectivement ces rapports sont remarquables. L'air de tête, la démarche, les habitudes du corps, les dispositions morales, se ressemblent entre l'illustre orateur et le premier héritier de son nom. L'enfant a peut-être plus de calme, mais son affliction attestait qu'il porte en lui le germe de la sensibilité qui a fait le talent et la gloire de son père. Les femmes répandues dans le cortége adressaient des choses tendres aux trois orphelins, et plaignaient surtout le plus jeune, à peine en état de comprendre son malheur. Dans leur sollicitude, elles pensaient aussi aux filles du général et à sa veuve. Hélas! disaient-elles, c'est une reine qui a perdu sa couronne.

Au moment de la présentation du corps à l'église, il y avait une telle affluence au-dehors et au-dedans que MM. Périer, Alexandre Lameth, Méchin, Ternaux, les pairs de France Barbé-Marbois, Dejean et le duc de Choiseul, et plusieurs compagnons d'armes du général eurent beaucoup de peine à pénétrer dans l'enceinte avec le cercueil. Après le service divin, la même foule rendait la sortie de l'église extrêmement difficile, et presque dangereuse pour les enfants. M. Périer éleva en l'air le plus jeune, en l'enveloppant dans son manteau; aussitôt le public touché de cet acte qui semblait commencer la paternité adoptive de cet honorable député pour la famille du général Foy, s'empressa de lui frayer un passage.

Cette cérémonie funèbre présentait un caractère de simplicité et de grandeur en parfait accord avec la douleur publique, digne de l'éloquent orateur qui a illustré notre tribune législative, digne du citoyen sublime dont la France porte le deuil. Ces pompes fastueuses, ces brillantes décorations où triomphe le génie des arts, étaient absentes de cette lugubre solennité accompagnée de regrets si vifs, et où tant de larmes ont été versées; un simple char, un simple cercueil, les insignes du plus haut grade militaire mérité par tant de services, cette épée, symbole de l'honneur, cette épée si souvent victorieuse pour la patrie, voilà ce qui fixait les regards, voilà ce qui rappelait de glorieux et touchants souvenirs. Que les superbes ornements des funérailles, que ce vain luxe de la mort soient réservés pour les favoris de la fortune et du pouvoir! ils en ont besoin pour triompher de l'indifférence publique.

Le mauvais temps n'avait pas cessé pendant la longue durée des cérémonies religieuses, et cependant la foule qui remplissait les rues et le boulevard, ne s'était point dispersée : au sortir de l'église, la pluie tombait par torrents; mais elle ne put ni déranger l'ordre, ni presser la marche du cortége. Depuis le faubourg Montmartre jusqu'au cimetière de l'Est, environ soixante mille personnes se sont avancées au mileu d'une double haie de spectateurs, les unes rassemblées aux fenêtres, d'autres placées dans des voitures stationnaires; d'autres, et c'était le plus grand nombre, à pied, sur les deux côtés des boulevards : toutes laissaient voir sur leurs figures des signes d'une véritable douleur. Dans cet immense concours de citoyens de tout âge qui escortaient le cercueil, il se trouvait des jeunes filles vêtues de deuil, des vieillards affaiblis par l'âge, des mères tenant leurs enfants par la main; on eût dit que cette grande réunion civique ne formait qu'une même famille qui déplorait en commun la perte d'un ami ou d'un père. C'est ici que l'on peut appliquer ces touchantes paroles de Plutarque au sujet des funérailles de Timoléon : « Il semblait que ce fût la procession de quelque feste solennelle, et estaient tous leurs propos, louanges et bénissements du trépassé, avec chaudes larmes aux yeux, lesquels témoignaient que ce n'était point par une manière d'acquit qu'ils lui faisaient cet honneur, ni parce qu'il eut esté ainsi ordonné, ains par le juste regret qu'ils avaient de sa mort, et par une libérale affection de vraye amour et bienveillance qu'ils lui portaient. » Paris répondait à ces sentiments; sur le passage du cortége, les boutiques étaient fermées dans les rues; elles l'étaient également sur le boulevard et dans les quartiers les plus populeux. Au coin de la rue Saint-Denis, un marchand avait drapé son magasin en noir et en blanc; la capitale offrait partout des emblêmes de deuil.

Le corps était toujours porté par une foule de citoyens qui se disputaient cet honneur, et se relayaient de distance en distance; magré la pluie, ils continuaient à marcher la tête nue; comme ceux qui suivaient ou précédaient le cercueil : chacun, tour-à-tour, s'efforçait d'en approcher assez près pour toucher le drap funéraire. A des intervalles, séparés par un profond silence, ces cris retentissaient de toutes parts, *Au général Foy !.... au défenseur des libertés publiques!* On croyait entendre la voix de la patrie. Les fenêtres, les balcons étaient couverts de monde; et par un sentiment des plus délicates convenances, tous ceux qui s'avançaient pour voir passer le convoi, avaient soin de cacher, sous quelque voile noir qu'ils se procuraient à la hâte, les couleurs de leur vêtement qui auraient paru en opposition avec le deuil public. Deux stations

f.

du cortége sur le boulevard ont été marquées par l'hommage de dames et de jeunes filles en grand deuil, qui sont venues déposer sur le cercueil des palmes et des lauriers.

Par un des ces contrastes trop communs dans une grande ville pour être remarqués, le cortége funéraire se trouva croisé, vers la rue du Temple, par une file de voitures, dont les cochers, parés de fleurs, annonçaient assez la joyeuse destination. Tandis qu'une multitude éplorée conduisait à son dernier asile l'homme de la gloire et de la patrie, quelques citoyens, ignorant la perte qu'elles venaient de faire, allaient célébrer une noce; ces mots ont frappé leurs oreilles : C'EST L'ENTERREMENT DU GÉNÉRAL FOY !! Aussitôt tous les convives du festin se précipitent hors des voitures, jettent loin d'eux les fleurs et les rubans dont ils sont décorés, et suivent à pied le char funèbre, au milieu des torrents de pluie, à travers les chemins fangeux qui restent à parcourir.

Dans le cours de la route, beaucoup de personnes avaient le désir bien naturel de voir de près et d'embrasser les enfants du général Foy, qui suivaient les premiers le corps de leur père; cet empressement attirait la foule autour d'eux, et les exposait à être trop pressés, mais à ces mots : *Place aux enfants du général Foy*, la foule s'écartait avec respect; et les citoyens formaient la chaîne pour les protéger; c'est ainsi que l'on parvint au cimetière de l'Est, où plus de trente mille personnes, groupées autour de la tombe ouverte, attendaient

depuis le matin les restes précieux qu'elle allait dé-
vorer. Un silence religieux avait régné dans ce
champ de l'éternel repos, où tant de créatures vi-
vantes se trouvaient alors réunies; vers quatre
heures, une mélodie céleste qui semblait commencer une espèce d'apothéose, causa de profondes émotions à la foule des assistants; tous les
cœurs répondaient à la tristesse de cette hymne
qui semblait remonter au ciel avec l'ame du héros
citoyen.

Aux derniers accords du chant mystérieux, quelques applaudissements indiscrets ayant éclaté, ils
furent réprimés par ce cri général d'indignation :
*Silence dans le séjour des morts! paix et respect aux
tombeaux*. Un bruit sourd annonçait l'arrivée du
convoi ; une partie de la foule réunie sur la colline
se distribua des deux côtés du chemin que le cortége devait parcourir pour arriver à la tombe. La
porte du cimetière était obstruée par l'immense
quantité des citoyens qui précédaient le convoi.

Le colonel, commandant les troupes, vint dire,
d'une voix émue : « Messieurs, veuillez bien vous
ranger sur deux lignes, le corps passera au milieu
de vous, et vous le suivrez jusqu'au lieu de la
sépulture. » Malgré l'obscurité de la nuit la plus
profonde, et le désordre inséparable d'un pareil
moment, chacun s'empressa de répondre à l'invitation du colonel.

Le cercueil, toujours porté par les jeunes gens,
traversa cette double haie de citoyens, au milieu
des gémissements, des pleurs et des bénédictions

dont on le saluait à son passage : « Adieu pour jamais, ombre chérie!.... honneur de la France!... il
était notre défenseur... il a toujours été l'appui du
courage malheureux!... il n'a jamais transigé avec
la puissance!... c'était l'homme de la patrie.... gloire
à ses mânes!... éternel honneur à sa mémoire!...»

  La nuit était profonde, quelques torches seulement en perçaient l'obscurité; enfin le cercueil pénètre dans l'asyle des morts; il s'avance lentement
avec une partie de son immense cortége, et arrive
sur les hauteurs couronnées par un autre peuple en
deuil qui attendait le défenseur de la patrie au lieu
où il allait reposer à côté de Savoye-Rollin, son
ami, auquel il avait rendu un si éloquent hommage[1],
et de Camille Jordan, mort, comme lui, avec calme
au milieu des plus intolérables douleurs, et fidèle
jusqu'à son dernier soupir à la cause sacrée. Lorsque l'orateur appelé à parler le premier dans cette
triste circonstance, s'approchait de la fosse que
venaient habiter les restes du général Foy, la
multitude, empressée d'entendre son éloge, avait
envahi involontairement plusieurs tombes; à cet
aspect, un vénérable octogénaire, M. Gohier, s'é-
crie : «Messieurs, honorez le héros citoyen, mais
songez que là reposent aussi Savoye-Rollin et Camille Jordan! ne foulez pas la cendre du juste et
du sage.» La foule s'écarte respectueusement à ces
paroles. Alors, à la clarté de quelques flambeaux
qui éclairaient d'une lumière sombre cette lugubre

---

[1] Voyez au *Constitutionnel* du 4 août 1824, le discours prononcé
par le général Foy sur la tombe de Savoye-Rollin.

scène, M. Casimir Périer s'avance vers la tombe, sur le bord de laquelle étaient rangés les principaux amis du général et ses enfants, et prononce, avec l'accent de la plus vive affliction, un discours éloquent et simple.

Au moment où l'orateur fit entendre ces paroles : « La France adopterait la famille de son défenseur, » le profond silence qui avait régné jusqu'alors fut interrompu par cette acclamation universelle : « Oui, oui, la France l'adopte ! les enfants du général Foy sont les enfants de la patrie. » L'assemblée entière répéta de même avec enthousiasme cet adieu de l'interprète de la douleur de la France, veuve d'un grand citoyen : « Honneur, éternel honneur au général Foy. »

Un autre discours fut prononcé d'une voix faible, entrecoupée de larmes, par le général Miollis, l'un des vétérans de l'armée française, qui n'était parvenu qu'avec la plus grande peine au bord de la fosse. M. le duc de Choiseul voulut payer aussi sa dette à la mémoire de l'illustre mort; mais les sanglots interrompaient sa voix; il ne put prononcer que quelques mots. M. Méchin, qui avait trouvé dans son ame ce que ses souffrances lui auraient refusé peut-être, le pouvoir de suivre le général jusqu'à la dernière demeure, recueillit toutes ses forces pour honorer, au nom de la députation de l'Aisne dont il fait partie, son collègue et l'homme de la France entière. A cet hommage succédèrent quelques touchantes paroles sorties du cœur de M. Ternaux, l'un des représentants de

l'industrie nationale. On entendit alors, pour la
première fois peut-être, en présence de la tombe,
un dithyrambe empreint de l'enthousiame et de
la douleur qui avaient inspiré M. Viennet; le poète
produisit une profonde impression sur les spectateurs. Enfin un général lut au nom d'une jeune
muse française[1] quelques vers qui respirent
l'amour de la patrie et l'admiration pour le héros.

M. Benjamin Constant, digne appréciateur des
talents, des services, de la renommée de son collègue, et profondément pénétré de la grandeur
d'une perte si difficile à réparer, devait offrir aussi
le tribut de la reconnaissance publique aux mânes
de l'orateur; il n'a jamais pu percer la foule immense qui assiégeait toutes les avenues du séjour
des morts; on estime que plus de quarante mille
personnes sont restées en dehors des portes du
cimetière. Il faut ajouter à tant de nobles hommages, les discours de MM. Kératry, Devaux (du
Cher) et Sébastiani, tous trois anciens collègues
du défunt, tous trois ayant combattu comme lui
à la tribune nationale. M. Royer-Collard, qui as-
sistait la veille à la sépulture d'un frère, voulut
rendre le même devoir à son illustre ami le général Foy. Assis depuis plusieurs heures à la même
place, devant la fosse préparée pour le défenseur
du peuple, ses forces cédèrent enfin à un si douloureux effort de constance; il fallut le conduire
dans une maison voisine : sans cette circonstance,

_____
[1] Mademoiselle Delphine Gay.

nous eussions sans doute entendu sortir de lui quelques-unes de ces paroles, filles des hautes pensées d'un homme de bien, que la conviction et les lumières rendent éloquent. Je ne dois pas oublier ici la belle péroraison inspirée par la vie et par la mort du général Foy, à M. Dupin, dans la cause célèbre où il a fait encore triompher la cause de la liberté. Un ancien député de Paris, M. Gévaudan, que son grand âge n'aurait point arrêté, si une maladie grave ne l'eût retenu, a fait déposer en son nom une couronne de chêne et de laurier sur le cercueil encore exposé à tous les regards. Enfin, les honneurs militaires rendus au général par un détachement de la garde nationale, et par un bataillon de ligne uni de sentiments avec tous les autres citoyens, ont terminé la lugubre cérémonie. L'un des grenadiers, avant de tirer son coup de fusil, s'est écrié, d'une voix forte : *Honneur au général Foy!*

Le silence a repris son empire; nulle voix ne se fait entendre, et la foule immobile écoute encore; les larmes coulent et les bouches restent muettes; mais lorsque le bruit sourd de la terre qui tombait sur le cercueil eut annoncé que les derniers vestiges du député de la France avaient disparu pour jamais à tous les regards, une dernière acclamation a salué son nom, et tout ce peuple de citoyens en deuil s'est écoulé en silence.

Au moment du départ, plus de deux mille personnes manifestèrent une dernière fois leur douleur, en baisant, en arrosant de larmes les épaulettes et les armes du défunt, que l'on venait de remettre à l'un de ses amis.

Un jeune homme, que la foule avait empêché de participer à ces touchantes marques de respect, suivait la voiture qui ramenait le neveu et les trois enfants du défunt, ainsi que M. Brady. Au moment où ce dernier descendit en tenant l'épée du général, le jeune homme se précipite à la portière, saisit l'épée, à laquelle il attache ses lèvres en prononçant ces mots d'une voix déchirante : *Que je baise l'épée d'un héros!*

Il était neuf heures du soir; la solitude où la durée de cette mémorable cérémonie avait plongé la plus infortunée des épouses et la plus tendre des mères, avait redoublé les déchirantes angoisses de son deuil; elle attendait avec une anxiété cruelle le retour de ses enfants, que retardaient encore les bénédictions d'une foule éplorée qui se pressait sur leur passage. Ils entrent, ils pressent les genoux et les mains de leur mère, qui les relève, et les serre sur son cœur, sans pouvoir rassasier pendant long-temps sa douleur et sa tendresse confondues ensemble. C'est après ce premier mouvement de la nature, qu'au récit des honneurs rendus à son époux par tout un peuple, sortirent d'elle ces paroles, dignes d'un long souvenir : « Mes enfants, vous êtes maintenant mon seul bien ; mais si vous deviez un jour manquer à la mémoire de votre père et tromper l'espoir de la nation, j'aimerais mieux que vous fussiez, dès à présent, descendus avec lui dans la tombe. »

Un célèbre amiral anglais, témoin des funérailles du général Foy, disait : « La nation française était mal connue ! Je suis maintenant convaincu qu'elle tient profondément au gouvernement représentatif, et qu'elle est digne de la liberté. » La France entière a justifié cette opinion, par l'unanimité de ses regrets, par son empressement à honorer la mémoire du défenseur des libertés publiques; et c'est encore un privilége des vertus et de l'éloquence du général Foy, que sa mort glorieuse ait eu l'avantage de révéler aux étrangers, à nos ennemis, à notre gouvernement, les sentiments du peuple français que l'on calomniait, en l'accusant d'indifférence, par un mot injurieux, et trop souvent répété. Non, le peuple généreux qui a répandu tant de larmes sur la tombe d'un grand citoyen, n'avait pas abandonné, n'abandonnera jamais la cause sacrée de la justice et de la liberté.

P. F. TISSOT.

NOTA. L'explication de la manière de travailler du général Foy, que l'on a trouvée à la page LII de cette notice, est la copie d'une note écrite de sa main en marge de l'ouvrage de Fox sur les Stuart.

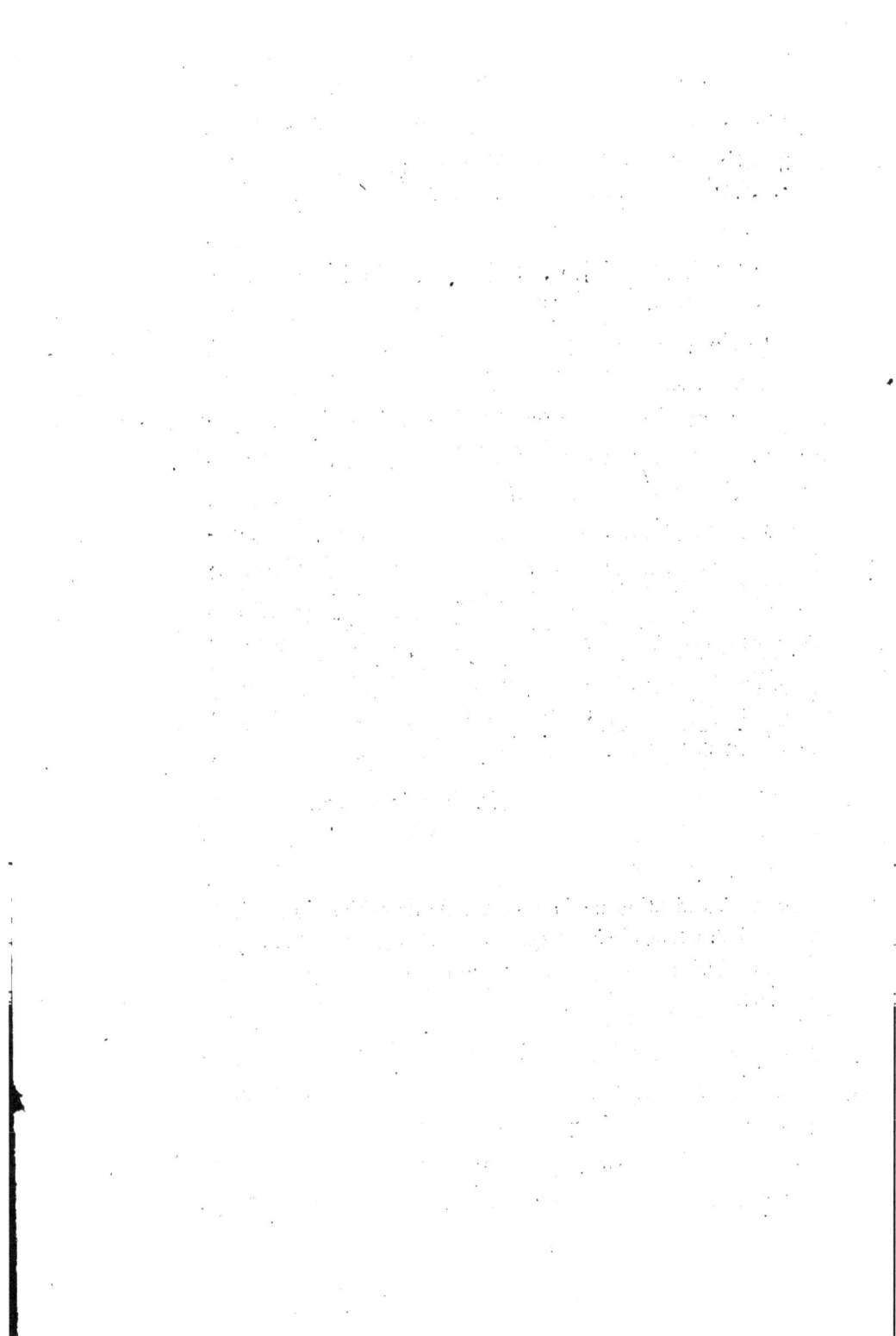

LE GÉNÉRAL FOY

ORATEUR.

———

Dans ces jours mémorables où la France, seule contre tous les rois, vit son indépendance menacée et sa liberté proscrite, un cri belliqueux retentit dans tous les cœurs de ses enfants. Une jeunesse ardente et sensible court aux armes. Le fabricant abandonne ses ateliers, le laboureur sa charrue, le légiste ses livres : il semble qu'il n'y ait plus de gloire pour un Français que dans les combats; chaque ville est une place de guerre, le pays un camp, le peuple une armée.

C'est au moment où cette fièvre généreuse embrasait toutes les ames qu'un jeune homme de dix-sept ans, impatient du joug de l'étude qui enchaînait son courage, s'échappe de l'école pour courir à la frontière. Il part; il se jette dans le premier bataillon qu'il rencontre. Le canon de Jemmapes tonne, de nombreuses redoutes vomissent la mort; il s'y précipite au bruit des chants guerriers que répètent nos jeunes légions. Il voit fuir l'ennemi, et il assiste à la première victoire de la liberté.

Ce jeune héros, qui ne s'arrêtera plus dans la carrière de la gloire; que verront presque tous les champs de batailles de l'Europe; qui, après avoir, pendant la guerre, versé son sang pour la patrie, voudra encore, dans les loisirs de la paix, combattre et mourir pour elle; qui ne laissera reposer le fer des combats que pour saisir le glaive de la parole; qui, dans la tribune aux harangues, n'aura quitté ni le poste de l'honneur, ni le champ de la victoire; ce député du peuple qui sera le modèle des orateurs, après avoir été le modèle des guerriers : c'était le grand citoyen dont la France est en deuil; c'était le général Foy.

Né fier et sensible, il embrassa la cause de la révolution avec enthousiasme; il la défendit avec conviction; mais son cœur, noble et pur, se souleva contre ses excès. Il comprenait trop bien la liberté pour ne point haïr la licence. A travers ce foyer de gloire qui dérobait les infortunes sanglantes de la patrie à ses généreux défenseurs, son regard chagrin voyait l'abîme que creusait l'anarchie et que ne pouvaient combler nos trophées. Préludant à ses glorieuses destinées, le bivouac était une tribune d'où il éclatait contre l'oppression; placé entre le champ d'honneur et l'échafaud, il exposait doublement sa vie, convaincu que sous le fer de l'étranger et sous le glaive des bourreaux, c'était toujours la perdre pour la France.

Plongé dans les cachots d'Arras, il n'en sortit que pour revoler au poste du danger. Loin d'accuser la liberté, il l'aima de toutes les souffrances qu'il avait endurées pour elle, et quand il en fallut faire le sacrifice pour sauver l'indépendance du territoire, il en conserva le foyer dans lui-même. L'apparence seule de l'arbitraire révoltait son ame généreuse; comme tous les nobles caractères, un certain attrait le portait toujours vers les victimes de l'oppression. Bientôt les armées eurent aussi leurs courtisans et le temps vint où, pour avancer, il ne fallait pas seulement de la bravoure et du mérite; aussi sa fortune militaire ne fut-elle point rapide : il conquit tous ses grades et tous ses honneurs à la pointe de l'épée.

Il ne fut jamais esclave que du devoir : sous le joug de la discipline militaire, il gardait l'indépendance de son esprit; mais l'amour de la patrie était la plus ardente et la plus douce de ses affections, et les faveurs de la gloire le consolaient des disgraces de la liberté.

Quand les éléments et les peuples conjurés vinrent nous arracher le sceptre du monde, quand les hommes du Nord, traînant à leur suite cette foule de rois que nous avions soumis ou que nous avions couronnés, débordèrent comme un torrent sur nos belles et opulentes provinces, fidèle à la France et à l'honneur, le général Foy attendit sous les armes qu'il fût relevé de ses serments. Il n'insulta ni à la gloire de son pays ni à la chute de son souverain. L'ancienne famille de nos rois reparut au milieu de nous présentant à la France la liberté pour la consoler de l'inconstance de la fortune. La charte constitutionnelle la remettait en possession de ces droits qu'elle avait invoqués à la brillante aurore de 1789, de ces droits pour lesquels elle avait fait de si glorieux et de si sanglants sacrifices! Elle ressaisissait ainsi sa première conquête dans le sein de sa dernière défaite; la patrie, restée debout sur les ruines de la victoire, fit un appel à tous ses enfants. Une gloire plus pure et plus douce s'offrait à ses défenseurs : les nobles débats de l'éloquence allaient succéder aux luttes désastreuses de la guerre. Le général Foy sentit renaître toutes les émotions de sa jeunesse et toutes les espérances de sa vie : une autre carrière s'ouvrait à ses talents; de nouveaux trophées souriaient à son courage, et il s'élança du champ de bataille à la tribune nationale où l'attendaient le triomphe et la mort.

Il s'était fait soldat dès que son bras avait eu assez de force pour porter une arme, il voulut être député dès que l'âge lui permit d'aspirer aux suffrages de ses concitoyens. Il entra dans la lice de la candidature avec ce noble orgueil d'un homme qui sent ce qu'il vaut, et qui a la conscience de sa future renommée. Sa profession de foi fut franche, loyale; il promettait de défendre les libertés nationales jusqu'à la mort. Il a tenu ses serments.

C'eût été un prodige que les privilégiés de la vieille France, qui avaient mieux aimé ouvrir dans le sein de leur pays tous les abîmes d'une révolution populaire que de renoncer à d'antiques prérogatives en désaccord avec les mœurs et les intérêts d'une nation émancipée, adoptassent sans arrière-pensée un ordre constitutionnel qui consacrait toutes les conquêtes morales de la France nouvelle, et qui la mettait en possession de tous les droits pour lesquels elle avait si long-temps combattu.

Tant de bonheur ne nous était point réservé. La charte constitutionnelle, en couvrant l'universalité des citoyens d'une égale protection, reconnaissait tous les intérêts tels que trente ans les avaient établis; elle garantissait les positions individuelles telles qu'un grand mouvement social les avait fixées. Pouvait-elle ne pas déplaire à des hommes qui ne voyaient dans la révolution qu'une longue révolte, qui revendiquaient comme légitimes tous les priviléges qu'ils avaient perdus, et qui, croyant nous avoir subjugués parce que l'étranger nous avait envahis, prétendaient user en vainqueurs de tous les droits de la conquête des autres?

Ils ne virent dans la constitution définitive de l'état qu'une concession transitoire arrachée par la circonstance, et qui devait mourir avec elle; qu'une espèce d'amnistie révocable octroyée par une politique timide à une gloire encore trop récente; et quand de nouvelles crises, nées de la défiance des peuples, ramenèrent sur le sol de la patrie d'autres catastrophes, et qu'il fut prouvé à l'Europe que la France était trop fortement attachée à ses institutions pour qu'on pût les lui reti-

g

rer sans périls pour le repos du monde, leurs ennemis changèrent de marche, ils n'aspirèrent plus qu'à s'en emparer eux-mêmes, et qu'à les diriger contre les intérêts qu'elles étaient chargées de soutenir. Dès-lors on les vit assiéger cette citadelle de nos droits; grace aux intelligences qu'ils s'y étaient assurées, miner, détruire chaque jour un des remparts qui en faisaient la force, et, pénétrant par ruse ou par trahison jusqu'au cœur de la place, employer à leur profit les armes destinées à les combattre, les tourner contre ceux-là même qu'elles devaient défendre, comme du haut d'une forteresse tombée entre ses mains l'ennemi foudroie la population qu'elle était destinée à protéger.

Cependant une poignée de braves résistait encore; toujours accablés par le nombre et recommençant toujours le combat, ils disputaient le terrain pied à pied et balançaient la victoire; c'est dans cette glorieuse mêlée que se jeta le général Foy. La guerre ne cessa point pour lui, il l'avait faite à l'ancien régime et à l'étranger; il se retrouva en face de l'étranger et de l'ancien régime.

Il ne faut plus le taire! les temps de l'histoire sont arrivés, et déjà elle a jugé cette terrible lutte entre les partisans et les adversaires des gouvernements représentatifs: les ennemis de la France ne s'étaient résignés à la voir libre, qu'à condition qu'elle resterait faible, et quand ils s'aperçurent qu'elle puisait dans ses institutions une force qui pouvait la rendre encore redoutable et puissante, ils favorisèrent ceux qui avaient toujours voulu qu'elle fût esclave, ou plutôt leur alliance, qui avait commencé avec la révolution, fut continuée après la charte, et l'étranger qui nous avait fait la part de notre indépendance, prétendit régler la mesure de nos libertés. Nos institutions parurent à la barre des congrès, nos droits électoraux furent cités à Aix-la-Chapelle, notre diplomatie reçut les ordres de Véronne.

Ces tiraillements des factions qui nous tourmentent au-dedans, et qui nous paralysent au-dehors, n'ont pris leur source que dans la politique anti-nationale de cette foule de ministres, qui tous ont traité la France en ennemie, et l'étranger en auxiliaire.

Le général Foy, qui n'avait que du sang français dans les veines, combattit ce système impie et funeste de toutes les forces de son talent, de toute l'énergie de sa persévérance. Quand il vint siéger à la chambre représentative, on s'attendait bien à trouver en lui la loyauté et la vigueur d'un homme d'épée, mais on était loin de soupçonner que du volcan éteint des batailles de la révolution, sortirait l'orateur qui unirait comme Scipion les palmes de l'éloquence aux lauriers de la guerre.

Le jour où pour la première fois il aborda la tribune aux harangues, ce fut pour invoquer la justice du trône en faveur de ses vieux frères d'armes, ce fut pour en appeler à la munificence nationale de la parcimonie ministérielle qui avait réduit les faibles traitements des membres de la Légion-d'Honneur, véritables pensions alimentaires de la gloire. Que d'énergie, de mouvement, de sensibilité dans ce premier discours! que de noblesse dans l'expression, que de fierté dans la plainte! Quelles émotions profondes il jette dans tous les cœurs! Avec quelle dignité s'attendrit sur l'infortune de ses compagnons mutilés l'orateur sillonné lui-même par le fer de l'ennemi! Ce sont ses blessures qui parlent!

A ces généreux accents, la France énorgueillie salúa le nouvel orateur, et se reposa sur lui du soin de venger sa gloire et de défendre ses droits. La majorité même de l'assemblée, où fermentaient tant de passions et de préjugés que le talent irrite au lieu de les convaincre, lui paya le tribut de son étonnement muet et de son admiration silencieuse.

Une attitude calme et fière, un organe sonore et pénétrant, un geste plein de noblesse et de grace, un regard brûlant où se réfléchissaient tous les mouvements d'une ame enflammée de l'amour de la patrie, une diction pure et forte embellie par des tours heureux, animée par des images pittoresques; une sensibilité qui ne doit rien à l'art et qui a tout son foyer dans le cœur; un air chevaleresque qui rappelait encore le guerrier et qui donnait à toutes ses paroles ce charme si puissant sur une nation qui, dans la jalousie de sa liberté, aime toujours à se souvenir de sa gloire, tels étaient les caractères de cette éloquence brillante et sage qui illustra la tribune et qui consola la France.

Ce noble rôle d'avocat des opprimés, il le continua dans tout le cours de sa carrière législative ; il n'est pas un infortuné auquel il n'ait prêté le secours de sa voix, pas une injustice qu'il n'ait combattue, pas une douleur qu'il n'ait écoutée. Et ce n'est pas seulement de ses anciens frères d'armes qu'il embrassait si généreusement la cause ; député de la France, il se faisait le défenseur d'office de tout Français en butte aux caprices du pouvoir ou à la haine des partis. Appliquant à la vie politique les devoirs rigoureux de la vie militaire, il semblait que la protection de la faiblesse et du malheur fût une consigne qu'il avait reçue de ses commettants. Il lisait avec une religieuse exactitude ces feuilles volantes où l'on enregistre les vœux et les plaintes qui, de toutes les parties du royaume, viennent retentir dans le temple des lois, et si quelque vexation, quelque abus d'autorité frappait ses regards, il était toujours là pour défendre la victime et pour faire rougir le persécuteur. Noble et belle mission dans un temps de passions et de trouble, de réaction et de vengeance où le pouvoir entraîné frappe au hasard et se blesse presque toujours lui-même !

Il est, sur les rivages des mers semées d'écueils, des êtres généreux qui, s'élevant au-dessus de l'humanité, dévouent leur vie tout entière à secourir les infortunés qu'y jette la tempête ; dès que la foudre gronde, on les voit s'élancer vers la rive et l'œil fixé sur les flots en courroux, attendre l'occasion de sauver leurs semblables. Tel était le général Foy au milieu des orages politiques de la

France, la tribune était le port hospitalier où il se trouvait toujours pour recueillir les victimes.

Il n'oubliait point qu'un député des communes doit être l'économe des deniers du peuple, que le travail et l'industrie sont les deux sources de la richesse des nations, et que l'excès des impôts appauvrit non-seulement le producteur qui les paie, mais l'état qui les exagère; l'ancien régime lui avait appris que les gouvernements périssent par les finances, que les banqueroutes précèdent et suivent les révolutions : aussi était-il le contrôleur le plus sévère des abus, le surveillant le plus actif des dilapidations, l'ennemi le plus impitoyable de tous les désordres. Il pâlissait sur le budget et les comptes, assemblage informe et obscur de chiffres jetés au hasard, et plus propres à dissimuler qu'à faire connaître les dépenses; et bientôt il s'aperçut que l'absence de toute spécialité ne faisait de la discussion des projets de lois de finances qu'une espèce de mystification politique.

En laissant aux dépositaires du pouvoir, sous leur responsabilité constitutionnelle, la plus grande marge pour subvenir à tout ce qu'exige le gouvernement d'une vaste monarchie, il voulait que la gestion des affaires de l'état fût exempte de fraudes et de malversations; que les ministres, respectant le vote des chambres, ne missent pas une sorte d'ostentation à maintenir ou à augmenter des dépenses qu'elles avaient supprimées; que la solde qui doit payer les défenseurs de l'état ne fût point détournée d'une si noble destination ; que le nombre des hommes présents sous les drapeaux fût religieusement constaté , et qu'il offrît ainsi un contrôle qui ne permît aucun doute sur la réalité des paiements. Tous ses efforts ayant été vains pour obtenir d'aussi importantes améliorations , il n'en travailla pas moins avec une admirable patience à saisir le fil conducteur qui pouvait le guider dans ce labyrinthe ; et telle était la promptitude et la sagacité de son esprit, qu'il vint à bout d'en pénétrer toutes les sinuosités et d'en connaître tous les détours. Il étonnait la chambre par la variété prodigieuse de connaissances qu'il déployait dans toutes les branches de l'économie sociale, et surtout dans l'administration de la guerre, dont les détails immenses lui étaient plus familiers qu'aux ministres mêmes chargés du poids de la discussion. Ceux-ci, harcelés de ses vives questions, pressés par ses attaques vigoureuses, n'y échappaient le plus souvent qu'en se repliant sur ces majorités compactes, au sein desquelles le pouvoir s'assure un refuge contre les défaites de la tribune.

Cet énorme volume de la loi des finances , dont on gratifie chaque année les députés qui doivent la débattre, était l'objet constant des études et des veilles du général. La marge de chacun des chapitres était surchargée de ses notes. C'était l'arsenal où il trouvait toujours des armes prêtes pour ces discussions orageuses auxquelles il sacrifiait son repos, sa santé et sa vie. La collection complète de ses budgets est un monument curieux de sa sollicitude patriotique et de sa constance infatigable. Dans cette lutte de chaque année, il apportait toujours de nouvelles forces, parce que l'intervalle de chaque session n'était qu'une trève durant laquelle il se retrempait pour un nouveau combat.

Mais il avait la conviction profonde que la meilleure garantie des droits individuels est dans le respect des droits politiques; que sans élections conformes à l'esprit de la charte, il n'y a point de droit de pétition, point de vote libre de l'impôt; que lorsqu'il y a fraude dans le principe électoral, il y a fausseté dans la représentation, violence ou hypocrisie dans le pouvoir, malaise dans la société; que le gouvernement, frein de toutes les passions, lien de tous les intérêts, n'est plus qu'une lutte perpétuelle contre le pays; que son travail de toutes les heures étant de faire mentir les institutions, il sème partout la défiance et énerve lui-même le principe de la force; qu'on ne croit plus à ses paroles, ni même à ses bienfaits; qu'en trompant il invite à la tromperie, et qu'il y a dès-lors entre la société et le pouvoir un échange de fausseté, une guerre sourde au sein de laquelle fermentent les haines qui lèguent des malheurs incalculables à l'avenir.

Toute la charte repose sur l'égalité devant la loi: c'est ce grand principe qui la rendait si précieuse à la France, et qui la rendait insupportable aux ennemis de notre régénération sociale. Mettre dans le code électoral le privilége que repoussait la loi fondamentale, c'était la corrompre dans sa source, c'était la changer. Et cependant, tel était le but constant de toutes les machinations secrètes. La première loi investissait du droit de voter toutes les influences sociales; elle était même plus aristocratique que ne le comportait l'extrême division de la propriété. Elle était rassurante pour le trône, mais elle effrayait l'ancien régime, car elle ne pouvait donner que la représentation des intérêts nationaux, telle qu'un quart de siècle les avait fixés, et l'on voulait la majorité de ceux que la révolution avait froissés ou compromis. Le pouvoir n'a jamais agi autrement depuis la restauration: quand les lois ne lui ont pas rendu en arbitraire ou en despotisme tout ce qu'il en avait attendu, il les a brisées.

Ce funeste projet, élaboré au congrès d'Aix-la-Chapelle, se tramait dans une partie du ministère, dominé ou séduit; mais, telle était déjà la force de nos jeunes institutions, qu'il eût entraîné la ruine de ses imprudents auteurs, quand un horrible événement vint arracher à la terreur de la chambre élective, ce qu'aucune puissance humaine n'aurait jamais obtenu de sa conviction.

Une royale victime tombe sous le couteau d'un frénétique : la France consternée s'enveloppe d'un deuil profond ; elle appelle à grands cris la vengeance des lois sur le crime, et elle est mise en jugement avant le criminel! C'est en agitant du haut de la tribune son poignard sanglant, qu'on signifie au pays d'offrir en holocauste ses droits les plus précieux; toutes ses libertés sont à la fois accusées comme si elles étaient complices de l'assassin : les lettres de cachet, la censure, le double vote, sont invoqués comme des expiations nécessaires; et l'esprit de faction, habile à exploiter les catastrosphes, sait mettre à profit l'indignation et l'épouvante qu'excite toujours un grand crime.

Toujours traitée par le pouvoir comme une ennemie qui veut abattre et non comme une sentinelle qui garde, l'opposition montra l'attitude la plus calme ; sa fermeté ne faiblit point dans sa douleur. Il fallait du courage pour défendre la France et la liberté : elle se montra digne de sa mission.

Dans ces jours de deuil, le général Foy déploya toute l'énergie et toute la sensibilité de son ame ; il voyait, dès long-temps, la marche de la faction qui ne demandait l'arbitraire que pour l'exercer elle-même; le monopole des élections, que pour se faire une majorité par la fraude ou par la violence. Quel beau mouvement que le passage de son discours sur la liberté individuelle où il rappelle le meurtre d'Henri IV tombé sous les poignards de la ligue, d'Henri IV contre lequel s'élevait presque chaque jour la voix de prédicateurs frénétiques! Et cependant la religion fut-elle proscrite ? La chaire devint-elle veuve des orateurs sacrés ? Le gouvernement fut trop sage pour ébranler lui-même le fondement de sa puissance. La liberté est aujourd'hui un des éléments de sa force : gardons-nous d'y porter atteinte ; défions-nous de ces factieux qui veulent rendre la nation complice d'un crime solitaire. « N'en a-t-on pas entendu, s'écrie l'orateur indigné, qui s'efforçaient à déverser le soupçon jusques sur les vieux défenseurs de la patrie! Ils ne savent donc pas, les insensés, que du cœur d'un soldat peut jaillir la colère, mais jamais la traîtrise ; ils ne savent donc pas que les braves s'entendent et se devinent, et que c'était particulièrement sur le plus jeune des fils de notre roi que nous comptions pour les jours du danger, comme lui-même avait compté sur nous! »

Le sacrifice était consommé d'avance! la liberté individuelle, la liberté de la presse furent suspendues; du moins ce n'était qu'un voile funèbre jeté sur l'autel de la patrie, un temps plus heureux pouvait le faire resplendir encore de tout son éclat? Rien n'était perdu avec la charte et surtout avec la loi d'élection, réparatrice constante de toutes les fautes et de tous les excès. Mais c'était son renversement que méditaient les ennemis acharnés de nos institutions, et les ambitieux qui de loin se frayaient au pouvoir une route que leur fermait à jamais une loi nationale et constitutionnelle. Le ministère placé sous la terreur d'un événement qui le précipitait vers la violence, cédant d'ailleurs à cette force étrangère d'une alliance organisée contre la liberté des peuples, effraya la France de ce nouveau projet qui éclata au milieu du trouble et de la désolation publique. Qui ne se rappelle avec douleur ces jours de désespoir où les baïonnettes brillaient autour du temple des lois, et où ses paisibles avenues étaient métamorphosées en une bruyante place d'armes?

Le sang des citoyens fut versé, triste et effroyable augure! et le nouveau code électoral ne fut qu'une bataille gagnée par le ministère contre la France. Le général Foy fut à la hauteur de ces circonstances si graves et si terribles. Aucun danger ne put glacer son courage; sa voix libre au milieu de toutes les passions déchaînées, s'éleva au-dessus du tumulte des armes et des clameurs d'une faction. Il prophétisa du haut de la tribune la ruine de la liberté. Il annonça aux imprudents auteurs de la loi nouvelle, qu'ils en seraient les premières victimes. Cependant une lueur d'espoir vint consoler les amis de la patrie; Camille Jordan, qui puisait une éloquence persuasive dans une ame tendre et pure comme celle de Fénélon, fit entendre les derniers accents d'une voix prête à s'éteindre. Au bord de sa tombe, il rassembla ses forces défaillantes pour arracher du moins au privilége une partie de sa proie, comme si, pour mourir paisible, il avait eu besoin que la liberté lui survécût. Il put l'espérer un instant! à l'ouverture de l'urne législative, une voix lui assura un premier triomphe; mais les amis de la charte remirent le combat au lendemain, et les séductions d'une nuit renversèrent tous les efforts de la veille. Cinq suffrages, ceux-là mêmes des ministres qui apportaient la loi, instrument de leur perte, décidèrent de la victoire; la peur, la faiblesse des uns, les préventions funestes ou les sordides intérêts des autres assurèrent la majorité à un parti qui, livré à lui seul, n'aurait jamais pu l'obtenir.

Le général Foy se multiplia pour ainsi dire dans ces immortels débats; on le vit se retrancher sur chaque débris, le disputer avec toute l'énergie du caractère, avec tout le courage du désespoir ; hélas ! ces deux orateurs si chaleureux et si purs, que l'amour de la liberté réunissait à la tribune, la même tombe rassemble aujourd'hui leurs dépouilles. La mort a rapproché dans une étroite enceinte deux hommes dont la vie fut également belle, Foy et Camille se sont rejoints., ils reposent l'un à côté de l'autre, et le double monument élevé à leur gloire fraternelle verra se confondre dans l'avenir les hommages de tous les admirateurs du talent, et de tous les amis de la vertu.

La loi d'élection a porté ses fruits amers. D'un des droits les plus précieux du citoyen elle a fait un instrument de déception et de crainte, du libre vote un impôt sur la conscience. Sortie du sein des orages, elle fut une grande faute et une grande leçon ; avant de décimer les libertés publiques, elle a dévoré ses auteurs ! Le ministère dont elle était émanée s'aperçut trop tard qu'en cédant à une faction impatiente du pouvoir, il en avait fait passer le sceptre dans ses mains. Il tomba sans laisser de regrets, et telle était la fatigue et le dégoût qu'il avait excités par ses tristes condescendances que la France espéra plus de ses ennemis déclarés, que de ses impuissants défenseurs, et qu'elle aima mieux se réfugier dans la haine, que de se reposer dans le mépris. Ce ministère vacillant s'évanouit au premier souffle, parce qu'il avait cherché son point d'appui hors de la nation, comme un arbre sans racines, quel que soit le tuteur étranger qui le soutienne, est renversé par le premier ouragan.

Il avait pour chef un homme de mérite et de probité qui aimait la France, et auquel il n'a manqué que de la connaître assez pour lui rendre, en Occident, par la libéralité de ses institutions, la haute place qu'elle y avait occupée par l'éclat de ses conquêtes. M. de Richelieu avait vécu trop longtemps hors de sa patrie pour n'avoir pas conservé contre la France nouvelle quelques préventions qu'entretenaient encore des esprits chagrins, et qu'aigrissaient de tout leur pouvoir d'adroits ambitieux, qui brûlaient de s'asseoir à sa place. Il avait trop de patriotisme pour qu'il ne se montrât pas quelquefois rebelle à l'influence étrangère, mais par malheur il ne se fiait point assez à une nation dont il avait été long-temps séparé, pour chercher dans elle seule des éléments de force et de durée.

Il a eu, comme tant d'autres ministres d'état, le malheur de voir une tendance aux révolutions dans cet esprit général qui n'aspirait qu'au maintien de tous les intérêts et de toutes les positions sociales conquis par tant de gloire, de malheurs et de sacrifices, et dans ces sourdes inquiétudes que justifiaient trop les prétentions téméraires d'hommes, aux yeux desquels la charte n'était que le pardon du passé, au lieu d'en être la garantie.

Quel éternel sujet de douleur que la confiance de cet homme d'état dans la France n'ait pas égalé la pureté de son cœur et la loyauté de son caractère! Jamais premier ministre ne se trouva dans une situation plus belle pour fonder sa renommée sur la grandeur de son pays.

Nos institutions, à peine développées, avaient fait sur les peuples voisins des conquêtes morales, plus réelles que les conquêtes de nos armes. Longtemps la terreur des nations, nous pouvions aspirer à l'honneur plus doux d'être leur modèle. Toutes regardaient avec envie cet heureux état social où la monarchie est assez forte pour ne pas craindre la liberté, et où la liberté est renfermée dans des limites assez étroites pour ne pas alarmer la monarchie. L'Espagne, affaissée sous le joug ignoble du monachisme, aspirait à relever son front de la poussière des cloîtres; Naples et Turin, courbés sous la verge de fer de l'Autriche, jetaient un regard d'espérance sur leur ancienne alliée, et invoquaient la liberté pour reconquérir l'indépendance.

Quel moment pour un grand ministre appuyé sur un grand peuple! Quelle occasion de briser les liens honteux qui tenaient nos libertés attachées aux chaînes des monarchies absolues, de former à l'occident un faisceau de monarchies constitutionnelles, que n'auraient jamais pu rompre les efforts conjurés de nations forcément unies par une communauté d'esclavage.

Le cœur français du général Foy palpitait à l'as-

pect de cette grande image des libertés du midi
de l'Europe, groupées sous l'égide protectrice de la
France; à ce spectacle imposant d'une tribune élevée près de chaque trône où régnait un Bourbon. Il aimait mieux voir son pays à la tête des
états libres qu'à la suite des états despotiques; sa
loyauté ne pouvait comprendre qu'une grande
nation, gouvernée par une charte libérale, fût je-
tée dans une alliance de rois ligués contre les
gouvernements représentatifs; il ne s'expliquait
pas comment il nous serait possible de nous mou-
voir dans le sens de nos institutions, en réglant
notre marche sur celle de leurs ennemis; comment,
nous étant faits les satellites d'un astre étranger,
nous ne serions pas entraînés dans son orbite.

Ce contre-sens politique ne révoltait pas moins
sa franchise que sa raison; et quand notre ministère, tout à la fois infidèle à la vieille politique de
la France et à ses nouvelles institutions, vit d'un
œil tranquille et satisfait l'Autriche établir au-
delà des Alpes sa domination et son système, le
général Foy fit éclater l'indignation la plus généreuse. Il flétrit dès-lors ce système d'intervention
armée dont on nous donnait l'exemple pour se
préparer à nous en donner l'ordre.

Mais le ministère français avait gardé la neu-
tralité dans cette première attaque. Il fallait à la
sainte-alliance des auxiliaires plus aguerris dans
la haine de la liberté. La chute de M. de Richelieu
fut décidée, et M. de Richelieu tomba. Abandonné
de la nation qu'il avait déshéritée de ses droits, sa-

crifié par la ligue européenne, qui le trouvait encore trop français ; sans appui au-dedans, sans secours au-dehors, ce ministère se trouva seul au milieu des mécontentements qu'il avait soulevés et des passions qu'il n'avait pas satisfaites : il fut renversé au premier choc, et ne sut pas même finir avec dignité ; il commit la faute immense d'appeler dans son sein les adversaires de son pouvoir, sans se douter qu'il donnait lui-même la main à ses successeurs. L'intérêt peut s'attacher aux victimes, jamais aux dupes.

Le duc de Richelieu reconnut trop tard les fatales illusions auxquelles il s'était livré. Il ne regretta du pouvoir que la possibilité de réparer ses erreurs. Son seul chagrin fut de voir tomber les rênes de l'état entre les mains d'hommes inhabiles à le conduire. Cette conviction le blessa au cœur. Il en est mort, et il a tracé, dans ses dernières années, les tristes souvenirs qui agitaient son ame généreuse. Les révélations de sa probité et de sa douleur ne seront pas perdues pour l'histoire.

Ici s'ouvre la troisième période de la carrière législative du général Foy. Le nouveau ministère débuta par des actes qui ne trahirent ni son origine ni sa destinée, et le courage de l'orateur citoyen grandit avec les périls de la liberté.

Toutes les factions aristocratiques et monacales de l'Europe appelaient dès long-temps sur l'Espagne la colère des rois. Quand, après deux années d'efforts et de corruption, elles eurent jeté dans son sein

toutes les torches des discordes civiles, elles atten-
dirent de Vérone les foudres qui devaient éclater au
milieu des éléments de combustion qu'elles avaient
amassés dans la malheureuse Péninsule. La guerre
est résolue, mais pour qu'elle soit plus morale on
décide qu'elle sera faite par la France. Il convenait
aux grandes monarchies que notre pays se purifiât
de sa révolution en étouffant de ses mains la révolution d'Espagne. Il convenait aux aristocraties
de l'Europe que la France, jouissant d'un gouvernement représentatif, portât à la pointe de l'épée
les bienfaits du pouvoir arbitraire à d'anciens alliés qui voulaient être libres.

Sur un signe des monarques absolus rassemblés
à Vérone, le ministère d'un roi constitutionnel se
fit le chargé de pouvoirs de leur vengeance. Pour
ouvrir la campagne il fallait des subsides; les demander aux chambres, c'était mettre en question la guerre même. La sainte-alliance était tranquille, la loi du privilége venait de grossir, dans
la chambre élective, le nombre de ses adhérents,
mais l'ostracisme de la dissolution n'avait pas encore arraché de ses bancs tous les défenseurs de
la liberté des peuples.

La lutte fut vigoureuse; l'opposition constitutionnelle y déploya une rare énergie et une immense supériorité de talent : c'est dans cette discussion mémorable que le général Foy s'éleva à
toute la hauteur de l'éloquence parlementaire.
Écrasé par le feu de toutes les forces nationales,
qui le foudroyaient sur son banc, le ministère

laissa échapper de la bouche de son chef l'humiliant aveu que la guerre contre l'Espagne lui était ordonnée par l'étranger. « Il faut vous résoudre, s'écria-t-il, à attaquer la révolution espagnole aux Pyrénées ou à l'aller défendre sur les frontières du Rhin.» Paroles que ne put entendre sans un noble frémissement cette nation belliqueuse, qui naguère donnait des lois à l'Europe, paroles dont la honte, tant qu'il existera une France, pesera d'âge en âge sur la mémoire de l'homme d'état qui en fut coupable.

A ces mots si nouveaux pour des Français, une rougeur généreuse colore le front de l'orateur qui s'était préparé aux triomphes de la parole par les triomphes de la guerre! De quelles foudres s'enflamme sa mâle éloquence pour les dénoncer à la fierté nationale? Avec quel noble courroux il proteste au nom d'un million de braves, pour qui la victoire sur l'étranger ne fut si long-temps qu'une glorieuse habitude, contre cet outrage aux mânes des héros morts pour la patrie, et au courage des guerriers qui avaient survécu à ses revers.

Cependant les Pyrénées sont franchies! Épuisée par plusieurs siècles d'oppression, rongée par le fanatisme, tourmentée d'ailleurs par les discordes civiles que soudoyait l'or de l'Europe, sans armée, sans trésors, sans union intérieure, la malheureuse Espagne, surprise dans l'enfantement d'une nouvelle organisation politique, est vaincue presque sans combats. Une armée française, commandée par un prince généreux, ne fait, pour ainsi

h.

dire, qu'une promenade militaire jusqu'aux colonnes d'Hercule; l'auguste généralissime s'annonce
comme modérateur, et tous les chefs, confiants
dans sa parole, viennent lui remettre leur épée.

L'ordonnance d'Andujar parut, et l'Espagne put
espérer un terme à ses maux; mais cette ordonnance appartenait au cœur du prince et la sainte-alliance en ordonna la révocation. Il fut décidé que
la Péninsule serait remise sous le joug du pouvoir
absolu, et le duc d'Angoulême s'éloigna de cette
terre proscrite. Il revint avec la gloire de tout le
bien qui s'était fait. Chef d'une armée française,
sa fierté ne pouvait descendre au rôle de ministre
des volontés de l'étranger. La partie morale de
l'expédition eut peu de succès; le spectacle dé-
goûtant des saturnales du pouvoir absolu inspira
à nos jeunes légions plus d'amour pour la liberté,
comme la vue des Ilotes plongés dans l'ivresse
faisait aimer la tempérance aux fils des Spartiates.
L'armée française d'Espagne n'eut de sympathie
que pour ses ennemis et de répugnance que pour
ses auxiliaires. Elle fut dans ce malheureux pays
la providence des Espagnols qu'elle allait combattre, et l'effroi de ceux qu'elle allait secourir.

Toutes les sinistres prévisions du général Foy
s'accomplissent : l'Espagne est occupée, mais la
guerre n'a fait que hâter sa ruine. Elle a précipité
le divorce de ses colonies, qui soutenaient encore
sa puissance caduque, et lui a ravi la liberté, qui,
seule, pouvait la dédommager des trésors de l'Amérique. Mais notre habile ministère crut avoir donné

une grande leçon aux peuples, en condamnant l'Espagne à croupir dans la superstition, et tandis qu'il
faisait retentir si haut la gloire d'avoir éteint le
flambeau d'une monarchie constitutionnelle, les
phares de vingt nouvelles républiques s'allumaient
sur tous les rivages du Nouveau Monde.

Cependant il se pavanait dans sa victoire; il résolut d'en profiter pour démolir encore quelqu'article de la charte; il avait pris goût aux succès faciles; il voulut triompher dans les chambres comme
en Espagne. Une chambre élective où il n'avait
qu'un petit nombre d'adversaires ne pouvait rassurer ces terribles vainqueurs; il leur en fallait une où
ils ne trouvassent que des échos. Ils fulminèrent
la dissolution; des tables de proscription furent
dressées, et le général Foy eut l'honneur d'y être
inscrit le premier; ses talents et son courage
lui donnaient des droits à cette glorieuse préférence.

L'histoire recueillera tout ce que la fraude, la
déception, la violence, osèrent tenter alors contre
une nation généreuse; elle montrera à l'avenir
l'œil de la police ouvert sur tous les scrutins, le
glaive de la force levé sur toutes les consciences,
et malgré cet appareil de terreur déployé pour les
esprits faibles, ce faste de séduction étalé pour
les cœurs sordides, malgré cet appel à toutes les
passions et à toutes les bassesses, malgré les armes
cachées des instructions confidentielles, et l'artillerie tonnante des circulaires publiques, le nom du
général Foy sortit vainqueur de trois urnes élec-

torales; et la capitale du royaume disputa à deux colléges de son département l'honneur d'être représentée par lui.

Quelle douleur pour l'orateur citoyen, quand il se retrouva sur les bancs déserts de l'opposition décimée! A peine quelques vieux soutiens des libertés publiques, disséminés dans cette vaste enceinte, viennent consoler ses regards; il cherche partout les amis de la patrie, il n'aperçoit que des inconnus! Mais son courage un moment ébranlé se relève tout-à-coup, et comme ce Romain qui ne reculait pas devant une armée, il ne désespère point du salut de la liberté; il est sûr de vaincre tant qu'il y aura une tribune qui le reçoive, et une France qui l'écoute.

Il sait qu'il ne convaincra personne dans une assemblée prévenue, et il n'en fait pas moins d'efforts, que s'il était sûr d'être entendu par des juges impartiaux. On ne saurait trop admirer cette patience du courage qui, toujours repoussé, revient toujours à la charge; qui, battu sur l'ensemble, se replie sur les détails, livre à un ennemi qui le déborde de toute part des attaques redoublées, fait passer chaque article au feu d'une vive discussion, parle en vainqueur même au milieu des revers, et ne se console de chaque nouvelle défaite, qu'en recommençant, à l'heure même, un nouveau combat. Tel fut le général Foy au milieu de ce groupe glorieux de l'opposition qui avait échappé, comme par miracle, à l'ostracisme ministériel. Il défendit la charte, comme si jamais elle n'eût été violée;

c'est en protestant toujours contre les anciennes transgressions qu'il s'élevait contre les transgressions nouvelles. Il avait juré d'y être fidèle, et ne croyait pas que le parjure d'une loi pût le relever d'un serment.

Aussi répétait-il sans cesse devant la chambre, élue sous l'influence ministérielle : « Il n'y a plus d'élections en France, elles ont été faites frauduleusement, traîtreusement, » et de faibles murmures osaient à peine protester contre cette assertion courageuse !

Cependant le ministère ne craignit pas de proposer une usurpation de pouvoir à une chambre obligée d'entendre de si terribles vérités ; il lui offrit la septennalité que repoussaient également l'esprit et la lettre de la charte, et des députés investis d'un mandat qui pouvait ne durer qu'une année, et qui ne devait, en aucun cas, s'étendre au-delà de cinq, décidèrent que leurs commettants les avaient nommés pour sept.

En vain le général Foy redoubla d'énergie contre cette audacieuse attaque portée au pacte constitutionnel. La chambre se fit septennale : le ministère, fier de cette nouvelle victoire sur la charte, se couronna de lauriers, et, dans sa passion démesurée pour la gloire, il se mit à rêver la couronne de l'indemnité et la palme de la réduction.

Les émigrés avaient perdu leur bien, mais avaient sauvé leurs têtes. Une multitude de Français, restés autour du trône, n'avaient conservé ni la

fortune, ni la vie. Dans cette communauté de
ruines et de naufrages, toutes les classes avaient
été froissées, toutes les familles pouvaient montrer
leurs blessures; mais le ministère, qui avait placé
le privilége dans les droits électoraux, avait résolu
de l'introduire même dans les réparations. Ceux
qui ont souffert en France n'auront rien à réclamer, ceux qui ont souffert dans l'étranger recou-
vreront tout ce qu'ils ont perdu! et, pour que
cette justice distributive soit complète, non-seulement les rentiers n'obtiendront pas la restitution
des deux tiers qui leur furent arrachés; mais on
leur prendra un cinquième de l'intérêt sur le peu
qui leur reste.

L'orateur qui avait combattu vingt ans face à
face l'étranger dont l'émigration avait sollicité les
armes, ne pouvait rester froid dans une lutte qui
rouvrait si imprudemment les abîmes du passé
et qui remettait en présence tous les intérêts les
plus âpres et toutes les passions les plus ardentes.
Son discours sur l'indemnité est un de ceux où
se trouve le plus de force et de chaleur réunies à une dialectique plus vive et plus serrée.
Comme il aborde franchement la question ! « Le
« droit et la force, dit-il, se disputent le monde. Le
« droit, qui institue et qui conserve la société; la
« force, qui subjugue et pressure les nations. On
« nous propose un projet de loi qui a pour objet
« de verser l'argent de la France dans les mains
« des émigrés. Les émigrés ont-ils vaincu? Non.
« Combien sont-ils? Deux contre un dans cette

« chambre, un sur mille dans la nation. Ce n'est
« donc pas la force qu'ils peuvent invoquer.

« C'est l'ancien régime qui avait établi cette
« odieuse confiscation dont on accuse la révolu-
« tion seule ; elle avait jadis enrichi une partie de
« ceux qu'elle a ensuite dépouillés. Les premières
« familles du royaume, les dignitaires et les princes
« de l'Église ont réuni à leurs domaines les dé-
« pouilles des condamnés et des proscrits ; n'eût-il
« pas été plus moral de les vendre aux enchères
« publiques que d'en gratifier, à huis-clos, les cour-
« tisans et les hommes du pouvoir ? »

Ce discours, qui excita l'admiration de la France
et qui restera comme un modèle de raison, d'é-
nergie et d'éloquence parlementaire, fut écouté
avec un calme qui, dans une telle assemblée,
est le plus bel hommage que puisse obtenir le
talent. Peu rebuté d'une défaite qu'il avait pré-
vue, il voulut reparaître sur la brèche pour défendre le faible patrimoine des rentiers destiné à
grossir la part d'indemnités que la force s'était
faite. Mais sa santé, dès long-temps chancelante,
trahit pour la première fois son courage. Le jour
où il devait prendre la parole, ses forces étaient
épuisées par de vives souffrances ; et, quoiqu'il pût
à peine se soutenir, il se traîna jusqu'au banc où il
faisait depuis si long-temps sentinelle. Il voulut,
mais en vain, aborder la tribune : la loi fut adoptée sans qu'il lui fût possible de la combattre ; mais,
espérant que ses observations pourraient encore

éclairer la chambre héréditaire, il se hâta de les publier par la voie de la presse[1].

Une des dernières improvisations de ce brillant orateur fut consacrée à l'examen des marchés de l'armée d'Espagne, mystère d'iniquités et de désordres, que les ministres voulaient soustraire au jour de la publicité, et sur lequel le général Foy, porta le flambeau d'une vérité effrayante pour les coupables. Ce fut lui qui insista avec le plus de force pour qu'une sorte de responsabilité morale, pesât sur les ministres qui croyaient pouvoir rendre leurs comptes en montant au Capitole; et ce, qui achèvera de prouver tout ce qu'il y avait de mérite, de dévouement dans ses efforts infatigables, c'est que l'amendement qu'il proposa à ce sujet fut rejeté par une majorité décidée à ne permettre aucun succès aux orateurs de l'opposition constitutionnelle, et que, repris à l'instant même par un député qui avait d'autres principes politiques, les mêmes hommes qui venaient de le repousser l'adoptèrent avec enthousiasme. Ainsi, abreuvé de dégoûts jusque dans le triomphe de son talent, il arriva au terme de cette session qui grandit sa gloire, mais qui abrégea son existence.

Quel cœur sensible ne serait brisé par tant de chocs et tant de douleurs? quelle ame de bronze même ne se consumerait dans cette lutte inégale et terrible de chaque moment qui ne finit que pour recommencer encore? Quel être surna-

[1] Voyez le *fac simile.*

turel peut se décider à combattre tous les jours
avec la certitude de ne vaincre jamais?

Le courage des champs de batailles n'est rien
auprès de tout celui qu'exige cette lutte sans espoir
de la raison contre la force, de la vérité contre les
passions; l'habileté, la valeur, le sang-froid, font
triompher à la guerre d'un ennemi même supérieur en nombre; mais dans le champ clos de notre
forum législatif, les débris des défenseurs de nos
droits sont voués à la destinée des compagnons
de Léonidas. Les avenues de la tribune nationale
sont pour eux les Thermopyles de la liberté.

Dans l'intervalle de la dernière session à celle qui
va s'ouvrir, le général Foy avait amassé des trésors
pour la tribune. La reconnaissance du Nouveau-
Monde, l'émancipation d'Haïti, le projet avorté
de confisquer la presse au profit du fanatisme,
cette marche équivoque d'une politique insensée
qui demande de l'or à l'industrie et qui veut
arrêter les progrès de la civilisation; cette grande
hypocrisie d'une alliance fondée au nom de la
religion du Christ, qui regarde froidement des
ruisseaux de sang chrétien inonder la Grèce,
l'agonie fatigante de ce ministère qui, écrasé
sous la disgrace de tout ce qui pense, se survit
pour ainsi dire à lui-même, et offre à l'Europe
stupéfaite l'incroyable phénomène d'une administration tombée qui se traîne encore dans le
pouvoir; toute cette année si féconde en faits
mémorables, qui avait vu tant de nouveaux empires s'élever, tant de vieilles influences s'éteindre,

offrait une ample moisson de gloire au prince des modernes orateurs. Hélas ! il devait finir avant elle. Sa mort est un des plus grands événements qui aient marqué son cours ! Les provinces du midi avaient naguère salué son passage ; les échos de la Gironde avaient redit les hommages et les actions de graces rendus sur ses bords au défenseur des libertés nationales. Une nouvelle session allait s'ouvrir, déjà la France, les yeux fixés sur la tribune, croyait entendre la voix énergique et pure de son orateur favori, quand ces terribles paroles : *Il est mort!* retentissent au cœur de trente millions de citoyens ! Il est mort ! Quel pinceau pourrait rendre la commotion électrique qui saisit, frappe, épouvante à la fois toute une nation.

La France couvre de ses larmes le cercueil d'un fils ; tous les amis de la patrie ont perdu un frère ; on ne s'aborde qu'en gémissant ; on ne se sépare que pour gémir encore ; la foule éperdue se porte en même temps vers la même enceinte : c'est celle où les restes mortels du héros et de l'orateur attendent les derniers hommages et les derniers adieux. Cent mille citoyens les entourent et les suivent ; la jeunesse dispute au char de la mort l'honneur de porter sa victime ; ce fardeau précieux lui appartient ; elle s'en saisit ; elle s'en couvre, et ne veut rendre qu'à la terre ce qui reste d'un grand homme.

Quels honneurs plus touchants, plus unanimes l'antiquité rendit-elle jamais à ses héros ! L'art n'a rien commandé, rien prévu ; la douleur publique a seule réglé la marche du convoi; et la multitude est silencieuse comme la tombe; point de riche appareil; point de fastueuses images: les larmes d'un peuple entier sont le seul ornement de cette grande pompe funéraire; et ces gémissements de la capitale sont partout répétés, le deuil couvre les cabanes comme les asiles de l'opulence. La prière monte au ciel depuis la rustique chapelle jusqu'à la somptueuse basilique; le vieux guerrier pleure son ancien compagnon; le jeune soldat son modèle; l'habitant des campagnes son défenseur; tous les Français leur ami.

Noble et vertueux orateur! tu t'es élevé des hommages de la terre aux grandeurs éternelles! Ah! du séjour où s'est envolée ton ame libre et pure, tes regards ont contemplé cette grande scène de la douleur nationale.

Tu as reçu ces marques d'amour comme la récompense de ta vie : tes travaux ne sont pas perdus; une nation si reconnaissante est digne de la liberté!

Aux accents de ses regrets s'unissent les hommages des ombres illustres qui t'ont reçu dans leur sein; au milieu des Périclès, des Démosthènes, et de tout l'Olympe des orateurs et des guerriers de la Grèce, les héros, morts en combattant sur ses antiques débris, viennent s'incliner devant l'éloquent défenseur de leur liberté proscrite!..... Soudain l'ombre d'Alexandre, qui la veille de ta mort étendait encore son sceptre sur la moitié d'un monde, apparaît au séjour céleste, et ton as-

pect lui rappelle ces mots terribles, où du haut de
la tribune tu le menaças de la colère de l'histoire,
s'il mourait avant d'avoir sauvé les Grecs! Il est
mort sans avoir accompli ce devoir sacré! et déjà
l'élite du million de soldats dont il tenait les glai-
ves suspendus sur la liberté de l'Europe, ensan-
glante sa tombe à peine entr'ouverte, tandis que
tous les Français confondent leurs larmes sur ton
cercueil, et s'unissent pour élever ton glorieux
mausolée.

ÉTIENNE,

Ancien député de la Meuse.

DISCOURS

PRONONCÉS

A LA CHAMBRE DES DÉPUTÉS.

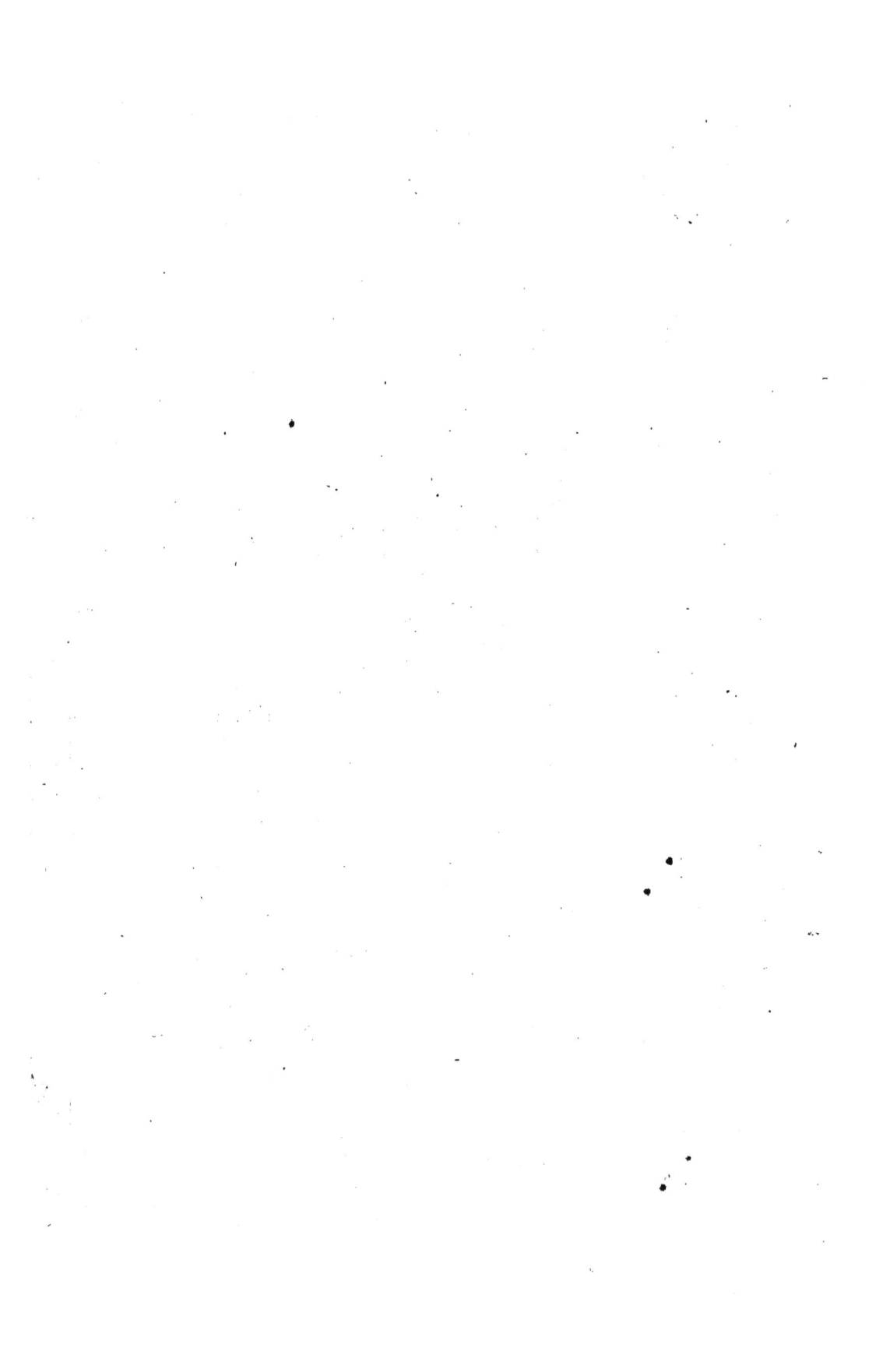

Voici, mon cher et excellent collègue, mon opinion que j'ai rédigée à la hâte sur les notes que j'avais prises pour parler dans la loi des rentes. Je n'ai que faire usage de mes notes parceque j'étais trop malade pour aller à la chambre et nerveux peut être plus de dix minutes à la tribune.

La discussion va se renouveler à la chambre des pairs. Si vous jugez utile et convenable, de reproduire dans le constitutionnel mon opinion en tout ou en partie, je vous prie de le faire et d'agréer l'expression de mes sentiments les plus dévoués

M. L. Roy

Paris 3 mai 1826

Lettre adressée à Mr. Etienne

...ard et Delarue, Litho: Rue N.D. des Victoires N.º 16.

DISCOURS

PRONONCÉS

A LA CHAMBRE DES DÉPUTÉS.

SUR L'ORDRE

DE LA LÉGION-D'HONNEUR.

SÉANCE DU 30 DÉCEMBRE 1819.

Le capitaine Marié-Duplan, officier de la Légion-d'Honneur, réclamait contre la réduction exercée sur son traitement de légionnaire. La commission proposa le renvoi de la pétition à la future commission des dépenses.

Messieurs, le capitaine Marié-Duplan, dont le rapporteur de votre commission vient de vous entretenir, est un brave officier qui a eu une jambe emportée par un boulet de canon, sous mes yeux, à la bataille de Salamanque. Mais, en appuyant sa pétition, et en reportant votre attention sur celles du même genre qui vous ont été présentées à plusieurs reprises par des membres de la Légion-d'Honneur, ce ne sont pas des intérêts privés, c'est la cause de la nation entière que je viens défendre.

Pendant un quart de siècle, presque tous nos citoyens ont été soldats : depuis la paix, nos soldats sont redevenus citoyens. Souvenirs, sentiments, espérances, tout fut, tout est resté commun entre la masse du peuple et notre vieille armée. Aussi, les paroles qui s'élèvent de cette tribune pour consoler de nobles misères, sont-elles recueillies avec avidité jusque dans les moindres hameaux. Il y a de l'écho en France quand on prononce ici les noms d'honneur et de patrie!

Près de dix-huit années se sont écoulées depuis la création de la Légion-d'Honneur. Alors le pouvoir absolu n'avait pas encore effacé les formes du gouvernement représentatif. La loi du 29 floréal an X fut longuement et librement discutée dans le sein du tribunat et devant le corps législatif. L'institution nouvelle était appelée à se prolonger dans les siècles; on lui assigna une dotation en biens-fonds. Déjà vieille de gloire au jour même de sa naissance, son étoile brilla d'une vive splendeur. La Légion tenait au sol par ses propriétés et par ses établissements matériels; on l'associa au régime politique, en conférant les droits électoraux à ses membres; elle marcha en tête des intérêts sociaux par son but spécial, l'affermissement des résultats de la révolution.

La loi de création avait proportionné le nombre des titulaires de chaque grade aux fonds de la dotation; mais le développement démesuré de notre puissance militaire ne tarda pas à forcer les dimensions du cadre. Le gouvernement intervint pour

augmenter le revenu, et pour subvenir à son insuffisance par des versements de fonds qu'on n'ap-
pellera pas extraordinaires, puisqu'ils étaient renou-
velés périodiquement. La dette contractée par la
loi fondamentale fut constamment acquittée, et
au-delà. Une foule d'emplois lucratifs étaient réservés aux légionnaires. Les écoles publiques re-
cueillaient les fils de ceux qui, en mourant pour
la patrie, avaient laissé pour père à leurs enfants
le chef de l'état. Des asiles étaient ouverts à leurs
filles orphelines pour les préserver de la corruption des mœurs. Une bienveillance prévoyante suivait dans leurs foyers les militaires retirés, et leur
accordait des secours proportionnés à la population des lieux qu'ils habitaient. Le gouvernement
donnait plus qu'il n'avait promis ; et, sur ce point,
personne ne pensa jamais à l'accuser de profusion :
les récompenses, quelles qu'elles fussent, restaient
toujours au-dessous des services.

On ne joue pas long-temps impunément le jeu
des batailles. La guerre avait enfanté et grandi
Napoléon, la guerre le renversa. Le roi, remontant au trône de ses pères, jugea qu'un nouvel
ordre social était invariablement arrêté en France,
par la part volontaire ou forcée que deux générations entières avaient prise aux événements des
vingt-cinq dernières années. Le roi consacra solennellement, tant pour lui que pour ses successeurs et à toujours, les intérêts matériels et moraux de la révolution ; les intérêts matériels, en
sanctionnant la vente des propriétés nationales ;

les intérêts moraux, en se déclarant chef souverain et grand-maître de la Légion-d'Honneur.

Et comme si ce n'eût pas été assez de la garantie consignée dans l'article 72 de la charte, Louis XVIII voulut, par un acte tout personnel de sa royale bienveillance, donner à entendre la haute estime dans laquelle il tenait notre institution. Les ordres de Saint-Michel, du Saint-Esprit et de Saint-Louis ont été fondés par des princes impopulaires.....

(De violents murmures à droite interrompent l'orateur.)

M. le général Foy, avec calme : Ces ordres ont eu pour fondateurs des rois très-impopulaires.

(De nouveaux cris se font entendre.)

M. de Villèle, de sa place : Nous ne connaissons de monarque impopulaire que Napoléon.

M. le général Foy, avec force : Ces ordres ont eu pour fondateurs des rois très-impopulaires, Louis XI, Louis XIV.....

(De nouveaux cris *à l'ordre !* interrompent l'orateur pour la troisième fois.)

(Le calme se rétablit.)

M. le général Foy continue : Une gracieuse et touchante fiction reporta l'origine de la Légion-d'Honneur au héros de la race des Bourbons : Henri IV devint le patron des braves.

Je vous ai dit, messieurs, ce qu'a fait pour la Légion-d'Honneur le roi, dans l'exercice d'un pouvoir illimité; je vais maintenant vous dire ce qu'ont fait contre la Légion-d'Honneur les dépositaires responsables de l'autorité constitutionnelle de sa majesté. L'année 1814 est encore présente à votre mémoire; vous n'avez pas oublié quelle épidémie de titres, de pensions, de grades, de rubans, affligea ce pays au moment même où notre puissance venait d'être abaissée, et où nous recevions la loi de l'étranger. Jusqu'alors l'étoile de l'honneur avait été dans l'armée le prix du sang. Tout-à-coup elle fut prodiguée à des services obscurs ou équivoques; six mille promotions eurent lieu dans l'espace de trois mois. On admit en masse dans la Légion des militaires qui ne s'étaient jamais chauffés au feu du bivouac. Bientôt après on annonça une diminution dans les salaires, proportionnée aux revenus que la Légion avait perdus; une ordonnance du 3 août 1814 fixa cette diminution à la moitié des traitements.

Ce fut, de la part du ministère d'alors, un manque de foi notoire; car la charte garantissait les droits des légionnaires tels qu'elle les avait trouvés. Ce fut une banqueroute; car les paiements avaient cessé sans avis préalable et sans le consentement des créanciers. Ce fut une banqueroute frauduleuse, car les états de l'actif et du passif de la caisse ont prouvé plus tard que la réduction, si tant est qu'il dût y en avoir une, n'était pas forcée précisément au taux de 50 pour cent.

On sait assez quelle funeste impression causa dans la nation et dans l'armée cet oubli de la foi promise. Le mois de mars 1815 arriva. Le péril qui éclaire sur le passé ceux mêmes dont il obscurcit les notions de l'avenir, le péril suggéra la juste, mais tardive loi du 15 mars. On rendit aux militaires membres de la Légion leur traitement intégral, avec les arrérages, sur le pied de 1813.

Ici, messieurs, recommence, avec les douleurs de la France, la détresse de la Légion. Cependant le roi, quand il revenait pour la seconde fois au milieu de nous, daigna jeter sur elle un regard consolateur. Il lui donna pour grand chancelier un des chefs honorés et honorables de notre armée. Mais les malheurs du temps ont sans doute empêché les espérances que ce choix avait fait naître de se réaliser. La loi du 15 mars 1815 est restée sans exécution. Bien plus, la Légion, mise de nouveau sous l'empire des ordonnances, a été menacée d'une ruine totale.

La plus importante de ces ordonnances, celle du 26 mars 1815, ne se borna pas à déterminer les réglements intérieurs et la décoration, seuls points que le roi se fût réservés par l'article 72 de la charte; mais, sous le prétexte exprimé dans le préambule, de réunir en un corps les dispositions antérieures des lois, statuts et actes relatifs à la matière, elle modifia et altéra l'esprit de l'institution. Je vais vous présenter sommairement quelques preuves à l'appui de ce que j'avance.

D'abord la Légion devient un ordre royal. Dans la monarchie constitutionnelle, le roi, c'est la loi en action, c'est la nation personnifiée, et son nom révéré décore et relève tous les objets auxquels il s'attache. Mais la Légion-d'Honneur n'est pas seulement une corporation royale, c'est encore une institution constitutionnelle; c'est une précieuse et inaliénable propriété nationale. Inaccessible aux atteintes légales du pouvoir, elle existe à toujours, comme la charte dont elle fait partie; et quand on entreprend de la ravaler à la consistance d'un simple ordre de chevalerie, il semblerait qu'on a pris à tâche de justifier le rang que lui assigne tous les ans l'*Almanach royal*, immédiatement après l'ordre de Notre-Dame du Mont-Carmel.

La loi du 29 floréal an 10 n'accordait les honneurs de la Légion à ceux qui les avaient mérités dans la diplomatie ou dans les fonctions civiles, que lorsqu'ils pouvaient avoir fait le service de la garde nationale dans le lieu de leur domicile. Cette disposition a été jugée oiseuse par les rédacteurs de l'ordonnance. Parmi les motifs exposés en faveur du projet de loi de l'an 10, un des plus puissants, celui qui rallia le plus de suffrages, fut assurément l'idée grandiose de réunir en un seul faisceau les talents illustres, les hautes vertus, les courages éclatants, et de ceindre toutes les gloires de la même auréole. L'unité de la Légion disparaît dans les détails du titre IV de l'ordonnance qui établit des modes de réception différents pour les chevaliers appartenant au civil, et pour ceux de la profession militaire. Les premiers sont maintenant les seuls qui prononcent devant les tribunaux le

serment d'admission; les autres sont reçus au moyen
de l'accolade, et de l'application du coup de plat
d'épée sur chaque épaule Ces formes, débris des
mœurs d'un autre âge, paraissent respectables lorsqu'elles arrivent à nous enduites de la rouille du
temps; mais notre institution, fille d'un siècle héroïque, n'a rien à envier ni à emprunter aux institutions qui l'ont devancée : la Légion-d'Honneur
n'est pas la doublure de l'ordre de Saint-Louis.

Dans la loi de l'an 10, les chevaliers prêtaient
un serment qui est resté gravé dans ma mémoire.
Ils juraient de conserver le territoire dans son intégrité, de défendre le prince, les lois du pays et
les propriétés que ces lois ont consacrées; de combattre, par tous les moyens que la justice, la raison et la loi autorisent, toute entreprise tendante
à rétablir le régime féodal; de concourir de tout
leur pouvoir au maintien de la liberté et de l'égalité, bases de nos constitutions. Assurément, messieurs, ce serment, bien français et bien significatif,
n'a rien de discordant avec les principes politiques
proclamés par l'auguste auteur de notre charte.
On l'a remplacé par une formule vague, et on y
a ajouté je ne sais quelle obligation de révéler des
complots, qui a l'inconvénient de mêler d'impures
idées de police au culte de l'honneur.

La toute-puissance impériale faisait administrer
la Légion-d'Honneur par un conseil formé des titulaires des grandes dignités de l'empire. On a imaginé sous la monarchie constitutionnelle (c'est encore une conception de 1814), on a imaginé de

mettre un revenu de six millions et les intérêts de l'élite de la nation à la merci d'un seul homme. Le grand-chancelier dirige, sans contrôle, l'ensemble et les détails d'une administration immense; il nomme à une grande partie des emplois, et il fait les propositions pour les autres. Il commande dans les établissements; il surveille les recettes; il règle les répartitions; il ordonnance les dépenses; et, dans cette monstrueuse cumulation d'attributions et de pouvoirs, il échappe à toutes les responsabilités : car il n'est dans le département d'aucun ministre, et il n'est pas ministre lui-même.

Au reste, les soixante-douze articles de l'ordonnance du 26 mars ne contenaient aucune disposition relative au traitement pécuniaire des membres de la Légion. Cette omission devait être réparée. Une mesure dite réglementaire a été prise le 28 décembre 1816, pour réduire encore une fois les traitements à moitié; mesure impolitique, illégale, immorale, s'il en fut jamais. Impolitique, parce qu'elle blesse une foule d'intérêts épars dans toutes les classes et dans toutes les familles; illégale, parce qu'une ordonnance, qui n'a pas même été insérée au Bulletin officiel, détruit l'action d'une loi faite avec le concours régulier des trois pouvoirs; immorale, parce qu'elle tend à faire prévaloir cette lâche et honteuse maxime, qu'on est dispensé, après la victoire, de remplir les engagements contractés au moment du danger.

Il était impossible qu'une pareille violation de droits passât inaperçue. Depuis trois sessions, des pétitions ont inondé votre bureau; les légionnaires ont réclamé et réclament leur traitement et leurs honneurs; ils ne les réclameront pas en vain. Ce n'est pas dans cette chambre que les défenseurs manqueront à ceux qui ont défendu la patrie.

Mais déjà les pétitions ont produit un résultat positif. Le grand-chancelier a soumis aux chambres, a soumis à l'opinion publique le compte rendu des finances de la Légion-d'Honneur depuis le 29 floréal an X jusqu'au 15 mars 1819. On a trouvé dans ce compte rendu deux aveux dépouillés d'artifice, tels qu'on devait les attendre de la loyauté connue du grand-chancelier: on y a vu aussi que la dotation de la Légion, insuffisante dès le principe, pour faire face aux salaires, a été successivement grévée d'achats de maisons et de châteaux, et de dépenses exorbitantes, les unes habituelles, les autres imprévues; mais que les intéressés ne s'en inquiétèrent jamais, parce que, dans ce temps-là, le superflu n'était pas pris aux dépens du nécessaire. On y a vu que la diminution du territoire a enlevé à la Légion une portion de son revenu, et que cette spoliation, venue du dehors, a été suivie d'autres spoliations opérées au-dedans, telles, par exemple, que la restitution à M. le prince de Condé du château d'Écouen, où la Légion avait dépensé 14,000,000 fr. On y a vu que, dans l'état de misère où est plongée la Légion, les frais d'administration sont restés énormes; et que si on les a diminués sous certains rapports, ils ont été augmentés sous d'autres; témoin l'inutile emploi de secrétaire-général, créé depuis 1814. On y a vu des pensions scandaleuses, des gratifications mal justifiées, des maisons d'éducation trop nombreuses, trop somptueuses, et ouvertes à d'autres qu'aux filles de légionnaires. On y a vu partout le principal sacrifié aux accessoires, et quelquefois le droit au caprice. On y a vu enfin, sous le prétexte de renouvellement de brevets, un impôt levé arbitrairement sur des hommes dépouillés à moitié, et le produit de cet impôt employé à embellir et dorer des salons.

La publicité donnée à cet ordre de choses appelle inévitablement l'attention des ministres de sa majesté, et par suite l'intervention des chambres législatives, soit pour ramener la Légion - d'Honneur à son institution première, soit pour la raccorder avec la constitution sous laquelle nous avons le bonheur de vivre, soit pour faire participer ses membres au bénéfice des mesures financières prises en faveur des autres créanciers de l'état.

Les intérêts des légionnaires ont, dans les sessions précédentes, fourni matière à plusieurs de vos discussions. Un orateur a dit alors à cette tribune que la Légion-d'Honneur est un ordre administratif, et il a paru en inférer qu'elle doit vivre de sa dotation. S'il en est ainsi, de quel droit surchargez-vous cette dotation de dettes factices, de sinécures, de redevances ruineuses? Si la Légion-d'Honneur est un corps isolé dans l'état, comment motiverez-vous la reprise du château d'Écouen, au mépris de la loi du 5 décembre 1814, laquelle

n'ordonne la remise aux anciens propriétaires que
des biens qui faisaient alors partie du domaine public? Si la Légion-d'Honneur est seulement un
ordre administratif, où sont vos titres pour l'empêcher de s'administrer elle-même?

Mais c'est trop attacher d'importance à une hypothèse inadmissible. Rentrons, messieurs, dans
la loi et dans le vrai. La Légion-d'Honneur ; je le
répète, est une institution royale, constitutionnelle et nationale. Les droits de la Légion sont garantis collectivement par l'article 92 de la charte;
les droits des légionnaires sont, en outre, garantis
privativement par l'article 69. Une interprétation
jésuitique de ces articles serait indigne de la majesté du trône, autant que contraire aux vœux bien
connus de la nation. Assurément, messieurs, quand
la charte nous a été donnée, et sur ce point j'en
appelle à la conscience publique, le roi, le peuple,
les légionnaires ont entendu que les droits garantis
étaient les droits acquis par le sang versé, ceux-là
mêmes dont on était actuellement en jouissance,
et non pas des prétentions à débattre devant une
autorité qui se ferait juge et partie.

On tentera peut-être de vous effrayer par la
considération des fonds à faire pour exécuter la
charte et la loi du 15 mars 1815; mais d'abord il
y a beaucoup à rabattre sur les sommes demandées
pour le service courant. D'une part, la dette s'é-
teint tous les jours par les décès; de l'autre, la sage
parcimonie avec laquelle la décoration est accordée depuis trois ans, empêche que la dépense ne

s'augmente. Des économies, des suppressions de pensions, des réformes sont indiquées et désirées. Tout le monde veut que la subsistance des pères passe avant l'éducation des enfants et qu'on ne bâtisse pas des palais avec les débris des chaumières. Tout le monde sent que l'administration se fera presque sans frais lorsque la gestion des revenus sera confiée aux bureaux chargés de détails analogues dans les autres branches du service public; lorsque la chancellerie, bornée à la tenue des contrôles et à l'expédition des brevets, n'occupera plus qu'un très-petit nombre de commis laborieux; lorsque les hauts intérêts de la Légion seront conservés et défendus par un chancelier et un grand-conseil, dont les fonctions auront d'autant plus d'éclat, qu'elles seront désintéressées et gratuites.

Quant à l'arriéré, je ne puis le dissimuler, il est énorme; on ne parle de rien moins que de trente à quarante millions. Mais, rassurez-vous, messieurs, vous diront les légionnaires, rassurez-vous; honneur et patrie, voilà notre devise; il nous suffit que les droits de chacun soient reconnus d'une manière incontestable et assurée pour l'avenir. Alors que le roi daigne faire un appel à notre générosité, à l'instant même le gouffre de l'arriéré sera comblé par nos offrandes volontaires; à l'instant même les hauts grades de la Légion se résigneront sans peine, s'il le faut, à des pertes plus grandes, plus prolongées que celles qu'on leur a déjà fait éprouver. Les sacrifices ne nous coûtent rien à nous, accoutumés à souffrir pour la patrie, et appelés à mourir pour elle.

Mais il est, messieurs, des misères poignantes qu'il faut se presser de soulager. Vous savez que, dans ces derniers temps, la fixation des soldes de retraite pour d'autres causes que l'ancienneté des services était variable au gré du gouvernement. Quand un guerrier blessé rentrait dans ses foyers avec le signe de l'honneur, on ne manquait jamais de précompter son traitement d'officier ou de chevalier de la Légion dans le calcul de ses moyens d'existence, et par suite on lui attribuait le *minimum* de la pension. Alors il pouvait vivre ; maintenant la réduction du traitement à la moitié met un grand nombre de légionnaires à l'aumône ; oui, messieurs, à l'aumône ! Qui de nous n'a pas vu des hommes naguères ennoblis par le commandement, que la faim condamne aujourd'hui aux travaux les plus grossiers ? Qui de nous n'en rencontre pas tous les jours qu'une noble pudeur porte à cacher sous leurs vêtements délabrés le ruban que leur sang a rougi ? Qui de nous n'a pas déposé le denier de la veuve dans des mains mutilées par le fer de l'ennemi ?

Hâtons-nous, messieurs, de demander au trône de faire taire des cris accusateurs. Les honneurs accordés aux souvenirs du passé ne seront pas perdus pour la génération qui s'avance ; ils animeront d'un principe d'activité salutaire cette jeune armée qu'un ministre habile a donnée en deux ans à la France, et dont il a quitté la direction trop tôt pour l'achèvement de son œuvre patriotique, trop tôt peut-être pour notre avenir comme nation indépendante. La justice rendue aux braves sera pour notre état social une source d'améliorations. Il n'est pas bon que les notabilités naturelles, légales, compatibles avec les droits de tous, se heurtent entre elles. Tâchons que la considération universelle embrasse tout ce qui est honnête et généreux. Croyez-m'en, chacun y gagnera. La gloire héritée vivra plus paisible et recueillera plus de respects, quand elle ne sera plus hostile envers la gloire acquise. La grande propriété retrouvera sa juste part d'influence dans l'état, lorsque tous les Français seront unis de cœur et d'habitude dans leur hommage aux services rendus et aux droits acquis ; dans leur fidélité au roi et à la charte ; dans leurs vœux pour l'indépendance et l'honneur de la France.

Je demande que non-seulement la pétition du capitaine Marié-Duplan, mais encore toutes celles qui ont été adressées à la chambre depuis trois ans, relativement à la Légion-d'Honneur, soient renvoyées aux ministres, pour être prises par eux en sérieuse et définitive considération.

(Le renvoi de la pétition au conseil des ministres, et à la future commission des dépenses, fut adopté à la presque unanimité.)

SUR LES PÉTITIONS

RELATIVES AU MAINTIEN DE LA LOI DES ÉLECTIONS
DU 5 FÉVRIER 1817.

SÉANCE DU 14 JANVIER 1820.

S'il est vrai que nos réformateurs de constitutions établissent comme profession de foi que le
parlement (c'est ainsi qu'ils appellent le parlement
et les deux chambres) est investi d'une dictature
perpétuelle, la conséquence immédiate du principe doit être d'isoler le pouvoir, de le séparer de
toute influence du dehors.

Cette doctrine admise, il faudra, pour la faire
passer dans la pratique, dépouiller la nation du
droit de pétition, atténuer l'action électorale, détruire la liberté de la presse.

Les trois moyens me paraissent devoir marcher
ensemble, ou du moins à peu de distance l'un de
l'autre ; mais le premier est le seul qu'on met en
avant quant à présent ; c'est le seul que je com-
battrai. Je m'appuierai sur la charte, déterminé
que je suis à invoquer la charte jusqu'au dernier
moment de son existence.

Votre commission des pétitions est instituée

pour un mois. Quinze jours sont à peine écoulés depuis qu'elle vous a présenté les pétitions des brasseurs de Marseille, des propriétaires de vignes d'Aï, des épiciers de Paris ; et assurément il n'est venu dans l'esprit d'aucun de ses membres de s'enquérir si toutes les signatures de brasseurs de Marseille, de propriétaires de vignes d'Aï, d'épiciers de Paris, avaient été apposées au bas de l'acte qui énonce, au nom de tous, les prétentions que chacun entreprend de faire valoir.

Aujourd'hui, messieurs, votre commission vous propose de passer à l'ordre du jour sur cent vingt-huit pétitions relatives au maintien de la charte. Elle admettait le droit de pétition dans toute sa latitude quand il s'appliquait à une réclamation pécuniaire ; elle veut le restreindre lorsque les citoyens se croient menacés dans les institutions auxquelles se rattachent non-seulement leur bien-être physique, mais encore la liberté, l'honneur, tout ce qui constitue la dignité de l'homme.

Les pétitions pour le maintien de la charte ne sont pas, dit-on, le produit d'un mouvement spontané. Les autres pétitions que vous avez accueillies il y a quinze jours, comment donc ont-elles été préparées ? Comment sont-elles arrivées jusqu'à vous ?

Un brasseur de Marseille, se sentant lésé par les droits établis sur la bière, en a causé avec un autre brasseur, les deux autres ont parlé à un troisième des inconvénients de l'impôt, celui-ci à un quatrième, celui-là à un cinquième, et tous ont trouvé

sympathie de sentiment partout où il y avait con-
cordance d'intérêts. Dans les scènes, à peu près
semblables entre elles, qui ont dû succéder, un
interlocuteur a dit : «Adressons-nous à la chambre.»
Aussitôt une pétition a paru ; peut-être avait-elle
été préparée à l'avance, peut-être a-t-elle été rédigée à l'instant même, soit par un homme intéressé dans les brasseries, soit par toute autre personne étrangère à ce commerce ; on l'a signée sur
place, ou bien on l'a colportée dans les maisons
et dans les réunions de ceux qui avaient mani-
festé ou auxquels on supposait l'intention d'y
prendre part ; la pétition, revêtue de signatures
plus ou moins nombreuses, plus ou moins prépon-
dérantes, a été déposée sur votre bureau.

C'est précisément ainsi qu'il est arrivé et qu'il
arrive chaque jour, pour les pétitions relatives à
la charte ; avec la différence cependant que, la question agitée n'étant rien moins, aux yeux d'une foule
d'hommes de bonne foi, qu'une question de vie
ou de mort pour le corps politique, les opérations,
au lieu d'être resserrées dans l'enceinte d'une ville
ou dans le cercle d'une profession spéciale, embrassent l'universalité de la France, et l'irritation
rapidement propagée amène une coalition d'intérêts alarmés.

Mais cette irritation, suite nécessaire de la nature des projets annoncés, cette coalition qui ne
dépasse pas les bornes légales, devez-vous en être
étonnés, devez-vous en être effrayés ?... Non, messieurs. La liberté est la jeunesse éternelle des na-

tions. Il y a dans la liberté trop de vie et des
puissances trop actives pour qu'on s'y passe d'un
certain degré de mouvement. Une tribune reten-
tissante, des écrits qui donnent l'éveil, les conversations chaleureuses, même les associations tendant
à faire triompher telle ou telle opinion politique,
tout cela est dans l'essence du gouvernement représentatif; et s'il existait dans nos codes des dispositions qui appelassent illicites les réunions de
plus de vingt personnes que la police n'aurait pas
autorisées, il n'y a pas de milieu, messieurs, il faudrait, sous peine de passer pour inconséquents et
absurdes, il faudrait refaire nos idées ou déchirer
notre constitution.

Ici, au moins, nous ne sommes pas réduits à
cette alternative; en matière de pétition, nous n'a-
vons contre nous aucune loi écrite; nous avons
pour nous l'usage et la charte.

Les droits des Français se présentent dans la
charte sous deux aspects différents; tantôt ils sont
proclamés avec éclat, et ils apparaissent comme des
phares lumineux destinés à prévenir les naufrages
du pouvoir; tantôt ils ne sont qu'indiqués, moins
pour établir une incontestable possession que
pour tracer la limite où devront se tenir ceux qui
entreprendront d'en régler l'usage. C'est sous ce
rapport qu'il est question du droit de pétition
dans l'art. 53, et ceci, messieurs, mérite votre attention particulière.

La charte constitutionnelle n'a pas été improvisée;
elle nous a été donnée après vingt-cinq ans, plus

riches en sujets de méditations que cinq ou six siècles inanimés. Depuis l'humble doléance agenouillée au pied du trône jusqu'aux incursions de ces pétitionnaires sanglants qui venaient demander la constitution de 1793 et du pain, tous les degrés de l'échelle ont été parcourus; toutes les manières d'aborder le pouvoir et de provoquer ses décisions ont été essayées, tous les sujets possibles de pétition ont été épuisés.

Eh bien! messieurs, notre roi, observateur judicieux et intéressé de tant de scènes mémorables, n'a inséré, dans le pacte fondamental, aucune autre disposition restrictive des pétitions que la défense de les apporter en personne et à la barre.

La charte a parlé; il n'est permis à personne d'aller au-delà de ce qu'elle a dit : spontanées ou suggérées, signées par un seul ou signées par cent mille, réclamant un droit acquis sur un arpent de terre, ou aspirant à changer les destinées du monde, toutes les pétitions appartiennent également à l'ordre constitutionnel.

La loi ne peut leur imposer de formes que celles qui sont absolument nécessaires pour constater leur authenticité et pour faire respecter les convenances sociales.

Ce serait vous faire injure, messieurs, que d'insister plus long-temps devant vous sur un droit sacré que le gouvernement le plus absolu ne refusa jamais aux sujets, et dont on use largement, même à Constantinople et à Alger. Mais à côté du droit de faire des pétitions se présente le droit de

les recevoir et de les accueillir. Ce droit, la charte
eût pu le conférer à d'autres qu'à vous ; elle eût pu
réserver exclusivement à la couronne un fleuron
de plus d'espérance et d'amour. Le prince dont
émanent nos libertés en a disposé autrement. Il
a voulu que cette chambre, toujours en contact
avec le peuple par l'élection annuelle d'une partie
de ses membres, fût aussi l'organe habituel de
tous les besoins. Il a voulu que, par elle et avec
son appui, la prière tremblante et la vérité timide
pussent arriver saines et sauves jusqu'au trône,
asile de toute justice ; et vous, messieurs, insen-
sibles à vos prérogatives, rebelles à votre mandat,
infidèles, le dirai-je ? à votre propre dignité, d'une
main, vous répudieriez le bienfait du roi législateur, de l'autre vous repousseriez le vœu de vos
concitoyens! car ce serait le repousser que de laisser mutiler le droit de pétition par des sophismes,
ou de l'étouffer par des ordres du jour.

Il n'en sera pas ainsi, messieurs. Les précédents,
la raison, la charte, les droits du peuple, la volonté royale, les prérogatives de la chambre, tout
vous prescrit de rejeter les conclusions de votre
commission. Je demande, non pas que les pétitions
relatives au maintien intégral de la charte et de la
loi des élections soient discutées, mais qu'elles restent déposées au bureau des renseignements pour
être consultées quand besoin sera.

SUR LE DROIT DE PÉTITION.

SÉANCE DU 20 JANVIER 1820.

Un pétitionnaire demandait l'anéantissement du pouvoir représentatif. Plusieurs membres pensèrent que la commission
des pétitions ne devait point faire de rapports sur de semblables
pétitions.

Ce serait investir la commission d'un droit dangereux que de mettre à sa disposition la liberté de faire
ou de ne pas faire un rapport ; elle serait, par cela
même, l'arbitre du droit de pétition ; car ne pas
faire un rapport sur une pétition, c'est tuer la
pétition. Le ton de la pétition qui vous est soumise est fort irrespectueux et fort inconvenant ;
mais, messieurs, il faut expliquer ces atteintes
portées à la majesté des lois, ce défaut de culte auquel on commence à s'accoutumer pour elles, à l'influence désastreuse de la situation dans laquelle
nous entrons. Depuis cinq ans l'éducation constitutionnelle se formait en France ; on apprenait le
respect des institutions, l'adoration de la charte ;
la France se consolait de sa gloire perdue dans son
amour de la liberté : tout-à-coup tout est remis en
doute. Voilà que les idées les plus stables subissent de dangereuses attaques ; voilà que l'abîme des
révolutions est prêt à s'ouvrir.

Quelle en est la cause? l'arrivée du nouveau cinquième à cette chambre. J'en fais partie, messieurs, et je dois le dire, suivant le témoignage de ma conscience, ce cinquième est composé d'hommes attachés au roi, les uns par un mouvement de cœur, les autres par patriotisme; d'hommes indépendants, mais amis des lois; d'hommes qui s'unissent dans leur profession de foi politique, à celle qu'a faite à cette tribune M. le président du conseil des ministres, c'est-à-dire qui veulent ce qui est, tout ce qui est, et rien que ce qui est.....

Je crois inutile d'entrer dans de plus grands développements relativement à la pétition; l'assemblée entière partage à cet égard la même opinion; je pense que ce serait investir la commission des pétitions d'un droit dangereux, que de lui donner la faculté de faire ou de ne pas faire un rapport sur telle ou telle pétition: je demande qu'on passe à l'ordre du jour.

SUR LA FIXATION DES PENSIONS
DES OFFICIERS DE LA MARINE.

SÉANCE DU 29 JANVIER 1820.

Un ancien capitaine des officiers de la marine, M. Delarue, réclamait contre la fixation de sa pension de retraite.

Je demande la permission d'exposer à la chambre ce que j'ai déjà exposé à la commission des pétitions, dont je suis membre.

Il est vrai, comme le dit M. le ministre de la marine, que le capitaine Delarue a été traité conformément aux ordonnances sur la matière; mais il est vrai aussi que l'ordonnance sur la matière, rendue au mois de décembre 1815, est une ordonnance illégale et inconstitutionnelle: pour n'en parler que relativement au sieur Delarue, je vais vous expliquer le fait. Une loi de 1802 dit que les officiers de l'artillerie de marine recevront la solde de retraite après trente ans de service; elle fixe pour *minimum* 600 fr.; cette somme est aussi le *minimum* de la réforme; les circonstances ont obligé de licencier l'armée de mer comme l'armée de terre. Le roi, rempli de bienveillance pour l'armée de terre, a voulu, lorsqu'il interrompit les services des officiers, leur compter les années qu'ils n'avaient pas encore faites.

Pour l'armée de mer, au contraire, on ne leur a pas donné le *minimum* de la retraite, on ne leur a pas même donné le traitement de réforme qui certainement leur était bien dû.

Voici le calcul qui a été fait pour M. Delarue. On a dit : S'il avait eu trente ans de services, il n'aurait droit qu'au *minimum* de 600 francs, on a retiré une somme calculée sur les deux années et demie qui lui manquaient pour accomplir les trente années de services. Le ministre s'est bien conformé à une ordonnance qui existait, mais cette ordonnance était contraire à une loi préexistante.

Maintenant on vous dit que c'est une chose faite ; qu'il y aurait un grave inconvénient à entamer la révision des pensions. C'est à vous à juger si des droits acquis, établis par la charte et par la justice ; si des droits, reconnus par M. le ministre de la marine lui-même, ne doivent pas prévaloir sur cette considération.

D'abord il n'est pas question de la révision de toutes les pensions, il est seulement question de la révision des pensions des marins qui ont été maltraités par les ordonnances de 1815 et 1816. Quand on entre dans les détails de ces ordonnances, quand on voit que des officiers de l'armée de terre ont été mis dans un cadre de non activité qui devait remplir les vacances ; quand on voit que des officiers de l'armée de terre, qui n'avaient que dix années de service dans leur grade, se sont retirés avec un grade supérieur, et que l'on considère le sort des marins, on serait tenté de croire qu'on a voulu exclure ceux que les boucheries de Trafalgar et d'Aboukir avaient épargnés.

Je demande le renvoi de la pétition au ministre de la justice.

SUR LE PORT D'ARMES DES MILITAIRES

HORS LE TEMPS DE LEUR SERVICE.

SÉANCE DU 8 FÉVRIER 1820.

Un pétitionnaire demandait que les militaires, officiers, sous-officiers et soldats ne fussent armés que pendant la durée de leur service, en s'appuyant sur quelques faits récents.

Je viens appuyer la proposition de passer à l'ordre du jour ; en effet, comme l'a fort bien observé l'honorable rapporteur, les militaires portent des armes, non par l'effet d'une permission, mais parce qu'il leur est ordonné d'en porter.

Le réglement du 13 mai 1818 impose aux caporaux et aux grenadiers l'obligation de porter leur sabre ; ce réglement est fondé sur les mœurs actuelles de la nation. Il est possible que, dans le fait, le gouvernement constitutionnel s'étant établi en France, les habitudes constitutionnelles ayant continué à faire des progrès, la vue d'une arme au milieu des citoyens produise une impression désagréable, et que les militaires renoncent les premiers à en porter ; mais ces mœurs n'existent pas encore. Il serait pénible, outrageant peut-être, pour des hommes destinés à défendre la patrie, de ne pas pouvoir porter les signes de cette défense. Vous avez des gardes nationales, il leur est permis de porter leurs armes, et les soldats ne pourraient porter celles qui sont destinées à la protection du territoire contre les attaques de l'extérieur! Vous concevez combien cette distinction serait injurieuse pour les militaires.

Le droit de porter leurs armes est une conséquence de l'ordonnance existante; renvoyer les pétitions au ministre de la guerre, ce serait l'engager à provoquer une autre ordonnance, et la nécessité ne m'en paraît pas démontrée. Il est vrai qu'il y a eu des désordres commis, mais tout usage amène un désordre; il en résulte du port-d'armes, c'est dans la nature de la chose elle-même. Ce qu'il faut, c'est une justice sévère pour réprimer ces désordres. M. le ministre de la guerre avait préparé un travail pour l'organisation de la justice militaire, qui devait être présenté dans la session actuelle. Dans ce travail on avait prévu tous les abus qui peuvent être commis par les troupes. La législation sur la matière est incomplète, c'est donc un travail nécessaire; on doit désirer qu'il n'ait été que retardé, et qu'il reçoive la sanction législative. Mais, en attendant, nous ne causerons pas à l'armée une vive douleur, qu'elle ne mérite pas, en la privant de porter ses armes; ce n'est pas un privilége, puisque les gardes nationaux sont eux-mêmes armés hors de leur service. J'appuie l'ordre du jour.

SUR LA RÉDACTION
DE L'ADRESSE A S. M. SUR L'ASSASSINAT DU DUC DE BERRI.

SÉANCE DU 14 FÉVRIER 1820.

Messieurs, je vous demande qu'une grande députation de la chambre soit formée pour se rendre auprès du roi, avec l'agrément de sa majesté, et lui présenter l'expression de notre profonde douleur, et je ne doute pas que tous les membres de cette chambre ne se réunissent à cette grande députation pour présenter à notre auguste monarque, de la part d'un peuple fidèle, ce qu'il peut offrir de consolation à son ame paternelle après la catastrophe qu'un sort affreux vient de faire peser sur sa famille; mais, messieurs, je demande que l'adresse que votre grande députation sera chargée de déposer aux pieds du trône soit toute entière consacrée à l'expression de votre douleur, et qu'il n'y soit question que des larmes publiques, que des pleurs que nous versons tous sur un prince regretté de tous les Français, regretté surtout par les amis de la liberté; parce que les amis de la liberté savent bien qu'on se prévaudra de cet affreux attentat pour chercher à détruire les libertés qui nous ont été données, et les droits que la sagesse du monarque a reconnus et consacrés. Je demande, sans entrer dans plus de développements, que la grande députation soit formée, et, je le répète, nous irons tous l'accompagner auprès du roi....

SUR LA LIBERTÉ INDIVIDUELLE.

SÉANCE DU 6 MARS 1820.

Lorsque, moins de trente-six heures après la nuit
de douleur et d'effroi, j'ai vu monter à cette tribune
celui des ministres de sa majesté qui est chargé
spécialement de faire respecter le nom français à
l'étranger, j'ai supposé qu'on allait nous commu-
niquer les mesures diplomatiques prises pour présenter à l'Europe sous son véritable jour un événement à jamais déplorable, et pour prémunir
l'honneur de notre nation contre l'ignorance des
peuples ou contre les préventions des cabinets.
Mon attente a été trompée. M. le ministre des
affaires étrangères venait vous démontrer la nécessité de ne pas rester désarmés devant des opinions :
il venait vous demander des armes contre la liberté
individuelle. La charte, vous a-t-il dit, met cette
liberté au nombre des premières maximes de notre
droit public; mais comme, suivant les doctrines de
cette année, la charte n'est plus qu'une loi ordinaire, qui peut se corriger et se modifier elle-même,
il n'a pas hésité à vous présenter un projet d'après
lequel trois ministres pourront arrêter les Français

et les enfermer dans des prisons rapprochées ou
lointaines, sans que l'action des tribunaux justifie
ou limite leur détention. Ces rigueurs physiques
tomberont sur tout citoyen qu'il aura plu à l'autorité de flétrir en le signalant comme prévenu de
complots ou même de machinations, non-seulement contre la personne du roi et contre les princes de la famille royale, mais encore contre la sûreté de l'état.

Ainsi l'attentat sur lequel la France entière gé-
mit fournit l'occasion d'attenter à la liberté de la
France entière. Cet exécrable attentat, ce sont les
ministres qui en font la question. Ne s'allie-t-il à
aucun complot? Tout ce qui a transpiré jusqu'à ce
jour des détails de l'information tend à établir la
négative; au défaut de renseignements juridiques,
l'étude philosophique de l'organisation des êtres,
d'accord avec les témoignages de l'histoire, vous
aurait dit que les monstres marchent seuls dans la
nature.

Mais, en supposant que l'assassin ait eu des complices, en admettant comme un fait prouvé l'absurde hypothèse d'une vaste conjuration prête à
éclater à la fois, sous des noms et par des moyens
différents, contre tous les trônes européens et contre l'ordre social actuellement existant, vivons-
nous dans un pays où la société ne renferme pas
en elle-même des éléments de conservation, où la
puissance publique se présente sans bouclier et
sans glaive?

Non, messieurs, nos codes sont là pour attester le contraire. Ils nous ont été donnés par un maître absolu et ombrageux, qui, dans sa vie active, avait passé plus d'une fois à côté du poignard. Aussi de quelles précautions le pouvoir ne s'y est-il pas entouré? Voyez à combien de fonctionnaires, tous, depuis le garde-champêtre jusqu'au préfet, nommés par l'autorité exécutive, et révocables à sa volonté, votre code d'instruction criminelle a confié la police judiciaire; voyez, dans le cas où cette police, préventive de sa nature et toujours en action, viendrait à sommeiller, voyez comme l'article 235 donne, à la ferveur des cours royales, une latitude extra-constitutionnelle qui les transforme de tribunaux rendant la justice en magistratures suprêmes appelées à l'administrer; voyez au chapitre 7 du livre 1er, avec quelle prodigalité et quelle inévitabilité se lancent et arrivent les mandats de comparution, d'amener et de dépôt, et même le mandat d'arrêt, lorsque le fait dénoncé au juge d'instruction emporte peine afflictive ou infamante, ou seulement emprisonnement correctionnel. Cherchez où sont les limites assignées à la durée de la plupart des entr'actes de la procédure, et calculez combien de temps peut se prolonger, sans enfreindre la lettre de la loi, la détention d'un prévenu ou d'un accusé, même quand il se présente de fortes probabilités en faveur de son innocence. Ouvrez le code pénal, considérez jusqu'à quel point le législateur a étendu les caractères de culpabilité et de complicité au sujet des attentats et des complots dirigés contre le roi et sa famille. Dans cette matière le complot formé n'est-il pas assimilé à l'attentat? La simple proposition faite et non agréée de former un complot ne constitue-t-elle pas à elle seule un crime que l'article 90 punit de la réclusion, s'il s'agit de la personne du roi, et du bannissement, s'il s'agit d'un prince? Les articles 104 et 105 ne prononcent-ils pas la même peine, et une autre presque aussi rigoureuse pour le seul fait de non-révélation? Enfin l'article 106 ne dit-il pas textuellement que celui qui aura eu connaissance desdits crimes ou complots non révélés, ne sera point admis à excuse sur le fondement qu'il ne les aurait point approuvés, ou même qu'il s'y serait opposé et aurait cherché à en dissuader leurs auteurs!

Votre commission d'examen savait tout cela beaucoup mieux que moi. Aussi a-t-elle dénaturé le projet de loi par les amendements dont elle l'a surchargé. Je rends justice à l'esprit de conciliation qui a dicté son rapport. Mais j'aurais mieux aimé qu'elle abordât la question à visage découvert. Si des mesures d'exception modérées et temporaires peuvent, entre mille chances, offrir une garantie de plus pour la durée du monarque et de son auguste famille, il faut les voter de cœur et de confiance. Si, au contraire, elles n'ont pour objet que de servir des combinaisons ministérielles, il faut les rejeter avec horreur.

Ici, messieurs, je demande à votre bonne foi si c'est le crime et les hommes prêts à le commettre que l'on veut atteindre, quand on vous demande l'autorisation de ne jamais traduire en justice ceux qui auront été arrêtés?

Je conçois que les ministres du roi, frappés au cœur, comme tous les bons Français, d'un coup imprévu, aient demandé à nos institutions nouvelles un compte sévère de leur influence sur la société. Je conçois qu'ils aient interrogé la loi qui régit la presse sur l'efficacité de ses moyens de répression, de la même manière qu'à une autre époque, et dans un autre état de la civilisation, on aurait pu s'en prendre à la loi qui aurait mal réglé l'exercice des cultes, ou à celle qui aurait autorisé des rassemblements armés.

La sollicitude du gouvernement sur ce point me paraît naturelle et louable, parce que la faculté de parler en même temps à un grand nombre d'hommes, par écrit, ou de vive voix, peut facilement et promptement devenir offensive; mais la liberté individuelle, rétrécie comme elle l'est par la sévérité de notre législation et par nos habitudes de police, ne peut rien pour l'attaque; c'est tout au plus si elle suffit à la défense. Elle constitue un droit dont il est dangereux pour tous qu'un seul soit privé; elle devient un besoin plus impérieux alors que les passions sont plus effervescentes. Cette vérité pour moi est d'une telle évidence, que, si la liberté individuelle se fût trouvée suspendue au moment de l'assassinat de M. le duc de Berri, j'aurais regardé le rapport de la loi de suspension comme une mesure politique bonne à adopter dans la circonstance, en ce sens qu'elle eût été de la part du monarque un témoignage de confiance donné à la nation, sans manquer aux prescriptions d'une prudence nécessaire.

Les conseillers de la couronne en ont jugé autrement. Le sujet est trop grave et la position trop délicate pour que je me permette de leur en adresser des reproches directs; mais je ne puis m'empêcher de gémir sur le penchant qu'a dans ce pays l'administration à distraire les citoyens de leurs juges naturels. Personne n'essaie d'introduire dans nos lois des priviléges ou des classements fondés sur la naissance, parce que tout le monde connaît la passion de notre peuple pour l'égalité; mais ce peuple a rarement joui des douceurs de la liberté constitutionnelle. On le sait, et on voudrait se prévaloir des exils et des prisons d'état de l'empire pour continuer à marcher dans un chemin battu; et de ce que les Français supportèrent long-temps l'arbitraire sans se plaindre, on est porté à conclure qu'ils l'endureront toujours.

C'est une grave erreur, messieurs; ceux qui la commettent ne mesurent pas l'intervalle qui sépare les temps et les situations. Ils ne tiennent pas compte de la différence qui existe sous le rapport de la nature du pouvoir et des dispositions des sujets, entre le despotisme constitué et un régime d'exception.

Dans la France du dix-neuvième siècle, la condition nécessaire du despotisme était que le despote promenât la nation de prodige en prodige; et encore fallait-il, pour garantir au pouvoir absolu une existence précaire, que le calme que l'on prend trop souvent pour l'ordre fût pour les Français une espèce de dédommagement de la liberté dont on les avait dépouillés. L'action du gouvernement, partant d'un point fixe, commençait, se développait et finissait au signal du maître, sans qu'on eût à craindre les petites passions des subalternes. Dans ce temps-là l'état de notre gloire extérieure avait fasciné tous les yeux, si bien qu'on ne s'étonnait pas de voir appliquer à une œuvre d'iniquité et de ténèbres l'appellation pompeuse de haute police.

Aujourd'hui, messieurs, que le fracas des armes n'étourdit plus cette nation sur le sacrifice de ses droits individuels, on ne fera plus, on ne pourra plus faire que de la basse police. Les auteurs de la mesure proposée l'ont senti, car ils ont eu la pudeur de ne pas insérer dans les dispositions actives du projet le nom sacré du roi, et de laisser peser tout l'odieux des lettres de cachet sur les ministres qui les signeront. Mais ce n'est pas assez; la puissance du monarque constitutionnel remplit la cité pour y être l'organe impassible de la loi. Que si, dérogeant à la nature des choses, vous attribuez aux fonctionnaires des différents ordres un pouvoir qui ne résulte pas de leur institution légale, ne vous flattez pas que ce pouvoir d'emprunt sera exercé dans une mesure donnée et suivant une direction convenue. Vos sous-ordres feront plus, feront moins, feront autrement que vous n'aurez

3.

voulu ; et, malgré vos efforts de surveillance, leur arbitraire varié sous mille formes viendra, en mille occasions, se mettre à la place de votre arbitraire.

Qu'on ne vienne pas nous dire que le despotisme temporaire ne sera pas tracassier, parce que les ministres s'en réserveront le monopole. C'est chose impossible dans l'exécution ; il faudra que le gouvernement, s'il veut user de l'arme qu'on lui aura confiée, sache sur qui diriger ses coups. Voyez à l'instant arriver de partout la troupe des délateurs, voyez pleuvoir à l'envi les dénonciations officielles et les renseignements officieux. Ignorez-vous donc, messieurs, que les souvenirs de 1815 vivent encore dans toutes les ames, et que les haines sont mille fois plus actives aujourd'hui qu'elles ne l'étaient à cette époque ? Vous chercheriez en vain dans les départements un homme marquant, un fonctionnaire municipal, un juge qui n'ait pas fait hautement sa profession de foi politique. Chaque ville, chaque bourgade a son côté droit et son côté gauche. Le parti du milieu, sur l'ampleur duquel on fondait naguères tant d'espérances, va chaque jour s'affaiblissant, et vos lois d'exception forceront infailliblement ce qui en reste à chercher dans des coalitions d'intérêts et de vœux les garanties que la charte déchirée ne pourra plus offrir à personne.

On a répandu que le projet était fait spécialement pour la ville de Paris, et que, loin de décimer par des emprisonnements la population des départements, on voulait la renforcer par la voie de l'exil des individus dont le gouvernement jugeait la présence dangereuse dans la capitale. Ainsi Paris, ce grand foyer de la civilisation européenne, serait seul mis hors la loi. Et ceci s'adresse, non à telle ou telle opinion, mais à la pensée humaine, quelque forme qu'elle revête. Du moins pendant les autres persécutions, c'était à Paris que les persécutés venaient chercher un asile.

Mais je ne veux qu'effleurer une supposition peut-être gratuite. La loi proposée s'applique dans sa contexture à l'universalité de la France. C'est à l'esprit public de la France que je demanderai ce qu'il en adviendra.

Au temps où la nation marchait à la conquête du monde, disciplinée et compacte comme un bataillon, presque tous avaient renoncé à leur individualité, et le bras du pouvoir ne saisissait que ceux qui, s'échappant des rangs, essayaient de faire route à rebours du mouvement imprimé. Depuis la mise en action du gouvernement représentatif, nous avons tous vécu de la plénitude de la vie sociale, chacun de nos citoyens s'est cru comptable envers son pays de sa pensée tout entière. Celui-ci a entrepris, dans des journaux ou des brochures, l'éducation du genre humain; et les journaux et les brochures de toutes les couleurs ont trouvé des lecteurs exclusifs et passionnés, prompts à abaisser leur entendement devant les prétendus oracles de la sagesse. Celui-là a jugé qu'il pouvait avec quatre-vingt mille de ses compatriotes, et au risque de déplaire à son maire et même au sous-préfet, porter à la chambre des députés l'expression d'un vœu de conservation et de paix, et il croirait encore avoir fait une bonne action, si cette assemblée ne lui avait démontré à la majorité de cinq voix qu'il était dans l'erreur. Cet autre, lorsque nous possédions une loi d'élection en parfaite harmonie avec la charte et avec l'état réel de notre société, pensait user de son droit en provoquant une masse de suffrages en faveur de l'éligible qu'il regardait comme le plus propre à faire le bien du pays. Tel, dans nos procès fameux, prit parti pour des accusés qu'il supposait innocents et qui furent reconnus coupables. Tel, appelé aux nobles fonctions de juré, prononça un verdict qui mécontenta le pouvoir. Les lettres de cachet n'atteindront-elles pas le juge, au moment où il descendra de son tribunal? N'arracheront-elles pas à une honorable candidature le citoyen que l'opinion publique désignait pour les fonctions législatives? Et vous-mêmes, messieurs, rentrant, par la dissolution de la chambre, dans le droit commun, ne serez-vous pas exposés à payer de votre liberté l'indépendance de vos opinions et la franchise de vos discours?

Il est possible, messieurs, que le projet ministériel n'ait pas été conçu dans la sinistre prévoyance de toute l'extension dont il est susceptible.

Mais ce qui m'importe à moi, chargé de concourir à la confection des lois, ce n'est pas l'usage qu'on veut, mais bien l'usage qu'on peut en faire. Qui me dit que les ministres du roi sentiront et penseront demain comme ils sentent et pensent aujourd'hui? Qui me garantit que leurs successeurs suivront les mêmes erremènts? Qui peut répondre que tel promoteur de l'arbitraire n'en deviendra pas la première victime?

L'honorable député qui m'a précédé à cette tribune disait dans votre commission d'examen, dont il était membre, que, s'il eût été romain, il aurait peut-être confié un pouvoir discrétionnaire à Cicéron, mais qu'il se serait bien gardé de le remettre à Catilina. Eh bien! messieurs, j'accepte cette déclaration, parce qu'elle tranche la question qui nous occupe. Jamais homme raisonnable ne mettra la liberté à la merci de Catilina; et quant à Cicéron, s'il eût accepté pour la nuit célèbre où il sauva la république un pouvoir susceptible de dégénérer en tyrannie, il s'en fût dépouillé dès le jour suivant, car l'arbitraire répugne au cœur d'un honnête homme.

D'autres orateurs remarqueront, sans doute, la simultanéité du projet de loi avec deux autres projets, l'un pour diriger les journaux, l'autre pour maîtriser les élections, et ils verront dans cette combinaison la ruine prochaine de toutes nos libertés. Je leur laisse ce champ à parcourir. Mais avant de finir, permettez-moi, messieurs, d'offrir à votre méditation un rapprochement historique que vos cœurs ne repousseront pas.

Quand le bon roi Henri IV tomba sous le poignard d'un assassin, il y avait quatorze ans que le royaume était rentré sous son obéissance, mais il n'y avait que quatre ans que les moines et la plupart des curés de Paris permettaient qu'on priât

dans leurs églises pour le Béarnais. Le vieux levain
de la ligue fermentait encore dans les esprits de
la multitude ; presque chacune des années précédentes avait vomi son Louvel, et le crime fut consommé au moment où le roi allait partir pour se
mettre à la tête de la ligue des princes protestants
d'Allemagne ; ce qui, dans les idées du temps, équi-
valait à faire la guerre au pape et à la religion catholique. Aussi que de calomnies, que d'affreuses
conjectures engendra le forfait de Ravaillac ! On
incrimina surtout les maximes régicides qu'on prê-
tait à certaines congrégations religieuses. Quelques-uns soupçonnèrent les protestants d'avoir
tué le prince qui avait abandonné leur croyance ;
d'autres voulurent voir dans l'attentat l'explosion
d'un complot de la haute aristocratie contre le monarque qui avait régné dans l'intérêt de tous.

Cependant la sagesse des conseils de Henri-le-
Grand lui avait survécu. On ne proscrivit pas les
prédicateurs, et on ne défendit pas les prédications
qui étaient alors un besoin pour le peuple, sous le
prétexte qu'elles avaient allumé le cerveau d'un
fanatique. La reine régente renouvela l'édit de
Nantes en faveur des protestants. D'odieux soup-
çons furent repoussés par le gouvernement comme
ils l'étaient par la conscience publique. C'est surtout à cette conduite, à la fois politique et loyale,
que la France a dû de conserver intacte et inébranlable la fidélité des peuples au milieu des secousses données à la monarchie par l'ambition des
grands pendant la minorité de Louis XIII. Bientôt

après, l'autorité royale s'est élevée à un degré de puissance dont notre histoire n'avait pas encore offert l'exemple. Enfin la maison de Bourbon a brillé pendant près de deux siècles d'un éclat qui, après avoir été déplorablement obscurci à la fin du siècle dernier, vient de se raviver à nos yeux par l'alliance des droits antiques du trône avec la liberté moderne.

Un petit-fils de Henri IV nous a été enlevé, qui lui ressemblait d'inclination et de cœur. Comme son immortel aïeul, il a reçu le coup de mort de la main d'un fanatique. Aussitôt ont retenti des cris de vengeance, que la douleur n'avait pas inspirés. Des factieux répudiés par les hommes de toutes les opinions qui ont le cœur français ont voulu rendre la nation complice d'un crime solitaire. N'en a-t-on pas entendu qui s'efforçaient à déverser le soupçon jusque sur les vieux défenseurs de la patrie? Ils ne savent donc pas, les insensés, que du cœur d'un soldat peut jaillir la colère, mais jamais la traîtrise. Ils ne savent pas que les braves s'entendent et se devinent, et que c'était particulièrement sur le plus jeune des fils de notre roi que nous comptions pour les jours du danger, comme lui-même avait compté sur nous.

Il appartient à la sagesse des chambres de défendre contre la rage des partis un trône que le malheur a rendu plus auguste et plus cher à la fidélité. Craignons, messieurs, en faisant une loi odieuse sans être utile, de remplacer la douleur publique par d'autres douleurs qui feraient oublier

la première. Le prince que nous pleurons pardon-
nait en mourant à son infâme assassin. Oh! comme
son ame généreuse se fût indignée, s'il eût pu prévoir les angoisses de l'innocent! Faisons, messieurs,
que le profit d'une mort sublime ne soit pas perdu
pour la maison royale et pour la morale publique.
Que la postérité ne puisse pas nous reprocher
qu'aux funérailles d'un Bourbon, la liberté des
citoyens fut immolée pour servir d'hécatombe. La
raison d'état le défend, l'honneur français s'en irrite, la justice en frémit. Je vote le rejet du projet
de loi.

SÉANCE DU 8 MARS.

Pendant cette discussion on demanda le rappel à l'ordre de M. de Corcelles, député du Rhône; le général Foy prit la parole.

Il est impossible, messieurs, que la discussion prenne une marche aussi contraire à nos réglements et à l'esprit de la charte que celle qu'on veut lui donner en ce moment. Je suis loin de partager plusieurs des sentiments de l'orateur, et surtout la manière de les expliquer. On se doit, dans une assemblée française, des égards personnels avant tout, et nous serons, pour notre compte, toujours prêts à soutenir cette théorie, et à la mettre en pratique. Quant au fond de la question, on peut dépasser les limites de choses très-généralement senties, sans devoir exciter des murmures et des rappels à l'ordre. La tribune est là pour qu'on y dise tout ce que l'on pense. Je ne sais pas ce que voulait dire l'orateur relativement à la garde royale; il n'a fait que commencer; il fallait au moins l'entendre jusqu'à la fin. Si vous ne voulez pas écouter des choses qui peuvent paraître à quelques esprits inconvenantes et désordonnées, il n'y aura plus de tribune; si vous ne permettez pas d'y exprimer une opinion, quelque déplacée, quelque dangereuse qu'elle soit, jamais vous n'aurez cette liberté de discussion qui vous est nécessaire. Il faut donc que chacun s'arme de résignation à l'égard des idées et des expressions qui peuvent lui déplaire. Sommes-nous ou non une assemblée délibérante? Si nous sommes une assemblée délibérante, nous nous devons mutuellement une extrême tolérance, et ce n'est pas seulement dans l'intérêt réciproque des orateurs, mais encore dans l'intérêt de la liberté publique. Qu'on ne fasse pas que cette assemblée ressemble aux assemblées tumultueuses de la révolution. Quand même un orateur donnerait un mauvais exemple, il vaut mieux, pour la liberté, le laisser aller que l'interrompre par des murmures.

(Interruptions.)

Je dis ceci dans l'intérêt du roi et de la liberté, parce que les intérêts du roi et de la liberté sont inséparables. Je le dis aussi, dans votre intérêt à tous, ce n'est que par respect pour les minorités que la liberté de la discussion doit être maintenue. Je le répète, quand même on dirait des choses qui ne seraient pas dans les bornes strictes de la convenance, il y a plus à gagner pour la paix et la liberté publique à les tolérer qu'à les réprimer.

Je demande que l'orateur continue. Nous devons espérer qu'un même sentiment doit l'animer, non-seulement pour la personne du roi, mais encore pour les troupes auxquelles la garde du roi est confiée, et qu'il ne lui échappera rien d'inconvenant.

Lors de la discussion des articles du projet de loi, le général Foy s'exprima ainsi :

M. le ministre des affaires étrangères a dit hier à la fin de la séance que la loi que vous discutez en ce moment est une loi de confiance envers le ministère.

Je vais examiner en peu de mots si le ministère a votre confiance, et, dans la supposition de cette confiance, jusqu'où doivent s'en étendre les effets.

Les ministres du roi ont pour eux la présomption favorable qui résulte du choix que sa majesté a fait d'eux, pour conduire les affaires de l'état dans un temps difficile; ils ont pour eux la considération qu'ils ont acquise, chacun dans d'autres fonctions ou dans d'autres positions. Mais la confiance qui résulte non pas du mérite personnel des individus, mais de l'homogénéité de vues et de sentiments des ministres entre eux et avec les chambres; cette confiance, qui a ses racines dans le passé, qui se vivifie par le présent, et qui promet des résultats pour l'avenir, cette confiance, le ministère ne la possède pas. La chambre des députés est presque unanime pour la lui refuser.

En effet, messieurs, si le ministère n'obtient pas cette confiance de ceux de nos collègues qui voteront contre les mesures d'exception qu'on nous propose, elle ne lui est pas accordée davantage par la portion qui votera en faveur du projet. Cette portion, trop considérable peut-être, se divise en deux fractions bien nettes et bien distinctes : l'une regarde le ministère actuel comme une composition incomplète. Hommes modérés et amis de l'ordre, ils s'offensent moins que d'autres des suites funestes que la suspension du régime constitutionnel peut entraîner, parce qu'ils savent que toute réaction a son 5 septembre, et, les yeux tournés vers le sud-ouest de la France, ils attendent un second 5 septembre de celui qui a fait le premier. Mais ne vaudrait-il pas mieux, sans calculs étroits de coterie, et en suivant une marche large et consciencieuse, donner enfin la paix à ce pays ? Cette paix sera l'ouvrage de notre roi, aidé et conseillé d'un ministère composé d'hommes forts, désintéressés, aimant le roi, la patrie et la gloire, d'un ministère imbu de la puissance du gouvernement représentatif, car cette forme de gouvernement et la dynastie régnante se soutiennent mutuellement, et, je le dis, parce que j'en ai la conviction, il ne peut y avoir de véritable gouvernement représentatif en France qu'avec la maison de Bourbon.

L'autre fraction de cette assemblée, dont l'accession systématique a, depuis l'ouverture de la session actuelle, donné une majorité presque constante, cette fraction assurément ne sera pas accusée de subordonner aveuglément ses opinions aux opinions de ceux qui gouvernent. On connaît son esprit de conduite, et quand nous voyons d'honorables collègues avouer dans les causeries

des bureaux et ailleurs que la loi d'exception proposée ne leur paraît pas nécessaire, au moment
même où leurs amis l'appuient à la tribune de
toute leur éloquence, nous sommes autorisés à
croire qu'ils entendent bien employer eux-mêmes
et à leur usage les armes qu'ils paraissent forger
en ce moment pour d'autres que pour eux. Et je
ne prétends pas dire pour cela que telle combinaison qui les amènerait au pouvoir serait la ruine
de la France et de la liberté. Des hommes qui ont
l'esprit juste et le cœur français ne tarderaient pas
à apprendre dans le maniement des affaires, que
rien ne peut aller ni durer aujourd'hui en France,
sans le respect des droits de tous, et sans la consommation des intérêts créés par la révolution.
Leur marche, nécessairement constitutionnelle, ne
tarderait pas à leur attirer l'appellation de jacobins de la part des salons du faubourg Saint-Germain : ou bien les passions de ces queues de partis
dans lesquelles gît tout le venin, triompheraient
de leur sagesse, et alors, mais seulement alors,
on verrait éclater ce qu'on appelle ici, suivant la
nuance des opinions, *contre-révolution*, *réaction*,
réparation, et ce que j'appellerai, moi, attaque
des intérêts généraux par les intérêts particuliers.
   Or je ne conçois pas qu'une puissante majorité
puisse jamais être opprimée par une faible minorité autrement qu'avec le secours des étrangers.
Au nom des étrangers, il n'y aurait plus assurément
de division dans cette chambre; tous, quelles que
soient les opinions, quelles que soient les banniè-

res sous lesquelles on ait servi autrefois, marche-
raient pour les combattre. Les chants de guerre qui
seraient bientôt des chants de victoire retentiraient
encore dans nos villes et dans nos campagnes, et
ce n'est pas sans dessein que je parle de nos vieux
chants de guerre. Un ministre du roi voulant rappeler l'influence exercée, dans des temps de malheur, par des chansons, a cité la *Marseillaise*. Il
aurait pu dans le système de son opinion, d'ailleurs fort estimable, et avec plus de vérité, rappeler le *ça ira* et d'autres chants ignoblement atro-
ces, qui servirent de prélude aux échafauds de la
terreur. Mais la *Marseillaise* fut inspirée par un
sentiment qui est de tous les temps et de tous les
régimes, l'horreur de l'invasion étrangère. J'ai dé-
fié qu'on y trouve un vers, un mot, qui pût s'appliquer d'une manière directe à nos troubles intérieurs de cette époque. J'étais, bien jeune encore,
au nombre de ceux qui enlevèrent les retranchements de Jemmapes en chantant la *Marseillaise*.
A ce titre, j'aurais voulu qu'on épargnât à nos souvenirs, même l'ombre d'une similitude avec l'esprit qui anima les Ravaillac et les Louvel.

Au reste, messieurs, ces dangers du dehors, que
la prudence excessive du législateur peut lui indiquer, sont loin de nous, et nous savons bien qui
nous en sauvera. La sagesse du roi nous a délivrés
deux fois des étrangers. La sagesse du roi les empêchera de revenir. Il nous conservera les bienfaits de la charte, son plus bel ouvrage. Et vous,
messieurs, si un instinct de fidélité et d'amour

vous porte à offrir au trône en deuil un hommage extraordinaire de votre dévouement, vous ne voudrez pas pour cela que la loi que vous aurez votée devienne, par sa téméraire application, funeste à nos citoyens, funeste par conséquent au père de la patrie. Vous ne refuserez pas d'accueillir les tempéraments propres à restreindre et à circonscrire dans des limites raisonnables l'action de l'arbitraire.

C'est dans cet esprit et pour empêcher les préfets et les maires d'intervenir dans les arrestations que je propose l'amendement suivant à l'article 2.

« L'ordre d'arrestation sera envoyé au procureur
« du roi de l'arrondissement où se trouvera l'indi-
« vidu à arrêter, pour être exécuté à sa diligence
« et conformément aux articles 108 et 109 du Code
« d'instruction criminelle. »

Dans la suite de la discussion du projet de loi sur la liberté individuelle, le général Foy s'exprime ainsi :

M. Benjamin Constant m'a présenté comme m'étant rendu dans une dernière séance le garant des principes constitutionnels de ceux que j'ai cru pouvoir se disposer à remplacer le ministère actuel ; je n'ai jamais garanti les principes constitutionnels des personnes qui composent ce parti, et cela, je le dis sans passion aucune. J'ai dit que si ces personnes arrivaient au ministère, il n'y aurait pas de milieu pour elles ; ou il faut qu'elles embrassent les intérêts nationaux avec franchise et fermeté, ou qu'elles cherchent leur appui dans une minorité si faible que cette minorité n'a pu dominer qu'au moment où les étrangers occupaient notre territoire. C'est à l'aide des étrangers que cette minorité est parvenue à établir quelque temps son empire : sans eux dix mille insurrections se seraient succédées, tant étaient multipliés les actes arbitraires les plus révoltants, les vexations, les persécutions, les humiliations de tout genre ; et croyez-vous que sans l'étranger, sans la crainte de voir notre pays livré à toutes les horreurs de la dévastation, nous aurions souffert les outrages d'hommes que, pendant trente ans, nous avons vus dans l'humiliation et dans l'ignominie.

Les plus violents murmures s'élèvent à droite.

M. de Corday, se levant et descendant de la droite : « Vous êtes un insolent. »

Le même mouvement éclate dans les autres parties de la salle.

M. le président : Je rappelle à l'ordre et au respect qu'il doit à la chambre, le membre qui s'est permis l'emploi d'une telle expression.

Le général Foy continue : Nous avons été en butte à tous les outrages, à toutes les persécutions , à tous les dangers ; vingt fois on est venu me conseiller, me presser de chercher un asile sur une terre étrangère. Voilà ce que nous avons souffert ; et, après cette cruelle expérience, je déclare qu'on ne peut gouverner la France qu'en respectant sa liberté et en l'assurant par les lois. Cette liberté nous est assurée par la constitution que le roi nous a donnée dans sa sagesse. Soyons unis et elle triomphera de tous les obstacles et elle assurera le bonheur d'un peuple rallié autour du trône et de la charte.

MM. Foy et de Corday se rendirent bientôt à la barrière de Belleville pour se battre au pistolet. Le sort se déclara en faveur de celui qui avait été insulté : le général Foy tira en l'air.

4.

Le sieur Taillefer, ancien garde-du-corps, à Villiers, département des Ardennes, demandait, attendu les pertes que son département avait éprouvées pendant l'occupation, une décharge
momentanée d'impôts.

Comme député d'un département qui a été occupé, je vous demande le renvoi de cette pétition,
non-seulement à la commission des dépenses, mais
encore à celle des comptes, attendu qu'il s'agit toujours d'une augmentation d'indemnité de logement qui dépend de cette commission, et que cette
augmentation, sagement répartie, procurera les
moyens de venir au secours des départements et
des communes qui ont le plus souffert. Mais en venant appuyer le renvoi de la pétition aux deux
commissions, un autre objet, qui m'est personnel,
m'appelle encore à cette tribune.

Un grand silence s'établit.

Permettez-moi, messieurs, d'exprimer à cette
tribune la douleur et l'étonnement que m'a causé
l'interprétation donnée aux paroles que j'ai prononcées dans la séance du 13. J'ai voulu désigner
cette poignée de délateurs et d'oppresseurs de 1815
que, pendant ma carrière active de 30 ans, je n'a-
vais rencontrés sous aucune bannière, ni dans aucuns des chemins de l'honneur. La vivacité même de
mes expressions ne prouve-t-elle pas suffisamment
qu'on ne devait pas, qu'on ne pouvait pas les ap-

pliquer à une classe nombreuse de citoyens qui
a beaucoup et long-temps souffert, à des hommes
que j'ai combattus corps à corps, et conséquem-
ment avec estime, à Berchem et dans vingt autres
rencontres, à des Français qui, rentrés en France
depuis dix-neuf ans, y rencontrèrent tout de suite
la considération qui, dans tous les temps possibles,
s'attache naturellement à tout ce qui a été élevé
dans la société.

J'ai été offensé par un de mes collègues, qui
lui-même s'était cru offensé par moi dans la cause
de ses anciens compagnons d'exil. Nous avons fait
tout ce que font gens de cœur en pareille circonstance.

Mais comme citoyen, comme député, il me restait un devoir à remplir, et je le remplis avec loyauté
et confiance. Je serais le plus malheureux des
hommes si de fausses interprétations, données à mes
paroles par mes anciens et nombreux compagnons
d'armes ou par d'autres, introduisaient de nouveaux
éléments de discorde dans notre pays, qui n'a besoin que de paix et d'union.

Notre sang à tous, quelque ligne que nous ayons
suivie précédemment, ne doit plus couler que pour
la défense de la patrie, du trône et de nos institutions constitutionnelles.

M. de Corday : Les éclaircissements que M. le général Foy
vient de donner sur ce qui s'était passé à l'avant-dernière séance,
éclaircissements qu'il avait déjà donnés avec loyauté à plusieurs
de nos collègues, et à moi-même, ne doivent laisser aucun
doute sur ses véritables sentiments.

Je déclare que l'expression dont je me suis servi dans cette même séance du 13 n'aurait dû être applicable qu'à celui qui aurait eu l'intention d'insulter ceux dont je m'honore d'avoir fait partie, et qui partagent encore mes sentiments.

M. de Corday, en descendant de la tribune, s'avança vers le général Foy, placé sur le premier banc de la gauche, et tous deux se serrèrent la main.

La chambre prononça le renvoi de la pétition du sieur Taillefer à la commission des dépenses et à la commission des comptes.

SUR LA LIBERTÉ DE LA PRESSE.

SÉANCE DU 24 MARS 1820.

Après qu'une révolution terrible a mis la société
à jour et a réveillé tous les principes d'action qui
sommeillaient depuis un siècle, il n'est donné à
personne de dire où le mouvement des esprits s'arrêtera. Que si une main vigoureuse a paru maîtriser le torrent, regardez-y de près, vous verrez
qu'elle ne l'a pas même ralenti, et qu'elle n'a fait
que lui donner un autre cours.

Un certain degré d'agitation étant désormais inhérent à notre état social, le gouvernement, quelle
que soit sa forme, est condamné à en subir les
conséquences. Nos désastres de 1814, en refoulant
vers nous l'esprit de conquête, avait brisé le système
ascendant sur lequel nous vivions depuis plusieurs
années. Le retour de l'ancienne dynastie ne pouvait manquer de causer quelques alarmes aux intérêts et aux habitudes. Elle nous réconciliait, il est
vrai, avec l'Europe; mais ce bienfait, vivement senti
dans les jours qui suivirent la bataille perdue, devait bientôt peser à un grand peuple accoutumé à
dicter la paix à ses ennemis. Dans cette disposition

des esprits, qu'avait à faire la maison de Bourbon
pour replanter ses vieilles racines dans le terrain de
la France nouvelle?

Sa conduite lui était tracée sur les souvenirs de
sa propre grandeur. Toujours les rois de France
ont marché à la tête des intérêts de la couronne
contre les attaques de l'aristocratie; il y avait accord naturel entre la liberté publique et le caractère modèle des princes qu'une longue infortune
avait déshabitués du pouvoir. La charte nous fut
donnée, signe de paix et d'alliance; mais le régime
constitutionnel, altéré dès sa naissance par la marche rétrograde des dépositaires responsables de
l'autorité, et bouleversé bientôt après par les tempêtes politiques, ne se releva qu'en 1817 par la loi
des élections; alors la masse du peuple ne demandait que confiance et liberté. Notre jeunesse se précipitait dans la carrière de l'industrie avec une ardeur que ne rebutait pas le malheur des temps;
elle inondait les écoles, elle se pressait autour des
chaires publiques, comme si la pensée philosophique eût dû en sortir pour la première fois; il
y avait chez nous une tendance manifeste vers les
arts; et les théories de la paix et l'exploitation du
domaine de la charte offraient un aliment suffisant
à toutes les ambitions généreuses.

Avec de pareils éléments de félicité publique,
que devait faire un ministère appréciateur du présent et prévoyant de l'avenir? aider au mouvement
national sans prétendre le diriger, éloigner des emplois publics ceux qui s'étaient faits oppresseurs et

ceux à qui il n'est pas donné de comprendre ce
qu'est le pouvoir dans un état libre, entrer noblement et franchement dans le gouvernement représentatif. La nation appelait par ses vœux l'accomplissement des promesses qui lui avaient été faites;
elle réclamait le redressement des codes qui pro-
scrivent les associations politiques et qui réduisent
le jury à l'alternative de n'être qu'une institution
inefficace ou de servir d'instrument au pouvoir;
elle soupirait après une organisation des communes, de département, des gardes nationales qui
éparpillât sur la surface du royaume les principes
de vie dont l'accumulation en un seul point pouvait produire une fomentation trop active; il était
nécessaire que toutes les pièces du gouvernement
représentatif fussent mises en action, sinon à la
fois, du moins à des distances assez rapprochées
l'une de l'autre, pour que la jouissance de ce qu'on
possédait ne servît pas à faire mieux remarquer le
manque de ce qu'on ne possédait pas encore.

La charte, l'opinion, la raison repoussaient la
censure : après une longue et opiniâtre taquinerie
nous avons obtenu des journaux qui n'étaient plus
censurés; aussitôt a fait explosion de la part des
journalistes une joie indisciplinée et effervescente;
presque tous ont cherché à frapper fort plutôt qu'à
frapper juste. Faut-il s'en étonner! ils voulaient
être lus. Ce sont, avant tout, des émotions, de
l'effet, des catastrophes, que demandent les lecteurs de journaux, comme les spectateurs de mé-
lodrames.

Permettez-moi de vous le dire avec franchise, messieurs ; l'effroi que vous inspire la licence des journaux n'a fait honneur ni à votre prévoyance de l'année dernière, ni à votre prévoyance de cette année. Tout ce qui est arrivé était dans l'ordre naturel des événements ; et, de ce côté au moins, l'avenir n'est pas si nébuleux qu'on voudrait le faire croire. Descendez au fond de vous-mêmes, n'éprouveriez-vous pas, à travers ce débordement d'écrits quotidiens, un peu de l'émotion que ressentirait le citadin paisible transporté subitement et pour la première fois au milieu d'une mer agitée ; dites, messieurs, quelle confiance aurait-il dans le navire sur lequel il serait embarqué ? Ne se verrait-il pas à chaque instant englouti par les vagues qui montent jusques aux nues ? Et cependant quels sont après tout les dangers réels d'une navigation, lorsqu'on n'a à vaincre que la violence des vagues, et lorsqu'on n'a pas affaire à d'imprudents pilotes qui commencent la traversée par jeter la boussole à la mer ?

Mesurons froidement l'étendue du mal qu'ont fait les journaux ; on leur reproche leur déchaînement contre la religion. Mal avisés et mal accueillis seraient ceux qui attaqueraient aujourd'hui, soit par le raisonnement, soit avec l'arme du ridicule, l'esprit religieux en général, ou les dogmes positifs qui servent de base à la croyance du plus grand nombre des citoyens ; aussi, à l'exception de certains cas très-marqués, parce qu'ils sont isolés, je ne sache pas que les journalistes se soient livrés à

de pareils excès. Ce n'est pas même sur l'établissement ecclésiastique formé par la constitution et
par les lois de l'état qu'a porté la malignité de
leurs réflexions. Je ne les ai vus actifs qu'à la poursuite d'innovations introduites dans le culte par
l'esprit de parti plutôt que par l'intérêt bien entendu de la religion.

On parle beaucoup de doctrines anti-sociales,
ennemies des principes qui fondent la liberté et
conservent les empires. Ces doctrines, dans leur
nudité, n'ont rien qui m'épouvante; si ceux qui les
professent sont de mauvaise foi, vous les trouverez
bientôt descendre à l'application, et il sera facile à
la loi répressive de les saisir. Si, au contraire ils
sont de bonne foi, vous les trouverez toujours er-
rants dans les sphères de l'abstraction, et vous leur
accorderez cette justice, que dans leurs désirs in-
quiets de perfectionnement, ils font ordinairement
une part avantageuse de respect et de devoir au
gouvernement du pays.

Redirai-je les attaques directes contre la personne sacrée du roi et des princes de sa famille?
Assurément, messieurs, ce genre d'offense à la
morale publique n'a jamais été plus rare que depuis que l'on jouit de la liberté de la presse.
On n'a plus vu circuler sous le manteau des
libelles outrageants; on a moins entendu de nouvelles absurdes, d'injures grossières; bien plus il
s'est formé, dans quelques journaux, un langage
de convenance qui, dans toutes les questions, met
l'inviolabilité du trône hors de cause, et qui, re-

portant les griefs sur les véritables auteurs des
maux, a répopularisé l'axiome tout français, tout
constitutionnel : *Le roi ne peut faire le mal....*

Cependant les personnalités, les calomnies, les
faits et les opinions travesties, les injures dégoû-
tantes ont afflué de partout et ont été accueillies par
les archives du mensonge. Mais contre qui sont ai-
guisées ces armes plus redoutées qu'elles ne sont
meurtrières ? contre les membres des deux chambres, les ministres, les magistrats, quelquefois
contre de simples particuliers, presque toujours
contre des hommes qui se sont offerts volontairement au jugement du public. Les uns paient leur
part des ennuis attachés à la célébrité ; les autres subissent la compensation morale du bien-être matériel, que l'état leur procure. A-t-on vu pour cela
l'ardeur des emplois se ralentir ? a-t-on été obligé,
comme au festin du riche, de chercher des hommes
sur les places publiques, pour les traîner de force
aux ministères, aux directions générales et aux préfectures ? Il serait indigne de nous, messieurs, que
les blessures que nous a faites la lance d'Achille,
fermassent nos yeux sur les nombreuses guérisons
qu'elle opère. Combien de révélations utiles n'a
pas fait éclore la liberté de la presse ? Dites s'il y a
eu des injustices et des oppressions possibles, quand
les journaux étaient si ardents à dénoncer même
des injustices et des oppressions qui n'existaient
pas. Ne voyez-vous pas que nos mœurs tendent à
se modeler dans le moule de nos institutions nouvelles, et que, revenant sur nos pas, après avoir fait

les deux tiers du chemin qui nous séparait des habitudes constitutionnelles, tout sera à recommencer à une autre époque, à moins que la ruine totale de nos libertés ne nous prépare la peine de les
recommencer jamais.

Aujourd'hui, messieurs, qui a voulu et qui veut
la censure? M. le ministre de l'intérieur vous a dit
que le rétablissement en était proposé avant le funeste événement du 13 février. Ainsi nous sommes
autorisés à considérer le projet de loi comme le
contemporain de l'attaque dirigée contre notre système électoral. La censure a été demandée à la
chambre des pairs, pour cinq ans, par les mêmes
moyens et par les mêmes motifs qu'on vous propose l'inconstitutionnelle quinquennalité de cette
chambre. Le temps n'est pas encore venu d'examiner jusqu'à quel point ces combinaisons étaient,
dans leur principe, désintéressées et patriotiques,
mais dussent-elles nous mener à bien, c'est en vérité les payer trop cher que d'en acheter le problé-
matique succès au prix de cette charte, qui devait,
comme un triple rempart, défendre les intérêts de
la révolution, de la liberté et du trône.

L'honorable rapporteur de votre commission
vous a entretenus des inquiétudes que lui suggère
l'Europe attentive à ce qu'on dit et ce qu'on écrit
dans le pays. A de pareilles inquiétudes, c'est par
un sentiment chaleureux plutôt que par un raisonnement serré, qu'il faut répondre. Je sais qu'autrefois les prudents de la Hollande faisaient peur au
gazetier de Leyde de la colère de Louis XIV; mais

la France n'est pas la Hollande. Les gouvernements
et les peuples ont acquis, à leurs dépens, des notions exactes sur les droits et sur les libertés de la
souveraineté territoriale. Qu'avons-nous d'ailleurs
à débattre avec l'Europe? n'avons-nous pas fidèlement rempli les obligations qui nous furent imposées? ne sait-on pas que, pour nous résigner à payer
des tributs, il nous a fallu remporter sur nous-
mêmes une victoire plus difficile, plus héroïque
peut-être, que les mille victoires qui nous avaient
attiré tant d'ennemis! nous sommes, nous serons
désormais paisibles et inoffensifs, parce que nous
n'avons pas l'ame rancuneuse, et surtout que nos
souvenirs remontent plus haut que nos derniers
revers. Mais puisque cette nation est appelée à ranger les autres sous l'empire de ses idées, alors même
qu'elles se sont soustraites au joug de ses armes,
ce n'est pas nous, Français, qui essaierons de
changer l'ordre des destinées, et, après tout, nous
avons trop à faire avec les passions qui nous agitent,
pour nous tourmenter beaucoup de ce qui arrivera
au-dehors par suite de nos débats. Je rentre dans
la question et je conclus.

Toute loi prohibitive en matière de liberté de la
presse étant contraire au texte de la charte et à
l'esprit du gouvernement représentatif, je repous-
serais la censure, quand même il me serait démontré qu'on ne veut en user que comme d'une mesure
temporaire et provisoire; mais je concourrai loyalement à la confection d'une loi qui réintègre le
jugement par jurés, et qui pourtant soit plus effi-

cacement répressive que la loi actuelle; je me com-
plairai surtout dans les dispositions qui, en agrandissant et en rendant plus difficiles les entreprises
des journaux, feront reposer les garanties publiques sur une base plus large et plus solide.

Au reste, comme on doit supposer que l'approche d'une autre loi et la crainte d'une pénalité
plus sévère contiendront les journalistes dans de
justes bornes, je ne crois pas qu'il y ait lieu à adopter, à leur égard, des mesures extraordinaires de
répression pour le court espace de temps qui s'é-
coulera d'ici à la présentation du nouveau projet.

Je vote le rejet du projet de loi actuellement en
discussion.

SÉANCE DU 29 MARS 1820.

Plusieurs amendements au projet de loi contre la liberté de
la presse avaient été proposés. Aucun orateur ministériel ne
se présentait pour les combattre, et cependant tous étaient rejetés.

Messieurs, j'en appelle à l'honneur, à l'indépendance des membres de cette chambre, sur quelque
banc qu'ils soient assis. N'est-il pas vrai que des
amendements d'une vérité, d'une lucidité incontestable ont été rejetés sans avoir été discutés,
sans qu'on y ait fait la moindre réponse? Certes,
celui-ci est susceptible d'une discussion sincère.
Qu'arrive-t-il? C'est qu'un projet qui a éprouvé
un amendement dans la chambre des pairs est

traité dans celle-ci avec une étrange partialité. Eh, messieurs ! la loi ne serait-elle pas plus profitable au trône et à la liberté, si des amendements tels que ceux de MM. Savoye-Rollin, Sappey, et tel que celui que vous venez d'entendre, en adoucissaient la rigueur ? Vous vous plaignez souvent que nous cherchons un appui hors de cette chambre ; mais comment cela ne serait-il pas ainsi, puisque nous ne trouvons pas même ici quelqu'un qui se donne la peine de combattre les amendements que nous proposons dans l'intérêt du trône et de la liberté, que nous regardons comme inséparables. Au nom de l'intérêt même de la loi, et de son effet sur l'opinion publique, je demande que l'amendement soit l'objet d'une discussion approfondie.

SÉANCE DU 30 MARS 1820.

SUR L'ARTICLE VIII DU PROJET DE LOI CONTRE LA LIBERTÉ
DE LA PRESSE, AINSI CONÇU :

Article VIII : « Nul dessin imprimé, gravé, lithographié, ne
« peut être publié, exposé et distribué ou mis en vente, sans
« l'autorisation du gouvernement. Ceux qui contreviendront à
« cette disposition seront punis des peines posées à l'article 5
« de la présente loi. »

L'article 8, relatif aux dessins imprimés ou lithographiés, ne faisait pas originairement partie du projet de loi ; il a été intercallé par suite d'un amendement qui a pris naissance dans l'autre chambre, et il est resté comme en-dehors de la loi que vous discutez ; en effet, votre loi est privative et temporaire ; l'article est général, et dans sa rédaction isolée il se présente comme définitif. Votre loi n'a d'effet que pour l'avenir ; l'article est susceptible d'un effet rétroactif, et peut, au grand détriment d'une branche importante du commerce, s'appliquer aux productions de l'art qui ont déjà été déposées à la direction de la librairie. Votre loi réserve l'exercice de la liberté de la presse pour les écrits autres que les écrits périodiques. L'article comprend indistinctement toutes les œuvres graphiques, de sorte que l'éditeur d'un ouvrage considérable, du Dictionnaire des arts et métiers, par exemple, pourra, après avoir imprimé librement le texte de son livre, être empêché par le gouvernement de publier les planches. Votre loi frappe les journaux, parce que chaque journal va trouver chaque jour cinq cent mille citoyens pour les haranguer; les estampes, au contraire, attendent paisiblement, et seulement dans quelques grandes villes, des regardeurs et des acheteurs, qui sont toujours en très-petit nombre comparativement à la masse de la population de la France. Enfin votre loi a pour objet de suppléer à l'insuffisance de la législation en vigueur. Or je ne sache pas qu'on ait reproché au système répressif d'avoir manqué de force contre les abus qui ont pu être commis à l'aide du burin et du crayon lithographique. Dites-le, messieurs; connaissez-vous des caricatures séditieuses qui, dénoncées à la justice, n'aient disparu aussitôt pour ne reparaître jamais?

En voilà assez, messieurs, pour preuve que l'article 8 n'appartient en rien à l'économie du projet de loi; mais cet article se rattache à de plus graves considérations, il aborde l'opinion avec un caractère particulier de menace. Les citoyens craignent qu'on en profite pour leur enlever ces nombreux dessins gravés et lithographiés, où ils se complaisent à voir retracés nos faits d'armes et nos héroïques douleurs.

Il faut le dire à cette tribune; les dix-neuf vingtièmes de ceux qui tirèrent l'épée pendant les cent jours, pour la défense de la patrie, n'avaient contribué ni dividuellement ni individuellement à la réussite du 20 mars; ils marchèrent, comme leurs pères avaient marché vingt-trois ans auparavant, aux cris de l'Europe coalisée contre la France. Vouliez-vous que, pour la première fois, nous nous fussions arrêtés devant les ennemis, et que nous eussions demandé, Combien sont-ils ?

Nous avons couru à Waterloo comme les Grecs aux Thermopyles, tous sans crainte, et presque tous sans espoir. Ce fut l'accomplissement d'un magnanime sacrifice; et voilà pourquoi ce souvenir, tout douloureux qu'il puisse être, nous est resté précieux à l'égal de nos plus glorieux souvenirs.

De pareils sentiments, messieurs, et l'avidité avec laquelle les arts du dessin en retracent l'expression, n'ont rien d'hostile envers qui que ce soit, rien qui ne réconforte le patriotisme français, rien que ne puisse et ne doive s'approprier la monarchie constitutionnelle. Aussi ai-je de la répugnance à croire que le gouvernement désigne l'exécution de l'article d'après les intentions qu'on lui suppose? Mais à quoi bon laisser courir des inquiétudes qui ne doivent point être réalisées? à quoi bon ranger dans la même catégorie des choses si différentes que les journaux et les estampes?

Je vote le rejet de l'article 8.

———————

RAPPORT

SUR LA PÉTITION DES QUINZE CENTS DONATAIRES,

SÉANCE DU 3 AVRIL 1820.

Le sieur Salel, colonel, à Paris, en son nom, et comme fondé de pouvoirs de mille cinq cents donataires du Mont-de-Milan; Macé, lieutenant-colonel; Bourgeois, capitaine; Vuillemez, capitaine; Alexandre, Perrót, tous donataires du Mont-de-Milan, à Verdun, département de la Meuse; Ménager, ancien grenadier, donataire du Mont-de-Milan, à Bretoncelle, département de l'Orne, réclament la propriété de leurs dotations, garanties par les traités.

Si les Français les plus ignorés avaient, par une sorte d'opération commerciale ou financière, acquis à l'étranger une créance considérable, et s'il était arrivé que les princes ou les particuliers débiteurs eussent profité d'un ascendant momentané pour retarder indéfiniment les paiements légalement obligés, il serait du devoir de notre gouvernement d'intervenir auprès des autres gouvernements, pour faire rendre justice aux sujets, et pour restituer aux Français une portion de la richesse française.

Dans les questions du Mont-de-Milan, les intéressés ne sont pas des hommes ignorés. Ce sont ceux qui, pendant vingt-cinq ans, ont versé leur sang pour la patrie; la créance ne provient pas de spéculations privées; elle est le produit de la munificence nationale exercée dans une mesure et suivant des formes compatibles avec les droits de la souveraineté. Les actes diplomatiques qui ont donné et repris l'Italie à la France n'ont pas emporté avec eux la dispense des obligations qu'impose aux gouvernements le droit public de l'Europe. Aussi les souverains actuels de ce pays ont dû reconnaître les aliénations des domaines et les constitutions des dettes publiques faites par le souverain précédent; ils l'ont en effet solennellement reconnu. L'article 13 du traité du 11 avril 1814, porte que les obligations du Mont-Napoléon envers tous ses créanciers, soit Français soit étrangers, seront exactement remplies, sans qu'il soit fait aucun changement à cet égard. Et plus tard, les hautes puissances contractantes, au congrès de Vienne, ont stipulé, par l'article 97 de la loi du 9 juin 1811, que pour conserver à l'établissement du Mont-Napoléon à Milan les moyens de remplir les obligations envers ses créanciers, les biens-fonds et autres immeubles, de même que les capitaux appartenants aux établissements, et placés dans différents pays, resteraient affectés à la même destination.

C'est ainsi que le droit a été établi. Voyons maintenant ce qui est arrivé. La France, en 1814, ef-

frayait encore l'Europe des souvenirs tout récents
de sa puissance; il eût été facile de recouvrer toutes
les dotations situées dans les pays où les traités
avaient sanctionné les droits acquis par la victoire;
mais, loin de protéger les intérêts nouveaux, notre
diplomatie les a traités avec une froide indifférence.
Survinrent les calamités de 1815, la France fut
accablée par l'Europe coalisée. Ce n'est pas quand
on payait des tributs qu'on a dû penser à réclamer
des dotations. Tout ce qui a le cœur français n'é-
tait occupé qu'à former des vœux pour le prompt
départ des troupes étrangères; et quand l'acte signé
à Aix-la-Chapelle, le 16 novembre 1818, nous en
délivra, les donataires du Mont-de-Milan prirent
une part trop vive à la joie nationale pour s'enquérir si leur intérêt particulier avait été garanti ou
au moins respecté. Cependant on apprit plus tard
qu'il avait été réglé, par l'acte de délivrance, que
les arrérages du Mont-de-Milan leur seraient payés
jusqu'au 30 mars 1814, date du traité de Paris. Sur
quelle base était établie cette convention? Notre
cabinet a-t-il fait des protestations et des réserves?
A-t-il réclamé de nouveau, après le départ des étrangers, pour obtenir les arrérages postérieurs au
traité de Paris, et la consolidation des créances?
C'est ce qu'on ignore; car, depuis six ans ce qui
concerne les dotations, l'attaque comme la défense, tout est resté enveloppé d'un voile mystérieux. C'est à la dérobée, et comme par hasard,
que les intéressés ont pu faire quelques décou-
vertes sur leurs propres affaires; enfin il paraît, et

je me sers de l'expression du titulaire, parce que notre gouvernement ne nous en a appris rien de certain que le 21 septembre 1819, il paraît que les commissaires plénipotentiaires des puissances intéressées à l'exécution de l'article 97 de l'acte du congrès de Vienne ont formellement déclaré les dotations françaises sur le Mont-de-Milan éteintes, en vertu de prétendues conventions.

Ainsi nous sommes dépouillés au mépris des principes du droit public et des articles positifs des traités. Ce n'est pas dans un pays soumis au régime constitutionnel, et avec des ministres responsables que de pareilles violations de droit passeront silencieusement et inaperçues. Le gouvernement ne peut se dispenser d'intervenir de toute sa force en faveur des donataires du Mont-de-Milan. Le grand nom de la France n'est pas tombé assez bas en Europe pour que nos réclamations ne soient pas écoutées, je ne dirai pas avec bienveillance, mais avec respect, lorsqu'elles sont fondées sur la justice, et représentées avec l'énergique modération que donnent la certitude du bon droit et la conscience de la puissance réelle.

Votre commission vous propose le renvoi de la pétition à M. le ministre des affaires étrangères.

La chambre ordonna ce renvoi.

RAPPORT

SUR LA PÉTITION DE PLUSIEURS OFFICIERS
DE LA MARINE.

MÊME SÉANCE.

Les sieurs Fontaine, Kempf, Lacour, Cavalier, Perrot, Dommergue, Oller, Maze, officiers au corps royal d'artillerie de la marine; et les sieurs Druot et Arson, officiers au corps d'ouvriers de la marine, chacun pour son compte, et le sieur Leignel, capitaine de vaisseau, en retraite à Paris, chargé des intérêts d'un grand nombre d'officiers d'artillerie de la marine, demandent que l'ordonnance du 9 décembre 1815, en tant qu'elle concerne l'artillerie de la marine, soit révoquée, attendu qu'elle est une transgression des lois préexistantes.

A la fin de l'année 1815, le gouvernement jugeant convenable de donner une nouvelle organisation aux corps et aux troupes de la marine, un grand nombre d'officiers d'artillerie furent renvoyés du service par suite de ce travail. Comment devaient être traités ces officiers? Voilà la question.

Les lois antérieures à la révolution faisaient prendre rang aux troupes d'artillerie de la marine

à la suite des régiments d'infanterie créés en 1690.
Les lois postérieures rendent ces troupes susceptibles de récompenses décrétées pour l'armée de
terre, sauf les exceptions indiquées pour le service
particulier de la marine. Bien plus, un décret du
24 janvier 1813 les a appliqués spécialement au
service du département de la guerre. Les quatre
régiments d'artillerie de la marine ont formé la
deuxième division du deuxième corps d'observation du Rhin; ils ont fait les terribles campagnes de
1813 et de 1814, en Allemagne et en France; et de
vieux soldats que la nature de leur service avaient
tenus en réserve pour les jours de grandes calamités, ont prouvé sur tous les champs de bataille
qu'aucune espèce de gloire ne leur était étrangère.
Dans cet état de choses, il paraissait naturel que
l'armée de la marine fût traitée en 1815 de la
même manière que les corps de l'armée de terre,
qu'on licenciait aussi. Elle venait de faire le même
service à la guerre; et, pendant la paix, les circonstances où elle s'était trouvée n'avaient pas permis à
la malveillance de provoquer le plus léger soupçon
sur son patriotisme et sa fidélité. Aussi a-t-on droit
de croire que le roi eût étendu sur elle le bienfait
des dispositions de l'ordonnance du 1er août 1815,
relatives aux retraites, si la proposition en eût été
faite dans les conseils de sa majesté, par le ministre
chargé du département.

Toutefois la mesure n'était pas de rigoureuse
justice; les événements avaient placé le département de la guerre hors du droit commun; il licen-

ciait ses corps, il opérait une réforme immense,
totale. La politique commandait d'offrir de larges
dédommagements à une classe d'officiers frappés
par des mesures générales. On peut absolument
avancer que la marine, ne se trouvant pas partout
dans le même cas, ne se trouvait pas tenue à garder
les individus; elle s'est amplement prévalue de la
différence des situations; elle a considéré l'ordonnance du 1er août 1815, pour l'armée de terre,
comme une ordonnance d'exception, et elle a refusé d'en faire l'application à son propre département.

Mais, au défaut d'une faveur à réclamer, les officiers d'artillerie de la marine avaient des droits à
faire valoir. Leurs droits sont fondés sur l'article 69
de la charte, qui conserve aux militaires en activité, en retraite et pensionnés, leurs grades, honneurs et pensions. Or les pensions de la marine
sont réglées en termes précis par l'arrêté du 11 fructidor an II, correspondant au 29 août 1803, qui
n'est lui-même que la répétition des lois et arrêtés
rendus depuis la révolution sur la matière.

L'arrêté du 11 fructidor an II établit, pour les
officiers du département de la marine qui ne sont
pas en activité de service, deux traitements : savoir, la solde de retraite, acquise par le temps ou
par les conditions du service, et le traitement de
réforme, réservé à ceux qui n'ont pas des droits
acquis à la pension. Le traitement de réforme est
fixé au minimum de la solde de retraite. Remarquez, messieurs, que le traitement de réforme de

la marine est dans le fait une solde de non-activité, et qu'il n'a de commun que le nom avec le traitement de réforme des troupes de terre. Ce dernier est temporaire, et subordonné aux conditions qu'il plaît à l'autorité de tracer. Le traitement de la marine, au contraire, dure jusqu'à ce que la retraite soit définitive; et nul ne peut en être privé (ce sont les termes de l'article 3o de l'arrêté) que par sa démission volontaire ou par le refus de servir.

La législation est claire; les droits qui en dérivent sont évidents; cependant une ordonnance du 9 décembre 1815 a méconnu les droits acquis, et la législation préexistante, détruisant l'effet de l'arrêté du 11 fructidor an XI, et des lois antérieures, elle a, sous le prétexte de convertir en des soldes de retraite les traitements de réforme, diminué effectivement la quotité de la pension dont jouissaient les officiers, déjà réformés, et dont étaient appelés à jouir les autres officiers qu'on voulait réformer encore. En effet l'art. 1er de cette ordonnance n'a continué le bénéfice de l'arrêté qu'à ceux qui réunissaient au moins vingt-cinq ans de service. L'art. 2 a alloué aux autres des pensions proportionnées à la durée de leur service, et inférieures aux traitements de réforme. C'est cet art. 2 qui lèse les intérêts des pétitionnaires.

Je vous ai dit, messieurs, que le traitement de réforme était toujours le minimum de la solde de retraite. L'ordonnance du 9 décembre 1815 opérant pour un certain nombre d'officiers d'artillerie de la marine une réduction sur ce traitement, voilà ce minimum diminué ; il y a incompatibilité dans les mots, parce qu'il il y en a dans les choses. Quand un officier, dont les services seraient désormais inutiles, n'a pas le temps suffisant pour atteindre la retraite, on peut raisonnablement, et si les lois préexistantes l'ont réglé ainsi, lui faire l'avance de quelques années de solde, pour lui donner le temps de choisir une autre carrière : mais il paraît absurde d'attribuer à qui que ce soit comme traitement annuel et définitif une somme moindre que la portion congrue strictement nécessaire pour subvenir aux plus indispensables et aux plus légitimes besoins. Il était impossible qu'une ordonnance aussi contraire à la législation antérieure à la charte n'excitât pas de vives et continuelles réclamations. Elles ont été mises sous les yeux des ministres qui ont successivement tenu le portefeuille de la marine ; et comme ces ministres, connus d'ailleurs pour avoir différé entre eux de système et d'opinion, ont uniformément maintenu ce qui avait été décidé, il est permis de rejeter sur leurs sous-ordres l'impitoyabilité avec laquelle tous ont reculé devant cet acte d'étroite justice. Les bureaux ont trouvé commode d'appliquer au passé un principe général de fixité qu'on prétend trouver dans la loi de finances du 25 mars 1817.

Votre commission a pensé, messieurs, qu'aucun article de cette loi ne peut faire mettre au néant des réclamations fondées sur la charte et sur la justice ; elle a pensé que l'on peut, sans déranger le système général de l'administration, secou-

rir les intérêts lésés et les droits violés, soit par
une disposition additionnelle au budget, soit par
toute autre mesure que le gouvernement jugera
convenable d'adopter. Elle a même supposé qu'il serait possible qu'un nouvel examen de la question
provoquât en faveur de tous les officiers de la marine retraités depuis 1815, l'extension du bénéfice
accordé à l'armée de terre, par l'ordonnance du
1er avril de la même année. N'est-il pas, en effet,
de toute convenance et de toute raison que ceux
qui furent associés dans la peine soient aussi associés dans la récompense?

Votre commission vous propose le renvoi de cette
pétition à M. le ministre de la marine et des colonies, et à votre commission des dépenses.

M. le ministre donne ici quelques explications à ce sujet, et
aussitôt l'orateur continue ainsi:

M. le ministre de la marine pense que les officiers réformés de la marine ne sont pas admis à
réclamer le bienfait de la charte. Eux seuls seraient
donc exceptés en France; car la charte est pour
tous. L'art. 60 comprend indistinctement tous les
grades, toutes les retraites, toutes les armées de
terre et de mer.

Je le répète, le traitement de réforme de la marine est un véritable traitement d'activité. En vain
dites-vous, Ce traitement est temporaire; les lois,
les arrêtés l'ont constitué d'une manière définitive,
et nul ne peut en être privé que par démission ou
en refusant de reprendre du service.

M. le ministre de la marine suppose que j'ai approuvé la disposition qui traite l'artillerie de la marine autrement que le corps de l'artillerie de terre. A Dieu ne plaise, messieurs, que j'approuve une si injuste et si cruelle inégalité! Les braves qui versèrent leur sang à Leipsick, à Lutzen, à Bautzen, et dans dix autres batailles, doivent être traités comme les braves dont ils ont partagé les dangers.

M. le ministre vous dit que certains officiers ont reçu plus que le *minimum*. Est-ce donc une consolation pour ceux qui ont moins reçu? Quelle loi peut autoriser à ne donner à un officier marin que le minimum! c'est comme si on voulait l'habiller avec un habit qui n'aurait pas de manches. Un minimum ne peut pas plus être diminué qu'un maximum augmenté.

Lisez, messieurs, l'ordonnance du 9 décembre 1815, vous y trouverez l'arbitraire à chaque article, à chaque ligne; et d'abord, pour réduire à la pauvreté les officiers d'artillerie de la marine, il a fallu leur appliquer les dispositions réglées dans la loi ancienne pour les non-entretenus, comme si les non-entretenus de la marine et les officiers d'artillerie étaient dans la même catégorie, comme si d'avoir invoqué contre ces derniers un article pour d'autres, ne prouvait pas clairement les préventions défavorables de la part de l'autorité.

Vous dirai-je, messieurs, qu'au moment où on dépouillait ces officiers du prix du sang versé, une décision ministérielle appelait d'autres officiers à compter dans les calculs des pensions leur service fait contre la France, en Angleterre ou ailleurs.

Les droits des pétitionnaires me sont mathématiquement démontrés. Je persiste dans mes conclusions.

SUR LE PROJET DE LOI DES COMPTES

ANTÉRIEURS A L'EXERCICE 1819.

SÉANCE DU 5 AVRIL 1820.

Messieurs, je vous demande la permission de répondre en peu de mots à ce qu'a dit M. le ministre des affaires étrangères. Il vous a dit que le ministre de 1818 a fait partir les troupes étrangères, et il en faut conclure que la chambre ne doit pas demander des comptes rigoureux. A Rome, Scipion l'Africain, accusé de concussion, répondit à ses accusateurs : « Il y a un an, à pareil jour, j'ai « vaincu Carthage, allons au Capitole rendre graces « aux dieux. » Scipion, messieurs, était un fort mauvais comptable, mais nos ministres n'ont ni vaincu Carthage ni délivré la France; les étrangers sont partis parce que la France était lasse de les supporter, il était temps, et plus que temps, qu'ils s'en allassent.

M. le ministre des affaires étrangères, vous a dit qu'il y aurait de l'inconvénient à faire imprimer les noms de ceux qui ont profité de l'emprunt, et que ce serait entrer dans les affaires des particuliers; ces affaires-là, messieurs, sont aussi celles de la nation, ce sont les nôtres; la distribution des profits de l'emprunt a été pour le ministère un moyen, je ne dirai pas de corruption, mais d'action sur un certain nombre d'hommes. Il faut que le public sache le nom des prêteurs, afin qu'il puisse apprécier l'influence que cette opération financière a eue sur la conduite politique de chacun.

M. le ministre des affaires étrangères vous a dit que l'état avait gagné au jeu de la bourse. Si on a gagné, on pouvait perdre; qui a confié aux gérants des deniers publics le droit de les jouer sur la place?

M. le ministre des affaires étrangères s'est récrié au sujet de ces grands qu'il a appelés petits, et qui sont toujours prêts à s'enrichir aux dépens de la fortune publique; il a presque nié l'existence de cette classe avide, comme si elle n'était pas de tous les temps, de tous les lieux, de tous les régimes; comme si on pouvait jamais assez prendre de précautions contre son instinct dévorateur.

M. le ministre des affaires étrangères vous a dit que, si le budget était divisé en chapitres, les ministres du roi ne seraient plus que les ministres des chambres. C'est ainsi cependant que le budget est réglé en Angleterre; dans le gouvernement représentatif, le roi choisit les ministres qu'indique la majorité des chambres législatives. Mal avisé serait le ministre qui voudrait couvrir du nom sacré du monarque ses fautes ou ses désordres.

On vous a dit dans cette séance que le roi est l'administrateur de son royaume; c'est ravaler, messieurs, la dignité royale; le roi est bien plus que

cela, il est la loi et l'action; c'est lui qui donne la
vie au corps politique; il fait rendre justice par des
juges institués à vie; il fait administrer l'état par des
ministres responsables devant la loi, et accusables
par vous.

Un de mes honorables collègues vous a entretenus d'un fait particulier qui ne paraissait pas de
nature à être cité dans cette assemblée; mais puisqu'il a parlé, je vais donner un court développement à ses paroles. Le Moniteur d'aujourd'hui vous
apprend qu'un fonctionnaire public, notre collègue, a été destitué de son emploi. Nous respec-
tons tous la volonté du roi; mais le conseil donné
par les ministres à sa majesté dans cette circonstance ne sera pas perdu pour la liberté des suffrages;
plusieurs membres de l'assemblée hésitaient depuis quelque temps entre la voix de leur conscience, et les devoirs positifs qui paraissaient leur
être inspirés par les places qu'ils occupaient sous le
gouvernement; aujourd'hui qu'il est reconnu qu'on
ne peut écouter sans danger la voix de sa conscience, ils n'hésiteront plus. L'honneur a parlé, le
choix de nos collègues n'est pas douteux.

SUITE DE LA MÊME DISCUSSION.

SÉANCE DU 8 AVRIL 1820.

Habitués à entendre opposer dans cette discus-sion les opinions du député de 1819 au ministre des finances de 1820, vous ne serez pas étonnés de me voir relever ici une nouvelle contradiction. Dans la séance du 21 mai 1819 la chambre s'occu-pait de la proposition qu'elle traite aujourd'hui. M. Roy, de sa place, demanda qu'elle fût renvoyée au réglement des comptes de 1820. La commission ne devait donc pas s'attendre à rencontrer en lui un adversaire.

On vous a dit que la chambre ne pouvait voter de dépenses que sur la proposition du gouverne-ment; cela peut être vrai; mais ce qu'on ne vous a pas dit, et ce qui est, c'est que le ministre de la guerre, à la page 194 de ses comptes, a demandé les fonds nécessaires pour porter l'indemnité de logement de 12 à 20 cent.; comment se fait-il que le ministre ordonnateur, juge compétent en cette partie, ayant jugé cette dépense nécessaire et l'ayant proposée, on l'ait fait disparaître du budget?

On a comparé les souffrances de l'invasion éprou-vée par d'autres départements à celles de l'occupa-

6.

tion. Mais les départements occupés n'avaient-ils pas supporté plus que d'autres les fureurs de l'invasion? Personne ne les a subies plus long-temps, plus cruellement qu'eux : n'étaient-ils pas sur la base d'opérations des armées réunies contre la France? Les places fortes dont ils sont couverts n'ont-elles pas été assiégées? savez-vous que les ravages d'un siége s'étendent sur un rayon de dix, de vingt lieues; que c'est le plus terrible des fléaux; qu'il détruit non-seulement les vivres, les récoltes, les ressources d'une année, mais les moyens de transport, les animaux, et les ressources de plusieurs années?

On nous a effrayés du budget de cette année. Espérons de vos principes d'économie et des dispositions manifestées par la chambre, que les dépenses seront diminuées; mais ce n'est pas sur les malheureux que cette diminution pèsera; ce sera sur les possesseurs de sinécures, sur ceux qui dévorent la substance de la France. L'honneur de la chambre, l'esprit d'indépendance qui anime la chambre, ne l'auront pas fait espérer en vain.

Je me félicite de voir le roi accorder à la Légion-d'Honneur un bienfait digne de sa royale pensée; la Légion-d'Honneur le recevra avec reconnaissance; mais s'il n'était possible de le lui accorder qu'aux dépens des malheureux départements occupés, il répugnerait à plus d'un de le recevoir. Les souffrances de ces départements appartiennent aussi à la Légion-d'Honneur, car ce sont aussi les souffrances du patriotisme et de l'honneur; on vous a dit leurs sacrifices, on ne vous a pas dit leurs longues douleurs. Quoi de plus pénible que l'occupation ennemie, que de voir l'étranger à vos foyers s'asseoir entre votre femme et votre fille! Ce ne sont pas là de ces douleurs qu'une indemnité pécuniaire peut compenser. Quant à moi, le hasard m'a fait rencontrer quelquefois l'anglais Wellington dans les rues de Paris : s'il eût fallu me dédommager en argent de la douleur que cette rencontre me faisait éprouver, tous les fonds portés dans les comptes de 1818 n'auraient pas suffi pour cela.

SUITE DE LA MÊME DISCUSSION.

SÉANCE DU 13 AVRIL 1820.

Pour la seconde fois seulement, les comptes vous sont présentés séparément du budget. Il n'y a donc pas lieu de s'étonner s'il arrive encore de confondre les intentions et les dispositions qu'on était accoutumé à voir débattues dans une même discussion, et réunies dans une seule loi. C'est ainsi que nous autres députés des départements occupés, nous confiant dans l'initiative prise par le ministre de la guerre, nous avons réclamé prématurément le remboursement de l'avance faite par nos compatriotes, du prix du logement des soldats étrangers. La sagesse du gouvernement et de la chambre nous a renvoyés, pour l'accomplissement de cet acte de justice, à la discussion des dépenses de 1820.

En tout, les choses se font mieux lorsqu'elles se font en leur temps et à leur place. Chaque situation est féconde en développements précieux et en résultats profitables. Pour extraire ces développements et ces résultats du projet de loi dont la discussion nous occupe, je vous demande la permission de remonter en peu de mots aux principes du sujet.

A la fin d'une année, les ministres viennent vous dire : L'État aura besoin de tels et tels services pendant l'année prochaine ; telles et telles sommes sont présumées nécessaires pour solder ces services. Voilà le budget.

Dix-huit mois après, les ministres reviennent, et vous disent : Tels et tels services ont été faits pendant l'avant-dernière année : telles et telles sommes ont été employées à les solder. Voilà les comptes.

Le budget est un programme. Il procède par aperçus, par évaluations, par quantités moyennes : il s'énonce souvent dans la forme dubitative. Or, si l'on veut que moi, appelé à le voter, je ne m'abstienne pas dans le doute, il faut qu'on éclaire ma raison. C'est dans les comptes d'une année antérieure que je puiserai mes données, afin de consentir, en connaissance de cause, aux demandes pour l'année courante.

Les comptes sont un récit. Comme tous les récits, leur premier mérite est de ne renfermer que des vérités. Or les assertions d'un ministre, quand elles ne sont justifiées que par les déclarations périodiques ou finales de ses comptables et de ses agents, ne m'offrent pas une garantie suffisante contre le mensonge et la fraude. Il faut qu'un tribunal indépendant, la cour des comptes, juge les opérations de comptabilité, non pas seulement quant à la forme des pièces en vertu desquelles les paiements sont effectués ; mais encore par la considération de tous les motifs et de toutes les circonstances qui concourent à prouver la réalité et la légalité de la dépense. Il faut qu'aucun ministère, aucun service, aucun emploi de fonds n'échappe à ses arrêts. Que si l'exécution de si grands travaux exige un temps qui dépasse le délai dans lequel les comptes doivent être produits, encore est-il vrai que la certitude, pour les gérants de la fortune publique, d'être soumis tôt ou tard à une formidable révision, leur sera un avertissement de dire aux chambres toute la vérité, rien que la vérité.

Dans le budget comme dans les comptes, dans les comptes comme dans le budget, les services et les dépenses marchent parallèlement. Mais au budget, vous arrivez préoccupés du penchant qu'a l'administration à grossir l'importance et à exagérer l'indispensabilité des services à faire. L'énormité des dépenses indiquées, et, par conséquent, des impôts demandés, vous touche plus que tout ce qu'on peut dire pour les justifier. Chargés de garder la bourse du peuple, vous ne consentez à en délier les cordons qu'à bon escient.

Dans les comptes, c'est tout autre chose; l'argent est dépensé, on ne le rendra pas aux contribuables. Que vous reste-t-il à faire? Ne pas vous borner à régler des chiffres qui, quoi que vous fassiez, seront toujours mal réglés par vous; regarder dans tous les services, sonder les replis et creuser les détails de l'administration, afin de savoir si les impôts ont été employés d'une manière profitable, et de pouvoir vous dire : Il nous en a coûté, mais nous avons été bien servis.

L'enquête à laquelle j'appelle les chambres, car

sur beaucoup de points ce serait une enquête véritable, remarquez, messieurs, qu'elle arrive après
la consommation du service, c'est-à-dire au moment indiqué pour la censure des actes de l'administration, et sans que nous nous écartions de la
ligne constitutionnelle. Si on lui fait le reproche
de récriminer le plus souvent sur un passé irréparable, nous répondrons qu'elle produira au moins
d'appréciables indications pour l'avenir. Et cependant elle laisse à la couronne la latitude d'initiative
que la charte lui accorde, et la plénitude d'exécution sans laquelle il ne pourrait plus y avoir de
responsabilité ministérielle.

Pour que vous puissiez exercer ce contrôle, il
faut que le budget et les comptes vous soient présentés suivant une classification commune de chapitres et d'articles, et qu'on y joigne comme pièces
à l'appui tous les documents propres à vous instruire. Mais les chapitres du budget subissent dans
les comptes une modification capitale. Ils vous arrivent divisés en services et dépenses prévus, en
services et dépenses non prévus.

Pour la première partie (les dépenses prévues),
les comptes seront la copie du budget, en ce qui
concerne les services. Ils présenteront, en ce qui
concerne les dépenses, des résultats inférieurs aux
évaluations premières, résultats desquels s'ensui-
vront des annulations de crédit. S'il en était autrement, et si les ministres se croyaient permis de
faire cadrer dans le fond ou dans la forme leurs
dépenses avec les crédits qui leur ont été ouverts,

le gouvernement représentatif se trouverait être le plus ruineux et le plus immoral des gouvernements. Du reste, tout ayant été connu d'avance, il y aura peu d'explications à demander, et la comptabilité ministérielle n'aura plus à subir que la révision de la cour des comptes.

La seconde partie (les dépenses non prévues), doit, dans l'ordre des convenances et de la raison, être plus succincte que la première. Elle provoquera, de la part des ministres ordonnateurs, non pas seulement un compte arithmétique, mais un rapport minutieux et par articles, sur tous les services faits autrement qu'on ne l'avait annoncé dans le budget; sur la nécessité qu'il y avait de les entreprendre; sur les causes de la différence entre les évaluations et les résultats. Alors, messieurs, il vous appartiendra de connaître si les dépenses qu'on vous présente comme improvisées n'avaient pas été préméditées depuis long-temps; s'il n'y a pas eu des motifs illégitimes pour qu'elles restassent cachées jusqu'à leur accomplissement; si elles ne dépassent pas dans l'application les attributions de l'autorité exécutive; si la faculté de disposer des fonds d'économie n'a pas été un appel aux caprices du pouvoir; si l'excédant des dépenses sur le crédit est justifié par l'observation des formes imposées pour les opérations hors de ligne.

Après un sévère examen, vous légitimerez ceux des actes de l'administration pour lesquels les réglements préexistants sur la spécialité rendraient cette sanction nécessaire; vous livrerez au blâme

public, ou même vous accuserez, conformément
aux articles 55 et 56 de la charte, le ministre qui
aurait mal employé ou diverti à son profit la fortune de l'état. Mais vous vous garderez de combler
d'éloges celui qui vous proposera des annulations
de crédit; car il est de la nature du budget d'exagérer les dépenses probables, et, en vérité, ne pas
consommer en pure perte les deniers publics, est
une action trop simple pour lui attribuer d'indiscrètes louanges. Vous prendrez la question de
plus haut : les ministres ne seront pas à vos yeux
les entrepreneurs à forfait de leur ministère :
vous aurez jugé l'étendue et la difficulté des services consommés ; vous aurez apprécié le profit
qui en est résulté pour le pays. Ce sera là votre
pierre de touche, pour accorder ou refuser aux
dépositaires responsables de l'autorité exécutive
l'expression de la reconnaissance nationale.

Appliquant ce principe au ministère de la guerre,
je vous dirai, messieurs, que le compte rendu de
1818 se recommande par son ordonnance extérieure, et que cette ordonnance est d'autant mieux
appréciée qu'elle contraste avec le défaut d'ordre,
ou même le désordre qu'on remarque dans d'autres départements. J'ajouterai que la liquidation
des dépenses, dans l'espace de six mois, est une
innovation heureuse qui dépose en faveur de l'activité et de la régularité de l'administration. Mais
ce genre de mérite n'est pas le premier à mes yeux,
et quand je considère la carrière ministérielle par-
courue en deux ans par celui qui tenait alors le

portefeuille de la guerre, j'ai bien d'autres éloges
à lui donner. Nos arsenaux étaient vides ; il a
formé dans le silence des approvisionnements considérables. Nos places négligées pendant nos guerres de conquêtes avaient des fronts entiers qui
tombaient de vétusté ; il a réparé les brèches, relevé les remparts, et, sur plusieurs points de la frontière, ajouté aux anciens moyens de défense. Nous
n'avions avant lui que des lambeaux de cadres par-
semés de soldats mécontents ; il a commencé une
armée nationale ; il lui a appris à prononcer ensemble les noms de roi et de patrie ; il a obtenu
pour elle, de la sagesse du monarque, une législation et des réglements propres à lui infuser l'esprit constitutionnel par lequel marchent de front
les intérêts de la liberté civile, la sûreté du trône
et l'indépendance politique ; il lui a rendu tant de
braves officiers que réclamaient nos drapeaux
étonnés d'être, après vingt-cinq ans de gloire,
confiés à des bras novices ; il a essayé de fondre
ensemble les sentiments généreux de toutes les positions et de toutes les époques ; et si son ouvrage
est continué et perfectionné suivant les principes
dans lesquels il fut entrepris, notre France, riche
de la facilité et de la pureté de son mode de recrutement, de la discipline de son armée active et de
ses magnifiques réserves de gardes nationales et de
vétérans organisés ; notre France pourvoira désormais à sa défense par le déploiement méthodique et progressif de ses forces, et jamais plus elle
ne sera réduite à pousser, à l'approche de l'étran-

ger, ce cri d'alarme au retentissement duquel les nations se lèvent et le monde est bouleversé.

Voilà, messieurs, le service fait par M. le maréchal Gouvion Saint-Cyr; voilà ses titres à votre estime; voilà les mérites qui lui rendront peut-être un jour la confiance du roi. Quant aux détails de son administration, ils donnent matière à une foule d'observations entre lesquelles j'en choisirai quelques-unes pour vous les présenter sommairement.

L'effectif de l'armée est la base des dépenses de la guerre. Aussi la première pièce que vous présente le ministre qui demande de l'argent, et le ministre qui rend ses comptes, est toujours un état de situation. Et voilà comme le vote annuel de la milice, obstinément refusé il y a trois ans à la législature, retombe de lui-même dans ses attributions. Tant il est vrai que l'on peut renverser le gouvernement représentatif, mais qu'à moins de le réduire au silence, on ne l'élude jamais.

La solde des troupes et toutes les parties de leur entretien auxquelles on pourvoit par masses ou par abonnement ont été, je le suppose, payées en 1818 sur le pied qui avait été concerté avec les chambres. Je n'examinerai pas en ce moment si nous entretenons trop ou trop peu de soldats, s'ils doivent être nationaux ou étrangers, si la répartition entre les armes et la proportion des grades sont ce qu'il y a de plus propre à donner une bonne armée. Je n'examinerai pas non plus s'il convient de laisser indéfiniment se grossir les arsenaux de paperasses et les bataillons de commis. Ces questions arriveront lors de la discussion du budget de 1820. Là aussi se placera la judicieuse observation de votre commission, relativement aux sinécures des six inspecteurs des manufactures de drap, payés en 1818 et 1819, et proposés de nouveau pour l'année courante.

Je ne veux porter votre attention que sur certaines dépenses non prévues ou effectuées autrement qu'elles avaient été prévues dans le budget, et sur les services qui ont donné lieu à ces dépenses.

Et d'abord je vois paraître l'intendance militaire, dont l'organisation remonte plus haut que le ministère de M. le maréchal Saint-Cyr, et qui apparaît pour la première fois dans les comptes de 1818; c'est un corps nouveau. De quels éléments a-t-il été formé, et dans quelle mesure d'égards pour les droits acquis? quelles sont ses attributions? Les individus qui le composent n'en sont-ils pas habituellement distraits par des fonctions étrangères? En supposant que les annotations jointes au compte rendu du ministre de la guerre répondent à quelques-unes de ces questions, encore fallait-il que la Commission les examinât et fixât nos idées sur la diminution ou sur l'augmentation de dépenses à laquelle a donné lieu l'institution des intendants militaires.

Le prix moyen de la journée de malade dans les hôpitaux militaires a été évalué, dans le budget

de 1818, à 1 fr. 20 cent. : on vous dit qu'il a monté
à 1 fr. 35 cent. 67 m. C'est déjà beaucoup, et cependant il a monté plus haut. En effet, on vous présente en masse les malades traités dans les établissements militaires, et ceux qui ont été reçus dans
les établissements civils ; et on n'a compris, dans
les éléments qui ont servi à établir le prix moyen,
ni la dépense de l'hôpital militaire du Gros-Caillou, qui fait payer la journée de malade plus de
2 fr., ni les frais énormes du personnel des officiers de santé et de l'administration, les maisons
et le mobilier, les approvisionnements de réserve.
Une note jointe au compte donne pour raison de
la surcharge du prix qu'il y a eu moins de malades en 1818 qu'on ne l'avait présupposé. Cette
allégation me paraît dénuée de fondement. A
moins d'épidémie, le nombre des malades pris sur
toutes les garnisons est toujours à peu près le
même. Il est de fait que les soldats sont mieux
nourris, mieux traités, et plus souvent guéris dans
les hôpitaux civils que dans les hôpitaux militaires,
surtout quand ils sont confiés aux soins de ces
femmes respectables que la religion et la charité
ont vouées au service de l'humanité souffrante. Il
est de fait aussi que les hôpitaux civils ne reçoivent du département de la guerre, pour la journée
de malade, qu'une rétribution au-dessous quelquefois d'un franc, et qui, à ma connaissance, ne
passe jamais 1 fr. 25 cent. D'après ces données,
n'y aurait-il pas tout à gagner à y envoyer nos soldats malades, et à n'avoir des hôpitaux militaires

que dans les places où le défaut de ressources, la force de la garnison, ou bien encore un système de prévoyance, détermineraient le gouvernement à les conserver?

On a vivement agité dans le public la question de l'avantage des régies sur les entreprises pour le service des vivres de la guerre. La direction générale actuelle de ce service a été inculpée dans des écrits où ne manquent ni les renseignements positifs ni les vérités évidentes. Bien que des erreurs se soient glissées à travers ces vérités et ces renseignements, encore est-il constant, et le fait résulte des détails produits par la direction générale elle-même, que la ration de pain du soldat a coûté, pendant l'année 1818, 25 c. 367 m. Si, à ce prix brut, vous ajoutez les frais de la direction, portés à 1,100,000 fr. en 1819, et à 975,000 fr. dans le budget de 1820, et la valeur locative des manutentions et autres édifices affectés au service des vivres, le prix de la ration montera à plus de 28 cent., et il se trouvera que le pain de munition aura coûté plus cher que le pain blanc ne s'est vendu chez les boulangers de toutes les garnisons de France.

Cela est arrivé, messieurs, quand la direction générale a pour chef un homme de mœurs antiques et d'une austère probité, M. le comte Dejean. De pareils désordres, dans de semblables circonstances, ne tiennent-ils pas à la nature des choses, et ne forment-ils pas le plus puissant des arguments contre le système de la régie appliqué au service des vivres? Ne sera-t-on pas forcé, malgré les inconvénients nombreux des entreprises, d'y revenir tôt ou tard? Ces inconvénients ne disparaîtront-ils pas, du moins en partie, lorsque l'administration sortira des vieilles ornières pour entrer franchement dans le chemin large du gouvernement représentatif; lorsque la publicité des enchères, la longue durée des marchés, l'espèce de consécration qu'ils auront reçue de la législature par leur insertion dans les appendices au budget et aux comptes, appelleront à ce genre de spéculation des capitalistes respectables; lorsque le ministre traitera avec les fournisseurs sous l'empire du droit commun; et surtout lorsque les questions de litige seront retirées de la juridiction bâtarde du conseil d'état pour être soumises aux tribunaux ordinaires?

Il est à regretter, messieurs, que cette importante matière n'ait pas même été effleurée par l'honorable rapporteur de votre commission. Il vous a entretenus des acquisitions d'hôtels faites au compte du ministère de la guerre, et il vous a dit avec raison que le gouvernement ne peut pas plus acheter que vendre des immeubles sans le concours de la législature. Ce principe est de droit, l'application en sera profitable. La publication de l'exposé des motifs qui donneront lieu à acheter une maison empêchera d'affecter cette maison à un usage différent de celui pour lequel on l'aura destinée. Mais votre commission a jugé suffisant d'émettre le vœu qu'il soit pourvu à la lacune existant sur ce point dans notre législation. C'est en quoi je diffère d'opinion avec elle; il ne faut pas qu'une vérité utile nous échappe lorsque nous trouvons l'occasion de la transformer en loi. Ce sera le sujet d'un amendement que j'aurai l'honneur de vous proposer.

J'ai voulu, messieurs, indiquer plutôt que mettre en pratique le système dans lequel je conçois que les chambres doivent recevoir les comptes annuels. Ce système assujétit pour l'avenir l'économie du projet de loi des comptes à une division en articles, dans lesquels seraient présentés par groupes les services et les dépenses non prévus au budget, articles qui seraient susceptibles d'être amendés par des formules de blâme, quand il n'y aurait pas lieu à les approuver simplement ou à les rejeter. Si le projet qui nous occupe avait été rédigé de cette manière, nous n'aurions pas vu l'importante question des subsistances traitée en dehors des articles, et fermée, pour ainsi dire, sans conclusion.

En voilà assez pour rendre sensible la convenance de placer ici la discussion exploratrice et pénétrante des actes de l'administration, quand même cette discussion devrait recommencer sous une autre forme avec le budget des dépenses. La vérité ne peut qu'y gagner et le pays en profiter, surtout si des observations plus approfondies que les miennes, plus lumineuses et appliquées aux services et aux dépenses des différents ministères, accourent également de tous les bancs de cette enceinte.

En acceptant les fonctions législatives, nous avons contracté l'obligation de surveiller l'emploi de la fortune publique et de protéger les fortunes privées. Le jour viendra où nos concitoyens nous demanderont compte de nos intentions et de nos efforts. Heureux, alors, qui pourra leur répondre : J'étais sur la brèche, pendant l'attaque de vos libertés; j'y ai défendu avec un dévouement égal vos droits contre l'invasion de l'arbitraire, vos intérêts contre l'avidité du fisc.

Voici mes amendements : le premier doit être inséré après l'art. 7, devenu 5 :

« La somme de 639,334 fr., qui restait à payer
« en 1818 sur la somme totale de 1,507,000 fr.,
« prix d'achats des hôtels de Brienne et de Noail-
« les-Mouchy, par le département de la guerre,
« demeure comprise dans la régularisation des dé-
« penses portées sur l'état A; mais, à l'avenir, il ne
« pourra être fait d'achats d'immeubles pour le
« compte de l'état autrement que par une loi. »

Le second amendement doit prendre place au titre des dispositions générales :

« A l'avenir les comptes rendus de chaque mi-
« nistère seront divisés par nature des services en
« chapitres qui comprendront les services et les
« dépenses prévus au budget, et en chapitres qui
« comprendront les services et les dépenses non
« prévus au budget, ou qui auront été exécutés
« autrement qu'on ne l'avait prévu. Chaque cha-
« pitre formera un article dans la loi des comptes. »

7.

SÉANCE DU 14 AVRIL 1820.

Le général Foy développa ainsi son premier amendement.

Je demande la permission de répondre en peu de mots aux observations de M. le commissaire du roi ; d'abord, relativement aux inspecteurs pour la fourniture des draps aux troupes, le gouvernement paie aux manufacturiers le drap qu'ils lui fournissent, au prix du commerce, et ce drap n'est pas d'une qualité telle qu'il faille beaucoup de finesse d'observation pour l'apprécier. Je saisis cette occasion pour faire observer que la couleur actuelle, adoptée pour l'infanterie, est un embarras de plus. L'armée entière désire le changement de cette couleur ; on voit le soldat, quittant son corps, ne pas vouloir emporter son habit et ne pas trouver un acheteur ; il est à désirer qu'on remette à l'armée la couleur qui est celle de la garde, de l'artillerie, du génie, de la marine, la couleur enfin qui est celle de l'infanterie depuis trente ans.

Relativement aux hôtels, je maintiens qu'il fallait attendre le commandement législatif ; je suis loin de blâmer l'acquisition en elle-même, et particulièrement celle où est le dépôt de la guerre, le plus magnifique établissement de ce genre qui existe en Europe ; mais une loi était nécessaire.

Je reconnais l'empire des circonstances dans lesquelles on a substitué le système des régies à celui des entreprises ; je reconnais surtout combien sont honorables les personnes qui sont à la tête de la

commission et de la direction générale; mais il
n'est pas moins vrai que le pain des troupes a
coûté bien plus à l'état qu'il n'eût coûté par entreprise, et M. le commissaire du roi le reconnaît
tacitement en déclarant qu'on s'occupe spécialement de la pondération de ces prix avec ceux qui
résultent des évaluations du commerce.

Le ministre a rendu ses comptes dans un délai
de neuf mois. Je sais qu'il y a ici sujet à un éloge
mérité. C'est la suite naturelle de ce grand mouvement imprimé à l'administration par un ministre
plein de zèle et d'habileté; mais la liquidation n'est
ni difficile ni absolue; il reste toujours en ceci des
queues d'affaires qui exigent encore des divi-
dendes sur le prix des rations : ainsi nous ne pouvons porter à cet égard un jugement définitif.

On ne peut qu'applaudir au projet de soumettre
les comptes de l'administration à la cour des
comptes : ce sera une amélioration importante et
salutaire.

Quant aux intendants militaires, quoique des
plaintes actives se soient élevées, et que quelques-
unes d'entre elles paraissent motivées, je n'élève
aucun reproche; on ne forme pas de tels établissements sans blesser des intérêts particuliers, et
sans donner quelque chose à la faveur et aux convenances; quoi qu'il en soit, les droits de la couronne sont ici complets, et la chambre n'a à connaître l'opération que pour reconnaître si on a
concilié l'économie avec l'utilité et la nécessité du
service.

On dit que toutes ces questions devraient être rapportées au budget; mais M. le commissaire du roi ne semble pas parler ici à son avantage, car au budget, l'opposition sera de sa nature plus vive qu'aux comptes. C'est au budget qu'on peut tout sonder, tout demander, parce que c'est là que les chambres doivent tout voir, tout savoir.

L'orateur traite de nouveau des hôpitaux militaires, et reproduit des calculs établis dans la précédente séance, en insistant sur l'idée de profiter le plus possible des économies que procure le régime paternel et municipal des hôpitaux civils.

L'amendement fut rejeté.

SÉANCE DU 18 AVRIL 1820.

M. le général Foy développa ainsi le second amendement qu'il avait proposé dans la séance du 13 avril [1].

J'entends dire que l'article que je propose rentre dans celui qui vient d'être ajourné ; je viens établir que la différence est très-grande et que la chambre doit s'en occuper. Mon amendement tend à vous faire connaître quelles ont été les dépenses, comme elles avaient été prévues, et quelles sont celles qui ne l'ont pas été. Il est essentiel de remarquer ici que plus la spécialité admet de crédits largement ouverts, plus les comptes doivent être circonscrits dans un cercle étroit. Vous avez le droit d'avoir toujours les yeux ouverts sur les dépenses, sur leur nature, leur objet, leur quotité, leur utilité, parce que vous votez l'impôt. Vous ne votez pas l'impôt en raison des besoins de tous les services qu'on peut établir, vous le votez en raison des moyens et des facultés des contribuables, et vous considérez si peu les services comme obligatoires, qu'il vous arrive souvent de supprimer telle ou telle somme ronde sans vous inquiéter à quel service elle cessera par conséquent d'être applicable. La chambre, pour être vraiment représentative, doit recevoir, outre le compte numérique des dépenses, le compte moral de chacune d'elles, le compte de la direction d'esprit dans laquelle elles sont faites ;

[1] Voyez p. 99.

elle doit voir si ces dépenses sont faites dans l'intérêt du pays. Les ministres ne sont pas seulement des comptables, ce sont des serviteurs de la couronne et de l'état. On peut, suivant l'utilité des services auxquels ils ont appliqué des dépenses, leur accorder l'éloge, leur faire subir le blâme, ou même l'accusation. Les dépenses et les comptes ne sont pas la même chose : les comptes sont un réglement, les dépenses doivent être un examen.

Vous faites cet examen au budget; si vous vous y livrez encore au moment des comptes, ce ne sera qu'une amélioration salutaire, cela abrège d'autant la question du budget en établissant un point de départ pour les opérations, et dussiez-vous vous occuper deux fois d'un objet aussi important que l'utilité des dépenses publiques, je n'y verrai aucun inconvénient; plus vous vous occuperez des affaires du pays, mieux elles seront faites.

Pour arriver au but proposé il faut changer l'économie de la loi des comptes annuels.

Le premier article de la loi des comptes doit présenter d'abord les bills d'indemnité pour les ordonnances rendues et leur conversion en lois. En seconde ligne doivent venir les dépenses prévues au budget. Et enfin, toutes autres dépenses faites autrement qu'elles n'étaient portées au budget, et cela par chapitres et par articles, de manière que tout soit clair, palpable; que chaque dépense se suive dans son application, et qu'on voie à chaque service si le ministre a mérité l'éloge, le blâme, ou même l'accusation.

Il n'y a là rien de contraire à l'action du gouvernement. Vous avez refusé des fonds demandés par le ministre de la marine pour l'expédition de la frégate l'Uranie, et le ministre se trouve en ce moment embarrassé ; cependant votre intention n'est pas que les dépenses de la frégate soient prises sur le patrimoine de M. le ministre de la marine, et que le ministre acquitte les riz que les Chinois ont fournis à cette frégate ; il faudra donc que le ministre s'arrange de manière à couvrir cette dépense sur les fonds de son département, et il en résultera des inconvénients qui n'auraient pas eu lieu si l'objet de la dépense eût été préalablement examiné.

Vous avez donné de justes éloges au compte rendu par le ministre de la guerre. Les tableaux synoptiques qu'il a présentés sont autant de flambeaux mis sous vos yeux ; mais à quoi servent-ils, si ce n'est à éclairer votre discussion ? Je pense que mon amendement trouve sa place naturelle dans la loi dont vous vous occupez, qu'il y a lieu de l'y introduire, et je persiste dans cet amendement.

L'amendement fut rejeté.

SUR LA PÉTITION DU SERGENT THILLET.

André Thillet, sergent dans la légion du Rhône, demandait une indemnité pour la perte qu'il avait éprouvée d'une dotation de 6000 francs sur un château en Espagne, qui lui avait été accordée à titre de récompense.

Je demande la permission à la chambre de l'entretenir pendant quelques instants du fait qui a donné lieu à cette pétition, parce que ce fait est un des plus éclatants qui puissent se passer à la guerre.

Dans l'année 1811, l'armée française, commandée par le maréchal Masséna, occupait le Portugal; le chef du gouvernement avait prescrit de mettre la place d'Almeyda en état de sauter au premier ordre qui en serait donné; mais la retraite fut plus prompte qu'on ne s'y était attendu, et quand l'ordre arriva, Almeyda était bloquée par les Anglais.

Afin d'exécuter l'ordre de Napoléon, le maréchal Masséna livra bataille : nous ne fûmes pas assez heureux pour débloquer Almeyda.

Cependant l'ordre de faire sauter cette place était impératif. L'armée française n'était qu'à trois lieues d'Almeyda; le pays entre deux est couvert de rochers; sur cet espace et dans ces rochers, était établie une armée de cent mille Anglais, Portugais et Espagnols, et de plus, une population nombreuse qui y avait cherché un refuge. La place d'Almeyda, qui a peu de développement, était étroitement bloquée; le général Brennier, qui y commandait, avait tout préparé pour faire sauter les fortifications; les mines étaient chargées, mais il attendait l'ordre d'y mettre le feu.

Le maréchal Masséna fit demander des hommes de bonne volonté pour aller à Almeyda; quatre soldats se présentent; sur les quatre, trois ont péri; un seul reste, c'est André Thillet, le pétitionnaire dont nous nous occupons.

André Thillet mit trois jours et trois nuits à faire le trajet; il ne voulut point se travestir, de peur d'être pendu comme un vil espion; il se cachait pendant le jour; il se traînait, plutôt qu'il ne cheminait, pendant la nuit; tantôt il tombait au milieu d'un bivouac des ennemis, et, pour éviter d'être reconnu, il se mettait à ronfler avec eux; tantôt il rencontrait des familles espagnoles réfugiées dans les cavernes, et c'était alors qu'il fallait de la présence d'esprit pour échapper au plus grand des dangers. Le troisième jour, Thillet, arriva au dernier cordon devant Almeyda; il s'élança sur le dernier factionnaire anglais, le culbuta, et courut à la barrière de la place sous une grêle de balles tirées par les troupes du cordon et par la garnison; heureusement aucune de ces balles n'atteignit ce brave; il remit l'ordre au général Brennier.

A minuit, la place d'Almeyda sauta en l'air. Le général Brennier, avec son excellente garnison, enfonça la ligne anglaise du blocus, rejoignit l'armée française, et nous ramena André Thillet.

Cet événement, dont il n'y a pas d'exemple dans l'histoire des temps modernes, fit une profonde impression sur les Anglais. Le colonel Bevan, qui commandait la portion de ligne qui fut enfoncée, ne put résister à la douleur qu'il éprouva d'un événement si inattendu, et se brûla la cervelle.

On accorda à André Thillet une dotation de 6000 francs de rente sur les domaines que le gouvernement français s'était réservés dans la Castille. Cette dotation était un château en Espagne. Thillet n'a jamais rien reçu, et il n'a pas même eu la gratification accordée aux donataires dépossédés.

Cependant Thillet a continué sa carrière avec honneur; il a fait bravement la guerre en Espagne et en Allemagne, dans le sixième régiment d'infanterie légère; il est aujourd'hui sergent dans la légion du Rhône.

Messieurs, à cette séance même on termine la loi des comptes. La loi du 15 mai 1818 ordonne que le compte du domaine extraordinaire sera rendu en même temps que le compte des finances; ainsi nous ne tarderons pas à recevoir un projet de loi sur le domaine extraordinaire. Ce sera l'occasion de récompenser, fût-ce même par une mesure d'exception, l'action éclatante d'André Thillet.

Je demande, qu'en raison de ce que Thillet est un excellent sergent, susceptible d'être recommandé aux bontés du roi pour le grade d'officier, on renvoie sa pétition au ministre de la guerre.

Je demande qu'on la renvoie aussi au ministre des finances pour que Thillet ait une récompense prise sur le domaine extraordinaire.

Et comme ce qui abonde ne peut nuire, j'appuie l'avis de la commission pour le renvoi au président du conseil des ministres.

Le triple renvoi fut prononcé.

SUR LA PÉTITION DU GÉNÉRAL ALLIX.

Le général Allix demandait à être payé de sa demi-solde pendant le temps de son exil.

Je prie la chambre de remarquer qu'il s'agit ici d'un principe général. Je raisonne comme si le général Allix avait été porté dans l'ordonnance du 24 juillet sous son vrai nom. Cette ordonnance désignait deux classes d'individus : ceux qui devaient être traduits devant les tribunaux, et ceux qui étaient exilés du territoire jusqu'à ce qu'une autorisation du roi leur permît de rentrer en France. Les individus compris dans la première classe, qui sont venus se soumettre au jugement des tribunaux, et purger leur contumace, ont obtenu le rappel de leur solde arriérée, conformément à la loi qui porte que tout officier mis en jugement est, après son absolution, rétabli dans son grade, et admis à tout l'arriéré de son traitement, tandis que ceux qui avaient été portés sur la deuxième liste, lors même qu'ils ont obtenu l'autorisation de rentrer dans leur patrie, ne sont admis à aucun rappel de solde. A la vérité, les ministres reconnaissent que leur traitement leur est dû, et cela est tout simple, puisque ces officiers avaient été placés dans une position moins défavorable que ceux compris dans la première liste. Toutefois, on refuse de faire droit à leurs réclamations : les ministres disent que la demi-solde a un fonds annuel spécial aujourd'hui fermé, et qu'il n'est aucun moyen régulier de payer cette partie arriérée du service. Il n'en résulte pas moins que ceux qui sont rentrés avec l'autorisation sont plus maltraités que ceux qui ont eu à subir un jugement. Y a-t-il en cela raison, justice, convenance ? Les premiers n'ont-ils pas également des droits reconnus par la loi ancienne ? Vous jugerez sans doute, messieurs, qu'il est nécessaire de faire un fonds pour des droits si bien acquis ; et, dans ce but, je demande le renvoi simultané de la pétition du général Allix au ministre de la guerre et à la commission des dépenses.

La chambre consultée prononça le double renvoi.

SUR LES ÉLECTIONS.

SÉANCE DU 6 MAI 1820.

Lorsque M. Lainé présenta le rapport sur le projet de loi des élections, le général Foy s'exprima ainsi :

Je demande qu'on imprime, avec le rapport de la commission, le tableau des électeurs de France, divisé par colléges d'arrondissement : la commission a eu ce travail sous les yeux ; elle s'en est servi d'une manière utile. Je demande qu'on imprime un tableau que la commission n'a pas pu se procurer, quoiqu'il ait été demandé dans la dernière séance ; c'est le tableau des citoyens les plus imposés dans chaque département, avec les notes des contributions, afin de savoir à quel tarif descend la contribution pour être électeur de collége de département.

La charte avait établi le système de l'égalité entre les électeurs. Vous sortez de la charte : vous constituez le privilége, il faut savoir jusqu'où il s'étendra.

Le privilége est dans les personnes ; il faut donc savoir le nombre des plus imposés de chaque département. Le privilége est dans le territoire ; il faut savoir à quel département il s'applique. Le privilége est dans les localités, puisque l'arrondissement qui a soixante électeurs, et celui qui en a mille, envoient le même nombre de candidats; il faut donc savoir quels sont les arrondissements qui jouissent de ce privilége.

D'après ces principes, je demande qu'on nous fournisse ces pièces, et que l'ouverture de la discussion soit portée très-avant dans la session qui suivra celle dans laquelle nous allons entrer.

Vous avez bientôt à vous occuper du rapport de la commission des dépenses, et de celui relatif à la Légion-d'Honneur. La loi des douanes n'est pas encore terminée. Vous avez en outre à vous occuper de la proposition-de M. Manuel sur le jury; de celle de M. Laisné de Villevesque concernant les journalistes, des fossés de M. Rolland (de la Moselle), et de la proposition de M. Maine de Biran, sur le droit de pétition. L'examen de tous ces objets vous donnera le temps d'attendre le jour de la discussion sur le projet de loi des élections, sans vous laisser dans l'oisiveté. Je ne crois pas que personne s'oppose à un délai nécessaire pour se préparer à une discussion aussi importante; M. le ministre des affaires étrangères vous a demandé de la confiance au sujet de la loi sur la censure des journaux, et nous a promis de la partialité dans l'exécution de la loi; je ne suppose pas qu'on ait le même projet relativement aux élections.

Je demande que tous les états des électeurs, distribués par arrondissement et par département, et que la liste des plus imposés, dans chaque département, avec la cote de leur contribution, soient communiqués à la chambre.

M. le ministre de l'intérieur, au banc des ministres : « Il n'y « a pas de difficulté à imprimer le tableau des électeurs ; quant « à celui des plus imposés, c'est une soustraction à faire sur le ta- « bleau des électeurs ; les colléges électoraux devront être com- « posés du cinquième des plus imposés ; quand on aura la liste « des électeurs, on pourra en déduire facilement les plus im- « posés. »

M. le général Foy : M. le ministre de l'intérieur ne m'a pas très-bien entendu ; ce que je demande, c'est la quotité des contributions qui donne le droit électoral dans chaque département, afin qu'il soit patent à tout le monde que dans certains départements on sera électeur de département quoiqu'on ne paie que 300 francs, et que dans d'autres on ne le sera pas même en payant mille francs.

Nous sortons de la charte, de la base large de l'égalité, du système de la loi du 5 février ; nous rentrons dans le domaine des privilégiés.

Il sera facile, messieurs, de vous le démontrer dans la discussion ; il importe de savoir où le privilége commencera et où il finira. D'ailleurs le travail que je réclame existe dans les bureaux du ministre, par suite des travaux faits sous le régime impérial.

M. Benoist : « Cela n'existe plus actuellement, les résultats « ne sont plus les mêmes. »

Cette observation peut être juste ; mais on assure que le dernier ministre de l'intérieur l'a fait refaire de nouveau : il l'a fait établir avec une attention particulière, et porter sur toutes les nuances possibles, afin de déterminer d'une manière plus précise les résultats des élections qu'il se proposait.

Ainsi je persiste à demander la communication de toutes ces pièces, et que la discussion soit remise à la semaine qui suivra celle dans laquelle nous allons entrer.

Après plusieurs observations successives, faites par M. le ministre de l'intérieur et M. de Girardin, M. le général Foy continue ainsi :

Je ferai remarquer à l'assemblée que M. le ministre de l'intérieur n'a pas répondu à ma proposition. Il est évident que la loi a déterminé le nombre des électeurs de chaque département, puisqu'il est le cinquième du nombre de ceux qui étaient électeurs d'après la loi du 5 février; ce n'est pas la comparaison des uns avec les autres, mais la comparaison des droits que conférait l'électorat que nous demandons; et, pour obtenir ce dernier résultat, il est indispensable que nous ayons les cotes de contributions. Maintenant M. le ministre de l'intérieur dit que ces cotes n'existent pas dans les bureaux de son ministère. Je crois qu'elles y existent, d'après ce que vient de dire M. de Girardin, qui était préfet : je le crois, parce que, dans la commission, on l'avait avancé, et que cela n'a été contredit par personne. D'ailleurs tout le monde sait qu'antérieurement, sous le régime impérial, il a été fait au ministère des finances un travail qui, sans doute, ne serait plus exact aujourd'hui, mais qui a été le point de départ du travail que le ministre de l'intérieur a fait faire. Ainsi les éléments de ce que nous demandons existent ; ils sont nécessaires pour former notre opinion et éclairer notre conscience ; il est indispensable qu'ils nous soient communiqués : je crois que cela est également dans l'intérêt de ceux qui veulent parler pour le projet de loi, comme dans l'intérêt de ceux qui veulent parler contre. J'insiste sur ces propositions.

M. de Villèle : Précisez votre proposition.

M. le général Foy : Je demande le tableau des électeurs de département avec la cote de leurs contributions.

SUR LE PROJET DE LOI

DES ÉLECTIONS.

SÉANCE DU 15 MAI 1820.

Messieurs, la monarchie représentative, c'est le gouvernement du roi et de la majorité ; non pas de la majorité numérique d'un grand peuple répandu sur un vaste territoire, mais de la majorité des assemblées dans lesquelles réside le droit de faire des choix ou de prendre des délibérations qui concourent à exprimer le vœu national. Des lois écrites ou non écrites déterminent partout les conditions d'aptitude et l'étendue d'attributions suivant lesquelles chacun entre dans les pouvoirs de la société.

Dans notre pays, on a adopté l'âge et le cens comme signes de la capacité à élire et à être élu. Opérant sur une nation dont les citoyens naissent égaux en droits, et procédant par voie d'exclusion, la charte a dit :

Article 38. « Aucun député ne peut être admis « dans la chambre s'il n'est âgé de quarante ans, « et s'il ne paie une contribution directe de mille « francs. »

Article 40. « Les électeurs qui concourent à la

« nomination des députés ne peuvent avoir droit
« de suffrage, s'ils ne paient une contribution di-
« recte de trois cents francs, et s'ils ont moins de
« trente ans. »

La chambre des députés, par son droit d'accuser et de mettre en jugement les ministres, par sa
prédomination sur la discussion des dépenses et
sur le vote de l'impôt, et surtout par le retentissement de sa tribune, la chambre des députés est immense dans notre ordre politique. Foyer absorbant
et réfléchissant de l'opinion, elle s'approprierait
bientôt la souveraineté tout entière, s'il n'existait
pas d'obstacle à ses envahissements possibles. La
charte a créé cet obstacle, elle attribue à la couronne le droit de dissoudre la chambre des députés
sous l'obligation d'en convoquer une nouvelle dans
le délai de trois mois. Ainsi le roi peut dans tous
les temps en appeler de la majorité quelquefois
factieuse de la chambre élective, à la majorité nécessairement consciencieuse des colléges électoraux de France.

La loi qui détermine l'organisation de ces puissantes et nombreuses cours d'appel destinées à prononcer en dernier ressort sur les plus grands intérêts qui puissent être débattus, cette loi marche
presque l'égale de la loi fondamentale. Elle appro-
chera de la perfection, lorsque tous ceux dont la
charte a admis la capacité exerceront leurs droits
électoraux ; lorsqu'ils les exerceront libres de toute
contrainte ; lorsque les suffrages s'appliqueront

immédiatement aux personnes et aux fonctions qui en sont l'objet définitif. On verra alors l'esprit de faction, qui n'est autre chose que la lutte de quelques-uns contre tous, reculer d'effroi devant l'expression de la volonté générale. Il y aura des élections réelles et vraies dans l'intention comme dans le résultat, et ce n'est pas la loi électorale qui les aura faites. La loi électorale n'aura été qu'un instrument également maniable pour toutes les opinions dominantes.

Dans les temps paisibles, une pareille loi attirera rarement à la chambre les agents de l'autorité exécutive, parce que les électeurs chercheront avant tout des députés indépendants, des députés qui aient intérêt à serrer et non pas à délier les bourses des contribuables; mais elle y amènera ceux que des notabilités locales, et particulièrement l'emploi honorable d'une grande fortune, signalent à l'estime de leurs concitoyens.

Dans les temps d'agitation, les élections seront empreintes de l'esprit qui animera la société au moment où elles se feront. Si on a récemment essuyé une de ces tempêtes qui bouleversent les conditions et les fortunes, et qui n'améliorent l'existence du plus grand nombre qu'aux dépens des fortunes privées, vous verrez les suffrages aller d'eux-mêmes consoler les classes mutilées, avec cette délicatesse qui caractérise la plus sensible et la plus généreuse des nations. Si les erreurs ou les passions du despotisme avaient en-

traîné l'état vers sa ruine, les choix se tourneraient
naturellement vers les zélateurs d'une liberté illimitée, et les doctrines démocratiques seraient accueillies et caressées dans les colléges. Si le pays
avait été envahi tout-à-l'heure par les étrangers,
ce ne serait pas merveille de voir la haine qu'ils
auraient inspirée retomber sur les hommes au-
quels on soupçonne des rapports avec eux, et
porter à la chambre des députés d'autres hommes
sillonnés par le fer et le feu de ces mêmes étrangers.

Enfin, si le prince avait donné des lois de garantie pour les intérêts fondés et pour les droits
acquis, qu'elles eussent trouvé des adversaires im-
placables dans un ordre de citoyens, et que cet
ordre de citoyens, placé dans les villes et dans les
campagnes, à la tête de toutes les hiérarchies, me-
naçât les institutions nouvelles, il ne faudrait pas
s'étonner que l'esprit de localité se tût momentanément devant le danger que courraient les institutions, et que les électeurs effrayés allassent au
loin enlever aux travaux du cabinet tel promoteur
ardent des principes chers à la nation, et arracher
à sa charrue le patriarche persévérant de la liberté
et de l'honneur.

Voilà, messieurs, la loi du 5 février 1817; c'est
la loi de vérité, c'est le miroir de l'opinion, et cette
opinion n'est pas à craindre. Elle veut le repos et
la liberté, le roi et la charte. La loi a été mise en
pratique peu de temps après de funestes catastro-

phes, et les élections ont repoussé ceux que la rumeur publique désignait comme les auteurs de nos derniers malheurs. Si d'autres factions profitaient de l'impulsion donnée aux esprits pour amener d'autres malheurs par d'autres voies, le remède est dans l'instinct conservateur du corps électoral; des doctrines rassurantes balanceraient bientôt et surmonteraient infailliblement les doctrines pernicieuses. Les cent mille propriétaires les plus imposés de la France sont là. Il n'est pas permis de prêter gratuitement à l'élite d'une nation le projet d'un suicide.

L'inspiration royale qui dicta la charte en 1814, a produit en 1817 la loi des élections. Aussitôt éclatèrent en invectives et en augures sinistres les vieux ennemis de la France nouvelle, et tous ceux qui ne sauraient pardonner au roi de nous avoir donné la charte, et à la charte d'avoir consacré l'œuvre de la révolution. En 1820, comme dans les années précédentes, les cris de rage de la faction du petit nombre eussent expiré devant la majestueuse résistance de la puissance publique, si l'esprit de vertige n'avait pas tout-à-coup envahi les conseils de la couronne, et si l'ébranlement donné à dessein aux croyances constitutionnelles ne nous avait pas précipités dans le vague des systèmes. Un ministre puissant alors jugea que, si la loi du 5 février continuait à régir les élections, la majorité dans cette chambre lui échapperait, et il n'hésita pas à sacrifier la loi, et peut-être le pays, au besoin qu'il avait de conserver sa puissance.

D'un autre côté, des hommes amis de la liberté, mais trop enclins à se nourrir d'idées spéculatives, rêvèrent que, dans la mêlée des passions, on irait les prendre pour médiateurs, et que cet ascendant de position leur servirait à agrandir notre gouvernement représentatif, et à le jeter en bronze. La nation s'effraya de voir mettre en doute par d'indiscrètes argumentations tout ce qu'il y a de convenu et de révéré parmi nous. Les vrais amis du trône frémirent quand on osa toucher à la charte, et quand on essaya de la déroyaliser pour la réduire à la condition d'une loi ordinaire. De ces combinaisons diverses naquit, après un long enfantement, un projet de loi en quarante-sept articles. On vous le présenta à une époque de douleur.

Je fus l'un des commissaires pour l'examen du projet. Quelques membres de la commission, et j'étais du nombre, pensaient que, la loi du 5 février suffisant aux besoins de la société et au vœu de la charte, il n'y avait pas de lacune dans le code électoral, d'où ils concluaient que la puissance législative n'était pas dans la nécessité d'innover sur ce point. La majorité, toute d'accord sur l'excellence de notre régime actuel, crut cependant que, pour satisfaire aux craintes exprimées, soit par le gouvernement du roi, soit par un certain nombre de nos collègues, elle pouvait admettre, comme perfectionnement de la loi existante, certaines modifications secondaires qui n'altérassent pas les deux principes fondamentaux dans la matière; savoir :

L'élection directe et la parfaite égalité de droits entre ceux qui réunissent les conditions exigées par l'article 40 de la charte.

C'est dans cet esprit que votre commission a entrepris un travail long et difficile. Elle a su distinguer dans le projet de loi les candeurs de la théorie, des combinaisons imaginées pour perpétuer le pouvoir dans les mêmes mains, et des concessions faites au parti dont on voulait capter les suffrages : elle a adopté du projet les seules dispositions qui ne fussent pas en contradiction manifeste avec la charte et avec la loi du 5 février. Mais les autres dispositions auxquelles elle refusait son assentiment, elle ne les rejetait pas avec un dédain absolu et sans un sévère examen. Cet examen, auquel tous les membres avaient pris part, ne pouvait manquer de jeter de vives lumières dans cette assemblée. Nous avions nommé à l'unanimité, pour notre rapporteur, l'homme le plus propre à éclairer vos opinions par la hauteur de sa doctrine et à commander votre confiance par l'indépendance de ses principes.

Cependant la scène politique avait changé d'aspect. Contraint de céder à la violence très-patente des agents d'un gouvernement long-temps occulte, le ministre dirigeant avait disparu, et avec lui l'espoir du bien que l'on pouvait en attendre, soit par le souvenir de quelques services passés, soit en réparation du mal qu'il venait de nous faire. Les traditions du 5 septembre étaient effacées dans les conseils. Après que votre commission avait

consacré près de deux mois à comprendre, à ap-
profondir le projet du 15 février, et lorsque vos
esprits étaient tendus vers la discussion qui allait
s'ouvrir, un autre projet est arrivé, qui, de prime
abord, a fait demander si le droit de retirer les
lois, après qu'elles ont été présentées aux chambres, est compris dans la prérogative royale.

De quelque manière que soit résolue cette question préjudicielle, encore est-il certain que de tant
d'hésitations et de variations résulte un préjugé
défavorable envers les conseillers de la couronne,
et par suite envers la proposition qui est leur ouvrage. Mais ce préjugé n'a eu accès chez aucun
des membres de la commission que vous avez
nommée. Elle devait considérer et elle a considéré
en effet le projet en lui-même, et d'après son mérite réel.

Je regrette, messieurs, de ne pouvoir vous dire
que la discussion ait été, dans cette seconde commission, aussi pénétrante, aussi lumineuse, aussi
productive que dans la première. Notre président,
que nous avons aussi nommé rapporteur, luttait
avec peine contre son ardeur trop hâtive à mettre
au néant cette loi du 5 février, dont il fut dans
d'autres temps le champion si énergique, le pané-
gyriste si éloquent.

(Tous les regards se tournent vers M. Lainé.)

Bientôt tout accord est devenu impossible entre
ceux qui devaient remplir les obligations que votre
confiance leur avait imposées; cependant le projet

de loi était hérissé de difficultés, et le rapport de votre commission vous a prouvé que nous sommes loin de les avoir résolues.

Je vais, messieurs, les offrir à vos méditations; je suivrai l'ordre des articles, et puisque l'exposé des motifs nous a promis que la charte ne serait pas touchée dans une seule de ses syllabes, je ne manquerai pas d'examiner concurremment avec l'utilité et l'opportunité de chaque disposition, jusqu'à quel point elle s'accorde avec la constitutionnalité provisoire de M. le ministre de l'intérieur.

L'art. 1er établit un collége de département et des colléges d'arrondissement.

Le fractionnement de la masse électorale en sections, qui ne concourraient pas immédiatement et suivant la même dimension à la nomination de tous les députés que le département doit élire, est contraire à la charte; cependant il se présente aux esprits irréfléchis avec une espèce de faveur, comme allant au-devant de deux reproches capitaux, qu'on a faits à la loi du 5 février; l'un, d'empêcher beaucoup d'électeurs d'exercer leurs droits à cause de l'éloignement du lieu où se fait l'élection; l'autre, de placer les hommes rassemblés en grand nombre sous le joug d'influences extérieures, et qui n'auraient exercé qu'un faible empire sur les hommes isolés ou formés en assemblées peu nombreuses. Je vais examiner la gravité du mal et le mérite du remède.

C'est un grave inconvénient qu'un électeur, et à plus forte raison plusieurs, restent privés de la

liberté d'exercer le droit qu'ils tiennent de la charte;
le gouvernement annonce la prétention d'y remé-
dier en formant des colléges d'arrondissement, et
on appelle cela mettre les élections aux portes des
électeurs. Nous verrons tout-à-l'heure si ce sont
des élections qu'on fera dans les arrondissements, et
si l'importance attribuée par le nouveau système
électoral aux votes des colléges inférieurs méritera
qu'on prenne la peine de faire quelques pas pour
les déposer dans l'urne; mais, en attendant, abs-
tenez-vous d'accusations que le système actuel ne
mérite pas; gardez-vous de nous dire que *la considération de la lutte à soutenir contre la masse d'é-
lecteurs réunis au chef-lieu du département contribue plus encore que l'éloignement à dissuader les
électeurs de la campagne d'y aller porter un suffrage qu'ils croient être inutile.* L'article 8 de la
loi du 5 février ne laisse-t-il pas à la couronne le
soin de désigner les différentes villes où siégent
les colléges électoraux? N'a-t-on pas vu, il y a peu
de jours encore, les élections de l'Isère reléguées
dans une ville située à l'extrême frontière du département, hors des rapports habituels de la population, et séparée du reste du pays par une
chaîne de montagnes? Je vous le demande, messieurs, quand on possède un pareil droit, et quand
on en use si largement, est-on fondé à venir dé-
clamer contre l'influence des chefs-lieux?

La forte impression qu'a produite sur certains
esprits l'allégation de l'autre reproche fait à la loi
du 5 février, prouve combien nous sommes en-

core novices dans le gouvernement représentatif. Faudra-t-il donc éternellement répéter qu'un certain degré d'agitation tient à l'essence de ce gouvernement, et que vous étoufferez la volonté électorale, quand, sous le prétexte d'écarter la brigue, vous embarrasserez les communications entre les électeurs, et quand vous gênerez les séductions réciproques propres à suggérer de bons choix.

On a parlé d'un comité directeur des dernières élections, et assurément on en a parlé beaucoup plus à cette tribune que dans les départements où on l'a supposé efficacement actif. Mais les ministres eux-mêmes n'ont-ils pas donné l'exemple de vouloir commander les élections, non au moyen du prestige qu'exerce un gouvernement juste et glorieux sur un peuple reconnaissant, mais par l'action immédiate, séductrice, avilissante de ceux qui ont des places et de ceux qui veulent en avoir? Ce comité directeur était-il donc le seul? Chaque opinion, chaque collection d'intérêts n'a-t-elle pas le sien?

Et le comité directeur du parti, qui s'entend le mieux parce qu'il est le moins nombreux, le comité qui écrit des circulaires numérotées, qui dicte des adresses, qui rédige des notes secrètes, que lui manque-t-il donc autre chose, pour faire les élections, que d'entrer dans la pensée de la majorité des électeurs? C'est là tout le secret. Messieurs, ceux qui ont influencé les dernières élections, si tant est qu'elles aient été influencées, ont réussi, parce qu'ils marchaient avec la nation. On

est toujours assuré de faire faire aux hommes ce
qu'on veut, lorsqu'on commence par vouloir soi-
même ce que veulent les autres.

L'article 2 prend les électeurs les plus imposés
dans la proportion du cinquième de la totalité, et
les constitue en collége de département : par l'article 5, le collége de département nomme les députés à la chambre. Ainsi le droit de nommer les
députés, attribué par la charte à des contribuables
de trois cents francs, le voilà assujéti à une autre
condition, et cette condition variera d'une localité
à l'autre, de manière qu'on sera peut-être électeur
dans le département de l'Eure en payant quatre
cents francs, et qu'on ne le sera pas dans la Seine-
Inférieure en payant deux mille francs.

Où sont donc vos pouvoirs à vous, dépositaires
de tous les intérêts sociaux, pour classer arbitrairement la propriété en grande et petite, comme si
dans tout pays où l'impôt est assis proportionnellement, la grande et la petite propriété ne suppor-
taient pas également les charges publiques ? Où
sont vos pouvoirs, à vous, les assermentés de la
charte, pour élever et soumettre à des variations
le cens que la charte a fixé uniforme, pour reconnaître une autre capacité politique que la capacité
admise par la charte, pour rétrécir et déformer le
cercle que la charte a tracé ? N'est-il pas évident
que vous dépassez vos attributions législatives ? En
vain vous arguez de la disposition fondamentale
qui confie à la loi l'organisation des colléges électoraux. Les droits des électeurs ont la même ori-

gine que les vôtres. Ce serait commettre un crime que d'y porter atteinte. Il nous appartient seulement d'en régler l'exercice.

Dans notre pays, comme dans d'autres pays libres, les grands propriétaires sont les seuls éligibles. On veut aujourd'hui qu'ils soient aussi les seuls électeurs. Cette attribution inconstitutionnelle qu'on prétend leur donner, au profit de quel parti tournera-t-elle? En vain accumulera-t-on des raisonnements hypothétiques sur la composition probable des colléges de département, je m'en rapporte en ce point aux calculs que n'ont pas manqué de faire, et que réservent pour leur usage, ceux qui protégent et dirigent le ministère actuel. Ceux-là ne se perdent pas dans les abstractions. Ils courent après le positif; et s'ils soutiennent le projet de loi, on peut être assuré que le projet de loi les mène à la domination.

Mais comment insinuera-t-on dans les esprits des innovations qui vont tant à rebours du mouvement national! Nos Français n'ont pas l'esprit tourné à l'aristocratie. Après la liberté et la gloire, ce qui va le mieux à leur inclination, c'est un seul entre tous, auguste, placé dans une sphère élevée, resplendissant de l'éclat de la nation à laquelle il commande. Vous aurez beau leur dire que les classes supérieures sont la décoration d'une monarchie, que la perpétuité des familles assure la durée des empires, et que leur prépondérance est nécessaire au maintien de la liberté; ils ne vous croiront pas, et leur incrédulité ne date pas d'hier. Notre histoire

F. I.

n'est que le récit de la longue guerre du tiers-état
et de la royauté contre la noblesse. Il faut l'espérer,
la dernière bataille de cette guerre et de notre révolution sera couronnée par le complet et glorieux
affranchissement du tiers-état.

La vieille aristocratie de France a fait de grandes
fautes; mais ses fautes ont été si cruellement pu-
nies qu'un homme honorable ne consentirait pas
à les rappeler, si des événements récents n'avaient
changé les situations respectives. Depuis que la
noblesse a perdu une partie de ses propriétés pour
avoir voulu sauver ses priviléges, elle a vécu quelquefois ennemie et presque toujours détachée de la
masse des citoyens. Elle pleurait quand les autres
se réjouissaient, et ses joies ont commencé avec
nos douleurs. Faut-il s'étonner, si un peuple susceptible d'être fortement impressionné par les dernières secousses a conçu contre une classe importante de la société des préventions haineuses
qu'elle devrait, de concert avec nous, chercher à
éteindre, mais qu'il n'est au pouvoir de personne
de déraciner en un jour!

Et ce serait le moment que l'on choisirait pour
ressusciter le privilége! Et l'on attribuerait le monopole du principal des pouvoirs institués par la
charte à ceux qui se sont constamment signalés
par leur haine de la charte et des institutions nouvelles! Et on les rendrait plus absolus, plus des-
potes qu'ils ne l'étaient au temps où la considération du clergé, les prétentions des parlements et
les franchises des villes balançaient leur puissance!

Et la couronne perdrait à leur profit l'utilité de son droit de dissoudre la chambre élective, condamnée qu'elle serait à les retrouver toujours dominateurs exclusifs des colléges qui nommeraient les députés ! Et la pairie, que nous avons tant de peine à acclimater dans le pays de l'égalité, la pairie consentirait à pâlir devant cette aristocratie inconstitutionnelle qui, dès à présent, prépare son avenir, témoin l'étrange proposition prise en considération ces jours derniers par l'autre chambre, d'autoriser l'érection d'électorats héréditaires !

Quand le projet de loi restreint à vingt mille électeurs le droit que la charte conférait à cent mille, que deviennent les quatre-vingt mille dépossédés ?

L'article 3 les répartit dans les colléges d'arrondissement qui ne peuvent pas avoir moins de cinquante membres : l'article 4 charge ces colléges de présenter des candidats en nombre égal au collége de leur département.

Il me sera facile de prouver que ces deux dispositions renferment l'institution d'un privilége en faveur des petits arrondissements, et l'anéantissement, au détriment de quatre-vingt mille citoyens, d'un droit acquis par la charte et exercé en vertu de la loi du 5 février.

En effet, d'après le nouveau projet de loi, l'élection est une opération complexe qui se compose de la présentation et de la nomination. On peut dire, absolument parlant, que ceux qui présentent, comme ceux qui nomment, concourent à l'élection ;

mais les premiers, c'est-à-dire les votants aux collèges d'arrondissement, concourent exclusivement à la présentation; les derniers, c'est-à-dire les votants aux collèges de département, concourent exclusivement à la nomination. La vérité de cet exposé a tellement frappé tous les esprits, que, d'une part, suivant le rapporteur de votre commission, la loi nouvelle ne fait que déléguer aux collèges d'en-bas un droit que se sont irrégulièrement arrogés les associations connues sous le nom de *comités directeurs*, et que, d'autre part, d'après le vœu textuel renfermé dans l'article 5, le collège d'en-haut fait les nominations.

Cependant, messieurs, ce sont bien les hommes de trois cents francs, et non pas d'autres, que la charte appelle à concourir à la nomination des députés. Ces hommes-là, vous les dépouillez, vous les déshéritez, vous les sacrifiez; et bien que vous les sommiez de venir à une assemblée qu'il vous plaît de qualifier de collège électoral, vous ne les tromperez pas; ils verront bien qu'ils ne sont plus électeurs.

Ici, messieurs, ce n'est pas seulement mon opinion que j'émets. Sept membres de votre première commission des élections et quatre de la seconde ont déclaré que la candidature, telle que l'a combinée le projet de loi, est inconstitutionnelle. En vain essaierait-on de vous faire croire que ce mode d'élections était en vigueur en 1814, et voudrait-on en conclure que la charte n'a pas entendu le proscrire. L'assertion est inexacte, et la conséquence qu'on en tire tombe d'elle-même.

La candidature impériale n'a de commun que le nom avec celle qu'on vous propose. Il existait avant 1814 des colléges de département et d'arrondissement ; mais c'étaient des colléges égaux en droits, qui n'avaient pas action les uns sur les autres, et dont chacun, après avoir opéré isolément, soumettait ses choix au sénat, ou plutôt au personnage dont le sénat répétait les oracles.

La candidature du projet constitue le despotisme, non d'un homme, mais d'une classe : ce qui est infiniment moins tolérable. Cette candidature date de nos jours de malheur, du temps où les soldats de l'Angleterre bivouaquaient dans les Champs-Élysées, et où une batterie prussienne, placée au débouché du Pont-Royal, insultait à la dignité de notre roi. Cette candidature nous a été donnée par l'ordonnance du 15 juillet 1815, ordonnance rendue en dehors de la charte et avec la volonté explicite de la violer. Cette candidature est contemporaine des adjonctions arbitraires et des proscriptions préparatoires.

Je n'ai plus à ce sujet qu'un souvenir à exhumer ; mais ce souvenir est fécond en rapprochements. L'ordonnance du 15 juillet est contre-signée par M. le ministre actuel des affaires étrangères, alors garde-des-sceaux, et tenant par *interim* le portefeuille de l'intérieur. Trois mois n'étaient pas encore écoulés depuis qu'il y avait apposé sa signature, et déjà lui et ses collègues fuyaient devant un parti triomphateur. La chambre de 1815 était inaugurée.

Au reste, quel que soit le mérite ou le vice de telle ou telle combinaison électorale, on avait cru jusqu'à ce jour que le vœu d'une assemblée ne pouvait s'entendre que du vœu de la majorité. Aujourd'hui, messieurs, le contraire est proclamé dans le projet de loi, comme pour montrer qu'aucune absurdité n'est inaccessible au délire des partis.

M. le ministre de l'intérieur vous a dit à la page 12 de l'exposé, que *les électeurs les plus imposés ne pourraient envoyer à la chambre que des députés qui auraient obtenu ou reçu la candidature du plus grand nombre des électeurs de leur arrondissement.* Malgré cette déclaration très-formelle, ce second paragraphe de l'article 4 renferme une disposition aussi mal rédigée qu'elle est mal pensée, de laquelle il résulte qu'au défaut d'un nombre suffisant de candidats réunissant la majorité absolue des suffrages, le collége de département pourra fixer son choix, et même tous ses choix sur les candidats de la minorité, ces candidats n'eussent-ils été portés que par un très-petit nombre d'individus dans le coin le plus ignoré du département.

Un exemple, messieurs, vous rendra sensible l'exactitude du fait que j'énonce, et vous prouvera en même temps que le cas prévu par le paragraphe est de nature à se présenter dans toutes les élections et dans tous les colléges.

Mon département, l'Aisne, est composé de cinq arrondissements. Il envoie quatre députés à la chambre. Il aura, par conséquent, vingt candidats à présenter. L'opinion y est franche et prononcée pour le roi avec la charte, avec la liberté, avec les intérêts fondés par la révolution. Les colléges d'arrondissement, surtout après la séparation des électeurs les plus imposés, seront à peu près unanimes dans le principe qui dictera leurs désignations. Mais il est probable que plusieurs arrondissements choisissant en même temps les sujets qui ont le plus de droits à la confiance publique, le nombre des candidats présentés n'ira pas jusqu'à douze; alors, et pour compléter le nombre de vingt, on accolera aux candidats véritables, à ceux qui auront recueilli mille ou onze cents suffrages, des candidats postiches qu'auront rencontrés dans la foule dix ou douze suffrages fugitifs. Même il y a des chances pour que, dans certains cas, un seul suffrage fasse inscrire un nom sur la liste.

Eh bien! messieurs, avec ce nom isolé on pourra faire un député. Il sera loisible au collége d'en haut de fixer indifféremment son choix sur les candidats véritables ou sur les candidats postiches, sur les candidats à onze cents voix ou sur les candidats à dix voix. J'augure trop favorablement de l'esprit qui anime les propriétaires les plus imposés de mon département, pour croire à une pareille discordance entre eux et les autres propriétaires, leurs concitoyens; mais la loi qu'on vous propose consacre l'absurdité que je dénonce, et la France chaque année, et sur vingt points divers, est condamnée à en subir le scandale.

Croyez-vous, messieurs, que de pareilles décep-

tions puissent être offertes à un peuple éclairé?
croyez-vous qu'on puisse rassembler les électeurs
de la charte et leur dire : Vous nommerez des candidats ; et d'autres électeurs viendront qui rejete-
ront les candidats que votre majorité aura nommés,
et qui enverront à la chambre ceux que votre majorité aura repoussés ? croyez-vous que les votants
des arrondissements seront assez stupides pour
retourner aux assemblées, quand ils auront vu le
cas qu'on fait de leurs suffrages ? Le paragraphe
a évidemment pour objet de fournir à l'opinion
prépondérante dans le collége d'en haut, des con-
sonnances, et par conséquent des choix à faire
dans le collége d'en bas. Ces colléges d'en bas ne
sont que des colléges fictifs, au moyen desquels on
voudrait faire croire aux quatre-vingt mille électeurs dépossédés qu'ils sont encore quelque chose
en France. Mais c'est peine superflue, la ruse est
trop grossière pour que personne s'y laisse prendre.

Un projet inutile entaché de tant d'inconstitu-
tionnalité et de mauvaise foi n'est pas susceptible
d'être corrigé ; car, même après les corrections, il
donnerait encore une loi calamiteuse. Aussi est-ce
à regret que je vais indiquer certains amendements
présentés dans la discussion préparatoire par des
membres de la minorité de votre commission ; non
dans le dessein de vous les faire adopter, mais
pour vous offrir la preuve qu'ayant à choisir entre
des absurdités de différents degrés, la majorité a
constamment été entraînée vers les absurdités les
plus choquantes.

Ils auraient voulu que l'exception portée dans l'article premier, en faveur des départements qui n'ont qu'un député, fût étendue à ceux qui n'ayant pas plus de six cents électeurs, sont, par l'article 9 de la loi du 5 février, réunis en une seule assemblée. La majorité n'y a consenti que pour les départements dont le nombre d'électeurs ne dépassera pas trois cents. Cette disposition n'accorde l'exception qu'à deux départements de plus, les Vosges et les Hautes-Pyrénées. Toutefois on n'a pas regardé comme une chose indifférente d'agrandir la zone de l'élection directe.

Le vœu a été exprimé, pour le cas où l'on serait forcé d'admettre la superfétation d'un collège de département, que les membres fussent nommés, soit par les électeurs de la charte, soit par les autres citoyens, et dans les formes déterminées, de manière que le choix pût tomber indistinctement sur tous les individus réunissant les conditions voulues par l'article 40; mais ce n'était pas le compte des conseillers du projet. L'aristocratie, en France, ne voulut jamais relever ni du trône ni du peuple.

Dès que la quotité des contributions constituait un droit, variable suivant les localités, dans les rapports des citoyens entre eux, il était indispensable de soumettre la formation de la liste des plus imposés à des conditions particulières de rédaction et de publicité. On avait désiré que cette liste fût ouverte trois mois et close cinq jours avant l'ouverture du collège de département; que les propriétés y fussent détaillées par communes, et que les réclamations en matière d'inscription fussent soumises à une autre autorité qu'à celle indiquée dans l'article 5 de la loi du 5 février.

La réduction au dixième du nombre des électeurs à Paris, et au cinquième dans le reste de la France, pour former le collége de département, a paru exorbitante : il a été demandé que le nombre des membres de ce collége fût égal à la moitié, ou du moins au quart, de la totalité des électeurs, et que les éligibles en fissent toujours partie.

L'article 4 a donné lieu à cinq amendements qui ont été produits l'un après l'autre. D'après le premier, les présentations auraient été faites dans les colléges d'arrondissements à la majorité relative, et, après avoir reçu les votes au chef-lieu du département, on en aurait formé une liste de candidats, en nombre double des députés à élire.

Le second divisait chaque département en autant d'arrondissements électoraux qu'il y aurait de députés à élire, et composait les arrondissements d'un nombre égal à celui d'électeurs.

Le troisième voulait que le nombre des candidats attribué à chaque département fût basé, non pas sur le nombre des arrondissements, mais seulement sur le nombre des députés à nommer, et que chaque collége d'en-bas présentât au collége d'en-haut un nombre de candidats proportionné à la population électorale.

Le quatrième amendement établissait une liste supplémentaire de candidats, formée comme l'autre à la majorité absolue des suffrages, à laquelle on aurait eu recours en cas d'insuffisance de la première.

Le cinquième amendement demandait que le collége de département ne pût pas choisir tous les députés dans le même arrondissement.

A l'article 7, c'est la minorité de votre commission qui a provoqué la disposition propre à assurer le secret des votes ; elle aurait désiré que les bulletins fussent brûlés après chaque dépouillement.

L'article 8 est en opposition manifeste avec l'article 38 de la charte : vous n'avez pas plus le droit d'exiger que l'électeur paye depuis un an le cens de mille francs, que de lui demander d'avoir eu quarante ans l'année précédente ; mais le peu de succès des premiers amendements avertissait de ne pas en proposer de nouveaux.

Vous dirai-je, messieurs, que, loin d'être accueillis dans la commission, ils en faisaient naître d'une toute autre nature ; et qu'un membre de la majorité voulait que le collége de département nommât seul, et sans présentation, la moitié des députés ; et qu'un autre a demandé sérieusement que les électeurs les plus imposés votassent deux fois : la première, dans les colléges d'arrondissement, pour se présenter des candidats à eux-mêmes ; la seconde dans les colléges de département, pour les choisir.

Au reste, cette verve aristocratique, et l'obstination de votre commission à conserver au projet son caractère natif, ne seront pas inutiles au triomphe de la vérité. La loi qui proclame les quatre cinquièmes des électeurs de France inhabiles à exercer leurs droits constitutionnels, et qui renouvelle chaque année l'outrage de la minorité contre la majorité, n'était pas susceptible d'être amendée. Il faut la rejeter tout entière cette loi de mensonge. La proposition en a été surprise au roi ; car le roi, qui nous a donné le gouvernement représentatif, ne peut pas vouloir le fausser et le détruire. J'en appelle aux esprits élevés, quelle que soit l'opinion qu'ils professent ; leur éloquence puisera-t-elle, dans ce foyer de déception une seule émotion inspiratrice ?

Mais des voix patriotiques se sont fait entendre, et leurs paroles méritent d'être recueillies. Il est des hommes modérés aux yeux desquels la liberté serait un fléau, si elle ne se présentait pas comme l'élément le plus direct et le plus immédiat de l'ordre public. On est parvenu à leur faire croire que le trône est en péril, et que la sécurité de tous est compromise. Ils ont dit : Bien que la loi nouvelle soit tissue d'absurdités et de fraude, prenons-la comme un remède aux maux présents, nous retournerons à la loi du 5 février dans des jours meilleurs.

Et moi, je leur dis que ces jours meilleurs n'arriveront jamais. Il ne viendront pas quand la charte sera violée et la nation replacée sous le joug du privilége. Et savez-vous, messieurs, ce qui sera tenté, ce qui arrivera à l'époque très-prochaine où une faction, ayant obtenu la majorité dans cette chambre, disposera, sans encombre et sans partage, des ministères, du trésor, de la force armée? Croyez-vous qu'aucun droit acquis sera sacré pour ceux qui ont des biens ou au moins de copieuses indemnités à recouvrer, et une existence politique à rebâtir? Croyez-vous que ce seront les sages d'entre eux qui gouverneront les autres! Voulussent-ils aujourd'hui seulement la domination, ils seront conduits à vouloir la contre-révolution demain. Un moment arrive où il n'y a plus de halte possible sur le chemin des abîmes.

Mais il faut le dire aux hommes timides, afin qu'ils n'apprennent pas trop tard à leurs dépens que la peur est une mauvaise conseillère. Si les complots de l'aristocratie sont flagrants, la résistance aussi sera terrible, et le projet de loi lui-même organise cette résistance. Ne voyez-vous pas qu'on ne retranche pas impunément de l'ordre politique les supériorités de fait constatées par les votes des citoyens? Ne voyez-vous pas que l'opinion, dès long-temps aigrie, va chaque jour s'aigrissant davantage? Ne voyez-vous pas qu'on tend à opposer les colléges d'arrondissement aux colléges de département, les candidats de la majorité aux élus de la minorité, les hommes nationaux aux hommes du privilége? Deux nations, deux camps, deux bannières; voilà ce que vous donne le projet de loi.

Arrêtons-nous, messieurs, quand il en est temps encore. Nous qui ne voulons d'autre charte que la charte, ni d'autre roi que le roi, arrêtons-nous pour sauver le roi et la charte. Gardons notre loi électorale que le peuple a adoptée avec passion. Mettons nos autres institutions en harmonie avec elle. C'est dans l'organisation des communes, dans l'assimilation des administrations départementales aux formes représentatives que les notabilités personnelles ou héritées, les bonnes renommées et toutes les influences légitimes trouveront leurs places; et c'est là que les suffrages populaires iront les prendre pour les porter à la direction du corps social. Mais malheur à vous, malheur au pays, si, rebelles aux arrêts du destin, vous entreprenez de placer la puissance politique ailleurs qu'où se trouvent la puissance morale et la force matérielle. Adosser le trône à l'aristocratie, c'est commencer une révolution, c'est irriter le peuple, c'est trahir à la fois et le peuple et le trône.

Je vote le rejet du projet de loi.

SUR L'ARTICLE PREMIER

DE LA LOI DES ÉLECTIONS,

AINSI CONÇU :

« Il y a dans chaque département un collége électoral de dé-
« partement, et des colléges électoraux d'arrondissement. Néan-
« moins dans les départements qui n'ont qu'un député à nommer
« et dans celui de Corse, tous les électeurs sont réunis en un
« seul collége. »

SÉANCE DU 1er JUIN 1820.

M. le ministre des affaires étrangères et plusieurs
autres orateurs ont dit que le régime de 1815 a été
une conséquence des cent jours. Non, il n'en est pas
ainsi; car, pendant les cent jours, la famille royale
seule a été submergée, et un roi de France est trop
grand, trop généreux pour avoir jamais des ven-
geances personnelles à exercer. Qu'a fait l'aristocratie ? L'aristocratie avait été épargnée pendant
les cent jours; elle avait même été respectée, et
pendant que le sang des défenseurs du sol national
coulait sur le champ de bataille, elle est venue se
placer entre le trône et le peuple; elle est venue
étendre entre le trône et le peuple son bras armé
du fer étranger; elle a ensanglanté le sceptre de
nos rois. La fureur des uns ne faisait que masquer
une combinaison politique....

M. de la Bourdonnaye : Je demande le rappel à l'ordre.

M. le président : Vous avez la parole.

M. de la Bourdonnaye : L'orateur a accusé l'aristocratie d'être venue se mettre entre le trône et le peuple. Il est évident que, par cette aristocratie, il a entendu dire la chambre de 1815.....

A gauche : Dites la majorité et non pas la chambre.

M. de la Bourdonnaye : Soit, la majorité de la chambre de 1815. Or je dis que l'accusation est fausse, puisque la chambre de 1815 n'était pas composée exclusivement de l'aristocratie ; et je dis encore que vous n'avez pas le droit de venir accuser ici une chambre qui vous a précédés, et qui n'est pas sous votre jugement. Je demande, en conséquence, que M. le général Foy soit rappelé à l'ordre.

M. le général Foy : Oui, messieurs, j'ai dit et je répète qu'après les cent jours, l'aristocratie étendit son bras de fer entre le trône et le peuple, et ensanglanta le sceptre de nos rois. Et, en effet, lisez les proclamations du roi à son entrée dans le royaume ; rappelez-vous les paroles de réconciliation qu'il fit entendre dans toute la France ; voyez-le ouvrir son giron paternel à tous les Français ; et cependant comparez les événements de 1815 avec les intentions royales. Au reste, les fureurs de l'aristocratie ne furent alors que le masque des combinaisons politiques ; car l'aristocratie conspire sans cesse, et ne s'arrête jamais....

M. Castelbajac s'élance à la tribune. J'aurai l'honneur, dit-il, de faire observer au général Foy qu'en revenant sans cesse attaquer ici la chambre de 1815, et en la signalant aux poignards du peuple.....

(Interruption.)

Oui, messieurs, c'est la signaler à la haine du peuple, que de la représenter comme ennemie des libertés publiques, comme un instrument de vengeance. Or avant de porter contre elle cette terrible accusation, il faudrait du moins savoir ce qu'elle a fait.....

Il paraît inconvenant, je le répète, de représenter la chambre de 1815 comme ayant voulu opprimer la France, tandis qu'elle n'a fait autre chose que discuter et accepter des propositions faites par le gouvernement; c'est pour ce motif que je demande le rappel à l'ordre.

M. Benjamin Constant obtint la parole contre le rappel à l'ordre, et s'exprima ainsi :

Il est certainement très-malheureux de rappeler tout ce qui peut jeter la défaveur sur une partie de ses concitoyens. En conséquence, si nous venions ici accuser, sans nécessité, soit la chambre de 1815, soit l'aristocratie, nous aurions grandement tort. Mais quand nous croyons en notre conscience que l'aristocratie cherche à reconquérir ses priviléges, notre manière de raisonner, pour la combattre, doit être de rappeler ce qu'elle a fait, afin d'empêcher qu'on ne lui donne le moyen de le faire encore.

Au moment où nous voyons la chambre de 1815 frapper contre les murs de cette enceinte, nous devons dire : Voilà ce qu'elle a fait, empêchez-la de rentrer. J'ajouterai qu'on ne peut rappeler à l'ordre notre collègue pour avoir dit que l'aristocratie s'est interposée entre le trône et la nation. C'est en effet l'aristocratie qui a mis obstacle aux intentions paternelles du roi, et c'est par la sagesse du roi qu'ont été rejetées les catégories proposées par la chambre de 1815.

Tout ce qu'a pu dire notre honorable collègue M. le général Foy contre l'aristocratie, est motivé, nécessité par la discussion actuelle; car tout ceci n'est autre chose que le procès entre l'aristocratie et la nation; l'aristocratie veut rentrer dans cette chambre, et il est tout simple que nous rappellions 1815 pour l'en écarter. Je m'oppose au rappel à l'ordre.

Le général Foy s'écria avec une noble chaleur :

Ce serait sans doute, messieurs, une bonne fortune pour moi, ami de la liberté et du trône constitutionnel, que d'être rappelé à l'ordre au moment même où je faisais preuve de dévouement au trône, en le séparant de l'aristocratie. J'ai parlé en effet de l'aristocratie comme s'étant opposée aux intentions royales.

Je me suis élevé contre cet esprit aristocratique qui a bouleversé la France, qui a porté le deuil dans toutes les familles. Oui, messieurs, cet esprit aristocratique a dominé en 1815, il existe encore, et je vais vous en donner la preuve; je vais vous dire à quels maux, à quelles contre-révolutions vous devez vous attendre s'il vient à triompher. Voici les paroles mêmes du maître du parti; voici ce qu'il écrivait le 7 novembre 1819.

Plusieurs voix : Quel est ce maître? nommez-le.

C'est *M. de Châteaubriant.* Il établit ce qui arrivera en France lorsque les royalistes auront le pouvoir, et voici comme il s'exprime :

« Voilà donc les royalistes arrivés au pouvoir.... Leur premier devoir, comme leur premier soin, serait de changer la loi des élections. »

J'espère, messieurs, qu'on est maintenant en bon chemin.

« Ils feraient en même temps, dit toujours M. de Châteaubriant, retrancher de la loi de recrutement le titre VI de l'avancement, et rendraient ainsi à la couronne une de ses plus importantes prérogatives. »

Il y a deux jours, messieurs, qu'un ministre (M. le garde-des-sceaux) vous faisait à cette tribune l'éloge de la loi de recrutement, et vous disait, dans la sincérité de son cœur, dans l'émotion de son éloquence, qu'elle avait su pousser de profondes racines dans la nation. Ceci vous explique ce que deviendrait la France, si elle était livrée à de tels hommes.

Voyons maintenant ce que doivent faire les royalistes après avoir détruit la loi des élections et celle du recrutement. Je continue :

« Après la modification de ces lois capitales, les royalistes proposeraient les lois les plus monarchiques sur l'organisation des communes et sur la garde nationale..... Créant partout des agrégations d'intérêts, ils les substitueraient aux individualités. En un mot, ils recomposeraient l'aristocratie, *troisième pouvoir qui manque à nos institutions.* »

M. de Villèle : C'est la chambre des pairs.

Je vous demande pardon, on parle d'un troisième pouvoir.

Ainsi, messieurs, vous avez entendu le secret, et le secret du maître....

Voix à droite : Qu'est-ce que c'est que le maître ?

Le maître de l'école ; entre gens de bonne compagnie, cela ne s'entend pas autrement.

Eh quoi ! les pouvoirs de la société ne sont-ils pas complets dans la charte ? Le roi, la chambre des pairs, la chambre des députés, voilà les seuls qu'elle reconnaisse. Et vous, vous en annoncez un

10.

autre qui n'est pas dans la charte; vous voulez en créer un qu'elle repousse! Et vous dites que nous avons tort de nous élever contre la résurrection des priviléges, telle que vous l'entendez, et de repousser un projet de loi mensonger et fallacieux, qui doit recomposer cette aristocratie!

Mais continuons encore; vous allez entendre le reste.

« C'est dans cette vue que les royalistes sollici-teraient les substitutions en faveur de la pairie.

« Ils chercheraient à arrêter par tous les moyens légaux la division des propriétés....»

Or, je demande s'il y a d'autre moyen légal d'empêcher la division des propriétés, que de faire une loi qui l'empêche. Ainsi ce n'est pas seu-lement notre organisation politique qui est menacée, c'est la famille, les individus. On ne peut établir les substitutions qu'après avoir reconnu le droit d'aînesse. Alors il faudra placer les cadets de famille nobles; il faudra donner à l'aristocratie le monopole des places, les préfectures, les sous-préfectures, les grades dans l'armée, les emplois de haute et de basse finance. Il faudra détruire enfin tout ce qui s'est fait de beau depuis la révolution.

Voilà donc le système général qui serait suivi. En voici maintenant l'application aux intérêts du moment:

« Une autre mesure importante, continue M. de Châteaubriant, serait encore prise par l'administration royaliste; cette administration demanderait aux chambres, tant dans l'intérêt des *acquéreurs* que dans celui des *anciens propriétaires*, une juste indemnité pour les familles qui ont perdu leurs biens dans le cours de la révolution.»

M. de Marcellus : cela serait très-juste.

Assurément, si cela pouvait se faire sans rien prendre à personne; mais, ou l'indemnité, qui sera énorme, sera prise sur les acquéreurs des biens nationaux....

Plusieurs voix : Non! non!

C'est cependant ce que fait entendre clairement votre maître; c'est ce qui entre dans vos principes. Mais, enfin, je suppose qu'on prenne l'indemnité autre part, elle ne pourra l'être alors que sur la totalité de la nation....

(Interruption.)

Eh bien! messieurs, je veux bien vous faire le sacrifice de cette discussion, qui n'entrait pas, du reste, dans l'économie de mon discours; et dans laquelle vous m'avez entraîné vous-mêmes.

Vous m'avez reproché d'avoir attaqué la chambre de 1815; j'ai dû m'expliquer; j'ai dû dire que je l'attaquais parce qu'elle a fait de grands maux à la France, et qu'elle menace de lui en faire encore. Mais j'en ai assez dit; j'ai été suffisamment entendu, maintenant je vais rentrer dans mon sujet.

Ici M. de Corbière obtint la parole, et réclama de nouveau le rappel à l'ordre. Le général Foy repliqua ainsi :

J'ai eu l'honneur de répondre à l'imputation d'avoir injustement attaqué la chambre de 1815 en reprochant à l'aristocratie les maux qu'elle a faits alors, et ceux qu'elle pourra nous faire encore, et j'ai cru ne pouvoir mieux justifier ma proposition qu'en vous citant un écrit de M. de Châteaubriant. Maintenant on m'accuse d'avoir attaqué M. de Châteaubriant.

Je n'ai pas l'honneur de connaître ce grand écrivain; et si j'avais une prévention à son égard, elle est plutôt favorable que contraire; car personne plus que moi n'est porté à croire qu'un beau caractère est toujours uni à un beau talent. M. de Châteaubriant est l'une des lumières du parti.

M. de Corbière vient de le dire en d'autres termes. Il veut la charte, a-t-on dit : vous venez d'entendre les principes de gouvernement qu'il professe; eh bien! si les hommes de ce parti qui veulent la charte l'entendent ainsi, qu'arrivera-t-il lorsque cette chambre sera livrée aux hommes qui ne la veulent pas?

J'ai fait une autre observation sur la contradiction qu'il y a entre les vœux de la droite, qui sont les mêmes que ceux de M. de Châteaubriant, ainsi que l'a dit M. de Corbière, et les intentions déclarées solennellement à cette tribune par M. le garde-des-sceaux. M. le garde-des-sceaux vous a déclaré que la loi de recrutement était inviolable; le côté droit dit qu'elle sera violée. A qui en croire?

Relativement aux indemnités revendiquées pour ceux qui ont perdu leurs biens, je n'exprime pas sur ce point mon opinion personnelle; jamais on ne me verra parler contre les intérêts des malheureux ; il suffit que ce fait soit connu de la chambre qui m'écoute, de la nation qui nous considère. On saura l'apprécier.

M. le Président : Persiste-t-on à demander le rappel à l'ordre ?

De toutes parts : Non! non!

M. le général Foy : La conséquence indubitable du projet serait de livrer les élections à l'aristocratie. M. le ministre des affaires étrangères nous a dit que l'aristocratie n'aurait seulement qu'à élire. Sans doute il ne s'agit que d'écrire deux ou trois noms une fois tous les ans, ou peut-être même bientôt tous les cinq ou sept ans, et de les jeter dans une urne ; mais cette urne renfermerait les malheurs de la France. Les électeurs rentreraient dans leurs foyers ; mais les élus siégeraient dans cette enceinte, la tribune serait leur propriété, et par qui les intérêts lésés seraient-ils entendus ? Au moins, en 1815, une minorité nationale, riche des plus grands, des plus formidables talents, a défendu les droits du peuple.

M. le garde-des-sceaux vous a dit que l'opposition au projet se composait de deux sections immuables : l'une voulant des concessions, l'autre inflexible et tenant à la lettre de la loi du 5 février. Non, messieurs, ces deux oppositions sont unies et compactes contre le privilège ; le centre et la gauche peuvent bien avoir quelques dissentiments momentanés sur quelques points de législation ; mais quand il s'agit du sort d'une gloire de trente ans, quand il s'agit de savoir si la nation sera libre sous le gouvernement du roi et sous l'empire de la charte, ou si elle ne sera plus qu'une poignée d'ilotes sous le joug de fer des privilégiés, les deux oppositions sont unies et ne connaissent d'ennemis que ceux qui veulent les priviléges.

Mais ces ennemis, la nation ne sera pas inexorable pour eux; elle les appelle; qu'ils dépouillent leurs prétentions; qu'ils ne se mettent pas en opposition avec elle. Il y a place pour tout le monde au banquet de la vie. Et croyez-vous que c'est dans un pays aussi civilisé, chez un peuple doué d'un tact aussi délicat, qu'on excluera jamais les prééminences sociales? N'avons-nous pas intérêt à les soutenir? Mais nous entendons des prééminences naturelles qui s'établissent sans joug; des prééminences qui soient acceptées et non imposées. Si vous voulez violenter le peuple, le peuple se retirera de vous. Laissez le faire, il saura rendre justice aux gloires héréditaires, comme aux gloires acquises. A toutes ces considérations locales, le peuple se passionne pour tout ce qui est beau et généreux; il est plein de reconnaissance pour tout ce qu'on fait pour lui. Nous en avons une preuve bien convaincante dans l'accueil qu'il a toujours fait aux vieux défenseurs de l'état, et dans les sentiments d'amour dont il fut toujours prodigue pour eux; sentiments qui s'accroissaient en raison des maux que leur faisait souffrir l'étranger présent. Cet amour a introduit chez nous une espèce de patronage, qu'un ministre du roi appelait hier une aristocratie militaire. Ce mot d'aristocratie militaire choque mes

oreilles. Cette qualification, nous la rejetons ; nous
ne voulons ni le mot ni la chose ; nous ne l'avons
jamais voulu, nous ne le voudrons jamais ; nous
repoussons les Grecs et leurs funestes présents.
Enfants de l'égalité, nous ne voulons pas de privilége ; le seul que nous réclamons sur nos concitoyens, ce sera de leur donner l'exemple, en temps
de guerre, d'un dévouement plus actif à l'honneur
et au salut de la patrie, et en temps de paix, d'une
obéissance plus dévouée aux lois constitutionnelles
du pays.

C'est un grand pas de fait dans la discussion
que de l'avoir réduite à sa véritable question, la
question de la majorité contre la minorité, des
droits contre les priviléges, de la révolution contre
la contre-révolution. Dans ces questions, comment
pourrais-je douter de la voix de mes camarades de
guerre que j'aperçois çà et là sur les bancs ; s'ils
votaient contre les hommes qui ont partagé leurs
travaux pendant ces trente années, ceux qui sont
morts sur le champ d'honneur dans les sables brû-
lants de l'Égypte ; ceux qui ont péri sur le Mincio,
à Ulm, à Vittemberg ; ceux qui ont été ensevelis
dans les mers de Trafalgar et d'Alexandrie, se leve-
raient pour leur crier : Vous avez trahi notre mémoire !... Et c'est cette assemblée tout entière, liée
à tout ce système de ces trente années, liée par
obéissance et par sentiment au roi constitutionnel,
qui a pris la France telle qu'elle est, et telle qu'elle
doit être. C'est à cette assemblée que j'en appelle ;
qu'elle nous apporte, à nous, antagonistes du pro-

jet, estime et confiance, et nous lui rendrons estime et confiance.

L'amendement de M. Camille Jordan est dicté par des vues de conciliation. Assurément si le talent et le caractère d'un honnête homme, sincèrement dévoué à son roi et à son pays, peuvent appeler quelque faveur sur une proposition, aucune proposition ne sera plus favorablement accueillie.

Ici il faut aborder la question tout entière de la loi du 5 février. Elle renferme trois choses : l'élection directe, l'égalité de suffrages, le concours des électeurs dans un même collége. Les uns ne veulent rien de cette loi ; les autres veulent tout ; d'autres en veulent une partie. Peut-être aurait-on dû consulter l'assemblée sur ces trois questions et sur celle de la candidature ; alors la marche de la délibération aurait été plus certaine, et l'on n'aurait pas placé beaucoup d'entre nous dans une alternative difficile.

L'amendement de M. Camille Jordan fractionne les colléges de département. Quant à moi, je préfère ce fractionnement à celui du droit, ou plutôt à sa destruction. Je regarde la candidature comme un mensonge, et je suis l'ennemi du mensonge : elle constitue le privilége, et je suis l'ennemi du privilége.

Moi, élu par mon département en vertu de la loi du 5 février, comment oserais-je y rentrer après avoir consenti à la destruction des droits de mes commettants ? Ne me diraient-ils pas : Nous vous avons nommé pour défendre nos droits, et non

pour anéantir ceux auxquels vous devez votre existence ? Je remplis ici un devoir d'honneur. J'ai la
ferme conviction que l'amendement sera adopté ;
quel que soit l'événement, j'aurai été fidèle à ma
maxime : *Fais ce que dois, advienne que pourra.*

SUR L'ARTICLE PREMIER

DE LA LOI DES ÉLECTIONS.

SÉANCE DU 3 JUIN 1820.

Messieurs, dans la séance d'hier, un amendement a été proposé, amendement qui ressemblait
beaucoup à d'autres déjà discutés et délibérés, qui
même différait moins qu'eux de la loi proposée.
Aux termes du réglement, M. le président avait un
devoir à remplir, c'était de mettre en discussion
l'amendement proposé ; et, en supposant que la majorité se fût trouvée suffisamment éclairée, elle
aurait demandé de clore la discussion. Alors la délibération sur l'amendement aurait commencé ; car
le réglement veut que tout amendement soit délibéré.

Mais, contre tous les principes du réglement et
de la raison, M. le président, oubliant qu'il n'est
que l'officier de la chambre et le ministre de la
loi réglementaire....

(On se récrie au centre.)

Messieurs, reprend le général, M. le président
a reçu de la nature une si facile et si éclatante apti-

tude à remplir les fonctions qu'il doit à la confiance
du roi et de cette chambre, que lorsqu'il lui est
arrivé de tomber dans l'erreur, on ne doit pas
craindre de le rappeler aux principes du réglement.
Or le réglement dit textuellement que les amendements seront discutés et mis en délibération avant
le projet de loi. M. le président n'a pas mis l'a-
mendement de M. Desrousseaux en délibération,
et un membre a demandé que la priorité fût accordée au projet du gouvernement.

Cette demande est contraire au réglement et à
nos usages. Jamais question de priorité n'a été et
n'a pu être établie entre un amendement et un
projet de loi, attendu que la place de l'amendement et celle du projet de loi sont fixées d'avance
par le réglement. Cependant la question de priorité allait être mise aux voix, lorsqu'on a demandé
la question préalable qui a été rejetée. Mais sur
quoi? sur cette question, pourra-t-on poser la question de priorité? Maintenant une autre question
se présente. La majorité de l'assemblée a décidé,
contre le réglement, qu'on mettra en parallèle l'a-
mendement et l'article.

Il reste maintenant à décider si on donnera la
préférence à la proposition royale sur l'amendement, ou à l'amendement sur la proposition royale.
Eh bien! je demande si cela peut être mis en délibération; si vous avez le droit législatif de dépouiller un amendement de son caractère d'amendement. Je demande si cet amendement n'est pas de
nature à faire avancer la discussion, et à la rendre

plus conciliante; ainsi tout ce que nous avons fait avant-hier est complétement perdu; mais revenons à la question précise, qui est l'amendement; la discussion de cet amendement est obligatoire; vous manqueriez à la loi réglementaire si vous ne discutiez pas paisiblement et régulièrement l'amendement de M. Desrousseaux. Messieurs, dans tous les pays soumis au gouvernement représentatif, ou au moins dans ceux où le gouvernement représentatif est le plus perfectionné, tous les membres de la chambre législative proposent la loi, et on y trouve cet avantage de ne pas attirer, sans motif, et d'une manière inconvenante, le nom sacré du roi dans l'arène des passions. Ici le roi propose la loi; mais il ne s'ensuit pas que la proposition doive, d'une manière absolue et indivisible, recevoir les suffrages de la chambre; comme, d'après la charte, l'amendement ne peut faire partie de la loi, s'il n'est accepté par le roi, il n'y a pas de limite au droit d'amender, il est absolu, indéfini.

L'amendement fût-il étranger à la matière, on ne peut pas se dispenser de le mettre aux voix. Une fois adopté par la majorité, le gouvernement ne peut le rejeter qu'avec la loi, ni accepter la loi qu'avec la condition imposée. En un mot, nous nous sommes écartés du réglement, parce qu'on a mis en parallèle un amendement avec une proposition royale; il faut maintenant rentrer sur le terrain du réglement et de la charte, et discuter l'amendement de M. Desrousseaux.

SÉANCE DU 6 JUIN 1820.

Lors des troubles des 3o mai, 1, 2, 3 et 4 juin 1820, divers
membres de la chambre avaient été exposés à des insultes. On
demandait l'ajournement de la discussion, jusqu'à ce que la liberté de l'assemblée fût assurée.

Si tous les membres de cette assemblée avaient
été, de quelque côté qu'ils siégent, également insultés, l'assemblée entière, par un mouvement
dont elle s'honorerait, pourrait déclarer qu'elle est
inaccessible à la crainte, et qu'elle délibére-
rait librement sous les poignards; mais il n'y a
qu'une partie d'insultée; il n'y a qu'une opinion
menacée, et il n'y a qu'un côté outragé. Or il est
de la délicatesse de ceux qui n'ont pas été insultés de ressentir l'outrage fait à leurs collègues, et
de demander eux-mêmes la suspension de toute
délibération. Dans un tel état de choses, tel est
l'esprit qui doit animer une assemblée toute française, et il y a une raison de plus pour en agir
ainsi. M. le garde-des-sceaux a expliqué ce qu'il savait de l'affaire; or il est bien évident qu'il en a reçu
des idées fort inexactes, qu'il a été complétement
trompé sur les faits. Qui peut donc l'instruire avec
plus de certitude que l'instruction judiciaire? cela
exige un certain temps, mais vous ne pouvez continuer votre délibération.

Messieurs, si avant-hier, à quatre heures, on vous

eût dit qu'il y avait du danger pour un membre aux issues de cette salle, vous eussiez murmuré? Eh bien! le même danger existe aujourd'hui, existera demain, et sera peut-être plus grand encore samedi. Un appel nominal a eu lieu, l'opinion contraire à la loi a échoué, et vous voyez comme on a traité la minorité. Qu'eût-ce donc été si cette minorité avait triomphé? pouvez-vous dire après cela qu'il y ait ici cette liberté morale qui est toujours dans la mesure du caractère et de la conscience de chacun? Non, sans doute, et je persiste à dire qu'il est de la délicatesse de chaque membre, et du devoir de la chambre, de prononcer l'ajournement.

L'ajournement fut rejeté.

SUR DES AMENDEMENTS

PRÉSENTÉS PAR M. COURVOISIER A L'ARTICLE 2 DE LA LOI DES ÉLECTIONS.

MÊME SÉANCE.

M. le garde-des-sceaux a présenté à la chambre quelques faits inexacts, mais dont l'inexactitude doit être attribuée à l'éloignement où il s'est trouvé du théâtre de nos débats. L'année dernière, lorsque le ministère prit l'étrange résolution de bouleverser la charte, il commença par éloigner quel-

ques ministres qui réunissaient la confiance de la
nation, et à l'instant même il alla chercher des
auxiliaires qu'on n'était pas accoutumé à voir marcher sous son étendard.

La chambre, la nation entière, a dû concevoir
des inquiétudes des propositions qui, à une autre
époque et avec d'autres appuis, eussent été susceptibles sinon d'être admises, au moins discutées, et
dont quelques-unes n'étaient pas contraires au
texte précis de la charte, et qui pouvaient trouver
une excuse ou un appui dans l'opinion commune:
ces changements ont effrayé lorsqu'on a vu par
quels moyens, par quels hommes, par quels partis ils devaient arriver à la France.

Cependant, lorsque le ministère a présenté son
premier projet, il n'y a pas eu, contre l'augmentation du nombre, ce cri général dont vous parle
M. le garde-des-sceaux; il y a eu un cri général
contre la violation de la charte; mais l'article en
question n'a jamais paru tellement contraire à la
charte que l'on ne pût pas y consentir sans violer
ses serments. Lorsque la discussion de la loi actuelle a été commencée, M. le garde-des-sceaux
a fait l'ouverture dont il vient de vous entretenir:
peu de jours après, samedi, le bruit s'est répandu
dans cette assemblée qu'il y aurait un moyen de
conciliation; il y avait déjà, dans le ministère, dans
la plupart des membres du centre, un sentiment
intime, c'est que cette loi de la candidature était
une mauvaise loi, une loi de mensonge.

Messieurs, vous êtes de cet avis : les membres qui soutiennent le plus le projet m'ont dit à moi-même que c'était une loi provisoire pour passer à une autre ; le ministre lui-même l'a dit.

(Mouvement négatif au banc des ministres.)

Au reste, la manière dont les ministres l'ont défendue prouve assez qu'ils n'y croient pas. Comparez M. de Serre de l'année dernière, parlant contre la proposition de M. Barthélemy, et M. de Serre de cette année, défendant la loi nouvelle : voyez s'il y a la même conviction, la même éloquence !....

M. le garde-des-sceaux : « Il y a eu des événements intermédiaires. »

C'est à la conscience même de M. le garde-des-sceaux que j'en appelle ; il a pu regarder la loi actuelle comme un moyen de gouvernement ; mais il n'a pu la regarder comme une de ces lois fondamentales qui honorent les hommes qui y attachent leur nom ; il a pu la regarder comme une ressource, peut-être nécessaire ; je n'accuse pas son opinion ; mais je dis l'opinion du ministère, et non celle de l'homme : je dis que c'est l'opinion de l'homme du jour, et non de celui de l'avenir.

Ces jours derniers, le bruit d'une conciliation véritable s'était donc répandu ; il paraît qu'il était accueilli d'une portion de l'assemblée, mais que l'autre portion ne l'a pas pris de la même manière. Un ministre du roi, descendant de la tribune après avoir fait la concession la plus légère, celle de discuter ensemble un amendement et un article, tan-

dis que le réglement veut qu'on discute l'amendement avant l'article; au moment, dis-je, où il
descendait de la tribune, il fut tancé très-verte-
ment, très-énergiquement par un membre du côté
droit, qui annonçait que cette concession n'était
pas dans les vues des honorables collègues avec
lesquels ce membre vote ordinairement.

Plusieurs jours se sont passés; les déplorables
scènes de vendredi et de samedi sont venues occuper cette assemblée; on a perdu de vue, pour ainsi
dire, la loi : on vient de la reprendre d'une manière
si impromptue, qu'un paragraphe a été mis aux voix
et adopté sans que je le sache. J'étais dans la salle des
conférences, et ce n'est pas pour protester contre
cette décision que j'en parle.

M. Courvoisier vient de nous dire qu'il était
prêt à proposer et à développer son amendement.
M. le garde-des-sceaux nous a dit que quand son
amendement serait développé, il était prêt à l'appuyer, comme ministre du roi. M. le garde-des-
sceaux a donc fait un appel à M. Courvoisier pour
qu'il développât cet amendement.

Que me reste-t-il à faire? c'est d'attendre l'amendement tout entier de M. Courvoisier, et nous verrons alors si le ministre y donne son assentiment.

(L'amendement fut retiré par M. Courvoisier.)

SÉANCE DU 9 JUIN 1820.

Dans la discussion de l'article 2 du projet de loi des élections, M. le général Foy vint proposer un sous-amendement à l'amendement de M. Boin, qui était ainsi conçu :

« Les colléges de département sont composés du quart des « électeurs les plus imposés, ayant leur domicile politique dans « le département; ils nommeront, d'ici à la session prochaine, « 172 députés conformément au tableau qui sera annexé à l'or- « donnance de convocation, et qui sera ratifié par le roi.

« Les colléges électoraux d'arrondissement sont composés de « tous les électeurs, par la loi du 5 février, et nommeront 258 « députés; le territoire de ces colléges sera déterminé sur l'avis « des conseils généraux de département par des ordonnances du « roi. »

Les coups de fusil et les charges de cavalerie sont, en matière de législation, de funestes arguments. Le projet de loi qui vient de donner lieu aux désordres où le sang français a été répandu par des mains françaises, ce projet de loi a par cela même accompli sa destinée ; ce n'est pas lui qui régira, ou plutôt qui faussera les élections d'un pays constitutionnel.

Mais les théories des uns, et les passions des autres, nous ont déjà menés bien loin de cette loi du 5 février, qui était la loi de vérité, la conséquence immédiate et nécessaire de la charte, l'expression exacte de notre état social. Cette assemblée a décidé qu'il y aura des colléges d'arrondissement et de département. Ainsi est perdue l'unité des élections ; ainsi est emportée implicitement la restauration du privilége. Dans ce naufrage de nos institutions, qu'avons-nous à faire, nous, les hommes du pays et de la charte ? nous accrocher aux débris du vaisseau, recueillir soigneusement tout ce que la tempête a épargné, et ne pas désespérer de la cause de la liberté.

L'article que la chambre a adopté ne prescrit pas l'élection directe. Le même instinct qui me portait à défendre la loi du 5 février tout entière me détermine à vouloir sauver ce qui peut nous en rester. Ainsi je ne différerai pas de moi-même, et je serai conséquent à mes principes, en défendant pied à pied jusqu'au dernier retranchement. Il n'est pas sans exemple à la guerre que de vigoureux champions, toujours repoussés et jamais vaincus, aient repris haleine dans le dernier retranchement pour s'élancer de nouveau dans la carrière, et reconquérir avec gloire ce qu'ils avaient perdu sans déshonneur.

Le double vote accordé aux électeurs les plus imposés nous répugne à tous, il est inconstitutionnel et absurde. Si votre collége de département était formé par voie de nomination, les membres de ce collége pourraient voter deux fois, la première en vertu de la charte, la seconde en vertu de leur nomination. Si votre collége de département est érigé en collége de droit, les membres de ce collége ne peuvent voter qu'une fois, car ils

n'ont qu'un droit, et ce droit, ils le tiennent de
la charte.

Toutefois, messieurs, et ceci doit fixer votre attention, ce qui est révoltant, ce n'est pas le vote
national, le vote de droit exercé concurremment
avec le cinquième nommé par les électeurs les plus
imposés dans les colléges d'arrondissement; c'est
le vote spécial, le vote d'exception exercé exclusivement par eux dans le collége de département.
Les dépouiller du premier vote que leur accordent
la charte et la raison, ce serait reconnaître tacitement la légalité de l'autre vote, que repoussent la
raison et la charte. Tirons une ligne entre le droit
et le privilége, afin que personne ne puisse les
confondre. Qu'il soit connu de tous que nous su-
bissons le collége des plus imposés comme un
commandement de la dictature parlementaire, et
comme une excrescence à nos institutions. Cette
excrescence disparaîtra dans des jours meilleurs,
et lorsqu'on reviendra à la charte; ou bien elle se
fondra dans un système plus vaste et plus élaboré,
qui, faisant perdre d'une part certains avantages
à la liberté, les compensera de l'autre.

Ce n'est qu'à regret, et à mon corps défendant,
que je me laisserai traîner hors de l'enceinte constitutionnelle, où la révolution s'était endormie,
et où il semblait qu'elle ne devait se réveiller jamais. Je n'ajouterai pas gratuitement d'autres violations de la charte à celles qui nous sont déjà imposées. C'est ce qui me porte à rejeter la disposition
de l'amendement de M. Boin, d'après laquelle les

colléges de département sont appelés à élire d'ici à la prochaine session les cent soixante-douze députés. Je la rejette comme contraire à l'art. 35 de la charte, qui veut que la chambre soit renouvelée par cinquièmes.

Je demande que les nominations de collége de département, comme celles de collége d'arrondisment, ne soient faites qu'au fur et à mesure, et par séries entrantes. Ce sera un moyen de passer mollement et sans secousses, d'une chambre de 258 membres à une chambre de 430, de la loi du 5 février à la loi que vous allez essayer.

Après avoir indiqué cet amendement, qui est dans la mesure de nos attributions constitutionnelles, me sera-t-il permis, messieurs, d'en sortir un moment pour invoquer la sagesse qui domine toutes les autres? Si l'amendement est adopté, je n'hésite pas à dire que la dissolution de cette chambre est nécessaire au bien du pays, et je la demande avec confiance à ce trône constitutionnel où des vœux patriotiques sont toujours assurés d'être accueillis. Nous allons entrer dans un nouvel ordre politique; nous aurons des députés de deux élections et de deux natures différentes; les éléments de ces deux natures ont été combinés dans le système du projet de loi de manière à donner des résultats utiles.

Si vous altérez la proportion entre les deux éléments, vous fausserez la direction du système, et vous aurez des résultats mauvais. C'est cependant ce qui arrivera, si, comme le propose M. Boin, vous jetez à la fois la totalité des élus des colléges d'en-haut, au milieu de députés qui ne sont pas le produit du collége d'en-bas.

Des motifs de convenance font encore désirer la dissolution. Cette session a été orageuse et turbulente; elle était à peine ouverte depuis huit jours, qu'un ministre du roi a lancé contre le dernier cinquième un anathème, duquel a jailli l'aigreur de nos discussions. Nous avons tous besoin de consulter l'opinion publique légalement émise. Il faut que cette nation, qui ne veut que le repos et la liberté, le roi et la charte, exprime par des élections nouvelles la tendance de l'opinion publique; c'est le seul moyen de créer dans cette chambre des majorités imposantes, et d'imprimer à la marche du gouvernement l'allure ferme, régulière et nationale qui lui a manqué jusqu'à ce jour.

Je demande que la question du double vote soit l'objet d'une délibération particulière.

Je propose comme sous-amendement à l'amendement de M. Boin,

1º De supprimer dans le premier paragraphe les mots, *d'ici à la session prochaine ;*

2º Après le deuxième paragraphe, d'en ajouter un troisième conçu en ces termes :

« La chambre sera renouvelée par an et par cin-
« quième, au moyen des nominations faites par les
« colléges de département et d'arrondissement,
« suivant l'ordre des séries, et sauf le cas de disso-
« lution prévu par l'art. 50 de la charte. »

Je propose encore, comme sous-amendement,

d'ajouter dans le deuxième paragraphe, après les mots par la loi du 5 février, ceux-ci : *qui ne font pas partie du collége de département.*

M. LAÎNÉ PROPOSAIT QUE L'ARTICLE 6 FUT AINSI RÉDIGÉ :

« Dans les départements où le nombre des électeurs n'excède « pas 150, il n'y aurait qu'un seul collége qui procéderait di-« rectement à la nomination de tous les députés.

Je viens m'opposer à la proposition de M. Laîné, comme la proposition la plus insolite, la plus illégale, la plus inconstitutionnelle qui ait jamais été proposée dans cette assemblée. Vous avez voté l'article 1er, et aujourd'hui on vous propose de défaire cet article. Par votre délibération d'avant-hier, vous avez accordé le bienfait de l'élection directe, après une mûre discussion, à sept ou huit départements, et vous voulez aujourd'hui leur retirer ce bienfait ! Vous n'en avez pas le droit ; l'article est voté ; et la délibération doit suivre son cours : ceux qui, à la fin, ne seront pas contents de cet article, mettront la boule noire.

Ici M. le ministre des affaires étrangères présente quelques observations sur la proposition de M. Laîné, et M. le général Foy continue ensuite :

La chambre a adopté, non pas seulement l'élection directe, mais le concours de tous les électeurs dans un seul et même collége pour tout le département; c'est-à-dire un des principaux bienfaits de la loi du 5 février que nous regretterons toujours. Ces départements auront l'avantage inappréciable de n'avoir qu'un seul collége. La détermination est prise; il n'y a pas moyen de la rapporter : on dit qu'il se trouve, dans les termes de l'article adopté, des mots qui ne cadrent pas avec le système de la loi nouvelle. Pour faire disparaître cette espèce de contradiction dans les termes, que l'on substitue à ces mots de l'article 1er les noms des départements auxquels il s'applique, cela sera plus simple et plus clair, le même objet sera rempli, et il y aura vérité dans votre délibération, et vous ne sortirez pas de la ligne constitutionnelle qui vous est tracée; car si, sous le prétexte d'une correction, vous pouviez, par l'article 2, détruire l'article 1er, l'article 3 aussi viendrait détruire l'article 2; et il n'y aurait pas de raison pour que cela finisse. Un amendement, un article adoptés doivent rester irrévocablement adoptés. Si, à la fin de la délibération, et votant sur l'ensemble de la loi, cette loi ne vous convient pas avec l'article 1er, l'urne est là, vous y mettrez votre boule noire, et plus il y en aura, plus la France s'en réjouira.

SUR UN ARTICLE ADDITIONNEL A LA LOI DES ÉLECTIONS,
PROPOSÉ PAR M. HAY, AINSI CONÇU :

« Nul ne peut être élu député aux deux premiers tours de scru-
« tin, s'il n'a obtenu la majorité des suffrages de tous les élec-
« teurs composant le collége; s'il y a lieu au scrutin de ballo-
« tage, ce scrutin restera ouvert pendant cinq jours, il est
« dépouillé chaque jour et le résultat en sera rendu public. »

SÉANCE DU 12 JUIN 1820.

Dans notre ancien sytème d'élection suivi depuis
la révolution, et dans celui de la loi du 5 février, les
élections se sont toujours faites par des assemblées.
On propose aujourd'hui, par ce sous-amendement,
un système tout-à-fait nouveau; c'est-à-dire les
élections faites une à une, à la manière anglaise,
où le poll, le bureau si vous voulez, reste ouvert
pendant un temps déterminé, et où chacun vient
déposer son suffrage un à un. C'est une grande
innovation; cela ne peut pas être introduit subrep-
ticement dans une loi. Nous avons des amendements imprimés; c'est par là discussion de ces
amendements que nous devons d'abord commencer.

Plusieurs voix : La chambre a décidé la question.

Si c'est décidé, je me contenterai d'éveiller l'attention de la chambre sur une question très-grave ;
car il s'agit, sans qu'on paraisse s'en apercevoir,
de changer le système d'élection par assemblée
en un système d'élection solitaire, un à un, deux à

deux, trois à trois ; cela n'est ni dans vos mœurs ni dans vos habitudes, et peut avoir des résultats fâcheux. Je ne suis pas préparé à traiter la matière au fond ; j'ai seulement voulu éveiller l'attention de la chambre sur l'importance de la question.

SUR LE BUDGET DES DÉPENSES.

MINISTÈRE DE LA JUSTICE.

SÉANCE DU 14 JUIN 1820.

Messieurs, nous sortons à peine de la bataille des élections, tous harassés, tous concentrés, tous fatigués ; et sans nous donner quarante-huit heures de repos, on nous porte au milieu de cette discussion du budget, qui exige nécessairement quelques travaux préparatoires. Mais, nous dit-on, le budget nous a été distribué il y a six mois. Eh! qui de vous ne sait pas que, depuis six mois nous nous sommes occupés de toute autre chose que du budget?

Je vais essayer de répondre en peu de mots à M. le ministre de la justice. Il vous a dit qu'un sous-secrétaire d'état était nécessaire dans son département. Je n'en vois pas plus la nécessité que dans tout autre ministère. Le sous-secrétaire d'état a été nommé en l'absence de M. le garde-des-sceaux, qu'une maladie éloignait de nous ; maintenant il est présent, je ne vois pas ce qui peut motiver cette dépense. Sa présence à la chambre? Mais tous les autres ministres ont le même besoin d'être présents à la chambre. Je sais qu'en Angleterre les sous-secrétaires d'état font l'administration et les ministres le gouvernement. Si l'on reconnaissait la nécessité d'établir la même chose en France, ce devrait être surtout pour les ministères de la guerre, de la marine, de l'intérieur, qui ont un grand mouvement, tandis que le ministère de la justice est le plus uniforme de tous.

J'appuie la proposition de la commission qui tend à diminuer d'un vingtième les frais d'administration, et je l'appuie par une considération morale d'un ordre élevé. Nous vivons sur les restes et les ruines du gouvernement impérial; nous vivons sur les débris d'un temps où une moitié de la nation était salariée par l'autre. Si nous conservons nos institutions premières de ce temps dans un état différent, nous trompons nos concitoyens; nous engageons les pères de famille à faire prendre à leurs enfants une toute autre direction que celle qu'ils devaient leur faire suivre. Ne vaut-il pas mieux dire franchement : Nous vivons sous un gouvernement représentatif; d'année en année il doit y avoir des réformes; ces réformes diminueront le nombre des places, ainsi ne comptez plus sur ce nombre d'emplois considérable qu'il y avait à distribuer sous le gouvernement impérial; dirigez l'éducation de vos enfants vers un autre but; si nous en conservons une grande partie dans ce moment, c'est pour ne point réduire à la misère ceux qui les occupent, mais les réformes se feront successivement, d'après les besoins réels du service. Voilà ce qu'il est de votre intérêt et de l'intérêt des familles, de notre intention et de notre bonne foi de déclarer hautement.

Le travail de la commission me paraît donc extrêmement utile et moral : j'appuie la diminution des 32,000 francs sur les frais du budget central du ministère de la justice, et je ne vois pas la nécessité d'accorder 22,000 francs pour le sous-secrétaire d'état.

MINISTÈRE DES AFFAIRES ÉTRANGÈRES.

SÉANCE DU 15 JUIN 1820.

Une dépense de huit millions est commandée au pays sous la désignation de budget du ministère des affaires étrangères. Sur dix articles entre lesquels elle est répartie, il n'y en a que deux, le premier et le dernier, dont la destination précise soit indiquée; le reste de la dépense, bien qu'elle s'applique à des circonstances variables et mobiles de leur nature, se présente en masse, sans rapport préliminaire et sans annotations propres à éclairer l'emploi d'une portion des deniers publics.

Dans tous les pays soumis au régime représentatif, les relations du gouvernement avec les autres gouvernements fournissent un des principaux aliments aux discussions des chambres, si bien que le ministère chargé de ces relations est réputé un ministère principal. Aurions-nous en France moins de motifs qu'ailleurs pour aborder ce genre de discussions ? Sommes-nous moins intéressés que les autres à savoir ce qui se passe autour de nous ?

Vous ne le croyez pas, messieurs, et cependant on vous laisse dans une complète ignorance de vos rapports actuels avec les autres puissances. Sommes-nous donc encore au temps où un comité diplomatique assemblé à Paris, et appuyé de deux cent mille baïonnettes étrangères qui hérissaient nos places fortes, faisait la loi à notre gouvernement ?

Ces temps sont déjà loin de nous, messieurs, ils ne reviendront pas. Nous ne souffrirons pas plus que l'Europe armée inonde la France, que nous ne voulons que la France armée déborde sur l'Europe. Nous entendons vivre en paix avec tout le monde, mais considérés, honorés, respectés, comme il convient à un grand roi, dont la race est la première parmi les races des rois, et à un grand peuple qu'aucun autre peuple n'égale en gloire acquise, et ne surpasse en moyens de force, d'action et de puissance.

Cette considération, ces honneurs, ce respect, si nécessaires pour garantir nos intérêts comme état, et les intérêts particuliers de nos concitoyens, comment les obtiendrons-nous ?

Ce sera en choisissant nos ambassadeurs et nos premiers agents à l'étranger, parmi des hommes qui aient la conscience de la puissance réelle de la France, qui aient participé à ses gloires récentes, et dont la seule présence près des cours et des cabinets soit un souvenir de ce que nous avons été et un avertissement de ce que nous pouvons être encore.

J'ouvre l'*Almanach royal*, et je cherche en vain de pareils hommes dans notre diplomatie. J'y vois des citoyens très-recommandables, sans doute, puisque les ministres ont indiqué leurs noms à la confiance de sa majesté, mais presque tous étrangers aux glorieux événements des trente dernières années, à ces événements qui ont donné un nouvel essor à la prépondérance morale des Français en Europe.

Je vois presque partout, parmi les ministres du roi au-dehors, des Français qui, pendant un quart de siècle, n'ont pas foulé la terre française; j'en vois qui occupaient les emplois les plus secondaires au service des puissances alors ennemies de la France. Assurément, messieurs, ces représentants de notre nation ont bien moins le sentiment de notre prééminence politique que les cabinets étrangers avec lesquels ils traitent, et surtout que les personnages augustes près desquels ils sont accrédités.

Aussi, messieurs, et j'ai bien le droit de le demander à M. le ministre des affaires étrangères, vingt fois cette chambre lui a renvoyé des réclamations relatives à l'usurpation par les étrangers de nos dotations, que les traités avaient consacrées, et à d'autres violations de droits acquis. Je suppose qu'il a fait porter ces réclamations à Vienne, à Naples, à Stockholm et dans d'autres royaumes d'un ordre inférieur qui n'existent que par nous, et que nous avons créés avec notre sang. Savons-nous, pouvons-nous obtenir de savoir quelles réponses ont été faites? Les actes du congrès d'Aix-la-Chapelle, qui statuent sur ces graves intérêts, seront-ils toujours ensevelis dans un éternel mystère? La dette sacrée du Mont-de-Milan est-elle, en ce qui nous concerne, éteinte à jamais? La non-intervention du gouvernement dans l'affaire des dotations réduira-t-elle, comme on l'a déjà vu, les sujets français à l'impolitique et inconvenante nécessité d'aller obtenir de l'empereur d'Autriche et du roi de Suède, un à un et comme une grace, ce qui leur est dû à tous et par justice?

Que si, des circonstances privées et passagères, nous passons aux intérêts généraux et permanents du pays, n'ai-je pas aussi le droit de demander aux ministres, au nom de la France, accoutumée depuis Henri IV à protéger les petites puissances d'Allemagne, si cette France a conservé son influence dans les derniers arrangements relatifs à la confédération germanique?

Une révolution a eu lieu dans le gouvernement intérieur de l'Espagne; cette révolution, de quelque manière qu'on l'envisage, a pour nous l'avantage de soustraire la Péninsule à l'influence anglaise. Nous avons donné un généreux asile aux Espagnols de toutes les opinions que la persécution avait chassés de leur pays. Notre légation à Madrid sera-t-elle habile à profiter de ce moyen de rapprochement et de mille autres, pour éteindre tout souvenir de haine entre deux nations qui ont appris à s'estimer réciproquement, et pourrons-nous dire au dix-neuvième siècle, avec plus de vérité qu'au commencement du dix-huitième : *Il n'y a plus de Pyrénées ?*

Nous étions les premiers à Constantinople. Cet ascendant, nous le devions beaucoup moins aux événements postérieurs à la révolution qu'à l'antique alliance conclue dans le seizième siècle entre François Ier et le grand Soliman, alliance entretenue avec soin par les rois de la maison de Bourbon. Nous en avions tiré de notables avantages dans l'intérêt des sujets de la Porte, qui professent la religion catholique, et surtout dans l'intérêt de notre commerce. Que nous reste-t-il de notre puissance dans le Levant ? Après la restauration du roi très-chrétien, les saints lieux, où se sont accomplis les mystères de notre religion, ont été arrachés à la protection de la France, et livrés à des moines grecs que l'église romaine appelle schismatiques. Nos commerçants, autrefois privilégiés entre toutes les nations, et par-dessus même les naturels du pays, ont été soumis à des tarifs de douanes exorbitants, et par là on les a obligés de faire place aux commerçants des puissances rivales.

Cependant, messieurs, le ministre des affaires étrangères demande 90,000 fr. pour établir de nouveaux consulats ; d'un autre côté, M. le ministre de la marine, dans son rapport au roi, parle *de rela-*

tions qui s'établissent et doivent ultérieurement s'a-grandir entre la France et les ports situés depuis Rio de la Plata jusqu'à l'embouchure du fleuve des Amazones. J'ai donc lieu de croire que les consulats nouveaux seront établis dans l'Amérique méridionale, dans ce pays si riche d'avenir.

C'est là, messieurs, qu'il importe de ne pas nous laisser primer par l'Angleterre. Mais puisque j'ai prononcé le nom de l'Angleterre, permettez-moi, messieurs, d'appeler votre attention sur deux faits qui ne sont étrangers ni à notre dignité ni à notre politique.

D'une part, il a été publié récemment, par les ordres de la reine d'Angleterre, que l'influence du gouvernement anglais sur le nôtre avait empêché cette princesse de traverser la France pour retourner dans son pays. D'autre part, M. le ministre de la marine rend compte au roi « qu'un vaisseau et « une frégate sont partis de Toulon, le 19 juillet « 1819, pour aller, de conserve avec une division « anglaise, notifier aux régences barbaresques les « intentions des puissances de l'Europe sur les pi-« rateries commises par les armements de ces ré-« gences. »

J'en appelle, messieurs, à la délicatesse nationale; est-il bon qu'un témoignage officiel, parti d'une source si élevée, acquière une certaine consistance par cela même qu'il n'est pas contredit? Est-il utile que les frêles débris de notre marine marchent et opèrent, pour un résultat incertain, de conserve avec les vaisseaux de ceux qui ont brûlé notre flotte de Toulon, après lui avoir fait arborer le pavillon blanc?

J'adopte la réduction d'un vingtième proposée par la commission sur les frais de bureaux, et je pense qu'elle eût pu être plus considérable dans un ministère où les frais d'administration centrale montent aux dix pour cent de la dépense réelle de l'établissement; dans un ministère que l'on dit être surchargé d'abus et de sinécures; dans un ministère aux employés duquel on reproche de s'être laissés empreindre d'un vernis étranger, et de prendre peu à cœur les intérêts nationaux.

Je partage l'avis de la commission sur la nécessité de replacer au chapitre des travaux d'intérêt général à Paris le crédit demandé pour achever la construction de l'hôtel des affaires étrangères.

Enfin je ne voterai la dépense portée à l'état n° 3 du budget, qu'autant que M. le ministre des affaires étrangères aura fourni à cette chambre, sur l'utilité de cette dépense, quelques renseignements de la nature de ceux fournis par d'autres ministères, et qu'autant qu'on promettra que ces renseignements seront produits à l'avenir dans les budgets et dans les comptes, avec les détails propres à satisfaire cette chambre sur l'utilité du service auquel sont appliquées les sommes dont elle prescrit le sacrifice à la nation.

SUR LES TROUBLES DU MOIS DE JUIN,

ET LES DÉPENSES INTÉRIEURES DU MINISTÈRE DE LA GUERRE.

SÉANCE DU 19 JUIN 182

Messieurs, je crois nécessaire d'ajouter quelques développements à ce que vient de vous dire notre honorable collègue, M. Sébastiani. Le sort des officiers à demi-solde a été réglé par l'ordonnance du 2 août. Mais l'armée est naturellement inquiète sur l'exécution de cette ordonnance, comme elle l'est sur celle de la loi de recrutement, comme l'est toute la France sur celle de la charte, depuis qu'on a renversé la première de nos institutions et menacé celles qui existent encore.

Quant aux soldes de non-activité, elles se représenteront au chapitre 12 du budget de la guerre, et alors il sera facile de prouver qu'il ne s'agit pas d'une exception, d'une faveur, mais bien au contraire d'un véritable droit, d'un droit acquis.

Le ministre a parlé de la fidélité des troupes dans les dernières circonstances. Cela m'autorise à entrer dans le détail, très-court, de ce qui s'est passé, et de ce qui eût pu avoir lieu si les lois d'un pays constitutionnel eussent été observées.

Une loi était discutée dans cette chambre. Des jeunes gens, livrés à l'étude des lois et accoutumés à s'occuper des intérêts de la patrie, ont cru que des droits garantis par la charte leur étaient enlevés, et que par conséquent leur existence de citoyens était compromise.

(Exclamation à droite.)

M. le général Foy, aux interrupteurs : Messieurs, le ministre m'a mis sur ce chemin, c'est mon devoir de l'y suivre, et c'est le vôtre de m'écouter.

M. Castel-Bajac : Rentrez dans la question.

M. le général Foy : La question est de répondre à M. le ministre de la guerre.

Ces jeunes gens sont donc arrivés dans les mêmes lieux; ils étaient nombreux, tumultueux même; mais sans armes, et inoffensifs. Ils criaient : *Vive le roi! vive la charte!*

M. Castel-Bajac : Ils criaient *vive la charte, sans le roi !*

M. le général Foy : Ils criaient, dis-je : *Vive le roi! vive la charte!*

M. le général Foy répète une troisième fois la phrase d'une voix qui s'élève au-dessus du tumulte, et continue ainsi :

D'autres jeunes gens sont arrivés, moins nombreux, mais disciplinés, armés de cannes, et paraissant avoir concerté un plan d'attaque. Ceux-ci ont insulté des députés au moment où ils sortaient de la chambre. Ceux-ci, ont frappé les citoyens;

ceux-ci criaient seulement *vive le roi!* Assurément c'est un cri glorieux et honorable; mais en le séparant de celui de *vive la charte!* ils ont donné le dangereux exemple de séparer le trône de la loi fondamentale...

M. Castel-Bajac : A la question !

M. le général Foy, avec chaleur : J'y suis et je m'y tiendrai.

Dans de telles circonstances, l'autorité devait réprimer les agresseurs, elle l'a voulu, et ils ont disparu. Elle devait aussi punir les insultes et voies de fait contre les députés; elle ne l'a pas voulu, et il y a eu à peine une information sérieuse sur des attentats qui, dans un pays constitutionnel, sont sur la même ligne que les crimes de lèse-majesté.

L'autorité devait encore préparer tous les moyens d'empêcher des rassemblements qui pouvaient compromettre la tranquillité publique. Mais ces moyens, il fallait que la loi les eût prévus; car dans un pays constitutionnel il n'y a de nécessités que celles reconnues par la loi. Aux magistrats appartient le droit ou plutôt l'honneur de ramener à leurs devoirs les citoyens qui s'en sont écartés. Mais dans cette circonstance on a cruellement senti l'absence des institutions municipales; on a vu combien serait salutaire l'intervention des magistrats qui, indiqués au choix du roi par le vœu du peuple, arrivent sur la place publique, et calment tout par le seul secours de la loi.

Privée de la force morale, l'autorité a été réduite à employer la force matérielle; à défaut des magistrats, elle a fait agir les soldats. Mais personne ne contestera que la première force qu'il fallait appeler pour maintenir la sûreté des personnes, c'était cette belle garde citoyenne qui, aux jours de nos désastres, semblait par son attitude avoir recueilli les débris de la puissance française, et qui a depuis donné tant de preuves de son dévoûment à l'ordre public. C'était seulement après avoir inutilement employé la garde nationale, qu'on pouvait employer la troupe de ligne, et la prudence exigeait qu'on n'eût recours qu'à la dernière extrémité à la garde royale, parce que cette garde est composée de soldats d'élite, dont l'effervescence guerrière est peu compatible avec cette retenue et ce sang-froid nécessaires pour faire la police des rues et des carrefours; parce que, d'un autre côté, cette garde étant spécialement consacrée à la défense du trône, la mettre en avant, c'était semer l'alarme, et faire croire à la France que le trône était en péril...

(L'orateur est interrompu de nouveau.)

C'est le ministre, s'écrie-t-il, qui nous a mis sur ce terrain; j'y resterai; j'ai le droit de réponse.

Dans tous les cas, la force armée mise en avant ne pouvait être qu'un instrument passif dans la main de l'autorité civile. Les officiers militaires devaient s'effacer devant les officiers civils; c'étaient eux, c'étaient le préfet du département, le

préfet de police, les maires, les adjoints, qui devaient marcher à la tête des pelotons, des bataillons, des escadrons; c'étaient à eux à faire au
peuple les avertissements officiels, et les injonc-
tions légales.

(Nouvelle interruption.)

M. le général Foy : Je disais et je répète que c'é-
taient les officiers civils qui devaient marcher à la
tête des troupes; que c'était à eux à dissiper les
attroupements, sans tirer leurs sabres, et seulement par des mouvements contre les hommes
réunis, si ces hommes n'étaient pas armés.

Voilà ce qu'il fallait faire au lieu de déchaîner
la colère du soldat; voilà comment il fallait épargner à des guerriers français la douleur d'un combat qui a été sans gloire, mais non pas sans victimes. Le sang a coulé. Oui, le sang a coulé, et il
a coulé avec infraction de la loi; il faut que la
France le sache, afin que l'esprit de servilité ne
s'en appuie pas, et que l'esprit de licence n'exagère
pas le méfait.

Le roi a ignoré le mal, et ce qui le prouve, c'est
que dans la résidence royale, dans la résidence
des deux chambres, et au milieu de circonstances
aussi graves, il n'y a eu que des magistrats secondaires qui se soient adressés au peuple. Pas un
acte suprême n'est intervenu, pas une seule parole
partie d'en-haut n'est venue essuyer les craintes des
faibles et les larmes des malheureux.

Cette digression, messieurs, n'est autre chose qu'une réponse à M. le ministre de la guerre; il nous a lui-même ouvert la carrière. Elle ne sera peut-être pas inutile; car il s'agit aujourd'hui de rétablir la confiance entre l'armée et les citoyens; il s'agit de leur dire que les soldats n'ont fait qu'obéir à des ordres, qu'il ne faut s'en prendre qu'à ceux qui ont donné ces ordres, et que la faute tout entière est dans un gouvernement qui a cru qu'on pouvait faire la police d'une capitale constitutionnelle et civilisée comme on fait la police d'une capitale de l'Orient.

Le chapitre Ier porte une somme de un million 473 mille francs pour les dépenses intérieures de la guerre. Cette dépense n'est pas la seule de l'administration centrale. Parmi les commis de la guerre se trouvent plusieurs officiers-généraux, plusieurs intendants et sous-intendants militaires, plusieurs officiers ou administrateurs à solde entière ou à demi-solde, dont on emploie les talents à ce service. Pour apprécier la totalité des dépenses intérieures, qui ne sont elles-mêmes qu'une partie de la dépense de l'administration centrale, il faut ajouter à la somme que je viens de rappeler, au moins 300,000 fr. qui sont le produit de soldes ou demi-soldes payées aux commis de la guerre. Ainsi la dépense s'élève à près de 1,800,000 francs. La commission vous propose, pour ces dépenses, une réduction de 66,150 fr. Il est impossible d'être plus modéré

dans une réduction. Vous voyez qu'elle n'est pas
le trentième de la dépense totale. Je l'appuie, beaucoup moins par des motifs d'économie que dans
l'intérêt général du service public.

Les bureaux de la guerre pèsent non-seulement
sur le trésor, mais encore sur l'armée. On s'en plai-
gnait avant la révolution, on s'en est plaint depuis;
et cependant avant la révolution les officiers étaient
régis par des habitudes qui avaient force de loi, et
par un classement social qui déterminait à peu près
le classement militaire. Depuis la révolution, nous
avons fait constamment la guerre; les balles et les
boulets ont marqué la place de chacun. Aujourd'hui
nous n'avons plus d'habitudes, nous n'avons plus
de rangs sociaux; il n'y a plus ce principe terrible
et actif pour déterminer, d'une manière exacte, le
classement de chacun. Le ministre de la guerre,
partagé entre les travaux du gouvernement et les
discussions des chambres, noyé dans les immenses
détails d'une immense administration, est obligé de
voir par les yeux des autres, et le pouvoir lui échappe
pour tomber dans des mains subalternes dont l'intérêt n'est pas toujours celui du trône et de l'armée.
Mais pourquoi le ministre de la guerre est-il absorbé
par la masse énorme des rapports qui lui sont adressés? Pourquoi reçoit-il douze cents lettres par jour?
Il les reçoit, parce qu'il a mille commis pour les
lire et pour y répondre; et s'il avait demandé quinze
cents commis, il recevrait demain dix-huit cents
lettres. Ce sont les commis qui provoquent cette
correspondance oiseuse et qui multiplient les af-

faires ; ce sont les commis qui sont les maîtres réels du ministère de la guerre. Quand on s'est plu à donner à l'organisation des bureaux des formes distinctes, à les grouper en certaines masses, et à investir d'une plus grande considération certains chefs, au lieu d'avoir un ministère, on en a créé plusieurs. Le ministre, sur l'avis d'un bureau, a décidé dans un sens, et sur l'avis d'un autre bureau, a décidé dans un sens opposé, quoique sur la même affaire. Il est arrivé que certains bureaux ont demandé itérativement aux troupes des rapports qui avaient été envoyés à d'autres bureaux, et qu'on aurait pu avoir en frappant à la porte du bureau voisin. La tendance des bureaux de la guerre à un accroissement indéfini et à une domination absolue, est constante et monstrueuse. M. de Louvois n'avait que douze commis ; M. de Saint-Germain, qui a bouleversé toutes les armées françaises, qui a fait rendre plus d'ordonnances en un an qu'un autre en six, n'employait que cent vingt commis. Tout le service de la guerre se faisait, en 1789, par quatre bureaux, et un secrétariat composé de cent trente-neuf personnes en tout ; et l'on trouvait alors que ce nombre d'employés était énorme.

Aujourd'hui une circonstance particulière vient se joindre aux vieilles habitudes pour agrandir et gonfler les bureaux de la guerre outre mesure ; c'est l'existence des intendants militaires. Ce corps ayant une somme de talent et d'action qu'il ne trouve pas à dépenser dans son service qui est très-simple et très-borné, se jette à corps perdu dans

les autres services; ils veulent être gérants, administrateurs, juges, magistrats; enfin ils veulent
être tout; et pour augmenter leur importance, ils
créent des occupations aux autres. Ils entraînent
tout le monde dans une multiplicité de papiers, de
chiffres, de rapports qui éloignent l'armée de sa
véritable direction, qui transforment les colonels
en agents-comptables, et qui, pour de misérables
résultats, surchargent de tracasseries et d'obligations arbitraires ceux qui ont tant de devoirs d'une
autre nature à remplir.

Tout ce mouvement stérile, messieurs, vient de
l'excessive influence des bureaux. Il n'y a que deux
moyens pour l'arrêter: le premier est celui qu'avait
adopté M. le maréchal Gouvion-Saint-Cyr, qui
consistait à mettre les droits et les intérêts de l'armée sous l'égide de la puissance législative, et à
les régler par un système complet d'ordonnances:
ce système, parfaitement commencé, n'est pas com-
plété; on s'en écarte même déjà, et il est menacé
d'une destruction entière. Le second moyen, c'est
de faire chaque année des retranchements pécuniaires, et, en enlevant toujours quelques sommes
d'argent aux dépenses des bureaux, de les forcer
à se limiter eux-mêmes.

Mon intention n'est pas de méconnaître des services qui, pour être obscurs, n'en sont pas moins
recommandables, ni d'appliquer des réformes qui
mettraient qui que ce soit à l'aumône; mais je suis
persuadé que la réduction de 66,150 fr. n'aura
pas cet effet. Elle sera un avertissement salutaire

pour le ministre, et lui prouvera la nécessité de
rétrécir la centralisation exagérée de son département. Il ne faut pour cela au ministre qu'une volonté ferme et la connaissance des détails de son
ministère.

J'appuie la réduction de 66, 150 fr. proposée
par la commission.

Dans la suite de la discussion, M. D'Ambrugeac ayant invoqué le nom du roi, le général Foy reprit la parole en ces
termes :

Messieurs, il est impossible que dans une chambre
législative le nom du roi soit présenté sous des rapports si peu conformes aux usages constitutionnels. L'opinion du roi, comme personne privée,
mérite le respect, et devant son nom tout doit s'incliner ; mais l'opinion du roi, comme personne publique, c'est son opinion écrite dans les formes
constitutionnelles et placée sous la responsabilité
ministérielle. Il n'y a de volonté légale que celle-
là, et c'est celle-là précisément qui a été absente
dans ces dernières circonstances, non pas que sa
personne sacrée ne fût toujours là, mais parce que
les ministres ont manqué à leurs devoirs, parce que
les ministres n'ont pas su ou n'ont pas voulu savoir qu'en France on ne verse pas le sang des citoyens à coups de sabre sur les places publiques,
comme les janissaires le font en Turquie. Je n'ai
rien dit de désobligeant envers les troupes ; elles
ont obéi à des ordres donnés par leurs chefs. Le
premier article du réglement prescrit l'obéissance

aveugle à ces ordres ; peut-être ce réglement a-t-il besoin d'être refait et refondu dans les termes qui ne vont pas à notre régime constitutionnel.

Les officiers et soldats ont obéi à des ordres ; mais les coupables sont ceux qui ont donné ces ordres, qui n'ont pas employé la sainte autorité des magistrats, qui ont préféré la force matérielle mise en mouvement avec de terribles passions ; voilà les seuls que j'ai accusés, et le nom du roi n'a été invoqué dans cette discussion que pour y recevoir le tribut d'hommages et de respects qu'il est accoutumé à recevoir dans cette enceinte.

SUR L'ARTICLE PREMIER

DU CHAPITRE II DU BUDGET DE LA GUERRE.

MÊME SÉANCE.

La commission propose de réduire l'article 1er, qui porte sur le traitement des officiers-généraux et de l'état-major de l'armée. En proposant son économie de 315,000 francs, elle s'est récriée sur le grand nombre des officiers-généraux et sur l'élévation de leur traitement. Les officiers-généraux sont nombreux, parce que, il y a six ans, nous couvrions l'Europe d'un million de soldats armés ; ils sont nombreux, parce qu'on a doublé indiscrétement leur nombre, et ils le seraient beaucoup plus, si, en 1815 et 1816, on n'avait pas rayé d'un trait de plume une foule de braves officiers, pour mettre à leur place des hommes inconnus dans nos camps.

Ainsi, quant au nombre, l'observation de la commission est juste ; mais elle est dans l'erreur quand elle trouve les traitements trop élevés. Il n'est pas de pays où les traitements ne le soient davantage : il est vrai qu'on n'y emploie que les hommes qui ont le mieux servi leur pays, et qui ont acquis un nom sur le champ de bataille. Indépendamment des traitements fixes, dans les pays étrangers, les officiers-généraux ont des allocations particulières, des gouvernements à résidence ou à non-résidence qui rapportent des revenus considérables. Ils ont des régiments, dits de propriétaires, qui élèvent encore les traitements à des sommes considérables. Ainsi, ils sont beaucoup mieux traités que les nôtres. Il faut ajouter que, dans toute l'Europe, les officiers-généraux appartiennent à la classe opulente de la société ; mais en France, après vingt-cinq ans de guerre, vous le savez, messieurs, les officiers-généraux sont fils de leurs œuvres, et comptent plus de blessures que de mille francs de rente.

Et quel moment choisit-on pour nous proposer une réduction ? celui où le ministre a enlevé à ces officiers un cinquième de leurs traitements ; réduction que n'ont pas éprouvée les officiers-généraux de la marine. La commission a-t-elle remarqué de combien les traitements dont il s'agit sont inférieurs aux traitements civils établis sur une ligne parallèle dans l'importance des fonctions ?

Le travail présenté par le département de la guerre est rédigé avec clarté ; il prouve de la bonne foi. Il honore le ministre auquel il est dû, et son successeur n'avait en effet qu'à l'imiter. Ceux qui viendront ensuite n'auront rien de mieux à faire que de suivre le même exemple. Mais par cela même qu'on y pénètre dans les détails les plus minutieux, on y reconnaît des dispositions qui souvent donnent matière à des objections importantes.

Par exemple, on a modifié le système des inspections. On les a amoindries dans leur effet pour le bien du service en les confiant à des officiers d'un grade inférieur à ceux qui en étaient précédemment chargés, et en réduisant le nombre de ces inspections. Et cependant une armée, jeune encore, et de la formation de laquelle on s'occupe, a besoin que les inspections soient faites par des hommes exercés, prépondérants par leur grade, et que ces inspections soient fréquentes.

On a pris des officiers-généraux au-delà du cadre, pour leur donner de l'activité dans des postes voisins de la capitale ; on le pouvait sans doute, mais n'a-t-on pas ici sacrifié à la faveur et à des intérêts personnels ? Cependant si un cadre est altéré, il n'y a pas de raison pour que les autres ne le soient aussi ; et rien n'empêche qu'on ne place à l'avenir dans le cadre de l'état-major actuel les officiers de l'ancien état-major rejetés maintenant en dehors de ce cadre, et dans le cadre de l'intendance les anciens inspecteurs aux revues et les anciens commissaires des guerres.

Au surplus, ce qui a été fait ne dépasse pas les limites de la prérogative royale, et je n'en parle ici que comme note et renseignement. Si j'avais pu me livrer à la discussion telle que je me proposais de l'embrasser, j'aurais indiqué sur quels articles la réduction proposée me semblerait applicable; mais je m'oppose à ce qu'elle le soit à l'article 1er.

SUR LES INTENDANCES MILITAIRES.

SÉANCE DU 20 JUIN 1820.

En montant à cette tribune, après M. le général Mathieu Dumas, j'éprouve le regret d'avoir à émettre une opinion toute différente de celle d'un homme qui, dans une carrière remplie de dangers et d'honneurs, a toujours été bon à suivre et à imiter. M. le commissaire du roi vous a dit que l'ancien commissariat contenait à peu près autant, en évaluant toutes les allocations faites aux membres de ce corps, que l'intendance actuelle; je dois dire à ce sujet que l'édit de 1788, qui a réglé le commissariat actuel, tel qu'il était au moment de la révolution, avait établi cent trente charges de commissaire des guerres, qui se payaient....

On leur allouait ensuite des appointements et des

frais de bureaux selon leur grade et leur position ; ce qui élevait la dépense à 953,000 francs, tandis qu'aujourd'hui on nous demande 2,600,000 francs, à laquelle somme il faut ajouter 66,000 francs payés aux intendants militaires dans les départements, pour les frais de recrutement, et environ 70,000 francs payés aux intendants militaires qui font le service de la maison militaire du roi ; ce qui porte à 2,800,000 francs la dépense totale du corps des intendants militaires.

Je ne traite pas de l'organisation actuelle du corps des intendants militaires ; je ne dis pas que les traitements qu'on leur a attribués sont trop forts ; mais je dis qu'en établissant un budget, on n'a pu le faire qu'en se conformant aux termes des ordonnances préexistantes, pour fixer les frais de bureaux de la guerre : ainsi le service de l'artillerie, le dépôt de la guerre, et vingt autres services, ont pu présenter chaque année un compte différent pour les frais de bureau, et pour tout autre service ; mais il n'en est pas ainsi des intendants militaires ; l'ordonnance de création a fixé non-seulement les appointements de chacun, mais encore les frais de bureaux dans toutes les positions imaginables. Tout a été prévu, tout a été calculé ; ainsi l'on n'a pu baser le budget que sur cette ordonnance ; mais si l'on a basé un budget sur des données vagues, et d'après des calculs vrais ou faux (je n'attaque pas ici leur exactitude), mais, si on l'a fait, il fallait une autre ordonnance pour motiver ces calculs ; car on a dérogé expressément

13.

à l'ordonnance. Je vais le prouver. L'ordonnance de création du corps des intendants militaires, du 29 juillet 1817, art. 4, porte : « La solde des intendants, le logement, les frais de bureaux, et fourrages des intendants et sous-intendants, des adjoints, sont fixés conformément au tarif joint à la présente ordonnance. »

Dans le tarif se trouve établi la solde du grade, et ensuite la solde de fonction, qui se compose du logement, des fourrages, des fournitures, des frais de bureaux....

L'ordonnance a prouvé que tous les intendants et sous-intendants, n'étant pas dans la même position, n'étaient pas obligés aux mêmes dépenses ; il serait absurde de leur allouer à tous les mêmes frais de bureaux ; par exemple, de donner à l'intendant militaire de Bourges, qui n'a presque pas de dépenses pour ses frais de bureaux, autant qu'à l'intendant militaire de Paris, qui en a de considérables. Aussi l'ordonnance a dit expressément : Il sera retenu 500 francs sur les frais de bureaux de l'intendant et sous-intendant militaire ; et, avec cette retenue, il sera formé un fonds qui sera réparti entre tous les intendants et sous-intendants militaires, et qui sera employé pour faire face à la dépense de leur service. La retenue des 500 francs se fait donc sur les intendants et sous-intendants ; elle sert à payer le supplément des frais de bureaux suivant les localités : et, pour toutes les dépenses extraordinaires, il est donc clair que vous ne devez aux intendants militaires que la solde d'activité, les fourrages, et les logements pour ceux qui sont en service ; et que la solde de disponibilité pour ceux qui sont seulement disponibles. Il y a ensuite une somme formée de la retenue des 500 francs, que vous devez répartir suivant les besoins de chacun. J'ai opéré le calcul des réductions qui sont à faire, en conséquence de l'exécution littérale de l'ordonnance du roi. Ainsi vous avez à supprimer sur le chapitre les frais extraordinaires des intendants de la garde, qui montent à environ 42,000 francs, non pas qu'il ne soit dû des frais extraordinaires aux intendants de la garde ; mais on les leur doit sur le fonds de retenue.

Plusieurs intendants et sous-intendants militaires sont employés hors de leurs fonctions ; on ne doit pas à ceux-ci la solde de fonction des intendants militaires, qui se compose de fourrages et des frais de bureaux, étant obligés de monter à cheval et de faire des écritures. L'intendant militaire qui est au ministère de la guerre n'a pas besoin de monter à cheval ; il écrit avec les plumes du bureau de la guerre, que vous payez assez cher ; cela vous permet de diminuer de 160,000 francs la dépense totale.

L'orateur ajoute quelques autres développements qu'il appuie par des calculs, et il termine ainsi :

Le traitement des intendants et sous-intendants employés dans les bureaux de la guerre, et ailleurs, ont été calculés dans l'article 1er à 320,000 francs. Je suppose que, si on ne leur a pas donné ce traitement sur les fonds de l'intendance, on le leur a donné sur les fonds de la guerre. Dans cette circonstance, je crois que vous pourrez retenir 320,000 francs au corps de l'intendance militaire; mais au moins vous ne pouvez vous dispenser, sans violer l'ordonnance, et sans consacrer un abus intolérable, de voter la réduction des 100,000 francs proposés par la commission.

SUR LE TRAITEMENT DES ÉTATS-MAJORS DES PLACES.

MÊME SÉANCE.

Les lieutenants de roi, et en général les officiers composant l'état-major des places, sont les plus mal payés de l'armée française, et peut-être des armées de toutes les puissances de l'Europe. Cependant, si l'on avait égard à leurs personnes seulement, on leur devrait une vie douce et un bon traitement; ce sont tous de vieux soldats qui ont là une espèce de vétérance; ce sont des hommes, surtout les lieutenants de roi des premières places, qui consentent à descendre d'une position élevée dans la société à une position inférieure, pour être encore utiles au roi et au pays. Les lieutenants de roi ont dans leur service des détails minutieux et multipliés, ils ont des rapports continuels avec les troupes et les habitants, ils sont le terme moyen entre l'armée et la cité; ainsi, loin d'appuyer la réduction proposée par la commission, je m'y opposerai de tous mes moyens. La commission s'est bornée à fixer sa réduction sur les secrétaires-écrivains des lieutenants de roi. La commission a fait ici ce qu'elle n'a pas fait sur les autres articles, où les réductions ne portent que sur une masse de chapitres. Cependant ces articles sont rédigés avec tels détails, qu'ils pouvaient engager la commission à faire peser sa réduction sur ces détails. La commission retranche de l'état 343,000 fr. sur les traitements des secrétaires-écrivains; je dirai que les secrétaires-écrivains sont nécessaires, qu'ils ont une correspondance étendue avec les autorités civiles et militaires; c'est, après les intendants militaires, les employés qui sont le plus chargés de détails, et leurs frais de bureaux ne sont pas à comparer. S'il y a quelque chose à dire à cet égard, c'est un réglement pour le service des places en harmonie avec le système constitutionnel; il faut que les lieutenants de roi soient payés mieux; il faut qu'ils soient mieux traités; il faut faire que dans les villes ils soient moins tracassiers envers les habitants; il est temps de mettre un terme à toutes ces querelles de fermeture de portes, à toutes ces discussions sur les endroits où l'on peut pâturer et où on ne le peut pas; il est temps qu'on n'entende plus parler de toutes ces vieilleries fondées sur d'anciennes ordonnances qui, appartenant à un autre état de la société, doivent disparaître devant l'état social actuel.

M. le ministre de la guerre s'était occupé d'un réglement sur le service des places, il serait à désirer qu'il fût présenté aux chambres, mais en attendant je vote contre la réduction proposée par la commission.

La réduction a été rejetée par la chambre.

SUR LE TRAITEMENT DES INGÉNIEURS-GÉOGRAPHES.

MÊME SÉANCE.

La commission, en proposant les réductions, aurait pu les motiver autrement, car l'artillerie a 893 employés, sur lesquels 364 officiers, dont 44 résident à Paris. Assurément mon intention n'est pas et ne peut pas être qu'on éloigne du service, qu'on mette à la demi-solde des officiers aussi méritants, aussi honorables et aussi honorés que les officiers du noble corps de l'artillerie de France ; mais il est impossible de ne pas fixer l'attention de la chambre sur le nombre toujours croissant des officiers, lorsqu'il n'y a pas de contrôle exercé dans le service auquel ils président eux-mêmes : ainsi, par exemple, le service du matériel de l'artillerie, qui est fait par 364 officiers, n'en employait pas le tiers avant la révolution ; de plus le personnel des régiments d'artillerie a un si grand nombre d'officiers supérieurs et particuliers pour les employer au matériel suivant les circonstances, qu'il est nécessaire d'en instruire le gouvernement, afin d'empêcher une trop grande superfétation ; elle n'est pas seulement dans l'intérêt du service de la guerre, mais encore dans l'intérêt de la société. Voici pourquoi : Si le nombre des officiers d'artillerie est trop considérable, s'il est reconnu que c'est une dépense inutile, tôt ou tard elle sera supprimée, car c'est le propre du gouvernement représentatif de supprimer tout ce qui est inutile; si cette réduction doit s'opérer plus tard, il vaut mieux l'opérer lentement aujourd'hui à mesure des vacances. Il existe dans ce pays une grande tendance pour les corps de l'artillerie et du génie; une foule de jeunes gens se présente à l'école polytechnique, c'est une direction heureuse inspirée depuis la révolution, mais il ne faut pas que cette direction trompe personne; et elle serait trompeuse, si l'on demandait pour le service de l'école polytechnique plus de monde que ces services n'en retiennent; car les jeunes gens se trouveraient retardés dans leur avancement et trompés dans leurs espérances; il est indispensable de ramener chaque cadre dans les proportions qui conviennent au service spécial dont ils sont chargés, et de faire la part, entre ce que nous avons hérité d'un immense développement de puissance, et ce qui doit rester d'après l'état actuel de la France.

Relativement aux ingénieurs-géographes, la commission propose une réduction de 22,000 fr.; assurément la commission a été fondée à demander des économies sur cet article; car je remarque qu'en 1802, époque où nous avions des armées partout et des ingénieurs-géographes employés dans toutes les armées, le corps des ingénieurs-géographes coûtait 351,000 fr., tandis qu'il coûte aujourd'hui 354,000 fr., indépendamment des frais extraordinaires ; cependant je n'appuierai pas la réduction de la commission, parce que le corps des ingénieurs-géographes est chargé en ce moment des travaux de la carte de France et de la démarcation des frontières ; je crois qu'il sera temps d'effectuer cette réduction quand les travaux seront terminés ; je crois aussi que l'autorité doit veiller à ce que les travaux ne soient pas éternisés, car c'est le propre de ceux dont l'existence est attachée à ces travaux de les prolonger indéfiniment. Je vote contre l'amendement de la commission.

Ici M. Beugnot, rapporteur de la commission, fait observer que les dépenses de la carte et de la démarcation des limites ne sont pas faites sur cet article, mais sont payées par le ministre des finances. L'orateur continue :

Je réponds à cette observation que les frais extraordinaires de ces objets ne sont pas payés sur cet article, mais qu'on emploie au levé de la carte de France et à la démarcation des frontières des officiers qui sont dans le corps des ingénieurs-géographes, et que c'est ce qui fait qu'on demande davantage ; je crois qu'il faut rejeter aujourd'hui l'amendement de la commission, mais que le gouvernement doit réduire ce corps à sa véritable proportion, aussitôt que ces travaux seront terminés.

Plusieurs membres de la chambre font diverses observations, et le général Foy reprend ainsi :

Si l'assemblée veut adopter pour système que

toutes les fois qu'il y a une augmentation dans les
dépenses sans que l'on puisse prouver qu'il y en a
eu dans le service, il faut la réduire à l'instant
même, je crois qu'elle adoptera un système très-
bon; mais d'après ce système il fallait tout-à-
l'heure voter contre l'augmentation de l'artillerie
et du génie, et j'ai vu des députés voter pour cette
augmentation sans qu'elle fût motivée. Maintenant
considérons la question en elle-même: je vous dirai que les ingénieurs-géographes forment un cadre d'officiers comme l'artillerie, le génie et l'é-
tat-major, qui sont aussi susceptibles d'être en
activité ou en disponibilité; ils n'auraient que la
solde des fonctions, mais la construction de cette
carte fait qu'ils ont en outre la solde d'activité;
quels éclaircissements M. le commissaire du roi de-
vrait-il nous donner dans cette circonstance? il devait nous dire, C'est une dépense extraordinaire,
elle durera tant de temps, elle est à tel point, et
elle sera achevée à telle époque; il est clair que, si
la chambre ne s'en occupe pas, si elle n'y met pas
une extrême rigueur, la carte de France et la démarcation des limites des frontières dureront éternellement, parce que ces sortes d'opérations, quand
elles ne sont pas surveillées, occasionent des abus
et des dépenses sans nombre.

SUR LA SOLDE DES DIFFÉRENTES ARMES.

MÊME SÉANCE.

Je vais vous témoigner mon étonnement, non pas de ce que M. Labbey de Pompières, mon honorable collègue, a proposé une réduction de 600,000 francs, mais bien de ce qu'il ne la propose pas de 3 millions au moins ; il est impossible d'outrer plus toutes les convenances et tous les calculs qu'on ne l'a fait dans les trois derniers articles de ce chapitre. Je vais d'abord entrer dans quelques détails sur la solde. La solde du soldat d'infanterie est extrêmement modique ; le soldat d'infanterie reçoit 45 centimes par jour ; 10 centimes sont retenus pour l'entretien des menues parties de son habillement, sous le titre de linge et chaussure ; 5 centimes lui sont donnés dans la poche, c'est le seul argent dont il dispose ; les 30 centimes restants doivent, avec une livre et demie de pain qu'on lui donne, fournir à sa subsistance ; il faut d'abord trouver sur ces 30 centimes un supplément de pain pour la soupe, et ensuite de quoi acheter de la viande et des légumes. Il arrive de là que votre soldat d'infanterie, au lieu de manger une demi-livre de viande par jour, ne mange, dans la plupart des provinces de France, et particulièrement dans les garnisons où les légumes sont très-rares, qu'un quart de livre de viande. A Givet il n'y a point de légumes, on est obligé d'en faire venir à grands frais par la Meuse, et le soldat ne peut avoir qu'un quart de livre de viande; aussi la désertion est toujours plus considérable dans la place de Givet que dans les autres garnisons de France; toutefois, messieurs, l'état des contribuables, l'état de la France, après les désastres dont elle vient à peine de sortir, ne permettent pas au gouvernement de faire pour les soldats ce que la raison et la justice exigeraient; mais au moins ne faisons pas supporter au pays des charges inutiles, n'établissons pas la solde sur un pied aussi éloigné de la vérité. En effet, on retranche pour la solde des officiers d'infanterie en sémestre et pour les vacances, 423,000 francs. C'est à peu près deux et demi pour cent de la masse des appointements des officiers d'infanterie. L'ordonnance du roi accorde aux officiers des semestres pour la moitié. Tous ne sont pas riches; mais l'expérience nous apprend qu'il y en a un quart qui prennent ces semestres. Calculez que les officiers supérieurs, que les colonels, dont la retenue de solde est plus considérable, les prennent presque tous quand on les leur accorde. Ainsi, supposé qu'il n'y ait qu'un quart des officiers qui prennent des congés de semestre, vous trouverez que la retenue, au lieu de deux et demi pour cent, doit être de six pour cent. Ainsi, en doublant cet article et les suivants, relatifs à la solde de la cavalerie de la garde royale et de l'artillerie, vous trouverez que la retenue pour solde d'infanterie devrait être de 900,000 fr.; pour la garde royale, de 200,000 fr.; pour la cavalerie de 3oo,ooo fr.; enfin que la retenue totale devrait s'élever à 1,990,000 fr. Je ne comprends pas dans ce calcul les vacances de grades; je n'ai pas parlé non plus de la solde des sous-officiers et des soldats en semestre. Il y a eu l'année dernière quatre semestres par compagnie, indépendamment des permissions qui se donnent dans l'étendue de la division militaire. Notre recrutement étant départemental, on rapproche autant que possible les régiments des départements où se trouvent les moyens de recrutement, et alors les soldats, étant plus près de leurs foyers, obtiennent plus facilement des permissions. On n'a donné l'année dernière qu'un quart de semestres, parce que la force de l'armée consistait dans les premières levées du nouveau système de recrutement, et l'on a jugé apparemment que les soldats appartenant à ces levées n'avaient pas assez d'instruction, et qu'il ne fallait pas leur laisser oublier les habitudes de la garnison. Cette année, ces motifs n'existent plus; ils sont exercés et accoutumés au service. Aussi a-t-on dit, en accordant l'année dernière un quart des congés par compagnie, qu'on en accorderait davantage cette année. Je puis calculer qu'on accordera cette année vingt mille congés. Ce n'est pas assurément le neuvième de l'armée; mais, en supposant vingt mille congés, et en calculant la solde, les vivres, les journées d'hôpital probables, les mutations des régiments probables, cela va à 1,8oo,ooo francs : voilà donc déjà trois millions. Mais, vous dira-t-on, on tiendra compte de ces trois millions sur les revues de la guerre : oui; mais on trouvera moyen de les employer ailleurs, parce que c'est toujours ainsi que les choses se passent; et, si vous ne voulez pas que le gouvernement représentatif soit le plus ruineux de tous les gouvernements; si vous ne voulez pas que, sous le rapport financier, il soit le plus immoral, vous tiendrez la main à ce que le budget renferme seulement la vérité; et il ne renferme pas la vérité quand on parle de la solde pour un effectif toujours présent, et qu'on calcule sur une absence presque continuelle. Ainsi, au lieu d'appuyer l'amendement de mon honorable collègue, je demande une réduction de trois millions.

M. le comte Mathieu Dumas présente quelques observations en réponse à l'orateur sur son amendement. M. le géral Foy continue ainsi :

J'appelle sur cette importante question toute l'attention de la chambre, et surtout l'attention de cette portion de la chambre qui, défendant plus habituellement les intérêts de la grande propriété, est intéressée plus que personne à ce qu'on ne fausse pas le gouvernement représentatif en ce qui regarde les finances de l'état. M. le commissaire du roi vient d'établir ici un système tout nouveau, c'est que dans l'état de paix il faut laisser au gouvernement un fonds considérable disponible pour l'état de guerre, ou pour des circonstances inopinées ou inattendues; c'est une question qui frappe très-haut, mais je soutiens que le budget n'a pas été établi d'après ce principe; le budget a été établi d'après les dépenses que l'on croit devoir faire dans l'année, et l'on a si bien calculé sur des réductions, qu'on a dit pour la déduction de la solde des officiers en congé, par approximation, 423,000 fr. Je soutiens que l'approximation est erronée sur tous les points, qu'il y a des soldats en congé de semestre, et que vous n'en avez tenu aucun compte. Je sais très-bien qu'à la fin de l'année, la solde n'étant payée que sur les revues, on ne soldera effectivement que ceux qui auront été présents sous les drapeaux. Qu'arrivera-t-il? c'est que vous aurez un reliquat de plus de six millions au moins. Il me serait facile de le démontrer, parce que, dans les calculs que j'ai établis, je n'ai pas fait mention d'une foule d'objets. Vous convient-il, à vous, chambre des députés, de laisser le reliquat, qui est probable, qui est même certain, entre les mains du gouvernement? Voilà la question pure et simple.

Il me reste d'autres observations à faire sur ce chapitre.

Nous voyons un effectif de 197,000 hommes, qui vous donneraient à peine, pour combattre, 130,000 sabres ou baïonnettes; car il faut en déduire les compagnies sédentaires et les réformes qui peuvent avoir lieu au moment d'une guerre. N'est-il pas permis, lorsqu'on voit une somme énorme demandée pour obtenir un résultat si modique, de s'étonner que le gouvernement ne développe pas d'autres moyens que la loi a mis en son pouvoir, et qui ne coûteraient rien à l'état?

N'est-il pas permis de s'étonner que cette armée de vétérans, si imposante par les souvenirs des vertus militaires, ne soit pas organisée sur le papier? Ce serait, à coup sûr, une puissance d'opinion dans l'Europe, et ce serait aussi une puissance réelle : cela n'augmenterait pas d'un centime les dépenses du budget; cela serait bon au pays, agréable à la nation et utile partout.

Je persiste dans la réduction de trois millions, et si l'assemblée ne se croyait pas suffisamment informée, et qu'elle voulût que ce travail fût fait concurremment avec messieurs les commissaires du roi, je soutiens qu'il serait facile de leur prouver qu'à la fin de l'année, la réduction réelle sur les trois derniers articles, s'élevera à trois millions.

SUR LES SUBSISTANCES MILITAIRES.

SÉANCE DU 21 JUIN 1820.

La commission a établi comme principe la réduction d'un vingtième sur les frais de bureaux de toutes les administrations centrales; la direction générale des vivres à Paris est assurément une administration centrale, et on doit s'étonner que le vingtième à réduire sur les frais de bureaux ait échappé à votre commission et à M. le rapporteur. Mais, quand même la commission n'aurait pas adopté pour principe la réduction d'un vingtième sur les frais de bureaux des administrations centrales, je soutiens qu'il faudrait le prononcer à l'égard de cette administration des vivres, parce que c'est un hors-d'œuvre extrêmement coûteux. Cette administration des vivres a pu être nécessaire dans un moment où le pays était occupé par des troupes étrangères, et où il a fallu subvenir promptement au besoin de ces troupes et à l'accomplissement des traités. Lorsque d'anciennes compagnies, qui avaient fait des marchés avec le gouvernement, ne pouvaient plus remplir leurs engagements, il était alors nécessaire de confier l'administration des vivres à une direction ; mais ce système est mauvais sous tous les gouvernements, et particulièrement sous le gouvernement représentatif.

Quand on a une direction des vivres, ce n'est pas tout d'avoir pour directeur-général l'un des hommes les plus probes et les plus honorables du pays, il faut encore savoir si ce directeur-général, par l'effet de sa probité, pourra imprimer à l'administration la marche régulière et honorable qui est dans sa pensée. J'observerai qu'il y a toujours de graves inconvénients à multiplier ces sortes d'administrations ; on sait, par une malheureuse expérience, que, toutes les fois qu'il y a des agents supérieurs qui surveillent les agents faisant les dépenses, et que ce sont les mêmes qui nomment aux places, il y a lieu à des remises continuelles de la part des comptables envers eux, il y a lieu à des abus de tous genres ; c'est une sorte d'entrave dans le service public.

Je propose une réduction de 23,800 fr. sur les frais de bureaux de la direction des vivres, je la propose beaucoup moins pour voter dans le système de la commission, que pour indiquer la prompte nécessité de réduire un état-major oisif, coûteux, et peut-être dangereux. C'est un moyen de parvenir au système des marchés, qui est le seul à suivre dans un gouvernement représentatif.

M. le ministre des affaires étrangères répondit à l'orateur, qui continua ainsi :

Je ne rentrerai pas dans la question générale touchant les avantages des marchés sur les régies; je dirai seulement que, sous un gouvernement représentatif, quand il n'y aura plus d'arriéré, quand il n'y aura plus de conseil-d'état juge et partie, les marchés pourront se faire publiquement avec plus de garantie que l'autorité. En supposant qu'il n'existe pas de compagnie qui ait assez de crédit, pour répondre du service général des vivres, de manière à prévenir tous les accidents, est-ce qu'on ne pourrait pas adopter le système intermédiaire de la régie intéressée, c'est-à-dire d'ajouter à M. le directeur-général des administrateurs pour surveiller les achats, l'emploi des denrées, et faire les fournitures ?

Un membre : C'est ce qui se fait actuellement.

Sans doute cela se fait par marchés, au lieu d'être fait dans les formes, devant les autorités, avec des garanties pour le gouvernement et pour le trésor public, qui sont faits par des administrateurs qui achètent eux-mêmes, et qui peut-être font tout eux-mêmes. Il arrive qu'une intendance militaire qui, par son institution, devrait être chargée de l'administration des vivres, n'a aucune action sur la direction générale. C'est un désordre qui vient de la confiance méritée au directeur-général; mais je soutiens que cette confiance, qui tient à un individu, n'est propre qu'à former un système d'abus.

Dans tout état de cause, je dis que l'état-major de la régie est trop nombreux, et qu'il y a lieu à lui appliquer la réduction du vingtième.

Cette proposition fut rejetée.

SUR LE CHAUFFAGE ET L'ÉCLAIRAGE.

MÊME SÉANCE.

Quand on propose des réductions fondées sur ce qu'on présente un effectif qui n'est pas vrai, on vous répond qu'il faut avoir toute confiance dans le gouvernement, et prendre garde d'entraver la marche du service; je dirai alors qu'il est impossible de discuter un budget sur cette base.

On a donné, dans les premiers mois de l'année, douze mille congés; il y a, en outre, le mouvement des vingt hôpitaux; et, si vous calculez les défalcations par mort, désertion ou autrement, il en résultera une somme qui s'élevera au triple de celle

qui est présentée dans le budget. Il est clair comme
le jour que, sur la différence de l'effectif présumé,
il y a au moins six millions d'économie à faire. Je
sais bien que, si l'administration est bonne, ces six
millions d'économie reparaîtront dans les comptes;
mais vous aurez demandé au pays six millions de
plus que vous ne deviez lui demander, et vous aurez confié six millions au gouvernement avant d'a-
voir obtenu la spécialité, avant d'avoir cette spécialité large qui ne permette pas au gouvernement
de détourner l'emploi des fonds; il paraît que l'assemblée n'est pas disposée à adopter ce genre de
déduction, et qu'elle craint que l'administration ne
s'en trouve gênée. Mais, messieurs, si nous sommes
envoyés ici, c'est pour gêner, pour fatiguer, par
nos justes réclamations, les agents du gouvernement.

M. de Villèle : Que sont devenues les sommes accordées par
évaluation, l'année dernière?.. N'ont-elles pas été restituées?...

L'année dernière le budget était construit de
manière à ne voter que sur les masses, et vous
avez supprimé en masse huit millions au ministère
de la guerre, et il y a encore eu deux millions d'é-
conomie, et je suis persuadé que, si cette année
vous supprimiez six millions en masse, vous auriez
encore des économies. Ainsi il y aura au moins un
excédant de six millions qui vous reviendront, si
l'administration est régulière; mais si elle ne suit
pas la marche qui lui est tracée par les discussions
de cette chambre, ils ne vous reviendront pas. Il

me semble que, dans une telle incertitude, le plus prudent est de ne pas accorder cette somme.

Relativement au chauffage, on pourrait porter la réduction à 150 mille fr. : il me serait facile de le démontrer par le nombre des congés qui ont déjà été donnés. Les hommes qui ont obtenu des congés du 1er janvier au 1er avril, ceux qui ont été à l'hôpital du 1er janvier au 1er juillet, ceux qui sont morts ou qui ont déserté dans l'intervalle de ces deux époques, présentent une diminution qui s'élève à plus du triple de la somme portée au budget; et remarquez qu'ici il n'y a rien de présumé, que c'est du réel.

Aucune réduction ne fut adoptée.

SUR LES CASERNEMENT ET CAMPEMENT.

MÊME SÉANCE.

Je ferai remarquer à M. le commissaire du roi qu'il n'est pas même fait de déduction approximative dans ce chapitre; cependant il me semble qu'il y aurait lieu à des déductions pour les lits militaires comme pour tous les autres services, attendu que lorsque les soldats sont morts ils ne couchent plus dans les lits militaires, et, lorsqu'ils sont en congé ou qu'ils ont déserté, ils ne couchent plus à la caserne; de sorte que je ne puis m'expliquer pourquoi on n'a pas fait de déduction sur ces ar-

ticles comme sur les autres; au reste, comme les
déductions ont été faites partout de manière à ne
donner que des résultats faux, je ne vois pas trop
la nécessité d'insister sur cette espèce de réduction.
Si la portion de cette chambre qui s'est montrée
si ardente à défendre la bourse des contribuables
dans d'autres temps, y mettait aujourd'hui un peu
de cette chaleur, nous pourrions obtenir des déductions plus considérables; mais comme sur cet
objet nous n'obtiendrons pas plus que sur les autres, je ne sais pas s'il faut faire remarquer cette
absence de déduction.

M. de Villèle prit la parole pour répondre, et aussitôt qu'il
eut fini, le général Foy continua ainsi :

La position était la même absolument, quand
l'année dernière on a proposé de retrancher huit
millions au ministère de la guerre; il ne s'agissait
évidemment alors que de huit millions, dont on
rendrait compte; mais, après le retranchement de
huit millions, le ministère a pu vous présenter une
économie de dix millions : ainsi les raisonnements
qu'on a faits alors seraient applicables aujourd'hui,
et réciproquement.

M. de Villèle : Il s'agissait alors de savoir si l'armée serait
augmentée.

Mais je dois faire remarquer qu'en supposant
qu'il y ait certitude que le compte sera la contre-
preuve du budget, il existe encore le grave inconvénient de l'anticipation, c'est-à-dire de prendre
huit millions à une population dans une année où

les recettes sont minimes; vous le verrez lorsque la commission des voies et moyens présentera son travail. Il y a un autre inconvénient : vous n'avez pas encore traité la spécialité; il est possible que cette spécialité soit moins étroite que celle préparée par la commission; nous n'avons pas même l'espoir de la voir dans les limites prises par la commission; et cependant, en se renfermant dans ces limites, un des articles les plus importants, celui qui est relatif à la solde, se trouve confondu avec une foule d'articles d'une autre espèce, et rien n'empêche le ministère de passer sur d'autres dépenses que vous avez voulu restreindre, le trop-plein provenant de la solde : ma remarque subsiste.

M. de Montcalm me fait observer que les fournitures des lits sont faites pour trois mois; et qu'ainsi, lorsqu'un soldat a couché un seul jour du trimestre, on paie les trois mois. Je le sais bien; mais il est clair que le soldat qui part à la fin du mois, ne couchera pas du tout le trimestre suivant. Ainsi il n'y a pas lieu à payer ces trois mois aux fournisseurs des lits militaires.

SUR LES ÉCOLES MILITAIRES.

SÉANCE DU 22 JUIN 1820.

Je viens m'opposer à la réduction demandée par la commission, et je dois dire, à ce sujet, que la commission a eu la main malheureuse; elle n'a pas frappé où étaient les abus, et elle a frappé où ils n'étaient pas. La commission est entrée dans des considérations générales sur l'instruction gratuite donnée par le gouvernement : elle a dit qu'il était temps de mettre un terme à cette instruction gratuite. Pourquoi est-il temps d'y mettre un terme? C'est qu'il est absurde que l'état fasse les frais d'éducation de gens qui ne veulent employer le profit de cette éducation que pour eux. Il n'en est pas ainsi dans le service de la guerre; les écoles de service de la guerre ne sont pas pour l'utilité de ceux qui y entrent, mais pour l'utilité de l'état qui les y fait entrer : il y a trois choses distinctes dans les écoles, les bourses du gouvernement, qui sont au nombre de trois cents, et qui sont données à l'école préparatoire de La Flèche; le régime de ces écoles, et enfin l'institution des écoles en elles-mêmes; quant aux bourses du gouvernement, elles sont données exclusivement aux orphelins des officiers tués sur le champ de bataille, ou de ceux qui n'ont laissé aucune fortune à leurs enfants. Il est assez naturel que l'état voue plus particulièrement à la carrière militaire les enfants de ceux qui ont suivi cette carrière. La dépense de trois cents bourses est bien loin de la dépense de 1,800,000 francs, qui se fait dans les colléges royaux, sans un objet spécial. Cependant, sur cette dernière dépense, qui se rattache au département de l'intérieur, la commission n'a indiqué qu'un retranchement de 12,800 francs, et sur les trois institutions analogues du ministère de la guerre, elle demande une réduction de 200,000 francs. Si la commission avait voulu faire porter cette réduction sur le trop-coûteux de l'administration, il aurait fallu qu'elle indiquât cette partie de l'administration qui coûte trop; il n'y a pas eu d'augmentation sur la dépense de l'année dernière; il y en a eu une, en chiffres, provenant d'un nombre de deux cents élèves que l'on a reçus. Serait-ce l'institution des écoles militaires en elle-même que la commission voudrait attaquer? Mais cette institution est une conséquence nécessaire de votre loi de recrutement. Dès l'instant où vous avez établi, comme principe que le droit naturel de tout homme appelé au service est d'avancer à son tour et suivant les règles déterminées par les lois, vous ne pouvez exiger le sacrifice de ce droit que dans certaines circonstances et pour l'utilité commune. Il n'y a que le tiers des sous-officiers qui peuvent parvenir au grade d'officiers, parce qu'il est démontré que tous les sous-officiers, arrivant aux places d'officiers, l'armée ne serait pas composée d'officiers ayant l'instruction nécessaire; alors la loi a dit que les autres deviendraient officiers sans avoir été sous-officiers; mais, en établissant qu'ils ne seront pas auparavant sous-officiers, vous êtes obligés de leur donner cette instruction préparatoire, et de leur faire faire cet apprentissage dans les écoles militaires. C'est une spécialité au profit du gouvernement. Je ne crois donc pas que, dans le système de la loi de recrutement, vous puissiez attaquer l'existence des écoles militaires.

Voyons quel serait l'effet de la réduction proposée par la commission. Il est certain qu'elle ne tomberait, ni sur les écoles militaires, ni sur l'école d'état-major ou du génie à Metz. Il est probable qu'elle s'appliquerait particulièrement à l'article 6, qui renferme une dépense extraordinaire de 70,000 francs, pour les écoles régimentaires d'enseignement mutuel. Ce serait un très-grand malheur, si vous supprimiez les écoles d'enseignement mutuel dans les régiments, car elles y ont fait des miracles : c'est à tel point que tous vos soldats, avant deux ans, sauront lire et écrire. Une école d'enseignement mutuel, dans un régiment, vaut mieux que vingt de ces écoles, dans les départements. D'après le système de recrutement, les soldats sont destinés à rentrer dans la vie civile, tous les hommes iront successivement apprendre à lire et à écrire dans le régiment, en même temps qu'ils apprendront à aimer le roi et la patrie. Je ne vois aucun motif pour supprimer les 200,000 francs.

Comme M. le général Sébastiani appuyait la réduction proposée par la commission, à cause des abus dans l'admission aux écoles militaires, M. le général Foy reprit la parole.

L'honorable préopinant est tout-à-fait dans l'erreur sur la loi du recrutement. La loi du recrutement établit d'une manière positive que le tiers des sous-lieutenances, seulement, sont données aux sous-officiers, et que les deux autres tiers seront donnés aux jeunes gens sortant des écoles militaires. Ce serait violer la loi du recrutement

que de ne pas donner cet avancement aux jeunes
gens sortis des écoles militaires. Je ne dis pas qu'il
ne pourrait pas y avoir un régime meilleur ; mais
vous vivez sous l'empire de cette loi ; vous devez
soutenir des établissements qui en sont la conséquence nécessaire. Ce qui vous importe, c'est que
ce soient réellement les fils de ceux qui ont défendu et honoré le pays qui s'y trouvent admis ; et
tout le monde sait que, pendant les cinq dernières
années, on y a envoyé des enfants dont les pères
n'avaient aucun titre pour les y faire placer. Tout
le monde sait que c'a été un abus scandaleux ; mais
cet abus a eu lieu quand la France n'était plus la
France, quand elle gémissait sous le joug de l'é-
tranger. La France a recouvré son indépendance,
elle la maintiendra, et les intentions de la loi seront religieusement observées. Ce seront les fils des
braves qui ont versé leur sang sur le sol national
pour la défense de la patrie (interruption) ; je dis le
sol national.... C'était la lettre et l'esprit de l'ordonnance de 1819, qui donne une destination précise
aux admissions à l'école militaire.

SUR LE PROJET DE LOI

RELATIF A LA LÉGION-D'HONNEUR.

_____

SÉANCE DU 29 JUIN 1820.

Le général Foy proposait un amendement qu'il développa
ainsi :

Mon amendement se divise en deux parties; la
première partie n'a pour objet que de prévenir les
équivoques et de fixer clairement ce droit. Le
projet du gouvernement est ainsi conçu : _Les sous-
officiers et soldats, soit retirés, soit en activité de
service, qui ont été nommés chevaliers depuis le_ 6
avril 1814... Ne pourrait-on pas entendre qu'un
sous-officier ou soldat qui serait devenu officier
postérieurement à sa nomination ne pourrait pas
toucher le traitement? et, à coup sûr, ce n'est pas
l'intention du législateur ; car on ne voudrait pas
qu'un sergent-major qu'on a fait chevalier de la
Légion-d'Honneur, et qui a 150 francs, les perdît
parce qu'il serait devenu sous-lieutenant. Je propose
donc cette rédaction : « Les militaires, soit retirés,
« soit en activité de service, qui, étant officiers ou
« soldats, ont été nommés chevaliers depuis le 6 avril
« 1814.... »

Mon second amendement tend à donner de l'extension à la désignation de ceux qui recueillent le bienfait de l'article 1er; mais cette extension est très-peu convenable. Je ne la demande que pour les officiers amputés qui ont été nommés légionnaires par le roi; le nombre en est bien peu considérable, et va peut-être à cent; car presque tous les officiers amputés étaient déjà membres de la Légion - d'Honneur ; c'est donc une dépense de 25,000 francs au plus : elle se trouvera, sans augmenter le fonds, sur les économies qui résultent de ce qu'un grand nombre de légionnaires, anciens et nouveaux, ne se sont pas présentés pour toucher ce qui leur était dû; elle se trouvera aussi naturellement sur les extinctions opérées ou à opérer.

Comme M. Sébastiani demandait que les traitements des officiers amputés fussent pris sur les fonds de secours provenant des deniers de la Légion-d'Honneur elle-même, le général Foy ajouta :

Je ferai d'abord remarquer à l'assemblée qu'elle ne pourrait pas prendre cette décision, puisqu'elle est appelée à voter en ce moment sur l'emploi des fonds de subvention et non pas sur l'emploi d'autres fonds. En outre, les secours extraordinaires qu'accorde la Légion-d'Honneur à des légionnaires dans le malheur, sont eux-mêmes en déduction des traitements. Il importe peu qu'on les prenne là ou ailleurs; puisque la commission vous propose la réversibilité successive de la somme allouée par le trésor, il est nécessaire d'entrer dans les comptes de la Légion-d'Honneur : cette loi nous y fera donc entrer. Je ne crois pas qu'il soit avantageux, pour les amputés d'être renvoyés à la Légion-d'Honneur, où les attend un sort incertain. Je crois qu'il vaut mieux leur assurer les avantages qui sont à notre disposition. J'ajoute une dernière considération. Vous votez, en ce moment, non pas l'emploi des fonds de la Légion-d'Honneur (vous feriez peut-être bien de vous en occuper), mais l'emploi des fonds de subvention; je demande, dans l'intérêt des amputés, qu'ils reçoivent leurs pensions sur ce fonds, qui est bien plus sûr pour eux.

M. d'Ambrugeac ayant appuyé cet amendement, le général Foy le développa ainsi :

Lorsque le roi est rentré en France, on a fait entrer dans la Légion-d'Honneur une foule d'officiers de l'armée qui venaient de rendre des services récents dans les campagnes de 1813 et 1814 ; une foule de prisonniers, venant d'Angleterre, de la Russie et des autres pays, sont aussi entrés dans la Légion-d'Honneur. L'intention bienfaisante du roi était d'associer à la récompense commune ceux qui avaient également bien servi. Cette intention bienfaisante a été outrepassée dans l'exécution, et peut-être en a-t-on abusé. M. le général d'Ambrugeac a dit, tout-à-l'heure, qu'on n'avait nommé que deux cent quatre-vingt-quinze légionnaires qui ne fissent pas partie de l'armée, et qui n'eussent pas effectivement servi. D'après les renseignements que je me suis procurés, je puis croire qu'il a été induit en erreur : il faut distinguer entre le service exclusif de la guerre, et le service de ceux qui n'ont été qu'accidentellement et par hasard sur un cadre des gardes d'honneur.

Un membre : Les gardes d'honneur ont fait campagne.

Je sais que les uns l'ont fait, mais que les autres ne l'ont pas fait... Toujours est-il vrai qu'une foule d'officiers ont été nommés membres de la Légion-d'Honneur ou ont été avancés dans la Légion-d'Honneur, par le roi, postérieurement à la charte; toujours est-il vrai aussi que la loi du 15 mars 1815 a accordé le traitement intégral aux sous-officiers et soldats légionnaires. Je sais qu'une loi de finances qui ordonne une augmentation de dépense est incomplète, quand elle n'alloue pas le crédit nécessaire à cette dépense. La commission établit que le fonds accordé annuellement par le trésor public pour subvenir à l'insuffisance de la dotation, avant de réclamer à l'état, doit compléter les traitements de ceux qui étaient membres de la Légion-d'Honneur avant la charte. Je demande, par extension, qu'après avoir rempli cette charge, cette somme, avant de retourner au trésor public, aille, dans la même gradation et dans le même ordre, compléter les traitements de ceux qui ont été nommés par le roi depuis le 6 avril 1814 et jusqu'au 15 mars 1815. Vous ferez par là un acte de justice, sans charger le trésor public : en effet, la fraction de la Légion qui a été nommée avant la charte, et la fraction qui a été nommée après la charte, jusqu'au 15 mars, sont du même âge, elles sont à peu près de la même composition, de sorte que les extensions iront parallèlement dans l'une et dans l'autre, et arriveront à un terme à peu près simultanément. Je crois que cela ne retardera tout au plus que d'un an ou deux votre réversibilité au trésor public.

Je propose d'allouer les traitements des chevaliers autres que les sous-officiers et soldats, des officiers commandeurs, grands-officiers et grand'-croix de la Légion, nommés depuis le 6 avril 1814 jusqu'au 15 mars 1815, suivant les fixations réglées par la loi du 25 floréal an X.

L'amendement fut rejeté.

SUR L'ARTICLE V DU MÊME PROJET DE LOI,
AINSI CONÇU :

« Il sera présenté, à la session de 1821, un compte particulier de l'emploi des fonds de 1,700,000, et à chacune des sessions suivantes de l'emploi des 3,400,000 ; il sera rendu compte en même temps des extinctions qui seront survenues dans les différents grades de l'ordre. »

Je propose de consacrer dans cet article la reddition des comptes par un ministre responsable ; ce ministre sera celui dans les attributions duquel sera rangée la Légion-d'Honneur. Vous venez de concéder le fonds, il est nécessaire que l'on vous en garantisse l'emploi légitime ; mais votre contrôle ne doit pas porter seulement sur les fonds extraordinaires que vous accordez, qui sont une

subvention temporaire et mobile à une dotation, à un fonds préexistant; il faut encore, pour
que vous jugiez de la nécessité de votre subvention, et par conséquent du sacrifice que vous im-
posez aux contribuables, il faut, dis-je, que vous
connaissiez d'une manière parfaite l'état de la dotation de la Légion-d'Honneur; il faut qu'on vous
produise l'inventaire de l'actif et du passif de cette
dotation, que vous pénétriez dans cette administration, et que vous connaissiez la dictature qui s'y
exerce depuis cinq ans; il faut enfin qu'en pla-
çant la Légion-d'Honneur dans les attributions
d'un ministre responsable, vous les coordonniez
avec le système d'ordre et d'économie qui préside
à l'administration des finances et de l'état.

M. le comte Beugnot ayant répondu que tous les comptes
étaient rendus par un ministre responsable, le général Foy reprit:

Mon honorable collègue, M. Beugnot, a parlé
dans le droit, et moi j'ai parlé dans le fait. Il y a
une dictature administrative dans la Légion-d'Hon-
heur: cette dictature administrative est établie par
la loi du 28 mars 1816. Le grand chancelier, qui,
dans le système régulier de l'administration, ne
devrait être qu'un agent, responsable sans doute,
mais subordonné, est tout-puissant et maître absolu de la Légion-d'Honneur; il n'y a aucun contrôle sur lui: le président du conseil des ministres
prête sa signature, mais ne contrôle pas même ses
opérations; le grand chancelier de la Légion-d'Hon-

neur a des relations directes avec le roi : or , dans le gouvernement constitutionnel, nul ne peut être admis à l'honneur insigne de conseiller le roi, s'il n'est responsable de l'effet qu'auront ses conseils. Je demande que l'on mette dans l'article ce que veut M. le rapporteur de la commission. Ou cela est bon, ou cela est mauvais : si cela est bon, mettez-le dans l'article, il n'y aura jamais de malentendu. Je propose donc d'ajouter la disposition suivante. « Le ministre dans les attributions du-« quel sera placée la Légion-d'Honneur présentera « un compte, etc.... » Je ne vois pas comment une demande si simple, si légitime, pourrait trouver de l'opposition.

SUR L'ACCUSATION

PORTÉE CONTRE M. DECASES PAR M. CLAUSEL
DE COUSSERGUES.

SÉANCE DU 11 JUILLET 1820.

Le droit de mettre en accusation les ministres
est trop inhérent au système du gouvernement
constitutionnel, pour que cette chambre, et pour
qu'aucun de nous, en particulier, veuille y renoncer; mais ce droit doit être exercé selon les formes
déterminées par les lois; or votre loi réglementaire a dit quelles étaient ces formes; elle a laissé
l'accusateur maître de retirer formellement et taxa-
tivement sa proposition, ou de la poursuivre : s'il la
retire dans la forme voulue par l'article 48 du rè-
glement, il n'y a plus lieu à suivre; si au contraire
il ne la retire pas, c'est à la chambre à laquelle
il appartient de juger, d'après l'article 49, s'il y a
lieu ou non à l'ajournement; mais ce qu'il y a de
certain, c'est que vous ne pouvez pas vous tenir
dans une position intermédiaire, dans une position
autre que celle qui est déterminée par la loi. Quatre
mois et demi se sont passés depuis que M. Clausel de
Coussergues a fait à cette tribune sa proposition

d'accusation. Le procès de l'assassin a eu lieu ; l'assassin a péri. C'est sans doute très-tardivement que l'on voudrait reproduire l'accusation ; mais enfin, dès qu'on ne la retire pas, il faut qu'elle soit reproduite ; et il faut qu'elle le soit dans cette session, car vous avez ici une chambre qui se renouvelle par cinquième. L'exemple que l'on a tiré de l'Angleterre n'est pas applicable à la chambre de la France. La chambre en Angleterre est toujours la même jusqu'à sa dissolution ; celle-ci se renouvelle par portion chaque année, n'est jamais la même deux années de suite, par conséquent toute opération, toute proposition d'accusation doit être faite et consommée dans la même session.

Il existe d'ailleurs deux motifs d'un intérêt de haute politique qui ne nous permettent pas de négliger une affaire aussi essentielle ; le premier, c'est que le ministre, accusé si légèrement d'un infâme assassinat, va représenter le roi dans une cour étrangère ; il est contre l'honneur de la nation qu'il y ait été précédé, escorté d'imputations calomnieuses. Un autre motif n'est pas moins puissant : ce ministre n'est pas le seul qui eût part au gouvernement ; il avait cinq collègues qui siégent aujourd'hui dans le conseil du roi. Ces cinq collègues vous ont dit que, dans l'hypothèse de l'accusation enveloppée, ils resteraient étrangers à cette accusation ? Assurément, messieurs, il est dans ma conviction que le crime dont le premier président du conseil a été accusé est une infâme calomnie, et par conséquent il ne peut y avoir de

complicité; mais enfin il importe à l'honneur des
ministres qui ont siégé aux conseils du roi avec
M. Decases que cette affaire soit menée à fin, selon les formes légales et constitutionnelles.

PROJET D'ADRESSE,

EN RÉPONSE

AU DISCOURS DU ROI,

PROPOSÉ A LA CHAMBRE DES DÉPUTÉS, DANS LE COMITÉ SECRET
DU 30 DÉCEMBRE 1820.

Sire,

Vos fidèles sujets, les députés des arrondissements et des départements ont recueilli religieusement les paroles descendues de votre trône : ils
apportent en échange à Votre Majesté leur tribut
accoutumé de respect et d'amour.

Un crime exécrable avait mis le deuil dans toutes
les familles et la terreur dans toutes les ames. Nos
libertés furent suspendues. Mais la divine Providence a rendu un fils à vos ardentes prières. Tous
les cœurs en ont tressailli ; et notre réintégration
prochaine dans la plénitude de nos droits constitutionnels attestera au monde que les douleurs et
les joies de votre peuple ne peuvent être séparées
des douleurs et des joies de votre maison.

La France est en paix avec ses voisins ; elle se
plaît à trouver la garantie de son repos dans le

sentiment de sa force, dans la haute prudence de Votre Majesté, et surtout dans l'indissoluble et sainte alliance formée par la charte entre le peuple et son roi.

Notre amour et notre fidélité s'alarment du rapprochement de faits graves qui ont affligé votre cœur, avec l'annonce d'un complot qui aurait menacé l'état et votre famille; mais ce même amour et cette même fidélité nous portent à espérer qu'un tribunal, élevé par sa suprématie politique au-dessus de toutes les influences, mettant la vérité en lumière et faisant justice à tous, déchargera les sujets de Votre Majesté de la douloureuse incrimination d'avoir voulu renverser un trône assis sur les libertés nationales.

L'activité laborieuse des Français s'est reportée tout entière vers les arts de la paix. Dirigée par l'esprit d'entreprise et de perfectionnement inhérent aux grandes révolutions des empires, elle a donné à notre agriculture et à notre industrie un essor qui ne se ralentira pas, tant qu'il y aura croyance à la perpétuité de cette charte dont Votre Majesté se glorifie, à juste titre, comme de son plus bel ouvrage.

Votre Majesté a prescrit des économies salutaires dans les dépenses de l'administration : elle nous fera proposer, dans cette session même, une nouvelle diminution des impôts que paient directement les contribuables, et elle nous permet d'entrevoir, dans un avenir peu éloigné, une répartition plus égale des charges publiques. Nous recevons, Sire, avec une respectueuse reconnaissance, cette nouvelle preuve de votre sollicitude pour le bien de vos peuples; l'allégement de l'impôt foncier amenera l'allégement d'autres impôts, qui, pesant plus immédiatement et plus durement sur les classes moins heureuses de la nation, pèsent aussi davantage sur le cœur de Votre Majesté.

Cependant le succès obtenu par Votre Majesté dans l'amélioration des revenus publics ne fait que lui rendre plus chers les devoirs de la royauté.

Vous voulez, Sire, perfectionner le mouvement des grands corps de l'état, et faire concorder les différentes parties de l'administration avec la charte. La charte, Sire, est, comme Votre Majesté l'a dit, *notre véritable boussole. Elle garantit à tous une sage liberté et à chacun la paisible jouissance de son état, de ses droits, de ses biens.* La stabilité du trône et la force permanente du gouvernement reposent sur l'inflexibilité de cette loi fondamentale, qu'on ne pourrait, sans parjure, changer comme une loi ordinaire, et dont les autres lois ne doivent être que le développement successif et la continuelle application.

Pénétrés de ces principes conservateurs de l'ordre et de la liberté, nous déplorons, Sire, les modifications apportées à un système électoral qui était en harmonie avec la charte et l'opinion publique. Nous les déplorons d'autant plus amèrement, que les inconvénients de la loi nouvelle se sont accrus et fortifiés dans l'exécution par l'abus notoire de l'action et de l'influence administrative.

Mais un espoir nous reste. Votre Majesté, poursuivant la tâche qu'elle s'est imposée, promène sans cesse ses regards attentifs sur l'ensemble de notre législation, pour en réformer les vices et en combler les lacunes : elle reporte notre attention sur la promesse qu'elle nous a faite, à l'ouverture de la session dernière, de lois qui assureront l'administration régulière et fidèle des départements et des communes, la liberté individuelle et l'impartialité des jugements, ce premier besoin des sociétés modernes. Alors, comme aujourd'hui, Votre Majesté voulait faire dériver de la charte le système de gouvernement que commandent les vœux, les intérêts et l'honneur de la France.

Nous demandons au ciel de voir accomplir de si nobles desseins. Vivez, Sire! vivez pendant de longues années encore, pour instruire, dans l'art de gouverner une nation libre, le royal enfant appelé à régner sur une autre génération des Français. Vivez pour lui apprendre que *la modération est de toutes les puissances celle qui trompe le moins ; qu'il n'y a point de difficultés que ne surmonte l'accord du peuple avec le trône, et que cet accord peut seul conquérir à notre pays l'indépendance et la dignité, sans laquelle il n'y a ni roi ni nation.*

SUR LA PÉTITION

DE PLUSIEURS COMMERÇANTS DU DÉPARTEMENT DE L'AISNE, RELATIVE A LA NAVIGATION DE L'OISE.

SÉANCE DU 22 JANVIER 1821.

Les pétitionnaires se plaignaient d'une décision prise par le directeur des ponts-et-chaussées, et le rapporteur proposait l'ordre du jour.

J'ai demandé la parole et je viens établir devant la chambre que le rapport repose sur un fait matériellement faux.

La rivière de l'Oise n'est pas navigable près la manufacture de glaces de Saint-Gobin; elle n'a pas assez d'eau pour une navigation facile, de sorte que les moulins à eau qui se trouvaient sur cette rivière, au-dessus de la ville de Chauny, étaient obligés de fournir des lâchures toutes les fois qu'ils en étaient requis pour le service de la navigation. Cette servitude a été maintenue après la révolution; et, pour que le droit de navigation fût bien reconnu, on a établi un filet de pierre par la hauteur du point d'eau. En l'an 6, les actionnaires de Saint-Gobin se sont rendus adjudicataires des moulins, qui n'avaient besoin alors que d'une petite quantité d'eau pour moudre le blé ; mais la manufacture ayant établi sur ce point une machine à polir les glaces, il lui fallut un volume d'eau beaucoup plus considérable. Il en est résulté qu'au lieu de deux tournants, on en a établi trois, et on a haussé le point d'eau de dix-huit pouces ; que nos herbes sont devenues des joncs, et que les prairies sont devenues des marais. En 1813, un réglement, approuvé par M. le directeur des ponts et chaussées, a obligé la manufacture à donner des lâchures toutes les fois que la navigation en aurait besoin. Cependant, par l'entremise de cette puissante compagnie de Saint-Gobin, on obtint un réglement d'après lequel il ne serait plus donné qu'une lâchure par semaine, tandis qu'il arrive quelquefois qu'il en faut six. M. le directeur-général a ordonné que cette lâchure serait accordée par un inspecteur de la navigation, qui demeure à Compiégne, à dix lieues de Chauny, ce qui apporte beaucoup de retard dans la navigation. Cet état de choses ayant excité beaucoup de réclamations, on accorda une lâchure de plus tous les dimanches, parce que, ce jour-là, la manufacture ne fait pas travailler. Je conclus de ces faits, messieurs, que c'était une question qui devait être décidée par les tribunaux, puisque la portion de la rivière de l'Oise sur laquelle est établie la manufacture de Saint-Gobin n'est pas navigable. Dans le fait, on ne conçoit pas comment cette détermination a été prise pour un an, puisque d'ici à un an il y aura un nouveau canal qui rendra les lâchures inutiles. C'est un grand inconvénient pour le commerce de Chauny ; mais c'est surtout un objet de mécontentement et d'irritation pour la population, parce que tout le monde est convaincu que cela est produit par l'action extérieure et inaperçue des actionnaires de la manufacture. Quelques réclamations qu'on fasse, on n'a jamais pu être écouté, et l'on va jusqu'à dire que le préfet du département a défendu au maire de Chauny d'assembler le conseil municipal pour porter cette réclamation au gouvernement.

M. le rapporteur a conclu à l'ordre du jour, attendu que les pétitionnaires auraient dû s'adresser au ministre de l'intérieur. Ce n'est qu'après avoir épuisé la compétence, après que MM. les pétitionnaires se sont souvent adressés au ministre de l'intérieur, dans l'intérêt de la navigation, et ensuite au ministre de la justice, qu'ils ont eu recours à la chambre. Je demande donc que la pétition soit renvoyée au ministre de l'intérieur, dans l'intérêt de la navigation, et ensuite au ministre de la justice, pour faire la part de ce qui regarde les tribunaux ; enfin qu'une copie soit déposée au bureau des renseignements, pour servir d'élément à consulter au moment si désiré où l'on s'occupera d'un code rural et de la police des cours d'eau.

M. Becquey, directeur-général des ponts-et-chaussées, présenta quelques observations qui furent aussitôt réfutées par l'orateur en ces termes :

M. le directeur-général vient de traiter la question de convenance ; il s'agit du droit. Il existait une servitude de donner des lâchures qu'on n'a-

vait pas le droit de supprimer. La pétition porte
le rehaussement du point d'eau; le point d'eau
était rehaussé clandestinement, au moins les péti-
tiohnaires le disent. L'administration des domaines
avait établi une digue qui a été rompue, et par là
nos prairies ont été inondées, et ont perdu les
deux tiers de leur valeur. Je persiste dans mes conclusions.

La pétition fut renvoyée au ministre de l'intérieur.

SUR UNE NOUVELLE PÉTITION

DU CHEVALIER SALEL,

AU NOM DE QUINZE CENTS DONATAIRES.

SÉANCE DU 27 JANVIER 1821.

Le chevalier Salel demandait, au nom de 1,500 donataires, le paiement de leurs dotations.

La réclamation du pétitionnaire se divisait en trois parties :

1° Les indemnités pour les dotations supprimées par les traités avec les puissances étrangères ;

2° La continuation des secours accordés par cette même loi ;

3° L'exécution des dispositions de la loi de 1818, qui ordonne que l'état des donataires sera dressé et distribué aux chambres.

M. le rapporteur proposait l'ordre du jour sur le premier point et sur le troisième, et le renvoi au président du conseil des ministres sur le second point.

Il me semble que la commission n'a connaissance ni de la législation sur la matière, ni même des nombreuses pétitions auxquelles vous renvoie le chevalier Salel dans la pétition sommaire qu'il vous a adressée.

Ce n'est pas l'ordonnance de 1816 qui règle l'emploi actuel du domaine extraordinaire, c'est la loi de finances de 1818, et cette loi nous avait préparés à recevoir la proposition d'une autre loi qui aurait organisé définitivement le domaine.

Le pétitionnaire ne vous demande pas seulement l'organisation régulière de ce domaine, il vous demande encore l'intervention active de notre gouvernement près des gouvernements étrangers, pour obtenir la restitution des dotations que l'armée française avait obtenues au prix de son sang répandu dans les quatre parties du monde.

Les dotations étaient de deux classes. Les unes étaient le fruit immédiat de la conquête, et n'avaient pas été consacrées par des actes diplomatiques. Des batailles gagnées nous les avaient données, des batailles perdues nous les ont fait perdre. Celles-là, il n'y faut plus penser.

Les autres dotations étaient reconnues et consacrées par des traités. Celles-ci se trouvaient sous la sauve-garde du droit public européen. Même un souverain, l'empereur d'Autriche, a reconnu solennellement et personnellement que le chef de la France avait pu disposer des domaines cédés à la France par les traités, et des actes particuliers de son gouvernement sont venus à l'appui de cette déclaration.

Vingt fois, messieurs, on vous a adressé des demandes pour les dotations ; vous avez accueilli favorablement les pétitionnaires, vous les avez envoyés au ministre. Mais il s'est établi un assaut entre vous et les ministres, vous, qui renvoyez sans cesse les pétitions aux ministres, et les ministres qui se sont obstinés à répondre à ce renvoi par un dédaigneux silence.

Et que faisaient les ministres du roi pour soutenir l'intérêt des donataires au dehors? S'il se fût agi des intérêts les plus obscurs, des hommes les plus ignorés, peut-être le ministère eût-il intervenu; mais il a accueilli avec indifférence les intérêts, les droits de ceux qui ont combattu pendant un quart de siècle pour l'indépendance et l'honneur de la France.

Pendant qu'on sacrifiait les donataires à des violations de foi, à des articles secrets contraires aux articles patents, on a vu ces donataires réduits à chercher près de simples particuliers une protection que le gouvernement ne leur accordait pas.

On a vu des banquiers de Paris prendre sous leur sauve-garde les intérêts de l'honneur français, et les recommander avec chaleur au prince de Metternich et à d'autres ministres dirigeant des cabinets de l'Europe; démarche honorable qui confirme de plus en plus la solidarité heureusement existante dans notre pays, entre l'industrie, le patriotisme et la gloire.

Cependant, messieurs, le gouvernement ne nous a rien dit, ne nous a rien appris; c'est à la dérobée et par la voie des gazettes étrangères, que nous avons su que nous avions été dépouillés de nos capitaux par je ne sais quel article secret du congrès d'Aix-la-Chapelle.

Mais au moins le congrès laissait aux donataires les fruits des dotations jusqu'au 31 mars 1814. Eh bien! messieurs, ces fruits n'ont pas été perçus. Quand les donataires ont demandé au gouvernement des pièces, des titres, pour les aider à percevoir ces fruits, les pièces et les titres ont été refusés. Cela a eu lieu particulièrement dans la question du mont Napoléon.

Voudrez-vous, messieurs, repousser la juste réclamation des enfants de la patrie, des créanciers de l'honneur? Je demande le renvoi de la pétition tout entière au président du conseil des ministres; je le demande avec l'espoir que cette affaire sera portée de nouveau au congrès actuel des souverains de l'Europe. Puissent, en une question au moins, les plénipotentiaires français à ce congrès y défendre les droits et les intérêts français! puisse enfin cesser le silence vraiment coupable par lequel on accueille depuis si long-temps les plus justes réclamations!

Le renvoi de la pétition au président du conseil des ministres fut rejeté.

SUR LE PROJET D'ADRESSE AU ROI,

LORS DE L'EXPLOSION D'UN BARIL DE POUDRE DANS LE CHATEAU DES TUILERIES.

COMITÉ SECRET DU 31 JANVIER 1821.

Messieurs, le principe qu'on vient d'émettre sur la discipline d'une assemblée délibérante, et sur le respect dû à celui qu'on en appelle le chef, ce principe est tout-à-fait d'accord avec l'opinion qui en 1818 proposait de mettre en prison ceux des membres de cette assemblée qui s'écarteraient du réglement.

Oui, messieurs, j'énonce un fait connu de tout le monde : M. de Serres a proposé sérieusement, à l'ouverture de la session de 1818, de mettre en prison ceux de ses collègues qui ne se conformeraient pas à certains articles du réglement, et il a longuement développé les motifs à l'appui de sa proposition. Mais je ne viens pas aujourd'hui réfuter les doctrines de M. le garde-des-sceaux. Il est en politique des situations tellement descendues, qu'elles ne comptent plus devant aucune opinion.

MM. de Castel-Bajac et Cornet-d'Incourt demandent le rap-

16*.

pel à l'ordre, qu'ils motivent sur l'article du réglement qui interdit toute personnalité.

Ce que j'ai dit et la manière dont je l'ai dit ont été provoqués par ce qu'a dit M. le garde-des-sceaux, et par la manière dont il l'a dit. Vous avez vu, dans une question tout-à-fait étrangère au ministère, M. le ministre de la justice se lever de sa place avec emportement, et demander le rappel à l'ordre d'un de nos collègues qui n'a pas mérité cette marque de défaveur. Au reste, messieurs, le rappel à l'ordre a été établi pour la solennité des séances ordinaires ; nous sommes ici en comité secret, en famille, et il nous est permis d'user, les uns à l'égard des autres, d'une plus grande tolérance que si nous étions en présence du public.

On aurait évité la chaleur et la longueur de cette discussion sur l'adresse, si on avait exécuté sur ce point, non pas seulement le réglement de la chambre, mais encore la loi réglementaire concernant les relations des chambres avec le roi et entre elles. Il y est dit, à l'article 1er du titre VI : *Les adresses que les chambres font au roi doivent être délibérées et discutées dans les formes prescrites pour les propositions des lois.* Eh bien ! lorsqu'une de vos commissions vous a présenté son rapport sur un projet de loi, ce rapport n'est-il pas imprimé et distribué au moins vingt-quatre heures avant d'ouvrir la discussion ? Pourquoi le projet d'adresse, qui est le résultat du travail de la commission ;

ne serait-il pas imprimé et distribué comme un autre rapport? S'il faut se résigner à voir la loi violée encore une fois dans la circonstance présente, je demande au moins qu'elle soit exécutée à l'avenir et toutes les fois qu'il y aura lieu à présenter des adresses à sa majesté.

Messieurs, je n'émets jamais à cette tribune que des sentiments d'honneur et de conscience, des sentiments français, des sentiments que je tiens à orgueil de professer, et que je voudrais voir partager par tout le monde, et je n'ai besoin de l'indulgence de personne [1].

Le président consulte l'assemblée sur le rappel à l'ordre. Après un moment d'incertitude sur le résultat de l'opération, le président prononce le rappel à l'ordre.

M. le président lit ce passage de l'adresse : *Les factieux ont voulu soulever l'armée, et l'armée, toujours fidèle, n'a répondu que par le cri de* vive le roi!

M. le général Foy : Ce passage du projet d'adresse se rapporte aux événements qui ont été qualifiés du nom de *conspiration militaire*. La procédure relative à ces événements s'instruit en ce moment devant la cour des pairs, formée en chambre d'accusation : les prévenus sont en présence de la justice, et la justice ne sait pas encore, la justice ne peut pas dire s'il y a eu volonté de soulever l'armée, s'il y a eu conspiration. Et vous qui n'avez pas entendu

[1] Ces dernières phrases ont été motivées sur ce que M. Cornet-d'Incourt, croyant que le général Foy s'en rapportait à l'indulgence de la chambre, déclara qu'il retirait sa proposition.

les prévenus, vous qui ne savez même pas sur quels
faits positifs roule l'accusation, vous direz au roi :
Il y a eu conspiration, il y a eu tentative pour soulever l'armée. Non, messieurs, le roi, la nation et
la chambre des pairs désavoueraient un langage si
passionné, si accusateur. Ce langage ne convient
ni à votre indépendance ni à votre dignité. Lais-
sons un tribunal auguste remplir avec calme ses
importantes fonctions. Je demande que nous nous
renfermions dans le cercle de nos devoirs, et que
le paragraphe de l'adresse relatif au soulèvement
de l'armée soit supprimé.

M. le général d'Ambrugeac rappela ici les événements du
mois de juin, et fit l'éloge de la conduite tenue par les troupes
à cette époque; alors le général Foy reprit en ces termes :

Le passage de l'adresse se rapporte évidemment
à la conspiration annoncée dans le *Moniteur* du
19 août, et non pas aux événements du mois de
juin. L'opinion publique et légale est fixée sur ces
événements. Ils ont donné lieu à un procès mémorable : l'acte d'accusation est connu de tout le
monde, et tout le monde sait que pas un des prévenus n'était accusé d'avoir voulu soulever l'armée,
et, en eussent-ils été accusés, le jugement d'acquit-
tement de la cour royale de Paris les eût dé-
chargés de cette accusation, comme elle les a dé-
chargés de toutes les autres qui pesaient sur eux.
Que vient-on donc nous parler des troubles de
juin? Il n'est question aujourd'hui que de la pro-

cédure instruite devant la cour des pairs. Vous
n'avez pas le droit d'influencer, de tenter la conscience des juges; vous n'avez pas le droit d'énon-
cer comme un fait certain et patent ce qui est
incertain et obscur. Je persiste à demander la
suppression du paragraphe.

SUR LE RAPPEL A L'ORDRE

DE M. BENJAMIN CONSTANT.

ŞEANCE DU 5 FÉVRIER 1821.

M. Benjamin Constant avait déposé sur le bureau de la chambre un discours imprimé de M. Prosper Ribard, qu'il qualifia de libelle; M. Dudon demandait le rappel à l'ordre de M. Benjamin Constant.

Le général Foy prit alors la parole :

L'incident qui s'élève est un événement bien favorable pour l'éloge de la clôture et pour la jouissance du rappel à l'ordre. Je me propose d'établir que M. Benjamin Constant n'a fait qu'user de son droit, qu'il a répondu par des personnalités à des personnalités, et je vous demande la permission de vous lire le discours de M. Prosper Ribard, discours qu'il n'a fait imprimer que parce qu'il n'avait pas eu le temps de le prononcer, et qui tombe ainsi sous votre juridiction.

L'orateur lit :

Discours de M. Prosper Ribard, député de la Seine-Inférieure, à l'occasion de la communication faite à la chambre, au nom de sa majesté, dans la séance d'hier, 29 janvier 1821 [1].

«Messieurs, je crois que le moment est arrivé de dire la vérité tout entière; je vais la dire en peu

[1] Je n'ai point demandé hier la parole; et le peu de mots qu'a

de mots, telle que je la conçois, et sans en rien déguiser.

« Je ne commencerai pas par accuser telle ou telle personne d'être complice de l'attentat qui vient d'être commis; ce mot mal entendu effaroucha bien des oreilles dans la dernière session, et je ne m'exposerai pas à en renouveler le scandale : mais je dirai que les déclamations qui retentissent tous les jours à cette tribune, prônant plus ou moins ouvertement l'insurrection et la révolte, portent en elles le germe de tous les attentats possibles.

« Ainsi l'attentat qui a violé tout-à-l'heure l'asile inviolable et sacré de notre roi s'y trouve compris avec tous ceux qu'on peut encore imaginer; et, quoiqu'ils ne soient pas tous sans doute dans la pensée des orateurs que je signale, ils y arrivent tous par voie de conséquence, et il n'en est aucun qu'ils puissent récuser, parce qu'après avoir brisé la digue, ils ne peuvent pas dire au flot : Tu t'arrêteras là.

« Ainsi, depuis la voix rude et colérique qui nous annonçait l'autre jour que *la nation française rétrograde à pas honteux et précipités sous la verge de l'arbitraire* (je fais remarquer, ajoute le général, que ces mots sont en italique, pour qu'on ne se méprenne pas sur le nom de l'orateur à la voix rude et colérique), jusqu'à celle qui, à propos de l'art. 51 de notre réglement, nous laissait tout doucement

---

dits M. de Castel-Bajac étaient en effet les seuls qui convenaient à la circonstance ; mais cela n'empêche pas que ce que j'ai pensé hier, je ne l'écrive aujourd'hui.

entrevoir qu'une minorité, à qui on ne permettrait pas d'éterniser les discussions, pourrait bien trouver au-dehors de la chambre de très-énergiques auxiliaires, tous vont au même résultat, celui de faire haïr, mépriser, et méconnaître les lois et le gouvernement; il y a à peine une phrase de tous leurs discours de laquelle ne semble s'échapper le désir, et presque le conseil de l'insurrection.

« Et c'est au nom de la liberté qu'ils se présentent; ils en sont, à les entendre, les généreux et intrépides défenseurs; comme si la liberté pouvait se fonder sur le désordre et sur l'impatience de tout joug et de toute obéissance, comme si l'effervescence des esprits et le déchaînement des passions ne conduisaient pas à l'anarchie, et l'anarchie au despotisme : et c'est ici le secret de certains hommes en France qu'il faut dévoiler.

« L'anarchie vers laquelle ces hommes vous précipitent n'est pas l'élément qui leur convienne, elle ne leur offre aucune chance favorable, elle a même pour eux des dangers qu'ils ne peuvent se dissimuler; mais c'est un passage inévitable pour arriver au despotisme; c'est une bourrasque pendant laquelle ils se feront si petits, si légers, si dociles à tout vent, qu'ils espèrent louvoyer, sans faire naufrage et surgir dans le port; c'est-à-dire retrouver aux pieds d'un despote, celui-ci, sa menaçante épée (*une voix à droite* : Vous reconnaissez-vous? *Le général Foy* : Vous verrez si je me reconnais), au bout de laquelle était un majorat prussien, russe ou hongrois, n'importe; celui-là, sa place au conseil-d'état; tel autre, peut-être, son activité dans la police, tout prêt à nous exploiter de nouveau, le plus libéralement et de la meilleure grace du monde. Il faut, messieurs, que la France entière reconnaisse pour ce qu'ils sont ces prétendus amants de la liberté, qu'ils étouffent de leurs perfides embrassements, ou qui n'en voudraient du moins que pour eux et pour leurs amis.

« Nous la voulons, nous, pour tous les Français, cette liberté heureuse et sage qui les favorise tous dans leur paisible existence, dans leur religion, dans leurs biens, dans leurs affaires, dans leurs jouissances, dans tout ce qui constitue la vie sociale ; mais nous ne voulons pas de celle qui met en péril tous les biens véritables, pour satisfaire la petite vanité d'une douzaine de folliculaires, ou pour essayer l'utopie révérée et prêchée, la canne à la main, par quelques écoliers.

« Non, messieurs, il n'y a plus de concessions à faire, de tempéraments, de ménagements à garder, il faut nous montrer tels que nous sommes ; il faut qu'un mur de séparation, visible à tous les yeux, s'établisse entre ceux qui veulent tout perdre encore, et ceux qui veulent tout sauver. Et quand je dis un mur, à Dieu ne plaise que je veuille fermer le retour aux hommes de bonne foi qui, abjurant leurs erreurs, reviendraient aux vrais principes de la légitimité et de la monarchie, à ceux qui voudraient enfin sincèrement le roi et la charte, tels que l'un et l'autre doivent exister ensemble. Ah! pour

ceux-là, le mur tomberait bientôt, et nous les ser-
rerions dans nos bras. »

Il paraît que c'est de moi qu'on a voulu parler,
puisqu'on m'a demandé si je me reconnaissais. Eh
bien! oui, je le déclare, c'est moi qui, le premier,
ai parlé dans l'affaire des dotations; c'est moi qui
ai réclamé des droits acquis, des possessions in-
contestables; mais, messieurs, tout en reconnaissant que des services avaient été rendus, et qu'ils
avaient mérité de grandes récompenses à quelques
personnes, je déclare que je n'ai jamais eu de part
à ces récompenses.

Nous avons tous servi la patrie; nous l'avons défendue au prix de notre sang, et nous sommes prêts
à le faire encore, si son indépendance était menacée. Est-ce là un titre à de telles insinuations? Oui,
messieurs, vous devez permettre qu'on témoigne
son indignation contre un de vos membres qui ne
craint pas de vous distribuer un écrit dans lequel
cette tribune est désignée à la France et à l'Europe
comme le lieu d'où se répandent des provocations
à la révolte, et les principes de la sédition et de
l'anarchie. Non, messieurs, ce ne sont pas là les
principes que l'on y professe tous les jours; ce sont
les principes de liberté, d'égalité constitutionnelle,
tels que la charte les a reconnus et mis en pratique.
Ces principes sont sacrés; c'est à leur conquête que
se précipite le monde entier, et nous lui en avons
donné l'exemple; nous sommes les premiers nés, et
les peuples voisins brûlent de marcher sur les traces
et de jouir des bienfaits d'un gouvernement consti-

tutionnel. Qui donc a le droit de prétendre que nous ne sommes pas animés d'un esprit conservateur? Non, messieurs, nous ne voulons que la charte ; nous voulons le trône constitutionnel , nous voulons les droits et les libertés que la charte nous assure , et nous les aurons tôt ou tard.

SUR LA PÉTITION DU LIEUTENANT CHRÉTIEN.

SÉANCE DU 7 FÉVRIER 1821.

Le pétitionnaire, lieutenant en retraite, demandait sa solde arriérée pour le temps de son service dans la garde royale en Espagne.

Il y a deux classes très-distinctes parmi les militaires dont M. le rapporteur vient de nous entretenir. Des officiers-généraux et certains officiers sont entrés librement, volontairement au service de ces princes dont nous peuplions les trônes de l'Europe. Ils ont eu pour eux les chances de la fortune, la fortune leur a été contraire, je ne crois pas qu'ils aient rien à réclamer de la France ; mais il est d'autres militaires, des officiers, sous-officiers et soldats qui doivent attirer particulièrement votre bienveillance.

Lorsque Napoléon mit son frère sur le trône d'Espagne, il jugea que, pour lui former une armée, il devait lui donner un premier noyau de troupes ; il ordonna que des compagnies, des bataillons, des escadrons tout entiers entrassent, sous le titre de garde royale, au service de Joseph ; les officiers, sous-officiers et soldats n'ont pas eu le droit de choisir. C'était un ordre impératif qu'ils ne pouvaient ne pas exécuter; ils sont donc entrés au service de Joseph, et sont ensuite passés avec lui en Espagne, où ils ont toujours cru servir la France; et effectivement ils la servaient puisqu'ils obéissaient au chef de la France.

Lorsque les événements de la guerre ont chassé Joseph de l'Espagne, un décret impérial a incorporé les troupes de la garde royale de Joseph d'abord dans les régiments, et ensuite dans la garde impériale. Ce décret impérial a dit expressément que le droit à l'arriéré de solde que l'Espagne ne leur avait pas payé était positif. Ce décret, tout en réunissant ces militaires, s'est emparé des canons et de tout le matériel de guerre qu'ils apportaient. Dans cet état de choses, au moment où la liquidation a été ouverte, les militaires qui sortaient de la garde royale de Naples et d'Espagne ont demandé à être liquidés comme les autres, et ils ont fait ce dilemme : Ou nous avons servi l'Espagne, et alors employez, ont-ils dit, vos efforts auprès du gouvernement espagnol pour nous faire payer; ou bien nous avons servi la France, et alors que la France nous paie. Dans l'un et dans l'autre cas il y a lieu de la part du gouvernement à intervenir pour des Français qui ont suivi les ordres français, obéi à la loi française; la chambre a été plusieurs fois convaincue de la vérité de l'exposé que je viens de faire. Trois fois elle a renvoyé des pétitions semblables au président du conseil des ministres; je demande la même faveur pour celle-ci.

MÊME SÉANCE.

Le général Foy reprit la parole au milieu de la discussion sur cette pétition.

A ce que vient de dire M. le ministre des affaires étrangères, relativement à la manière dont on traite en France les officiers qui ont été au service de Naples, d'Espagne et autres pays, je répondrai qu'il a commis une erreur. On ne reconnaît pas leur grade acquis, on n'en a reconnu que quelques-uns, c'est comme fait que je le dis et comme fait certain; je pourrais citer vingt noms à l'appui. Mais ce n'est pas là la question; il s'agit de la solde gagnée sur le champ de bataille par des militaires qui, par ordre du chef du gouvernement, ont combattu avec nous, à nos côtés; les boulets anglais ne regardaient pas s'ils avaient la cocarde rouge ou la glorieuse cocarde tricolore.

(Murmures à droite.)

Oui, messieurs, je le répète, je ne cesserai de le dire, la glorieuse cocarde tricolore.

(Nouvelles exclamations à droite. Vive agitation.)

Ces militaires sont entrés au service par ordre, ils ont fait ce qu'ils pouvaient et ce qu'ils devaient. Un des préopinants vous a dit, messieurs, que des ordres du gouvernement français les avaient rappelés en France; ces ordres, messieurs, n'ont jamais été pour les officiers-généraux, pour ces officiers qui avaient passé individuellement au service étranger, jamais ils n'ont été signifiés à d'autres qu'à ceux-là. Si on le leur avait signifié, tous se seraient empressés de revenir, parce qu'ils étaient tous mécontents d'être en Espagne, où ils n'avaient que des chances malheureuses à courir, tandis qu'en rentrant en France à son service, ils avaient des chances plus heureuses et plus honorables.

Un des préopinants vous a dit qu'on ne payait pas en Espagne sur les fonds français. Non, sans doute; et c'est pour cela qu'ils ont éprouvé un énorme arriéré de solde. Les fonds français avaient une destination, une affectation particulière; mais le décret de novembre 1813, qui a incorporé la garde d'Espagne dans les troupes françaises, a établi, a consacré l'arriéré de cette solde. Les canons, les armes, l'habillement qu'elle a livrés ont pu, ont dû être considérés comme la base de cet arriéré.

Les droits du pétitionnaire sont patents, je le répète; lui et ceux qui sont dans la même position ont servi par un ordre régulier. Ils ont servi ou la France ou l'Espagne. Dans l'un ou l'autre cas, je persiste à demander le renvoi de la pétition au ministre de la guerre, et au président du conseil des ministres.

M. Dudon s'élance à la tribune, pour demander le rappel à l'ordre de l'orateur, et développe ses motifs; M. le général Tarayre combat ce rappel à l'ordre, qui n'a pas de suite.

M. le général Foy demande la parole.

M. le président : Je ne puis vous accorder la parole que sur un fait personnel.

M. le général Foy, à la tribune : C'est aussi sur un fait personnel que je demande la parole.

Le préopinant a dit que j'avais parlé de la cocarde tricolore, sans désignation de temps. Le préopinant est dans l'erreur : j'ai parlé de la cocarde historiquement, au sujet des guerres d'Espagne, et par conséquent, dans l'intervalle de 1789 à 1814.

Le préopinant a dit encore que j'avais engagé la garde royale de France à prendre la cocarde tricolore : messieurs, c'est une calomnie. C'est un nouveau petard lancé dans cette enceinte [1].

La cocarde tricolore fut donnée à la France par un décret de l'assemblée constituante, sanctionné par le roi. La cocarde tricolore marque l'époque du plus grand développement de l'esprit humain, de la plus haute gloire qui ait jamais été accumulée sur une nation, de la régénération entière de l'ordre social.

Aujourd'hui, messieurs, cette cocarde a cessé d'être légale. Un arrêté du gouvernement provisoire de 1814, reconnu par le roi, l'a supprimée; l'ancienne cocarde blanche est aujourd'hui la cocarde du devoir.

Mais si jamais, dans sa profonde sagesse, le roi revenait sur sa détermination première; si jamais l'auguste auteur de la charte rétablissait le signe que nous avons porté pendant un quart de siècle, assurément, messieurs, ce ne seraient pas les om-

---

[1] Allusion aux petards qu'on jetait alors dans les rues de Paris.

bres de Philippe-Auguste et d'Henri IV qui s'indigneraient dans leurs tombeaux de voir les fleurs de lis de Bouvines et d'Ivry sur le drapeau d'Austerlitz.

Je reviens, messieurs, à la question elle-même : ou les militaires qui réclament ont servi la France, et alors elle doit les payer; ou ils ont servi l'Espagne, et alors c'est auprès de l'Espagne que le gouvernement français doit intervenir en leur faveur, c'est en ce double sens que je demande le renvoi à M. le président du conseil.

L'ordre du jour fut adopté sur la pétition.

17.

SUR LA PROPOSITION

Tendant à empêcher que les officiers de l'armée ne soient privés, autrement que par un jugement, de leurs grades, et du
traitement affecté à ces grades.

COMITÉ SECRET DU 17 FÉVRIER 1821.

La guerre est le fléau du monde. Ce n'est pas
seulement parce que, pendant à peu près la moitié de chaque siècle, elle ravage les campagnes, elle
détruit les villes, elle décime les populations; c'est
aussi, et avant tout, parce qu'elle nous impose ir-
rémissiblement le fardeau des armées permanentes.
Dans l'état actuel de nos arts, la guerre ne peut
être faite avec efficacité et succès que par des
hommes dressés dès leur jeunesse à ce métier, et
qui lui consacrent leur vie tout entière. En vain
prouvera-t-on que les armées permanentes épui-
sent les finances et menacent éternellement les libertés publiques; une nation ne peut s'en passer
sans cesser d'être nation. L'indépendance est le
premier besoin des peuples; la liberté n'est que le
second.

La nécessité des armées permanentes une fois
admise, la loi de chaque pays a dû inviter et, au
besoin, contraindre un certain nombre de ci-

toyens à manier l'épée pendant que les autres
manieraient la bêche; à veiller et à combattre pendant que les autres travailleraient ou se repose-
raient. Les hommes ainsi désignés ont dû être soumis à une législation spécialement rigoureuse et à
des tribunaux d'exception; ils ont dû vivre d'une
vie de fatigues et de dangers, de sacrifices et de résignation. Mais aussi, en échange de leur jeunesse,
de leurs bras, de leur sang, voués à la société, la
société a dû leur garantir, pour leur vie tout entière, du pain, et même certaines jouissances d'honneur, mieux appréciées en France que partout ailleurs. Ces garanties obligées, il a fallu en être
prodigue envers eux, d'abord, parce que c'est devoir de reconnaissance, et ensuite, parce que c'est
un bon calcul dans l'intérêt de la liberté et de la
sûreté de tous. En effet, l'expérience des siècles
nous apprend qu'il n'y a de recours contre les excès de la force matérielle que dans l'empire exercé
sur les passions des hommes par la plus puissante
des forces morales, la justice. Nous vivons dans
un siècle de liberté légale; et, pour la profession
des armes comme pour les autres professions,
les droits et les devoirs ne sauraient marcher séparés.

Toutefois l'armée est destinée à défendre le pays.
Pour qu'elle remplisse sa noble destination, il faut
que le chef du pays, le dépositaire suprême de la
puissance nationale, le roi, s'en serve comme d'un
instrument docile; il faut qu'il la dirige dans son
ensemble et dans ses détails; il faut qu'il exerce

une action souveraine sur tous les éléments qui la composent : c'est le vœu de l'art. 14 de la charte, c'est le vœu de la raison. De même que la nation abdiquerait son indépendance, si elle consentait à n'avoir pas d'armée, de même le roi abdiquerait les devoirs de la royauté, s'il n'était pas le moteur constant de l'armée que les lois du pays mettent à sa disposition.

Comment donc concilierons-nous ce que la société doit de garanties et d'honneurs aux militaires avec la puissance presque illimitée que la force des choses attribue à la couronne, relativement à l'organisation et à l'emploi de la milice ? Le moyen est tout simple, messieurs, et il n'est pas nouveau; il consiste à établir une distinction fondamentale entre l'emploi et le grade. A l'emploi se rattachent plus spécialement les devoirs : les droits sont inhérents au grade. L'emploi est la propriété du souverain; le grade est la propriété de l'officier.

Les armées ne se meuvent et n'agissent que par le commandement. Le commandement n'est exercé qu'en vertu des offices ou emplois. Il faut donc, pour qu'aucune partie du commandement n'échappe à la couronne, il faut qu'elle ait la nomination, la révocation, en un mot, l'entière disposition des emplois. Cette nécessité fait passer tout de suite, de la théorie dans la pratique, la distinction fondamentale de l'emploi et du grade. A côté des officiers militaires qui réunissent dans leurs personnes et l'emploi et le grade, on en voit d'autres qui possèdent le grade sans jouir de l'emploi, et la législation, d'accord avec l'usage, désigne les uns et les autres par une appellation commune, quoique leurs positions sociales soient éminemment différentes.

Quand les militaires sont placés hors des cadres de l'armée, que leur reste-t-il ? Le grade. Le grade est le signe ineffaçable des emplois qu'ils ont remplis, et de leur aptitude à en remplir encore. Le grade, par lui-même, et séparé de l'office, ne participe en rien au commandement, il n'a pas action sur l'armée. Pourquoi donc la prérogative royale aurait-elle action sur le grade ? Pourquoi pourrait-elle le dépouiller de ses attributs, le suspendre, l'anéantir ? La prérogative n'existe que pour le besoin du pays et dans l'intérêt de l'efficacité de l'armée : hors de cet intérêt, et au-delà de ce besoin, elle respecte et protége les droits des hommes appelés par les lois à exercer le métier des armes, comme elle respecte et protége les droits des autres citoyens.

Il suit de là que l'aménagement des emplois est du domaine de l'ordonnance, mais que tout ce qui concerne la conservation des grades ne peut être réglé que par la loi ; et cette classification est tellement dans l'essence du gouvernement représentatif, que, si la distinction entre les emplois et les grades n'existait pas, il faudrait l'inventer.

Mais, je vous l'ai dit, messieurs, la distinction existe, elle n'est pas nouvelle ; elle remonte au temps où, par la destruction du gouvernement et des troupes féodales, il n'y a plus eu dans les états

modernes que des armées nationales, des armées
de la couronne. Elle est plus ou moins apparente
dans les lois des différents peuples, suivant que
ces lois expriment plus ou moins fidèlement leur
état réel. Nous en retrouvons le principe dans l'ordonnance de Louis XIV qui institue l'ordre du tableau, dans les mémoires où M. de Saint-Germain
a développé les motifs de sa refonte de l'armée,
dans les réponses du gouvernement de Louis XVI à
la clameur publique, qui lui reprochait d'avoir enlevé arbitrairement à M. de Moreton-Chabrillant,
colonel du régiment de la Fère (infanterie), non
pas son grade, mais son emploi; que si la distinction de l'emploi et du grade n'était pas établie dans
les lois de ce temps-là avec la clarté et la précision que demande une matière si grave, cela tient
à des considérations d'un ordre élevé. On n'avait
alors ni la volonté ni la prétention de fixer des limites entre les droits des sujets et l'exercice de
l'autorité souveraine. Un certain vague dans la législation convenait à une vieille monarchie où le
pouvoir absolu n'était dissimulé que par la modération du monarque, et n'avait de contrepoids
que la puissance de la civilisation et la force des
mœurs publiques.

La révolution est arrivée, qui a enregistré les droits
de chacun, qui a défini toutes les positions, qui a
fait dériver du texte des lois la solution de toutes
les questions de droit. A partir de la révolution,
ce sont les lois écrites que nous devons consulter;
je vais en dérouler le tableau devant vous.

L'assemblée constituante jeta les fondements d'un code des délits et des peines pour l'armée; elle décréta en principe que la privation du grade militaire emportait la dégradation civique. Un officier ne pouvait être renvoyé de l'armée que par une cour martiale, formée de juges pris parmi les chefs de l'administration militaire, et de jurés choisis entre les officiers, les sous-officiers et les soldats, suivant le rang de l'accusé.

Le 12 mai 1793, un nouveau code pénal militaire fut décrété. Non-seulement on y énuméra avec soin les cas où le conseil de guerre pourrait prononcer la destitution, mais encore on régla (art. 10, 11, 12) que certains délits emporteraient avec eux, outre la destitution, et comme surcroît de peine, tantôt l'incapacité de servir dans les armées, tantôt la déchéance de tout droit à la pension. Ce dernier point vous prouve, messieurs, que, de la destitution simple, même quand elle est prononcée par jugement, ne s'ensuit pas nécessairement la perte du droit à un emploi militaire ou à un traitement quelconque.

Enfin le code des délits militaires, du 21 brumaire an V, et c'est celui qui régit aujourd'hui l'armée, confirme pleinement la disposition des lois précédentes sur l'inviolabilité du grade. L'article 20 est conçu en ces termes : *Dans tous les cas où, d'après les dispositions du présent code, la peine du délit emporterait celle de la destitution, cette dernière peine sera formellement prononcée par la sentence de condamnation.*

Ainsi, messieurs, la loi ne permet pas qu'une autre autorité que celle de la justice prononce la peine de la destitution; et cependant, au sujet de la pétition de M. le chef de bataillon Simon Lorière, une de vos commissions a été unanime à vous dire qu'il y a deux espèces de destitution, savoir la destitution judiciaire, et une autre qu'elle a appelée *destitution administrative*. Le mot restera, messieurs, parce qu'il dit bien l'abus de la chose. Comment ne voit-on pas que *destitution administrative* est synonyme de destitution arbitraire? Lorsque l'administration fait par sa volonté un acte que la loi attribue à la justice, il y a toujours désordre, et souvent tyrannie.

Voudrait-on citer des précédents à l'appui d'une si monstrueuse doctrine? C'est sur ce terrain que j'attends nos adversaires; je connais comme eux les décrets de la convention, en vertu desquels les représentants du peuple en mission pouvaient destituer les officiers. D'autres articles des mêmes décrets investissaient les représentants du droit de remplir les prisons et de dresser les échafauds. Déjà, messieurs, vous avez fait justice de ce précédent. Ce n'est pas sous le règne de Louis XVIII, et dans la huitième année de la charte, qu'on invoquera ici le souvenir et l'autorité des jours de la terreur.

D'autres actes également arbitraires, quoique d'une nature différente, sont ceux par lesquels le chef du dernier gouvernement a tantôt enlevé à un officier non jugé jusqu'au droit de porter l'u-

niforme, et tantôt en a dépouillé un autre non-
seulement de son grade militaire, mais des décorations, des titres de noblesse qu'il lui avait con-
férés, et même de ses droits acquis à une solde
de retraite. Ces échappées du despotisme, ces caprices du pouvoir absolu, c'est tout au plus s'ils
sont consignés dans les archives de l'époque ; ils
n'atteignirent que des situations très-élevées ; ils
ont d'ailleurs été extrêmement rares, essentiellement passagers, et par cela même en opposition
avec la volonté permanente du souverain, exprimée
dans les arrêtés, décrets et réglements.

Ce sont, messieurs, ces arrêtés, décrets et réglements, fruits, pour la plupart, d'une méditation
savante, qui, joints aux lois anciennes non abro-
gées, constituent la législation militaire sous l'empire de laquelle la charte nous a trouvés. Mon
honorable camarade et collègue, M. le général
Sébastiani, a mis hier sous vos yeux les fragments
les plus importants de cette législation. Vous y
avez constamment aperçu, à côté du principe sa-
cramentel de l'inviolabilité du grade, l'intention
bien évidente de ne pas séparer le grade des avantages qui lui sont attachés : c'est ainsi que l'arrêté
du 8 nivôse an VIII étend au traitement de réforme les dispositions que la loi du 29 fructidor
an VII avait prises pour la solde de retraite, et
dit expressément, art 2 : *Le traitement de réforme
ne pourra se perdre que par l'effet d'une démission,
par l'effet d'un jugement légal, ou par le refus de re-*

*prendre de l'activité au moment où celui qui en jouit
sera appelé à la défense de la patrie.*

Le traitement de réforme de ce temps-là cor-
respondait au traitement de non-activité d'aujour-
d'hui : il était donné en attendant l'activité ou la
retraite; on l'avait fixé pour chaque grade à la
moitié du *maximum* de la solde de retraite affectée
à ce grade. Il a été limité ensuite, non dans sa
quotité, mais dans sa durée, par le décret de
Kœnisberg du 15 juin 1812, qui a réglé que les
officiers réformés ne toucheraient plus leurs traitements que pendant cinq ans. Mais savez-vous,
messieurs, pourquoi ce décret a été rendu? C'est
parce que les besoins de la guerre appelaient
aux armes le ban et l'arrière-ban de la France;
c'est parce que la création de quelques centaines
de bataillons nouveaux, sous le nom de *cohortes*,
nécessitait l'emploi d'un grand nombre d'officiers
réformés; c'est parce que plusieurs de ces officiers,
désaccoutumés de la vie des camps, se refusaient
à reprendre du service. Le contraire arrive aujour-
d'hui; les officiers qu'on a réformés depuis peu
sont précisément ceux qui servaient et qui veulent encore servir. Quand même la charte n'exis-
terait pas, ce serait mal entendre le décret de
Kœnisberg, que de le considérer comme un moyen
de punition, et de s'en autoriser pour restreindre
la quotité, ou abréger la durée d'un traitement de
non-activité.

Mais nous avons la charte. L'article 69 conserve

aux militaires alors en activité de service, non pas leurs emplois, mais leurs *grades*, leurs *honneurs*, leurs *pensions*. Puisqu'on nous conserve non-seulement les grades, mais encore les honneurs, il faut bien qu'il y ait dans les grades autre chose que des honneurs ; cette autre chose, c'est le traitement. Que serait donc le grade sans le traitement dans un pays d'égalité et pour une armée qui n'était riche que de patriotisme et de gloire ? Le monarque législateur a voulu que tout ce qui portait l'épée au jour de la promulgation de la charte acquît par la charte la certitude de vivre de l'épée. La France et l'armée l'ont compris ainsi. Vous-mêmes, messieurs, descendez au fond de vos consciences, et dites si l'article 69 peut être entendu autrement. On n'abuse pas les nations avec des phrases, et c'est une espèce de trahison envers le trône, que d'emprunter le nom sacré du roi pour violer ouvertement la foi promise.

Au reste, messieurs, le pétitionnaire qui vous a occupés ces jours derniers a perdu à la fois son traitement et son grade. Le fait résulte formellement de la décision ministérielle qui l'a frappé. Le ministre de la guerre n'a pas ordonné que le chef de bataillon Simon Lorière serait rayé des contrôles de l'armée ; et je ne sais pourquoi on a fait à ce sujet une distinction d'ailleurs très-juste, entre les revues de l'intendance militaire et les quatre contrôles des bureaux de la guerre. Les mots *revue* et *contrôle* ne se trouvent pas dans la lettre du ministre ; il y est dit que le chef de bataillon Simon Lorière *cesse de faire partie des officiers de l'armée.* Remarquez la valeur et les conséquences de ces expressions. On ne pourra plus, sans enfreindre toutes les règles, rappeler M. Simon Lorière à un emploi d'activité ; car la loi du 10 mars 1818 n'appelle à cet emploi que les officiers de l'armée. Légalement parlant, il ne conserve pas de droit à la solde de retraite ; car le droit à la solde de retraite ne court que pour les officiers de l'armée, et M. Simon Lorière ne fait plus partie des officiers de l'armée. Que s'il s'avise de porter un uniforme, le premier chef militaire qui le rencontrera lui dira : De quel droit portez-vous l'uniforme de l'armée, vous qui ne faites plus partie des officiers de l'armée ?

Tout cela, messieurs, n'est pas dégrader un homme : car, suivant les lois éternelles de la morale, l'arbitraire dégrade ceux qui l'exercent et non ceux qui le subissent ; mais c'est bien arracher à un officier ses moyens d'existence, son grade, ses honneurs, les fruits du passé et les espérances de l'avenir. Il était réservé au ministère de 1820 d'ériger ces violences en système habituel de gouvernement. Rien de semblable n'avait été vu depuis la restauration.

Après le second retour du roi, on crut que le malaise de la société ne pouvait être guéri que par des remèdes extraordinaires. La loi du 9 novembre 1815 fut rendue pour punir les cris séditieux et les provocations à la révolte. Eh bien ! messieurs, cette loi d'exception, cette loi de représailles, cette loi de vengeance a respecté ce que ne respecte pas l'administration actuelle ; elle a rangé sur la même ligne d'inviolabilité la pension de retraite et le traitement de non-activité; elle a voulu que les tribunaux seuls pussent toucher à l'un et à l'autre. L'article 10 de la loi est conçu en ces termes :

« Tout condamné qui se trouvera jouir d'une « pension de retraite civile ou militaire, ou d'un « traitement quelconque de non-activité, sera « privé de tout ou partie de la pension de retraite, « ou de tout ou partie de son traitement de non- « activité, pour un temps qui sera déterminé par le « tribunal. »

Et qu'on ne dise pas que l'objet de l'article 10 était seulement d'attribuer aux tribunaux de police correctionnelle le pouvoir d'infliger des peines que le code n'a pas prononcées. Où aurait été la nécessité de cette attribution extraordinaire, au moins en ce qui concerne les traitements de non-activité, si le gouvernement eût cru avoir le droit de les abolir? Pourquoi n'aurait-il pas exercé ce droit lui-même après chaque condamnation, lui qui avait les moyens de réviser et d'apprécier la vie entière du condamné, tandis que les juges ne pouvaient apercevoir de cette vie qu'une action isolée?

A peu près dans le même temps, les officiers de l'armée furent classés en catégories, à raison des fautes plus ou moins graves qu'on les accusait d'avoir commises. L'objet du classement était, suivant les termes de l'instruction ministérielle du 6 no-

vembre, d'*écarter du tableau d'activité des hommes
dangereux*. Eh bien! messieurs, ces hommes dangereux, les plus dangereux de tous, ceux qu'on
avait rangés dans la quatorzième catégorie, jamais
on n'a pensé à leur enlever ou leur grade ou leur
traitement, et la solde de non-activité leur est
restée, *comme indemnité de la préférence que d'autres
obtenaient sur eux pour être employés.*

Enfin, en 1818, le 25 avril, le ministre de la
guerre a chargé une commission, mi-partie de magistrats et de militaires, de rédiger un code de justice pour l'armée. Dans son travail présenté à la fin
de novembre 1819, cette commission établit que
la destitution continuera à être une peine judiciaire
infligée par les tribunaux, et par les tribunaux seulement; mais par une dérogation à la législation en
vigueur, dérogation avouée et susceptible d'être discutée, elle propose de ranger à l'avenir parmi les
punitions de discipline la suspension de service
sans traitement, et elle se presse d'ajouter (art. 6 du
code projeté) qu'un châtiment aussi grave ne devra être infligé que par décision du roi, sur le
rapport du ministre de la guerre, après que ce ministre aura pris l'avis d'un conseil composé de cinq
maréchaux de France.

Il n'est pas de mon sujet d'examiner jusqu'à quel
point l'érection de ce conseil de maréchaux s'accorderait avec les formes de notre gouvernement
constitutionnel. Il n'est pas dans mon intention de
présenter comme autorité le rapport de la commission du code militaire. Mais, ce qui est positif,

c'est qu'elle reconnaît que la destitution n'a jamais pu être prononcée que par jugement, et que le projet de faire figurer la suspension de traitement parmi les punitions de discipline est considéré par elle comme une innovation. J'invoque sur ces deux points le témoignage de mon honorable collègue M. Jacquinot-Pampelune, qui était membre de la commission, et qui est présent à la séance.

La dénomination très-juste de *punitions de discipline*, donnée aux châtiments qu'infligent les chefs militaires et le gouvernement, porte tout-à-coup mon attention sur un rapprochement qui n'échappera pas, messieurs, à votre sagacité. Dans l'ordre naturel des idées, une punition de discipline ne doit frapper que ceux qu'enserrent les liens de la discipline, ceux qui sont encadrés dans les rangs de l'armée, ceux qui vivent sous l'empire de la loi militaire. Or il a été décidé plusieurs fois que les officiers en non-activité seraient, en matière de contraventions, de délit ou de crimes, justiciables des tribunaux ordinaires. Ainsi, alors même que la diminution, la suspension et l'abolition du traitement, la *destitution* ou, si l'on veut, la *dégradation administrative* devraient être considérées comme des punitions légales, ce serait encore une question de savoir si M. Simon Lorière, chef de bataillon en non-activité, se trouvait dans la catégorie de ceux auxquels cette punition pouvait être infligée légalement.

Je crois vous l'avoir démontré, messieurs; la *destitution administrative* est un acte arbitraire que n'autorise aucune loi positive, et que le salut public ne commande jamais. Je n'abuserai pas de vos moments pour faire voir qu'elle est également réprouvée par les lois de la convenance politique.

Cependant, puisqu'il y a de la part du gouvernement une tendance évidente à amoindrir nos forces disponibles; puisqu'on s'est plu, en suspendant le recrutement volontaire et en prodiguant sans motif les congés absolus, à réduire l'armée beaucoup au-dessous d'un complet déjà disproportionné avec notre position européenne, et minime en comparaison des sommes énormes qu'il coûte au pays; au moins faudrait-il qu'on cherchât à suppléer au nombre par la discipline et par le dévoûment. Vous ne pourrez compter sur le dévoûment et sur la discipline de votre armée tant qu'elle restera en proie à un arbitraire dévorant. Rendez-vous compte à vous-mêmes de ce que peuvent rêver, de ce que peuvent dire des hommes qui n'ont pas la certitude de conserver deux jours de suite leur état, leur grade, le fruit de leur labeur et de leur sang répandu. Il faut toucher au vif, et descendre au fond des choses. Depuis quelque temps on organise et on désorganise sans cesse notre établissement militaire. On vous dit que ces changements ont pour objet de redresser des vices de système : n'en croyez rien, messieurs; on ne veut que trouver des prétextes pour bouleverser le personnel de l'armée.

C'est ainsi que plusieurs milliers d'officiers viennent d'être renvoyés de leurs corps par des lettres de cachet ministérielles, les uns avec des soldes de non-activité, les autres avec des soldes de réforme. Ils étaient la plupart rentrés au service depuis deux ans. Pour s'équiper, l'un avait consommé le produit de ses laborieuses épargnes, l'autre avait vendu la chaumière paternelle. Les voilà morts pour la vie militaire, eux que les habitudes des camps ont rendus impropres à la vie civile. Et qui sait si, rentrés dans leurs modestes réduits, la police occulte se lassera de les poursuivre? Qui sait si les punitions de discipline ne viendront pas les harceler encore, après que l'armée les a répudiés? Qui sait si la *destitution administrative* ne les précipitera pas un jour de la misère dans le désespoir?

Croyez-vous, messieurs, que de pareils traitements soient un encouragement à la confiance, soient une prime à la fidélité? Croyez-vous que ce débordement d'arbitraire raffermisse tant d'autres officiers restés au service, qui ont le même point de départ et les mêmes précédents que leurs camarades destitués, et qui voient toujours l'épée de Damoclès suspendue sur leurs têtes? Croyez-vous que les sous-officiers, les soldats, les nouveaux comme les anciens, ne fassent pas aussi un retour sur eux-mêmes, qu'ils ne s'aperçoivent pas que les officiers à qui l'on donne des congés forcés et éternels, que ceux qu'on dépouille en les renvoyant sans traitement, ou avec un traitement dérisoire de réforme, que tous ceux enfin qu'on chasse aujourd'hui de l'armée, ont commencé par porter le mousquet, et que le même sort menace à la fin de leur carrière les hommes de toutes les époques, qui ne sont et ne peuvent être que les fils de leurs œuvres? Tout le monde a de l'esprit en France; tout le monde raisonne; et bien coupables seraient ceux qui ne voudraient pas voir comment la stabilité du trône et des institutions se lie à la jouissance paisible de toutes les existences légales, et combien la force des armes serait près de devenir brutale et agressive, alors qu'elle ne serait plus dominée par l'inviolabilité de la justice et par la sainteté des lois.

Je vote pour que la proposition soit prise en considération.

SUR LA CIRCONSCRIPTION

DES ARRONDISSEMENTS ÉLECTORAUX.

SÉANCE DU 1er MARS 1821.

Il est difficile, messieurs, de combattre avec succès la loi du 29 juin devant une majorité qui est
le produit de cette loi. Aussi ne l'entreprendrai-je
pas, et ce n'est pas le lieu. Mais je ne puis m'empêcher de répondre à ces éternels éloges donnés
ici à la grande propriété. Qu'ont-ils donc fait, depuis
que le monde existe, ces grands propriétaires pour
lesquels on croit ne jamais faire assez? Lisez l'histoire; vous verrez partout, et toujours, les grands
crimes, les grands attentats à l'ordre social consacrés par eux et par les prolétaires. C'est dans
l'ordre moyen, c'est dans la classe mitoyenne que
sont les vertus publiques et privées; ce sont les
petits propriétaires, si nombreux et si patriotes,
qui sont le nerf et l'honneur de la France.

M. le ministre de sa majesté, qui m'a précédé à
cette tribune, vous a dit que les députations ont
été consultées sur les dispositions relatives à leurs
départements : fort bien, messieurs. La députation
du département de l'Aisne, dont je fais partie, a
été unanime contre la coupure du canton de La

Fère entre deux arrondissements électoraux. Quel motif donnait la commission pour cela? Elle vous a dit que la rivière d'Oise devait former division. Il y a de la sauvagerie, de la barbarie dans une pareille allégation. Dans un bon pays, les rivières réunissent les populations au lieu de les diviser. Les moulins, les villages, les foires et marchés sont sur les rivières. Cela est vrai, surtout dans le canton de La Fère, où l'Oise a dix ou douze toises de large.

J'appuie l'amendement de mon honorable collègue M. de Saint-Aulaire, précisément par le motif qui a porté le ministre du roi à en proposer le rejet. Le ministre vous a dit que les électeurs se grouperaient suivant le parti auquel ils appartiendraient. Quel inconvénient y verriez-vous, messieurs? Ne vivons-nous plus sous un gouvernement représentatif? N'est-il pas utile, n'est-il pas nécessaire que toutes les nuances politiques soient exprimées dans cette enceinte? Le gouvernement représentatif n'est-il pas le gouvernement de l'opinion publique?

Nous vivions il y a peu de temps sous l'empire d'une loi d'élection constitutionnelle et nationale, nous en sommes sortis, nous sommes sortis de la charte; on nous a donné en place un double vote scandaleux. On nous a donné des colléges d'exception, car les colléges actuels de départements ne méritent pas un autre nom. Enfin on tourmente, on torture le territoire, pour en extraire des aristocrates.

Messieurs, le temps de l'aristocratie est passé : elle ne prendra pas racine en France, elle n'y tiendra pas; et si jamais une noble pensée royale voulait changer la marche du gouvernement accepté par les conseillers actuels de la couronne; si le roi venait à dissoudre la chambre, eh bien! messieurs, malgré la mauvaise loi du 29 juin, malgré le double vote, malgré la torture donnée au territoire, la France repousserait de partout les aristocrates, et vous auriez une chambre composée de royalistes constitutionnels, d'hommes nationaux.

SUR LES ÉVÉNEMENTS DE NAPLES.

Quand, tout-à-l'heure, M. le ministre des affaires étrangères vous témoignait son contentement de ce que les portes de notre assemblée étaient closes, j'ai cru qu'il s'apprêtait à nous faire d'importantes communications, et qu'à sa voix des flots de lumière allaient descendre de la tribune pour inonder cette enceinte. Grande ..été mon erreur. Nous n'avons appris de lui rien de ce que nous désirions savoir. La discussion n'a produit, jusqu'à ce moment, qu'un seul renseignement utile. Ce renseignement est relatif, non à Naples, mais à l'Espagne. Il vient de nous être donné, non par le ministre des affaires étrangères, mais par un des ministres qui siégent en amateurs dans le cabinet de sa majesté.

Ceux auxquels je réponds ont traité d'abord de la prérogative des chambres dans un gouvernement constitutionnel. Cette prérogative, suivant eux, ne s'étend pas jusqu'au droit de demander et encore moins d'obtenir des informations sur l'état de nos relations extérieures. Ils se sont appesantis sur l'examen du droit, et ils n'ont accordé que peu de paroles aux affaires du moment, qui cependant sont l'objet spécial de la proposition qui nous occupe. Je suivrai la marche opposée. Je serai court sur la question de principe, parce que le droit me paraît incontestable. J'entrerai dans quelques détails sur la question de circonstance, parce qu'il nous importe de savoir où nous sommes, de savoir où nous allons.

Il existe sûrement des différences capitales entre la constitution anglaise et la nôtre ! mais ce n'est pas en ce qui concerne les rapports avec l'étranger. En Angleterre comme en France, le roi, seul et sans l'avis des chambres législatives, déclare la guerre, fait la paix et conclut les traités d'alliance. Bien plus, en Angleterre, le corps diplomatique, payé par la liste civile, semblerait devoir apparte- nir plus intimement à la couronne qu'en France, où il est payé par le trésor de l'état. Quoique le siége de l'empire britannique soit dans une île, ses in- térêts ne l'en rattachent pas moins autant qu'un royaume continental à tout ce qui se passe sur le continent. A Londres comme à Paris, les membres du parlement font des interpellations aux ministres sur l'état du pays et sur ses rapports avec les autres pays. Ces interpellations, ils les font, ils ont droit de les faire, parce qu'ils participent à la confection de la loi, parce qu'ils peuvent accuser les ministres et surtout parce qu'ils votent l'impôt. De ces hautes attributions, résulte la surveillance générale de l'administration publique tout entière. C'est la force des choses. Les ministres cherchent en vain à s'y soustraire. En vain ils déclinent, autant qu'ils le peuvent, les interpellations faites par l'opposi- tion. Il est de l'intérêt de la majorité elle-même de

protéger l'opposition sur ce point commé sur beaucoup d'autres ; car cette majorité ne peut conserver son ascendant sur le ministère, qu'en maintenant intactes les prérogatives des chambres.

Qu'a produit, vous ont dit les ministres, le dé-
bat si animé qui a eu lieu dernièrement au parlement d'Angleterre relativement aux affaires de
Naples?.... Ce qu'il a produit, messieurs?.... Il a
produit la publicité de cette circulaire où lord Cas-
telreagh développe l'opposition formelle de l'Angleterre à la suprématie que des souverains puissants veulent s'arroger sur les états faibles. Il a
produit le discours où lord Liverpool a proclamé
avec éclat la justice de la cause que soutiennent
les constitutionnels espagnols , et où il a dit que,
rien ne pouvant justifier l'intervention de l'Angleterre dans les affaires de Naples, les relations diplomatiques entre les deux puissances n'avaient pas
été interrompues. Il a produit pour les Anglais une
sécurité entière au présent et dans l'avenir.

Voilà, messieurs, tout ce que nous demandons
à notre gouvernement. Nous le demandons au nom
de notre population inquiète, dans l'intérêt de
notre commerce maritime, qui a conçu de justes
alarmes. Qu'on ne nous dise pas que les chambres
de commerce auraient plus que les députés de la
France le droit d'occuper le gouvernement de leurs
craintes. Cette assertion ministérielle a été repous-
sée ici par un cri unanime. Qu'on ne nous dise pas
non plus que nous fondons nos propositions sur
des articles de journaux ; nous citons des faits, nous

invoquons des documents publics; j'ai à la main la déclaration publiée dans la *Gazette officielle* de Vienne, du 13 février, sur ce qui s'est passé à l'égard de Naples dans les congrès de Troppau et de Laybach.

Le nom de la France est rappelé trois fois dans cette déclaration; il y est dit, 1° *que le cabinet de France a accédé, avec des restrictions*, aux résolutions prises à Troppau pour le salut commun de l'Europe; 2° que l'invitation faite au roi des Deux-Siciles de se rendre à Laybach a été appuyée par sa majesté le roi de France; 3° que les plénipotentiaires de sa majesté le roi de France ont adressé de Laybach au chargé d'affaires de leur souverain à Naples des instructions explicites calquées sur les résolutions prises par les cabinets d'Autriche, de Russie et de Prusse.

De ces trois points, je ne veux m'attacher qu'au premier. Qu'entend-on par *accéder avec des restrictions* aux résolutions prises contre Naples? Il n'y a, ce me semble, que trois manières d'être envers cette puissance. On adhère sans restrictions à l'attaque dirigée contre elle par l'Autriche, et alors on fournit ou on est prêt à fournir aux assaillants des troupes et des subsides; c'est le cas de la Russie et de la Prusse. On refuse d'y adhérer, et alors on ne donne ni hommes ni argent; c'est le cas de l'Angleterre. Enfin on adhère avec des restrictions, comme fait la France; mais où sont les restrictions? se rapportent-elles aux soldats? se rapportent-elles aux subsides? puisqu'il est certain que nous n'envoyons pas des troupes grossir les armées de la coalition, n'est-on pas autorisé à croire que nous lui fournissons de l'argent?

Vous savez, messieurs, que le bruit s'en est répandu. Ce bruit s'étaie de ce qui se passe chez nos voisins. C'est un fait notoire que la coalition a demandé huit millions au roi de Sardaigne, et c'est aussi un fait notoire que la cour de Turin a suivi à Troppau et à Laybach les erremens de la cour des Tuileries.

Toutefois, messieurs, en appelant votre attention sur un nouveau subside que nous aurions payé aux étrangers, je n'attache pas à une allégation fondée sur la rumeur publique plus d'importance qu'elle n'en mérite. Toujours est-il certain que, si nous ne contribuons pas à la guerre contre Naples par notre or et par nos soldats, nous y contribuons par les vœux de notre gouvernement et par notre influence morale comme puissance; et cependant les ministres du roi vous disent que nous sommes en paix avec tout le monde. Oui, messieurs, nous avons la paix aujourd'hui; mais qui vous dit que nous l'aurons demain? On commande la paix à ses voisins quand on a des armées nombreuses et surtout quand le peuple est uni et content. On reçoit d'eux la guerre, non pas à son gré, mais suivant leur bon plaisir, quand l'état est affaibli et la puissance presque anéantie par l'incapacité des ministres qui gouvernent.

Vous flattez-vous, messieurs, que les Napolitains nous regarderont comme des neutres, nous, les alliés de leurs ennemis? Savez-vous ce que fera l'Espagne à la nouvelle de l'attentat contre Naples? Hier les cortès ont été rassemblés à Madrid; hier peut-être un cri d'indignation s'est élevé dans leur sein contre la ligue de Laybach et contre tous ceux qui ont accédé, avec ou sans restrictions.

Et croyez-vous que l'aspect sous lequel on envisage ici les révolutions du midi soit fait pour nous inspirer quelque confiance sur notre avenir? On sait mal ce qui s'est passé en Espagne; on a fait trop d'honneur aux généraux Riégo et Quiroga, en disant que ce sont eux qui y ont renversé un pouvoir despotique. Les faits sont là, messieurs, qui prouvent le contraire; je vais les citer.

Deux chefs militaires ont proclamé, au fond de l'Andalousie, la constitution faite quelques années auparavant par les cortès de Cadix, pendant la captivité du roi Ferdinand, et reconnue par tous les souverains de l'Europe, moins celui qui régnait alors en France. Quel que fût l'attachement du peuple espagnol à cette constitution, les militaires insurgés n'ont pas gagné pendant plus de deux mois un pouce de terrain hors du territoire où ils étaient cantonnés. Les villes voisines ont tenu leurs portes fermées. Bien plus, Riégo, s'étant porté sur Malaga, a été repoussé et ramené par la garnison de cette ville dans l'île de Léon. Ce ne sont donc pas les soldats qui ont renversé le despotisme de Madrid. Le despotisme a croulé sous lui-même; il est tombé parce que ses excès l'avaient rendu odieux à tout le monde; il est tombé

parce qu'aucune voix ne s'est élevée, aucun bras
ne s'est armé pour le défendre; il est tombé parce
que chez les nations généreuses les trônes ne peuvent tenir debout, s'ils ont pour fondement la dé-
loyauté et l'injustice.

Quant à la révolution de Naples, on ne reprochait pas, il est vrai, au gouvernement de ce pays
d'être dur et oppressif; mais les Napolitains, messieurs, sont des Italiens; et ce fut long-temps le
sort de l'Italie d'être comprimée par la violence
de l'étranger. Nous Français, nous devons savoir,
plus qu'une autre nation, ce que peut un sentiment de nationalité fortement exalté. Rappelez-
vous, en pensant à Naples, qu'un général autrichien
commandait dans cette capitale, et que des souverains du nord avaient osé dire à un roi italien :
*Il ne vous est pas permis de donner une constitution
à vos peuples.*

Mais il ne s'agit en ce moment ni de la moralité
des événements qui se passent dans d'autres pays,
ni des vues ultérieures des coalitions formées contre ces événements. Ce qui nous importe à nous,
c'est l'influence que peuvent avoir sur notre bien-
être ces événements et ces coalitions. Et à ce sujet,
messieurs, je ne peux m'empêcher de vous témoigner mon étonnement de ce qu'on vous a dit tout-
à-l'heure relativement à la Sainte-Alliance. Si l'on
en croit M. le ministre des affaires étrangères,
c'est un projet tout pacifique, c'est un rêve de félicité universelle comme celui du bon abbé de
Saint-Pierre. Eh! messieurs! Ceux qui rêvent ainsi

sont toujours à cheval, toujours armés et ils disposent de cent millions de sujets.

Un sentiment de convenance nationale eût dû empêcher le ministre du roi de faire ici l'éloge de la Sainte-Alliance. Ne se souvient-il donc pas quand, où, et sous quels auspices elle a été formée? Le traité dit de la Sainte-Alliance a été signé à Paris au mois de septembre 1815, à l'époque de nos désastres et sur nos ruines. Il nous fut imposé par la force, et il semblait que nous devions en être affranchis lorsque la force avait cessé de peser sur nous. En 1818 la nation a dit à ses garnisaires européens, comme Henri IV aux Espagnols alliés de la ligue : *Bon voyage, messieurs, mais n'y revenez plus.* La nation a satisfait religieusement à tous les engagements qu'elle avait contractés. C'est assez. Les destinées sont accomplies. Une alliance qui réveille de cruels souvenirs ne pourrait se présenter désormais aux ames généreuses que comme une continuation de servage.

Je vous le demande, messieurs, est-elle digne du roi et de la France l'alliance où nous nous traînons à la queue de ceux que nous avons battus tant de fois, l'alliance où nos plénipotentiaires, ignorés de tous, et consultés sur rien, paraissent n'être appelés que pour entendre les premiers les oracles que rendent les maîtres du monde?

Est-elle naturelle l'alliance du chef auguste des Bourbons avec ceux qui veulent écraser les branches cadettes de sa maison du fardeau d'une protection qui ne pouvait être exercée noblement qu'en famille et du plein gré des protégés?

Est-elle constitutionnelle l'alliance vague et mal définie d'une monarchie limitée avec des monarchies absolues; l'alliance où des formules générales et publiques servent de masque à des stipulations particulières et secrètes, attentatoires à l'indépendance des nations; l'alliance qui, pénétrant au fond du gouvernement de chaque pays, a peut-être dès à présent prononcé l'anéantissement graduel de notre charte royale, dont nous avons entendu tout-à-l'heure le juste éloge, et que nous voulons conserver tout entière et à toujours?

Est-elle politique l'alliance qui rompt nos autres alliances de sympathie et de famille; l'alliance qui tend à mettre à notre place dans l'affection de nos voisins l'Angleterre, assez sage cette fois pour ne pas troubler la vie intérieure des nations?

Garantit-elle l'équilibre de l'Europe l'alliance de notre France désarmée avec ces rois voyageurs et guerriers qui comptent leurs soldats par millions?

Ah! messieurs, renonçons à une alliance qui ne convient pas à notre dignité et qui ne peut que compromettre notre repos. Dans cette rapide scission entre les vieux gouvernements et les gouvernements rajeunis, n'avions-nous donc pas un rôle à remplir, moins timide, moins périlleux et surtout plus honorable? Si la voix de l'Europe indiquait un médiateur capable de composer de si grands différents, n'était-ce pas le prince dont la sagesse est en si haut renom; le prince dont la race est la plus ancienne parmi les races des rois; le prince qui, le premier et de son propre mouvement, a ouvert à son peuple cette carrière de liberté constitutionnelle dans laquelle s'élancent à l'envi les autres peuples? Et, pour que cette voix, agréable aux souverains et aux sujets, fût écoutée par tous avec respect, il n'était pas besoin de l'appui du canon; il suffisait de notre vieille renommée et de l'autorité que concilient toujours l'impartialité et la modération.

Mais la condition indispensable d'une médiation française, fondée sur la charte et sur notre considération européenne, était qu'en France, la charte ne fût pas un vain nom, et que l'accord intime du gouvernement avec les intérêts nationaux lui assurât la disposition facile d'une force matérielle imposante et le profit exclusif de cette force morale qui se lie à nos souvenirs récents, et qui reste encore le principal élément de notre puissance. Aussi haut nous pouvions être portés par des ministres hommes d'état, aussi bas nous sommes descendus par la faute de ministres qu'absorbe le soin de conserver leurs places. Esclave des factions au-dedans, subalterne et craintive au-dehors, l'administration actuelle n'a pas deviné, n'a pas même entrevu ce que les déchirements de la politique lui offraient de ressources pour ressusciter la grandeur du roi et de la France. Oui, messieurs, on a pu, on pourrait encore ressusciter cette gran-

deur, et l'asseoir, non plus sur de trompeuses conquêtes, qui ne laissent au fond des cœurs que le
désir de la vengeance, mais sur le culte de cette
justice éternelle qui est le premier besoin des rois
et des nations.

C'est pour arriver à un but si désirable que je
vote la prise en considération de la proposition de
M. le général Sébastiani. Je voudrais que, dans
l'humble adresse qui sera adressée à sa majesté, la
chambre demandât des éclaircissements sur les
points de fait que je vais indiquer.

1º La déclaration des hautes puissances publiée
dans la *Gazette officielle* de Vienne du 13 février
dernier, est-elle apocryphe ou officielle?

2º Si cette déclaration est une pièce officielle,
quel sens doit-on attacher aux mots *accéder avec
des restrictions*, qui y sont insérés comme explica-
tifs de la part que le cabinet de France aurait eue
aux résolutions prises contre Naples à Troppau et
à Laybach?

3º Dans le cas où le gouvernement napolitain,
et par suite le gouvernement espagnol, voudraient
regarder cette *accession avec des restrictions* comme
une hostilité, quelles mesures ont été prises pour
protéger notre commerce maritime et pour défendre notre territoire?

SUR LA PÉTITION

DE LA SOEUR DU GÉNÉRAL MARCEAU.

SÉANCE DU 19 MARS 1821.

La dame Marceau Sergent, à Milan, demandait que le monument élevé dans la ville de Chartres à la mémoire du général de division Marceau, son frère, et démoli en 1815 par ordre du maire, fût rétabli à la même place.

La commission proposa le renvoi à M. le ministre de l'intérieur.

Messieurs, le général Marceau est tombé, jeune d'âge et vieux de gloire, sur le champ de bataille, près Altenkirchen. Il avait beaucoup fait pour la France, et la France attendait encore beaucoup de lui; il fut pleuré par les soldats; il fut pleuré par ceux qu'il avait combattus. Le prince Charles et l'armée autrichienne rendirent des honneurs solennels à sa mémoire.

Les ennemis du dehors avaient honoré Marceau; les ennemis du dedans n'ont pas respecté sa mémoire.

Un monument avait été élevé à Marceau dans Chartres, sa ville natale; une place publique avait pris son nom. En 1815, le monument à été démoli. La place a perdu le nom de Marceau, pour reprendre je ne sais quel nom gothique qu'on lui a infligé, comme si cette ville eût dû rougir d'avoir une place qui portât le nom d'un héros! Je demande que la pétition soit renvoyée à M. le président du conseil des ministres, afin de prendre connaissance des faits qui ont donné lieu à l'acte anti-national de la destruction d'un monument élevé à la mémoire d'un illustre général, et qui ont motivé la radiation de son nom.

Cet appel à des sentiments généreux, cet honneur à rendre à un brave, sont d'accord avec les sentiments de cette généreuse nation qui bondit de joie à l'aspect de la civilisation et de la liberté sauvées des outrages des barbares.

Voici, messieurs, pour quel motif j'ai demandé encore le renvoi à M. le président du conseil des ministres. Le monument a été détruit après le départ des Prussiens; on a prétendu cependant que c'était par l'influence des troupes étrangères qu'il avait été détruit; mais les amis du général Marceau, les vengeurs de sa mémoire, disent au contraire que l'influence des étrangers n'y a été pour rien.

Ils le disent, parce que les étrangers et le roi de Prusse lui-même, ont montré pour la mémoire de ce général français une sorte de vénération, et que le roi de Prusse ordonna que ses cendres fussent religieusement recueillies. Il existe donc, messieurs, un motif supérieur et indépendant de la réclamation en elle-même, pour renvoyer là péti-tion au président du conseil des ministres.

La pétition fut renvoyée au ministre de l'intérieur.

SUR LES DROITS ACCORDÉS PAR LA CHARTE.

SÉANCE DU 20 MARS 1821.

On a parcouru un vaste cercle de questions de haute politique; cela est dans la nature des choses; la tribune est entraînante, et l'on ne peut imposer de limites à la pensée, rétrécir le discours ni empêcher l'émission de ce qui est juste et analogue au gouvernement représentatif. Je me propose de répondre aux deux ministres qui ont été entendus. Je déclare d'abord que je n'entends pas parler des droits des hommes en société; que je ne demanderai pas à l'histoire si la royauté est une concession du peuple, ou la liberté une concession des rois.

Nous avons la charte; elle est riche en éléments de liberté et de bonheur public. Telle qu'elle est, elle nous suffit; mais c'est parce qu'elle nous est donnée, parce qu'elle renferme des éléments de liberté, qu'il faut que des mains pures et loyales l'exploitent, afin que les libertés qu'elle consacre ne soient pas de vains mots, et que ses dispositions soient observées, et non pas qu'on nous les enlève tous les jours.

Le principe fondamental de la charte, c'est l'égalité devant la loi. Toute loi qui attaque ce dogme sacré, ce dogme essentiel de l'existence française, ce dogme qui est le fondement de l'ordre social actuel, est par cela même contraire à la charte.

Au sujet d'une discussion sur le mot souveraineté, on a dit qu'on pouvait changer la charte, et que ce droit se trouvait dans la charte elle-même; et, pour soutenir cette opinion, on s'est appuyé sur des paroles émises par le corps législatif de 1814 qui, accoutumé à être exécuteur muet des volontés de la puissance, s'est trouvé tout étonné de revivre et d'entrer dans une existence constitutionnelle. Non, messieurs, il n'en est pas ainsi; la charte nous a été donnée à toujours : il n'est permis à personne, ni au roi, ni au peuple, de détruire la liberté, l'égalité constitutionnelle qu'elle consacre.

On vient de dire qu'il n'existe aucune loi contraire à la charte, et l'on a cité la liberté individuelle; c'est la première fois qu'on s'est permis de dire que le droit d'emprisonner sur l'ordre de trois ministres pouvait être considéré comme une mesure régulière et constitutionnelle. Le ministre qui a proposé la loi ne le croyait pas; suivant lui, c'était l'arbitraire, et ce n'était pas une fanfaronnade dans sa bouche, c'était de l'arbitraire tout pur qu'il vous demandait.

On a dit encore que la loi sur les journaux n'était pas contraire à la charte; qui l'a dit?... Je me rappelle qu'en 1819 cette loi fut longuement et brillamment discutée; qui a joué le plus grand rôle dans cette discussion? qui a soutenu avec le plus de chaleur, et, je le croyais alors, avec le plus de conviction, l'institution de la liberté de la presse? qui?... je ne le dirai pas. Les Romains avaient l'habitude de donner aux lois le nom de ceux qui avaient le plus contribué à les faire adopter.

A ce titre, la loi de 1819 serait la loi de Serres, car c'est M. de Serres qui, plus que personne, a contribué à l'adoption de cette loi; et c'est le garde-des-sceaux de 1821 qui vient vous dire que le monopole des journaux, que l'oppression de la pensée, de l'opinion publique, dont les journaux sont l'organe, est dans la charte!!! Il ne l'a pas dit; mais je le déduis de ce qu'il a dit, parce que c'est le sens de son discours.

. Il a dit ensuite que la loi d'élection était dans la charte. Non, elle est contraire à la charte. C'est la première loi d'exception, c'est la première loi à détruire, parce qu'elle est destructive de la charte. La charte reconnaît le droit d'élection dans tous les hommes qui paient 300 francs d'impôts; la loi d'élection attribue ce droit à des hommes qui paient un autre cens. La charte dit que c'est un droit individuel, la loi d'élection reconnaît un double vote. Cette loi est coupable envers la nation; il n'y aura en France de liberté, il n'y aura en France de charte que quand cette loi sera anéantie.

M. le garde-des-sceaux s'est plaint que les dénominations d'aristocrates et d'aristocratie, qui rappellent les souvenirs des premiers jours de la révolution, reparaissent dans nos discours. Oui, les mots reparaissent, parce que les choses reparaissent aussi. N'annonce-t-on pas tous les jours le projet de reconstruire la société ? A l'instant même je l'entends avouer à droite : votre loi municipale n'est-elle pas l'institution la plus aristocratique qu'on ait pu donner à une nation civilisée ? et votre loi proposée sur les communes n'est-elle pas absurdement aristocratique ? La loi d'élection est le privilége des aristocrates....

Un membre : Qu'est-ce que les aristocrates ?

M. le général Foy : Je vais vous le dire. L'aristocratie, au dix-neuvième siècle, c'est la ligue, la coalition de ceux qui veulent consommer sans produire, vivre sans travailler, occuper toutes les places sans être en état de les remplir, envahir tous les honneurs sans les avoir mérités : voilà l'aristocratie !

Les ministres ont dit qu'ils resteraient à la tête du gouvernement, et moi je dis que les ministres n'y resteront pas s'ils laissent avilir la France au-dehors, s'ils la divisent au-dedans, s'ils continuent à gouverner inconstitutionnellement.

Je dis qu'ils ne resteront pas, que personne en France n'aurait le pouvoir de les y faire rester ; que le roi lui-même serait contraint de céder à la force de l'opinion, parce que le gouvernement n'est que dans l'intérêt de l'opinion, et que, lorsque cette opinion est aussi claire, aussi patente, aussi positive, aussi prononcée à toutes les heures, à tous les moments, il n'est pas possible à cinq cent mille hommes de lutter éternellement en France contre trente millions d'habitants.

On nous a parlé des secours de l'étranger. Non , nous ne voulons ni de ses exemples ni de ses secours; ce n'est pas nous qui sommes revenus à la queue de l'étranger. Nous voulons la charte avec les développements qui sont dans son esprit d'égalité , de liberté individuelle , de liberté de la presse, d'élection directe par les citoyens payant un cens de 3oo francs; enfin la charte telle que nous l'avons jurée , telle que nous la défendrons.

SUR LES ÉVÉNEMENTS DE NAPLES.

SÉANCE DU 21 MARS 1821.

Je viens parler contre la clôture.

A droite : N'en sortez pas.

Si j'en sors, vous me jugerez. Je m'oppose à la clôture, parce que les ministres du Roi ont appris à la Bourse de Paris, à toute la ville de Paris, à toute la France, une nouvelle matériellement fausse par la manière dont elle est énoncée.

Si l'on ne veut pas que je parle, ils auront le mensonge pour eux, et nous aurons la vérité pour nous.

Il est impossible, hypothétiquement impossible, matériellement impossible, qu'un engagement de quelqu'importance, de quelqu'influence sur les opérations de la guerre, ait eu lieu à Rieti ; Rieti est en dehors des frontières, et, par la disposition des troupes napolitaines, il est impossible qu'un engagement ait eu lieu autrement qu'entre une portion très-minime des troupes napolitaines et la totalité des forces autrichiennes.

Au reste, s'il est vrai que les Autrichiens, par suite d'une victoire plus ou moins importante, soient entrés dans les Abruzzes, tant pis pour eux, ils n'en sortiront pas. La raison militaire, la force des choses les en empêcheront. Non, messieurs, ils n'en sortiront pas, et l'Italie sera le tombeau des barbares.

Maintenant, cette prétendue victoire des Autrichiens, vous l'annoncez avec un air de triomphe... Je vous le demande : si les Napolitains avaient été victorieux, l'auriez vous annoncé de même ?.....

M. Pasquier, de sa place : Je vous l'aurais annoncé moi-même.

Une voix : Oui, dans huit jours, comme le Piémont.

La conduite antérieure des ministres me prouve qu'ils ne l'auraient point fait.

Au reste, dans toute cette affaire, le gouvernement s'est servi d'une diplomatie en partie double. D'un côté, il y a un ambassadeur, M. de Blacas, auprès du roi prisonnier des Autrichiens. D'un autre côté, il y a un chargé d'affaires, M. le chevalier de Fontenay, auprès de ce digne petit-fils d'Henri IV, qui combat pour l'indépendance de son pays comme Henri IV a combattu contre les Espagnols.

Ce que je dis est un fait matériel : les journaux ont annoncé la nomination de M. de Blacas, et nous devons croire à ce que disent les journaux sur les affaires étrangères, depuis que le ministre des affaires étrangères nous a dit qu'il les faisait.

D'un côté, M. le chevalier de Fontenay traite à Naples comme neutre, comme ami, avec le gouvernement du prince régent.

A droite : Qui vous l'a dit?

Qui me l'a dit? ce sont les journaux censurés;

et d'un autre côté, tandis que M. le chevalier de Fontenay traite avec le duc de Gallo, ministre des affaires étrangères de Naples, nous voyons ici un duc de Castelcicala s'intituler ambassadeur de Naples, écrire cette qualité en grosses lettres sur sa porte, être reçu comme tel, tandis qu'il est désavoué par le ministre des affaires étrangères de Naples, par toute cette noble et indépendante nation, unie à la famille de son Roi.

Toute cette diplomatie tortueuse, honteuse d'elle-même, ne va pas à un grand peuple ; elle échouera d'ailleurs contre la force des choses. Ne voyez-vous pas que ces événements d'Italie vont allumer un incendie dans toute l'Europe ? Ne voyez-vous pas que les cosaques déborderont encore une fois sur le midi de l'Europe ?

Eh ! messieurs, il y a une nécessité pour les gouvernements constitutionnels du Midi de s'allier entr'eux, de former une coalition pour résister aux invasions du Nord.... Ces gouvernements constitutionnels, c'est l'Espagne, Naples et nous; c'est l'Angleterre, qui a fait sa déclaration par l'organe de son ministre le plus considéré même dans l'aristocratie anglaise, le comte de Liverpool!

Plusieurs voix à droite : La clôture.

Vous voulez des clôtures et non des vérités, les vérités vous submergent.

La France, placée entre l'Italie, l'Espagne et l'Angleterre, ne pourra pas rester neutre, et, au milieu de cette guerre générale, elle sera obligée de

prendre un parti; quel que soit ce parti, il faut que
la France soit la France.... il faut avoir une armée...
et l'on n'a pas d'armée quand on n'est pas d'accord
avec la nation, car la nation est l'armée, aujour-
d'hui, c'est tout un....

A droite : La clôture! la clôture!

Voyez dans un pays voisin....

Les mêmes voix répètent : la clôture! la clôture!

Puisque décidément vous ne voulez pas m'entendre, je me tais. J'ai dit ce que je voulais dire
pour rassurer la bourse de Paris; c'est que l'affaire
de Rieti ne peut être au plus qu'un engagement léger, et que si la victoire a été complète, et que
les Autrichiens soient entrés dans les Abruzzes,
tant pis pour eux, car ils n'en sortiront pas.

SUR L'ARTICLE DE LA LOI DES COMPTES,

RELATIF AU MINISTÈRE DES AFFAIRES ÉTRANGÈRES.

SÉANCE DU 22 MARS 1821.

L'an dernier, l'opposition s'est fort démenée pour obtenir la spécialité ; elle n'y a pas réussi parce que, l'an dernier, comme cette année, les ministériels de fraîche date luttaient avec les ministériels vétérans, à qui s'occuperait le moins des intérêts des contribuables. Cependant elle a obtenu que l'on présenterait les comptes comparatifs des budgets et des dépenses, qu'ils seraient examinés, que la chambre obtiendrait toutes les explications nécessaires ; mais dans la discussion il avait été reconnu à plusieurs reprises par des ministres du roi, que les comptes des services étaient établis d'une manière plus utile et plus constitutionnelle, lors de la reddition des comptes, lorsque la dépense était consommée ; bien plus, le ministre fit alors promettre un livre fort bien fait, qui fut distribué aux membres de cette chambre, et qui avait pour objet d'examiner la question de savoir s'il était plus utile, plus constitutionnel de discuter les services lors de la reddition des comptes que lors de l'émission du budget.

J'ai donc dû m'étonner, en entendant interrompre M. le général Sébastiani, lorsqu'au sujet des comptes des affaires étrangères, il examina comment les relations extérieures avaient été dirigées pendant l'année dont on vous rend aujourd'hui les comptes. Vous n'avez pas voulu l'entendre, vous n'avez pas voulu entendre l'orateur qui l'a suivi à la tribune.

A droite : Non! non!

Eh bien! soit, continuez d'abuser de votre nombre pour ravaler la chambre. Nous n'entrerons pas dans cette discussion.

M. Chauvelin, eh! pourquoi.

Parce qu'on ne peut pas parler quand on est sans cesse interrompu. Nous nous bornerons donc à une comparaison de chiffres.

Je vous ai fait remarquer que le compte des dépenses de l'exercice 1819 est établi avec le budget de la même année, sauf les suppléments de crédits qui ont été demandés; ainsi pour les missions fortuites on vous a demandé 414,000 francs. Je vois dans le compte que les missions fortuites sont portées à la même somme. Il faut convenir que ceux qui ont préparé le budget ont arrêté cet article avec une exactitude qu'on ne pouvait pas deviner. Je soutiens que cette reddition de compte, c'est-à-dire que l'affectation de telle dépense à tel ou tel article est mensongère, et je vais en trouver la preuve dans les paroles mêmes du ministre; lisez le budget de 1821, vous y verrez à l'article des affaires étrangères qu'on vous propose de créer un sous-secrétaire-d'état, et l'on vous fait remarquer que cette dépense ne sera pas très-considérable, attendu qu'il est déjà payé comme directeur des affaires politiques, et que son traitement était pris sur les frais des traitements des agents extérieurs. (Ce sont les paroles du ministre.) Ainsi quand vous avez cru donner 3,700,000 fr. pour les traitements des agents extérieurs, une partie a été destinée au traitement du directeur des affaires politiques.

Que dirait-on si l'on vous prouvait que sur cette somme on paie encore des évêques, des écrivains politiques qui veulent qu'on fasse main-basse sur les acquéreurs des domaines nationaux? On alloue aussi des traitements à d'autres agents qui n'ont fait qu'entrer dans les affaires étrangères; ils en jouissent toujours quoiqu'ils en soient sortis. Sans doute ils pourront les léguer aussi à leur postérité.

On doit donc, dans l'examen des comptes, débattre les questions tout entières, sauf toutefois les limites que l'intérêt de l'état y apporte. Ainsi, s'il avait été fait en 1818 des frais extraordinaires pour un ambassadeur au Brésil, et que cet ambassadeur ne fût point parti, je demanderais au ministre pourquoi on a fait cette dépense.

La commission des comptes de cette année, ainsi que la commission des années précédentes, a établi qu'il suffisait que des renseignements lui eussent été donnés, que le compte qui lui était rendu devait être considéré comme rendu à l'assemblée. Lorsqu'il s'y trouve des représentants de tous les intérêts et de toutes les nuances d'opinion, on peut jusqu'à un certain point consentir à ce que des pièces

trop volumineuses pour être distribuées à tous les
membres, ne paraissent que devant la commission ;
mais lorsque les commissions sont prises exclusivement dans une partie ou un parti de la chambre,
alors il est indispensable, il est de la délicatesse
des membres de cette commission de faire imprimer et distribuer tous les documents ; parce que,
bien que nous n'ayons pas l'honneur d'être nommés
de ces commissions, nos compatriotes, qui nous
ont envoyés ici, ont compté sur l'emploi de notre
capacité spéciale pour les intérêts de la fortune et
des libertés publiques.

Ainsi, en m'opposant au supplément de crédit
du ministre des affaires étrangères, je demande
que pour le réglement des budgets prochains, tous
les états de service du ministre des affaires étrangères, et surtout les états de service du ministre
de la guerre, soient imprimés et distribués à tous
les membres de la chambre.

SÉANCE DU 28 MARS 1821.

M. le général Foy proposait qu'à l'avenir il ne pût être fait d'achats d'immeubles, pour le compte de l'état, autrement qu'en conséquence d'une loi.

On a été effrayé des expressions, *en vertu d'une loi*, qui se trouvent dans mon amendement. On a cru qu'il s'agissait de faire une loi pour chaque acquisition de maisons ou de terrains, et on a dit : La charte ayant environné la formation de la loi de lenteurs solennelles, la session ne suffirait pas pour voter toutes ces lois d'achat de maisons et de terrains.

Messieurs, la loi que j'invoque dans mon amendement est celle du budget. Je demande qu'aucune dépense ne soit faite pour l'accroissement du domaine, d'après une disposition même de la loi de finance.

M. le directeur-général des ponts-et-chaussées a fait, l'an dernier, une objection contre l'amendement que je proposais alors comme aujourd'hui. Il a dit : Dans mon service, je fais par année deux ou trois cents contrats d'achats. Voulez-vous que, pour chaque achat, j'aille vous demander une loi ? Non certainement ; M. le directeur n'a pas besoin d'une loi spéciale pour chaque achat ; la loi du budget établit sommairement les travaux que les ponts-et-chaussées et le génie militaire doivent faire dans l'année ; ainsi, par exemple, dans le budget de cette année, M. le directeur général a porté

l'indication des canaux et des routes anciennes et
nouvelles qui devront être raccommodées ou con-
struites ; le principe une fois admis dans le budget,
toutes les acquisitions de terrains et de maisons pour
le service des ponts-et-chaussées en sont la conséquence nécessaire. Ceci m'a porté à me servir,
dans mon amendement, de l'expression *en conséquence d'une loi*, au lieu de celle *en vertu d'une loi.*

Il y a d'ailleurs une législation spéciale sur l'objet
qui concerne les ponts-et-chaussées. Les lois du
8 mars 1815 et du 7 septembre 1816 ont déterminé la forme suivant laquelle les propriétaires
devaient être indemnisés, et la forme suivant laquelle les tribunaux devaient prononcer l'expro-
priation pour cause d'utilité publique. Puisqu'il
y a déjà une loi de faite sur la matière, nous n'en
demandons pas une autre ; mais il ne s'agit pas
d'expropriations ; il s'agit de marchés amiables,
d'acquisitions tout-à-fait étrangères au domaine des
ponts-et-chaussées et du génie militaire.

M. le ministre des finances, combattant l'an dernier mon amendement, a fait une objection tirée
du droit civil, et vous a dit : Le Code civil a imprimé beaucoup de formalités à l'aliénation des
biens des mineurs, tandis qu'elle a rendu facile
l'acquisition de biens pour les mineurs. Le Code
civil a dit expressément que le tuteur ne peut
acheter pour son pupille qu'en vertu d'une décision
du conseil de famille, homologuée par le tribunal.
Eh bien ! messieurs, vous qui voulez que les nations restent des mineurs, vous ne nous repro-

cherez pas, en transportant la question de droit
civil dans le droit public, d'assimiler la nation au
pupille, le roi au tuteur, et les chambres législatives au conseil de famille.

On m'a fait une dernière objection, en disant: La
loi a dû être prévoyante pour les aliénations du domaine, parce que les gouvernements, qui ont pour
habitude de faire argent de tout, seraient toujours
tentés d'aliéner le domaine, tandis que les ministères, qui ont intérêt à garder leurs fonds, ne les em-
ploieraient pas à faire l'achat de maisons inutiles.

Avec une majorité complaisante, messieurs, et
toute dévouée au ministère, il n'est rien qui ne soit
à redouter. Et d'ailleurs, comment peut-on faire une
pareille objection à une époque où un si grand
nombre de fonctionnaires publics sont logés aux
frais du gouvernement, et s'occupent sans cesse
d'améliorer et d'agrandir leurs habitations? Cette
manie des agrandissements et des améliorations est
portée si loin, est si générale, qu'elle s'étend depuis
le portier, qui veut élargir sa loge, jusqu'au ministre du roi, qui, trouvant ses grandeurs trop à
l'étroit dans la rue du Bac, vient les étaler sur les
boulevards des Capucines, sans avoir obtenu aucune autorisation législative.

Dans cette discussion, les ministres ont beaucoup parlé de leur responsabilité; pour moi, je
déclare que, si je voulais user ici du droit de responsabilité, qui est garanti par la charte, je n'accuserais pas les ministres d'avoir augmenté leur pé-
cule ou celui de leurs amis, au moyen des annuités,

des droits sur les sceaux, etc., etc.; mais je les accuserais de trahison....

Oui, messieurs, de haute trahison, pour avoir trempé dans le complot ourdi à Troppau et à Laybach contre l'indépendance des nations.

Je reviens à la question : il ne s'agit pas d'accuser les ministres; il s'agit seulement d'un moyen de régularité dans les comptes. Le mal est patent, vous avez tous assez de lumières pour le voir; aurez-vous aussi assez de patriotisme et d'indépendance pour y porter remède? Voilà toute la question.

L'amendement fut rejeté.

SUR LA PROPOSITION

DES ARTICLES ADDITIONNELS AU RÉGLEMENT.

SÉANCE DU 16 AVRIL 1821.

M. de Montbron proposait : « La phrase qui aura donné lieu
« au rappel à l'ordre sera désavouée par la chambre, et dès-
« lors soumise à la censure, tant qu'elle existera. Le rappel
« à l'ordre pur et simple n'entraînera ni le désaveu ni l'ob-
« stacle à la publication. »

On a entendu dernièrement un ministre du roi,
et par conséquent l'arbitre de la censure, se plaindre de ce que les journaux avaient encore trop
de licence; et à qui disait-il cela, messieurs? à
des députés qui sont tous les jours insultés, vili-
pendés par les journaux; quand on voit, à l'aide de
la censure, professer les maximes les plus hon-
teuses, les plus attentatoires à l'indépendance des
nations.

Quant à l'amendement de M. de Montbron, je
ne dirai qu'un mot, c'est que vous n'avez pas le
pouvoir de l'adopter, et, que si vous l'adoptiez, il
serait inefficace. La loi est formée par le concours
des trois pouvoirs. Vous n'êtes qu'un de ces pouvoirs; vous ne pouvez rien contre elle. La loi du
17 mai 1819, qu'à la manière des Romains j'ai

appelée la loi *de Serres*, et que M. Leclerc de Beau-
lieu a appelée la loi *Athée*, dit, art. 21, que le compte
fidèle des séances publiques, rendu de bonne foi,
ne donnera lieu à aucune action. Or, le compte
rendu de la séance ne sera plus fidèle, lorsqu'une
phrase d'un discours aura été supprimée. Donc
vous ne pouvez pas obtenir, sans violer la loi, le
résultat que vous cherchez. Si la loi vous paraît
mauvaise, attendez que le gouvernement vous en
propose une autre, ou profitez de votre prérogative constitutionnelle, pour venir, dans un comité secret, faire une proposition tendante à la
changer.

Messieurs, dans toute cette discussion, on s'est
étrangement mépris sur la nature des pouvoirs de
la chambre des députés. J'ai entendu un orateur,
puissant de raisonnement et d'éloquence, vous
dire : Le droit doit être partout vainqueur. Un autre
orateur, l'écolier du premier, est arrivé sur ses
pas, et a dit : Cette manière de considérer le droit
isolé et absolu n'est pas la bonne ; ce n'est pas le droit
qu'il faut considérer ; ce sont les droits, les droits spéciaux, autrement appelés priviléges. Il vous a dit :
Du temps de nos aïeux, privilége était synonyme
de franchise et de liberté. Messieurs, le fait est
vrai ; mais on peut en tirer d'absurdes conséquences. Lorsque l'esclavage était la base du droit
commun, privilége était synonyme de franchise et
de liberté. Lorsque la liberté et l'égalité sont les
bases du droit commun, comme aujourd'hui par la
charte, privilége est synonyme d'oppression, et

voilà pourquoi cette grande et généreuse nation a tant d'horreur des hommes du privilége.

Toutefois, je dois le dire, privilége est accepté quelquefois dans un sens plus spécial et conforme à son étymologie, *privata lex*. C'est ainsi qu'on entend les priviléges appliqués à tel ou tel exercice du pouvoir; et M. le garde-des-sceaux a dit avec raison que l'ordre public était le résultat d'une transaction de tous ces priviléges entre eux. J'accorde cette opinion; mais vous conviendrez que, si les priviléges sont une dérogation à la loi commune, ils ne peuvent exister que lorsqu'ils sont consacrés par la loi écrite. Or, j'ouvre la loi écrite, et je trouve les priviléges du député dans la loi qui investit de l'inviolabilité le député dans ses fonctions, qui le soustrait à la contrainte par corps dans un temps déterminé, et qui, excepté le cas de flagrant délit, le met à l'abri de l'action de la justice criminelle. Mais, je vous le demande, dans quelle loi trouverez-vous les priviléges de la chambre? Quels priviléges a-t-elle comme corps politique? La chambre est une portion du pouvoir législatif; elle a en cette qualité des fonctions de coopération à l'action législative; elle n'a aucune fonction individuelle comme chambre. C'est ce qui la distingue essentiellement de la chambre des communes en Angleterre.

La chambre des communes en Angleterre, en raison d'une vieille origine, et pour des motifs qu'il serait trop long de présenter, a une existence politique comme chambre des communes, des attributions, une juridiction séparée de sa position parlementaire. La chambre des communes a des sergents d'armes; elle appelle à sa barre non-seulement ses membres, mais encore des étrangers; elle force ses comptables à lui soumettre leurs registres, et prononce judiciairement d'après ces registres. Tous les geoliers du royaume ouvrent les portes des prisons sur l'ordonnance de la chambre des communes.

Vous auriez beau rendre ici des ordonnances de prise de corps, vous ne trouveriez pas de gendarmes pour les faire exécuter. Eh! pourquoi? parce que vous n'avez pas le pouvoir de faire mettre quelqu'un en prison. Vous avez bien ici des messagers-d'état, des huissiers, tous gens fort paisibles portant l'épée. Mais tous ces gens ne peuvent rien au-dehors. Vous n'avez pas de puissance extérieure. Lorsque vous sortez de vos attributions législatives, vous ne pouvez rien. L'objet et la fin de vos débats est d'arriver à une délibération. Tout le reste est tyrannie; et voulez-vous que je vous le dise, c'est une tyrannie risible, pitoyable; car ceux que vous voulez tyranniser se moqueront de vous; et après quinze jours employés à défendre longuement les propositions sur le réglement, les choses iront tout juste comme elles allaient auparavant.

Messieurs, nous devons ici un hommage à la charte, parce que c'est dans la charte que se trouvent les sûretés de nos délibérations, les sûretés de nos personnes, et tous les droits de la nation.

Cette charte heureusement nous a préservés des
ravages des majorités brutales; cette charte a donné
un appel éternel contre une chambre factieuse ou
contre - révolutionnaire dans l'indépendance de
l'autre chambre et dans la sagesse du roi. Si jamais
ces barrières augustes étaient méconnues, si jamais une majorité contre-révolutionnaire, faisait
la loi au trône et dominait la France entière, ce ne
serait pas à cette tribune, ni par des arguments,
qu'il faudrait la combattre. Je vote contre l'amendement.

SÉANCE DU 17 AVRIL 1821.

La discussion s'étant prolongée le lendemain, sur les articles
additionnels au réglement, le général Foy monta à la tribune,
après M. le ministre des affaires étrangères, et dit :

Lorsque l'Europe entière est armée, lorsque
l'Autriche inonde l'Italie de ses troupes, et lorsque
l'armée russe traverse la Volhinie et la Hongrie, il
est bien naturel de craindre des projets hostiles
contre la France; il est bien naturel de craindre
que des puissances qui n'ont pas de ressources financières veuillent faire vivre leurs troupes aux
dépens des puissances riches du Midi. Toutefois
cette crainte n'en serait pas une pour la France, si
la France était armée; si le ministère marchait avec
la nation. Mais au moment où les forces des étrangers sont triplées, quand je vois diminuer l'armée
de terre, quand je vois renvoyer les soldats en
congés absolus, quand je vois ne pas recruter
l'armée conformément à la loi du 10 mars 1818,

quand je la vois mécontentée et troublée par l'arbitraire, alors, messieurs, je dois craindre et tout craindre pour la France désarmée.

Murmures à droite... A la question, à la question.

Messieurs, il est des positions tellement hautes, il est des questions tellement importantes, qu'elles bravent tous les réglements, et que la force des choses amène; et quand l'étranger arrive près de nos frontières.... Oui, messieurs, si l'étranger armé envahit nos frontières, vous n'empêcherez pas vingt députés patriotes de s'élancer à cette tribune, et de s'écrier de là, comme d'Assas à Clostercamp : A moi, Français, voilà l'ennemi !

Une voix de la droite : Envoyez ces nouvelles - là à la bourse.

Un député vient de me dire d'envoyer ces nouvelles à la bourse. Je ne connais point les jeux de la bourse; je ne joue, moi, qu'à la hausse de l'honneur national. Les cris des amis de l'étranger ne m'effraieront pas plus que les armes de l'étranger.

J'arrive à l'article. On s'est plaint souvent de ce qu'on sortait de la question. M. le ministre des affaires étrangères vous a dit que cela arrivait rarement en Angleterre. La raison en est simple ; c'est que chaque membre fait naître la question à sa volonté; car, le droit de faire des motions appartenant à chaque membre, il serait absurde qu'il fît entrer une question dans une autre question. On lui dirait : Faites une motion.

Ici, messieurs, vous éprouvez le contraire, non-seulement de la part de mes honorables amis, mais encore de tous les membres de cette chambre. Il n'en est pas un qui ne sorte à tout moment de la question. Ainsi, par exemple, tout en commençant cette discussion, dans laquelle primitivement il s'agissait du rappel à l'ordre, nous avons entendu M. de Montbron s'occuper de l'assiduité aux séances. Il a proposé des moyens plus ou moins ingénieux pour rendre les députés assidus. Certes il n'était pas dans la question. L'a-t-on rappelé à l'ordre?

Le lendemain, M. de Vaublanc a foudroyé de son éloquence les intrigues ministérielles. A coup sûr, les intrigues et les intrigants sont méprisables; mais M. de Vaublanc était-il dans la question? M. Bertin de Vaux a demandé aux ministres des institutions ou des destitutions, je ne sais lequel. C'était sans doute fort bon, mais ce n'était pas dans la question.

Messieurs, le réglement fait tout ce qui est à faire; il a donné au président le droit de rappeler à la question. Le président est le régulateur de vos délibérations; il est meilleur juge que la majorité pour ces sortes de questions. Et d'ailleurs, quand vous aurez adopté cet article, ne voyez-vous pas que vous vous privez par là du droit de crier à tout moment *à l'ordre! à la question!* Et dès-lors que restera-t-il donc à une grande partie des membres de cette assemblée?

La discussion a été mal saisie, mal prise depuis le commencement. Les parties adverses ne se sont pas placées un seul moment dans leur situation respective.

Lorsque 230 membres sont arrivés en un jour dans cette assemblée, tandis que la charte n'en appelait que 58, il a été naturel de penser que l'invasion d'une majorité si considérable, formée en partie d'hommes qui n'avaient pas l'habitude des assemblées législatives, que cette majorité, dis-je, improvisée contradictoirement à la charte, pourrait nécessiter quelques changements dans le réglement. Par qui ces changements devaient-ils être demandés? par la minorité, parce que plus la majorité est nombreuse, plus elle doit de respect à la minorité, et plus la minorité a besoin de garanties: ainsi, dans le droit, ce n'était pas à la majorité à demander un changement dans le réglement. Voyons dans le fait à qui il appartenait de demander ce changement. Je ne parlerai pas de ce qu'ont pu dire les membres de la majorité, parce que je professe les principes de la plus grande liberté dans l'exercice du droit du député à la tribune. Toutefois, comme cinquante orateurs sont venus à cette tribune me payer tour-à-tour *le denier de la veuve*, je dois dire pour ce qui me concerne que je n'ai pas été fâché d'entendre qualifier mes phrases de séditieuses, puisque j'ai partagé cette épithète avec la meilleure ordonnance que le roi ait rendue depuis qu'il est sur son trône.

Messieurs, votre réglement a tout fait pour la majorité. Le président est l'homme de la majorité; les secrétaires qui recueillent les scrutins, qui jugent de la validité de vos opérations, sont aussi les hommes de la majorité; les commissions ne sont ouvertes qu'aux membres de la majorité; vous ne faites imprimer que les discours de la majorité. Je puis en citer des exemples. Il a été prononcé de ce côté des discours spéciaux par des hommes très-spéciaux eux-mêmes; et, pour quelques phrases qui vous avaient déplu, vous en avez rejeté l'impression; tandis que nous, nous avons demandé l'impression du discours où l'on disait que c'étaient les complices de Louvel qui avaient fait pleuvoir en 1816, et causé la disette en 1817.

Il y a des devoirs qui sont imposés aux minorités; lorsque les hommes qui les composent se privent volontairement d'une foule d'avantages sociaux, ils achètent en échange le droit de dire très-haut tout ce qui est juste, généreux et national. Ils ont le droit de le dire, et ils le disent avec modération. La modération, qui est une nécessité pour le gouvernement, est habituellement une convenance pour l'opposition. Ainsi, quand une assemblée sera divisée en deux fractions, la fraction des hommes du pouvoir et celle des hommes du peuple, le parti de la liberté et le parti de la prérogative royale; alors ceux qui attaqueront le pouvoir et la prérogative royale, le feront toujours avec force, mais avec mesure, parce qu'ils veulent conserver l'autorité royale, qui est aussi une grande, une auguste propriété nationale : mais si un troisième parti, entré contradictoirement avec la charte, qui ne peut vouloir rien de ce qui est dans la charte, et qui est vraiment hors des limites sociales, si ce troisième parti vient envahir l'assemblée, il dénature la position de ce corps ; nos formes de discussion ne sauraient plus être les mêmes. D'autres devoirs nous sont imposés, nous devons les remplir. Je vote contre l'article.

SUR LES PENSIONS ECCLÉSIASTIQUES.

SÉANCE DU 13 MAI 1821.

Messieurs, il est conforme au mandat que les gouvernements ont à remplir d'honorer les sentiments religieux et de protéger les religions positives qui rangent ces sentiments sous des règles communes. Mais les gouvernements ne font pas les religions; ils les reçoivent toutes faites; et d'autant plus puissantes sur l'opinion des peuples, qu'elles remontent plus avant dans les siècles. C'est ainsi que, depuis quatorze cents ans, l'Évangile, expliqué de différentes manières, gouverne les consciences dans cette Europe dont il a hâté et dirigé la civilisation; c'est ainsi que la religion catholique est la religion de la grande majorité des Français.

L'existence politique du catholicisme est plus difficile à régler que celle des autres communions chrétiennes, parce qu'il reconnaît un chef qui n'est pas sujet de l'état. La religion catholique tient plus ou moins de place dans un pays, suivant les conditions qu'elle a dictées ou suivant celles auxquelles elle a été admise : elle peut être tout-à-fait en dehors de la loi civile, et ne subsister que par l'application du principe général de la liberté religieuse; elle peut animer et même dominer toutes les institutions.

Ces deux positions extrêmes ont ceci de commun, que dans l'une et dans l'autre la religion catholique jouit du développement le plus complet de sa puissance sur les hommes. Voyez-la dans les États-Unis de l'Amérique septentrionale, soutenue seulement par les offrandes volontaires des fidèles et dégagée de toute influence étrangère à ses dogmes; elle conduit les consciences où elle veut. Le gouvernement ne lui demande pas comment elle s'administre, ni quelle est la nature de ses communications avec Rome; il ignore sa discipline, ses rites, ses prédications. Tant pis pour elle si, en s'écartant des principes de la justice et des observances de la charité, elle diminuait le nombre des croyants. Il y a concurrence; ce qu'un culte perd, l'autre le gagne, ou bien l'indifférence religieuse en hérite.

A l'autre point extrême, ce n'est pas la religion qui est dans l'état, c'est la loi qui est dans la religion. La loi religieuse est le principe et le type de la loi civile. La thiare n'apparaît pas seulement comme l'insigne de la puissance spirituelle; elle est encore dans les idées profanes une triple couronne, et les rois ne sont plus que les lieutenants du pontife.

La France n'appartient ni à l'un ni à l'autre de ces systèmes. Nos antécédents et nos mœurs nous commandent, à nous, vieille nation catholique, un régime différent de celui que suivent des populations nouvelles, formées et chaque jour accrues par des émigrés de tous les pays et par des sectaires de tous les cultes. Nous sommes plus loin encore de l'intolérance et des persécutions religieuses. Dans l'état actuel de la civilisation, il ne pourrait plus y avoir de religion conplétement exclusive que là où régnerait un souverain absolu qui serait en même temps le chef de cette religion.

Partout ailleurs, soit que la religion catholique se dise dominante, soit qu'elle n'ait ou n'affecte aucune supériorité sur les autres cultes qui reçoivent comme elle des traitements, elle prend sa place dans l'état en vertu d'une transaction, écrite ou non écrite, avec la puissance publique.

La religion dit à l'état : Je vous offre des dogmes éternels et éternellement bienfaisants, parce qu'ils viennent d'en-haut. Outre notre croyance, nous professons des règles de conduite rigoureusement impératives, parce que nous ne sommes qu'une portion d'un tout placé hors de notre juridiction. Voici, dans notre discipline, ce qui peut pour le plus grand bien de l'humanité s'accommoder à vos convenances politiques ; le reste est inaltérable, et ne dépendra jamais de vous.

L'état répond à l'église : Nous recevons avec reconnaissance l'enseignement de vos dogmes ; nous admettons quelques-unes de vos maximes secondaires ; nous en rejetons d'autres, sans préjudice pour la foi. Nous vous érigeons en service public ; vos ministres seront des magistrats ; nous vous

21.

donnerons des temples ; le trésor pourvoira à la solennité de vos cérémonies.

Suivant qu'un pareil contrat sera rédigé avec plus de précision et de prévoyance, et s'adaptera mieux aux intérêts sociaux , il y aura plus de chances pour la tranquillité du pays. Mais ici la question se développe sous un plus vaste point de vue.

D'après ce principe, qu'il est de la nature de tout contrat que plus on donne, plus on a le droit d'exiger, lorsque l'état accordera peu à la religion, il aura peu à lui demander, et il ne devra intervenir dans l'ordre intérieur qu'autant que l'ordre extérieur y sera intéressé. Quand, au contraire, l'état augmentera le bien-être et agrandira le pouvoir de l'église, plus il aura le droit de demander de flexibilité aux doctrines religieuses.

Ainsi , par exemple, s'il arrivait que la religion vînt à s'emparer de l'éducation nationale, qui est le droit commun de tous les citoyens, quel que soit leur culte, la puissance publique pourra dire aux ministres de la religion : Comme je ne veux pas que vous chassiez du collége les protestants ou les juifs, je vous défends de dire : Hors de l'église, point de salut.

Dans le même système , si le clergé aspirait à reprendre la tenue des actes de l'état civil , il ne serait pas impossible que la société y consentît ; mais sous la condition que la religion accepterait les mariages entre catholiques et protestants, et même qu'elle sanctionnerait le divorce, si le divorce était autorisé par la loi du pays.

Enfin si , pour donner part à des avantages de

quelque nature que ce soit, la puissance publique prescrivait aux catholiques l'accomplissement de certains devoirs religieux, on la verrait, par une condescendance nécessaire, suivre le prêtre pas à pas dans l'exercice des fonctions qui auraient tant d'influence sur le sort des citoyens; elle s'immiscerait à tous les instants dans toutes les parties de la discipline, et l'appel comme d'abus serait à la portée de chacun, toujours prête à faire justice du mauvais usage ou des envahissements de l'autorité ecclésiastique.

Cela posé, les hommes véritablement religieux n'ambitionneront pas cette juridiction exorbitante et les bénéfices corporels qui enchaînent plus ou moins les consciences délicates; ils ne réclameront que ce qui est nécessaire pour le libre et facile accomplissement de leur mission divine.

D'un autre côté, le corps social se gardera d'imposer capricieusement aux prêtres des serments, des restrictions, des gênes. Les cadres de sa législation seront disposés de manière à pouvoir accueillir les religions qui font du bien aux hommes en conservant à toutes leur action généreuse et sublime, mais sans se laisser absorber par aucune.

Cet état de choses, difficile à obtenir dans les temps ordinaires, avait été amené en France au commencement de ce siècle par une série d'événements qui avaient surmonté toutes les combinaisons humaines. La loi civile, débarrassée de toutes ses vieilles entraves, avait retrouvé dans la cité

l'empire absolu et universel qui lui est assigné
par la sagesse et l'étendue des obligations qu'elle a
à remplir. Un bras puissant enchaînait les factions.
Notre ascendant en Italie, et plus encore la vertu
évangélique du pape Pie VII, le disposait à faire
pour le rétablissement de la religion catholique
en France tous les sacrifices compatibles avec les
devoirs de son haut ministère.

Le concordat de 1801 accomplit ce grand œuvre; la loi organique du concordat, rendue le 18
germinal an 10, donne à l'église gallicane le régime convenable pour le temps où nous vivons;
la France nouvelle se replaça sous l'égide des
libertés, qui, plus d'une fois, avaient défendu
l'ancienne France contre les prétentions usurpa-
trices de l'église de Rome. Les articles 6 et 7 y
établirent particulièrement le recours devant le
conseil d'état, de la part de l'autorité civile contre
les excès du pouvoir ecclésiastique, contre les obstacles qu'apportaient à l'exercice de la religion
les particuliers et les autorités laïques; la loi ne
reconnut qu'un seul clergé, composé de pasteurs
en exercice; elle consacra l'universalité de la puissance publique, qui, dans l'ordre politique, n'était
plus rien alors qu'elle cessait d'être tout. La révolution avait déshabitué un grand nombre de Français
de l'exercice des cultes; ils y revinrent de partout
aussitôt que les églises furent rouvertes; il y eut
un mouvement général et spontané de vénération
pour les choses saintes, quand elles ne furent plus

mêlées aux choses profanes. Sous l'empire du concordat de 1801, le prêtre vécut renfermé dans le sanctuaire; c'est un fait connu de tout le monde, que la France fut, sinon plus généralement, du moins plus profondément religieuse à cette époque qu'au temps où le clergé regorgeait de richesses et formait un Ordre dans l'état.

Telle était l'union et la régularité de l'église de France, et l'éloignement des fidèles pour les questions de controverse, que les déplorables discussions qui s'élevèrent entre le chef du dernier gouvernement et le saint-siége n'altérèrent pas la paix religieuse. Le roi revint, la charte nous fut donnée; la charte, en prenant à la législation antérieure tout ce que cette législation avait de bon, a adopté par l'article 68 le concordat de 1801, et la loi organique du 18 germinal an 10. Elle a proclamé comme droit public des Français (article 5) que *chacun professe sa religion avec une égale liberté et obtient pour son culte la même protection ;* mais en 1801 la France avait encore une forme de gouvernement républicain, et l'article 12 du concordat avait dû prévoir le cas où le successeur du premier consul ne serait pas catholique; ce cas n'était plus admissible après la rentrée du roi très-chrétien. L'article 6 de la charte désigne la religion catholique, apostolique et romaine sous le nom de religion de l'état, et pour empêcher les interprétations abusives qu'on pourrait donner à cette désignation, l'article 7 se hâte de rappeler que les ministres

des autres cultes reçoivent aussi des traitements
du trésor royal. Ainsi, dans le droit, rien n'était
changé au régime ecclésiastique de la France; on
pourrait croire seulement que des améliorations
naturellement indiquées, même déjà commen-
cées, recevraient leur prompt accomplissement.
On formait généralement des vœux pour que le
clergé inférieur obtînt une existence plus commode, plus digne, et on ne se fût pas étonné de
voir attribuer plus d'honneur à l'épiscopat; mais
personne ne pensait que l'indépendance et l'universalité de la puissance publique pussent être
compromises; ses droits paraissaient devoir être
assurés plus que jamais, depuis qu'un pacte fondamental avait consacré à jamais les formes du
gouvernement, et on espérait bien que nous con-
serverions intact, après l'abaissement de notre fortune, le concordat obtenu pendant les jours de
notre puissance.

Il n'en a pas été ainsi. L'établissement ecclésiastique, d'abord miné sourdement, fut bientôt attaqué à force ouverte, et, il faut le dire, l'attaque
n'est pas venue de Rome. Tout au contraire, le véritable successeur de saint Pierre a toujours prêché
la modération et la paix. Il a toujours eu à cœur
de conserver le concordat de 1801, qu'il regarde
comme un des plus beaux titres de gloire de son
laborieux pontificat. Le désordre a été mis dans
l'église de France, non par des sectes religieuses,
mais par les factions politiques, non par des idées

ultramontaines, mais par les prétentions ultramo-
narchiques.

La contre-révolution a dit, et chaque jour elle
répète que tout ce qui a été fait pendant la révolution, à quelque époque et dans quelque vue que
ce soit, est impur et comme non avenu. Elle a
proclamé conservateurs exclusifs de la foi les évêques qui, sur la terre étrangère, avaient, en résis-
tant aux touchantes invitations du père commun
des fidèles, retardé et contrarié autant qu'ils le
pouvaient le rétablissement des autels. Elle a essayé une grande et une petite église, et, sous le
prétexte d'apaiser des dissensions qu'on n'avait pas
réussi à faire naître, elle a soufflé un nouveau concordat, dont la religion, pas plus que la nation,
n'éprouvait le besoin.

Vous savez, messieurs, quel cortége d'abus le
concordat de 1817 amenait à la suite du rétablissement de quarante-deux siéges épiscopaux qui paraissaient être son principal objet. Vous vous rap-
pelez comment l'article 6 compromettait l'existence
des titulaires actuels, et comment la fondation prochaine d'abbayes, de prieurés, de bénéfices, était
clairement indiquée dans l'article 12. Vous n'avez
pas oublié cette étrange menace de l'article 16
contre de prétendus désordres qui auraient mis
obstacle à l'exécution des lois de l'église. Enfin,
messieurs, il n'a pas échappé à vos recherches qu'en
vertu d'une disposition précise du concordat passé
entre François Ier et Léon X, disposition remise en

vigueur par le concordat de 1817, puisqu'elle n'y
était pas formellement révoquée, les églises de paroisses, dans les villes épiscopales et dans les villes
murées, ne pouvaient être données qu'à des sujets
qui justifieraient de certaines conditions requises
d'étude et de doctrine; mais que ceux qui prouve-
raient être nobles des côtés paternel et maternel
jouiraient, comme de raison, du bénéfice d'un
temps d'étude plus court et d'une moindre somme
de doctrine.

La raison publique, qui, dans les pays soumis
au gouvernement représentatif, tôt ou tard se fait
jour, la raison publique ne fut pas cette fois lente
à se manifester. Un cri d'indignation s'éleva de partout contre un acte subversif, je ne dirai pas de
nos libertés gallicanes, mais de notre état social.
Le concordat de 1817 n'est jamais sorti des bureaux
de cette chambre. On n'a pas osé faire courir à la
loi qui devait le rendre exécutoire les chances de
la discussion publique. La France a continué à vivre
légalement sous l'empire du concordat de 1801. Le
gouvernement a continué à se conformer au régime
organique du 19 germinal an X; mais, par l'effet
du joug que les factions ont imposé au ministère
jusqu'à ce jour, il a été réduit à souffrir de continuelles violations d'une loi dont lui-même invo-
quait naguère l'autorité dans le préambule de
l'ordonnance royale du 23 décembre 1820, qui supprime, pour cause d'abus, un mandement de M. l'é-
vêque de Poitiers.

Ainsi, pour ne citer qu'un petit nombre de ces violations, des missionnaires sans mission....

(Interruption.)

Le général Foy répète :

Des missionnaires sans mission ont semé la discorde dans nos villes et dans nos campagnes par des déclamations passionnées, lorsque l'article 9 de la loi organique ne reconnaît d'autre apostolat religieux que *le culte exercé sous la direction des archevêques et évêques dans leurs diocèses, et sous celle des curés dans leurs paroisses*, et lorsque l'article 33 interdit toute fonction *aux ecclésiastiques qui n'appartiennent à aucun diocèse*.

Les couvents d'hommes et de femmes ont pullulé de nouveau, lorsque l'article 2 supprime *tout établissement ecclésiastique autre que les chapitres cathédraux et les séminaires*, et lorsque le décret du 28 février 1810 ne déroge à cette suppression formelle qu'en faveur des congrégations religieuses *vouées par leur institut à l'enseignement gratuit et au soulagement de la classe indigente*.

L'article 39 dit qu'*il n'y aura qu'un catéchisme pour toutes les églises de France;* et cependant, au lieu de se borner à retrancher du catéchisme en usage les formules serviles que le despotisme y avait introduites, on a laissé reprendre des catéchismes bigarrés, dans un desquels les ministres de la religion prescrivent comme accomplissement de préceptes divins le paiement de la dîme et l'obéissance au seigneur de la paroisse.

Les articles 52 et 53 défendent au clergé de se permettre dans leurs instructions ou prédications aucune inculpation directe ou indirecte contre les personnes, ni aucune publication étrangère à l'exercice du culte, et chaque jour descendent impunies de la chaire chrétienne de vindicatives désignations et des doctrines politiques attentatoires à la charte que le roi nous a donnée.

La loi n'avait voulu confier au clergé d'autre enseignement que dans les séminaires, et celui-là même elle le soumettait à des règles énoncées dans l'article 24; mais une ordonnance a été surprise à la sagesse du roi, le 27 février dernier, qui pervertit le système de notre éducation publique. L'article 14 de cette ordonnance attribue à l'évêque diocésain, à l'exclusion des ministres des autres cultes, le droit de surveiller les colléges, de les visiter ou faire visiter, et de provoquer auprès du conseil royal de l'instruction publique les mesures qu'il aura jugées nécessaires. L'article 21 va encore plus droit au fait : en assimilant aux colléges royaux les maisons particulières d'éducation qui auront mérité la confiance des familles par leur direction religieuse et morale, il remet l'enseignement entre les mains des jésuites.

Ces désordres et d'autres que je m'abstiendrai d'énumérer....

Plusieurs voix : Point de réticence; dites quels désordres.

Je n'en finirais pas. Ces désordres, dis-je, et d'autres que je m'abstiendrai d'énumérer, parce que l'autorité les a approuvés avec moins d'éclat,

ces désordres, messieurs, vous croyez posséder
dans votre capacité législative les moyens d'y
porter remède. Mais voilà que votre propre com‹
mission vous récuse. Dépassant de beaucoup les
ministres dans les atteintes qu'ils ont coutume de
porter à votre prérogative, elle vous dit qu'au
roi seul, de concert avec le souverain pontife,
appartient le droit d'établir des siéges épiscopaux,
et qu'aux chambres législatives il ne reste que le
soin de doter l'évêque et l'évêché.

Il ne s'agit pas ici de dogmes ou de rites religieux, mais de liberté et d'existence politique. Où
réside et plane la puissance politique? Voilà toute
la question : pour la résoudre, je ne citerai pas
les maximes de notre ancien droit public, constamment soutenu par les parlements; je ne vous dirai
pas que sous la constitution de l'an VIII, qui attribuait au chef du gouvernement une plus grande
part dans la puissance législative que le roi ne s'en
est réservé en nous donnant la charte, le premier
consul n'a pas cru pouvoir se dispenser de présenter aux chambres d'alors son concordat et même
le réglement organique et exécutoire de ce concordat; mais je vous dirai : Ouvrez la charte, et voyez
qui fait la loi!

Eh! quoi, messieurs, lorsque la coopération des
chambres est nécessaire pour régler d'une manière générale les moindres intérêts d'un seul jour,
lorsqu'il a recours à elles pour agrandir ou rétrécir la juridiction d'un tribunal d'arrondissement,

on essaierait de soustraire à la sanction de la loi ce qui embrasse le présent et l'avenir, ce qu'il y a de plus puissant, de plus sacré parmi les hommes. Ne voyez-vous pas que ce serait offenser l'église que d'appliquer à sa régulation le mode utile pour les discussions subalternes que tranche une simple ordonnance, et quelquefois un caprice ministériel?

Il faut dire à nos adversaires les conséquences qu'aurait à leur préjudice la violation de nos droits législatifs. Les évêchés, érigés sans le concours des chambres, n'auraient pas la capacité pour accepter ou pour acquérir des biens meubles, immeubles et rentes; car la loi du 2 janvier 1817 n'attribue cette capacité qu'aux établissements ecclésiastiques reconnus par la loi; ils ne conféreraient pas à leurs titulaires le droit d'être jugés par exception que possèdent les évêques que la loi reconnaît, et l'autorité de la loi est indispensablement acquise pour opérer en matière judiciaire, et relativement à la qualité des personnes, une dérogation au droit commun; le culte qui ne vivrait publiquement et qui ne serait réglé que par des ordonnances, rencontrerait à chaque instant des obstacles inattendus qu'aurait peine à surmonter une protection inefficace, là où les tribunaux ne peuvent, sans forfaiture, reconnaître de commandement supérieur au commandement de la loi.

On vous a parlé, messieurs, de la religion mandée à votre barre. Eh! qu'importe à la sainteté des dogmes de la religion que le sort de ses ministres soit réglé dans le cabinet des princes ou avec le concours d'assemblées délibérantes ? N'a-t-on pas vu les intérêts du saint-siége, les plus graves, les plus délicats, débattus dans le sénat de Venise, composé de deux cent trente membres, et plus anciennement dans nos états-généraux, et même sur la place publique à Florence et dans d'autres démocraties italiennes ? Qu'on ne craigne pas, au temps où nous vivons, la publicité et l'éclat de pareilles discussions. Elles ne sauraient manquer d'être convenables et révérencieuses. L'impiété offensive a disparu de la France avec les richesses et la suprématie temporelle du clergé.

Au reste, messieurs, si l'examen parlementaire des avantages et des inconvénients de l'établissement ecclésiastique était un mal, il faudrait se résigner à l'endurer. On n'empêchera jamais ceux qui votent une dépense de chercher à apprécier dans ses détails les plus minutieux l'utilité du service auquel cette dépense s'applique. Indépendamment de notre capacité pour assigner à la magistrature des cultes, comme à toute autre, les territoires de ses hiérarchiques juridictions, le droit de concourir à l'érection des siéges épiscopaux est pour nous la conséquence du pouvoir, que peut-être on ne nous contestera pas, de refuser des fonds pour les doter. Que si, reconnaissant ce droit, on conseillait à la chambre d'en déléguer à la couronne l'exercice indéfini, je m'opposerais à cette concession en principe, parce que nous trahirions

nos serments, si nous nous dépouillions de la part
de pouvoir que la charte nous a faite, et que nous
devons transmettre intacte à nos successeurs ;
je m'y oppose dans le cas particulier, parce que
depuis sept ans il y a tendance et persistance à
mettre la direction des affaires ecclésiastiques hors
du gouvernement constitutionnel, en la confiant
à un membre du clergé qui conseille le roi, sans
être responsable des actes du pouvoir royal; je m'y
opposerai, parce que la conclusion que prend la
commission aujourd'hui n'est qu'un pas de plus
vers ce qu'on fera demain, et que je ne sais trop
où l'on veut nous conduire.

En effet, messieurs, le concordat de 1801 est
toujours la loi patente du pays, et cependant j'entends dire, jusque dans nos bureaux, que les évêques actuels ne sont plus que les titulaires apparents
des siéges qu'ils occupent, et que pour gouverner
la portion de leur diocèse échue par le concordat
de 1817 à de nouveaux siéges, il leur a fallu se mu-
nir de bulles supplémentaires dont eux seuls ont
la connaissance, comme si l'église devait aussi avoir
son gouvernement occulte. J'entends dire que le
pape, qui a eu tant de peine à laisser abolir le concordat de 1801, ne veut plus qu'on y revienne,
d'après ce principe, qu'il a conclu avec le roi de
France un traité absolu et définitif, et que Rome
ne rétrograde jamais. Ces dires sont accrédités par
votre commission, lorsqu'elle vous montre la religion comme suspendue entre deux concordats, et

surtout lorsqu'elle désigne la loi organique du 19 germinal an 10, parmi les lois que, suivant elle, il faut oublier.

Non, messieurs, il ne faut pas oublier les lois, il faut les consacrer et les exécuter si elles sont bonnes, les abroger si elles sont mauvaises : le roi en appliquant, depuis l'ouverture de vos sessions, les dispositions de la loi organique à un prélat du royaume, a prouvé que son intention n'est pas de vous proposer de l'abroger ici.

Je dois le dire : quand on compare la judicieuse déclaration qu'a faite M. le commissaire du roi à l'ouverture de la dernière séance avec le rapport ambitieux de la commission, il est facile de voir que le ministère voudrait essayer, au moins cette fois, une espèce de lutte contre la faction prête à submerger nos institutions politiques. Mais à moins qu'il ne se jette franchement dans les bras de la nation, la tâche qu'il entreprend sera rude à remplir. On ne rassasie pas d'insatiables prétentions. La contre-révolution, dans son retour rapide, se déguise quelquefois, mais ne s'arrête jamais.

Considérant le projet de loi sous le rapport financier, je lui reproche avec la commission de faire dépendre l'existence des nouveaux évêques de la mort des anciens prêtres; je lui reproche d'allouer, pour un service jugé nécessaire et dont la dépense a été évaluée, une ressource vague et éventuelle; mais je me garde bien de corriger ce vice par le remède de la commission qui consiste à autoriser une dépense arbitraire pour trouver un

emploi à des fonds indéterminés. Député consciencieux, je ne vote que des sommes fixes et des services définis.

On nous dit que les peuples demandent une augmentation de siéges épiscopaux. Je n'examinerai
pas jusqu'à quel point les conseils généraux, tels
qu'ils sont constitués et composés, expriment les
besoins des habitants des départements. Je n'examinerai pas non plus si on ne prend pas les désirs
exprimés par les villes qui veulent devenir épiscopales pour le vœu de la population tout entière. Je
n'examinerai même pas si c'est la piété qui a dicté
les demandes. J'admets que douze siéges épiscopaux
sont nécessaires et je suis prêt à concourir à leur
établissement.

Mais dites-moi d'abord où et comment, avec un
vide immense et sans cesse croissant dans le ministère ecclésiastique, avec les nouveaux et favora-
bles débouchés que vous ouvrez au clergé dans la
carrière de l'université, avec la protection privative
que vous accordez à l'église ambulante des missionnaires, dites-moi où et comment vous trouverez des
sujets pour remplir vos nouveaux chapitres et procurer l'enseignement dans vos nouveaux séminaires, sans que les paroisses en souffrent; dites-
moi dans quelles villes vous établirez vos nouveaux
siéges ; car je ne veux pas que l'on fasse des évêchés pour la convenance des évêques ; ce dont on
pourrait se défier, quand on se souvient qu'en 1817
ont apparu en un seul jour quarante-six évêques
avant qu'il y eût des évêchés. Je ne veux pas que

des souvenirs de pairie ecclésiastique fassent relever certains siéges devenus inutiles, et préparent
de cette manière l'introduction officielle des hauts
fonctionnaires de l'Église dans le gouvernement; je
ne veux pas que, pour faire revivre de vénérables
antiquités, on accumule deux archevêchés et un
évêché dans le département des Bouches-du-Rhône
qui a 293, 000 ames, tandis que l'évêque de Cambrai administre seul 830, 000 catholiques zélés;
je ne veux pas, et ceci est le but principal de mes
raisonnements, que les siéges à ériger soient iden-
tiquement les mêmes que ceux dont la circonscription devait avoir lieu par le concordat de 1817, ni
que la loi actuelle puisse être regardée comme un
acheminement à l'acceptation de ce concordat.

Si on pouvait me faire acquérir la certitude que
la religion catholique ne tiendra pas dans l'état plus
de place qu'il ne lui en est assigné par nos mœurs,
par notre loi civile, par le concordat de 1801 et
par la charte, alors, messieurs, aucune considération
n'affaiblirait la volonté où je suis de soigner et
d'honorer l'existence légale de la religion dans laquelle je suis né, et que je vénérerais encore quand
même elle ne serait pas la mienne, parce qu'elle
est la religion de la grande majorité de mes concitoyens. Je ne demanderais pas pour les derniers
de ses ministres, qu'ils ne reçussent plus l'aumône;
je voudrais qu'on les mît en état de la faire. Je ré-
clamerais pour les fonctions pastorales une gradation de traitement et d'honneurs civils qui offrît un

but estimable d'émulation aux vertus et à la doctrine, et une douce existence à la vieillesse.

Quelle que soit, messieurs, l'idée qu'on se forme de la vocation qui entraîne un chrétien à se désintéresser, dans l'espoir d'une autre vie, des commodités et des jouissances de celle-ci, tout le monde conviendra qu'il n'est pas bon qu'un service régulier dépende d'inspirations extraordinaires. Il serait encore moins bon que les candidats pour ce service fussent pris forcément dans des situations sociales inférieures aux autres, en éducation, en lumières, en considération relative. Faisons donc que, sous les rapports humains, la carrière ecclésiastique devienne meilleure, surtout dans ses moindres degrés, afin que des hommes éclairés, appartenant aux conditions moyennes et libérales de la société, ne répugnent pas à y entrer. Agrandissons les églises, élevons-en de nouvelles s'il est vrai qu'il y ait des lieux où elles ne suffisent pas au concours de ceux que réunit le besoin de la parole divine. Agrandissons le nombre des paroisses là où le vœu public appellerait une plus ample et plus facile distribution des secours spirituels. Enfin, messieurs, le clergé catholique coûte aujourd'hui au trésor vingt-sept millions de francs, auxquels il faut ajouter plus de quatre millions qui sortent de la bourse des fidèles sous la forme de messes, de casuel et d'offrandes volontaires. Loin d'attaquer la quotité ou l'origine de cette double rétribution, je consentirai volontiers à la grossir toutes les fois que la piété et l'amour du bien public m'indiqueront des besoins réels à satisfaire.

Mais lorsque, sous le nom de religion constituée, nous sommes menacés du fléau d'une religion dominante; lorsque cette menace nous vient d'hommes de parti, aristocrates beaucoup plus que chrétiens, et qui le laissent bien voir par leur approbation indiscrète des retards apportés à l'émancipation des catholiques anglais; lorsque usurpant le nom de celui qui a dit: « Mon royaume n'est pas de ce « monde, » la faction politique qui a envahi notre pays veut se servir de la religion comme d'une arme pour s'y fortifier et l'occuper à demeure; lorsque, ravalant la dignité des chambres législatives et substituant des influences fanatiques aux influences constitutionnelles, cette faction affiche l'insolente prétention de rattacher aux marches du trône et au trône lui-même le réseau de servitude qu'elle jette sur la France; alors, messieurs, dans l'intérêt de nos libertés, de la religion et du trône, je tiens à devoir de repousser par mes paroles et par mon vote l'accomplissement de cette corruption sacrilége.

En conséquence des principes que j'ai posés et des faits que j'ai cités, je me réserve, 1º de sanctionner et de doter après leur érection les nouveaux siéges épiscopaux, s'ils sont utilement placés et si la convention qui aura eu lieu à ce sujet entre le roi et le Saint-Siége est basée sur le concordat de 1801;

2º D'allouer dans le budget de l'année les fonds qui pourront être demandés pour la réparation des édifices religieux, et avant tout, pour l'amélioration du sort des fonctionnaires ecclésiastiques et des anciens religieux et religieuses.

Quant à présent, et dans sa forme actuelle, je rejette le projet de loi.

SÉANCE DU 19 MAI 1821.

La commission proposait, à l'article 2 du projet de loi sur les pensions ecclésiastiques, un amendement ainsi conçu :

« L'établissement et la circonscription de tous les diocèses se-« ront concertés entre le roi et le Saint-Siége. »

Ainsi la commission voulait supprimer ces mots : *de manière qu'il n'y ait pas plus d'un siége par département*, qui se trouvaient dans le texte du projet de loi.

M. de Corbières et le ministre des affaires étrangères vous ont dit qu'il n'y avait eu de difficulté entre le ministère et la commission que sur le point de la délégation finie ou indéfinie à accorder au gouvernement; sa mémoire l'a trompé. Nous autres, gens de l'opposition, nous avons de la mémoire; et quand il s'agit de défendre les libertés nationales, elle ne nous manque jamais. Le commissaire du roi, lisant la déclaration du ministre de l'intérieur, a dit que le gouvernement voulait douze siéges, qu'il n'en voulait pas plus, qu'il ne voulait qu'un siége par département, et qu'il serait aussi absurde d'y créer deux siéges que d'y créer deux cours royales. Je me demande donc comment, avec des déclarations aussi expresses, les ministres qui sont députés ne se sont pas levés tout-à-l'heure contre la proposition qui créait dix-huit siéges d'augmentation?

La raison en est simple, c'est que, dans cette question, le ministère n'est rien, c'est que le ministère n'a été rien en matière de concordat, depuis la restauration jusqu'à nos jours. Je le prouve par les faits mêmes énoncés dans le discours prononcé hier par M. Laîné; il a dit que le concordat de 1817, conclu entre S. S. et le roi, fut remis aux ministres de S. M. Ce ne sont donc pas les ministres qui l'ont fait, ce n'est donc pas le ministre des affaires étrangères qui a donné des instructions aux négociateurs; et cependant on nous dit qu'un concordat est un traité. Il est donc prouvé par le discours de M. Laîné, et par les faits, que le concordat a été conclu par une puissance qui n'est pas le ministère, par une puissance occulte. Et, quand je dis que les ministres ne l'ont pas connu, je suis extrêmement ministériel; car, si les ministres l'avaient connu, auraient-ils souffert que les pactes les plus saints y fussent foulés aux pieds, que la clause qui garantit la vente des domaines nationaux y fût omise?

Auraient-ils souffert qu'une puissance spirituelle y déclare abrogée une loi organique? Non, ils ne l'auraient pas souffert. S'ils avaient fait leur devoir, ils auraient donné leur démission; d'autres conseillers auraient pris cet acte sous leur responsabilité. Ce n'est pas ce qu'ont fait les ministres d'alors, ils ont cherché à accorder le concordat avec la législation; et je dois dire que le discours prononcé à cette époque par M. Laîné était tout-à-fait dans cet esprit, et que, dans la loi qui accompagnait le concordat, on rétablissait les articles organiques contre lesquels le pape avait réclamé. Cependant on n'a pas osé soumettre cette loi à la discussion publique, et elle est restée ensevelie dans les bureaux.

Dans cette situation, qu'a fait le gouvernement? il a essayé un replâtrage, il s'est adressé à la cour de Rome pour en obtenir un *mezzo termine* qu'il a obtenu de l'extrême modération du souverain pontife, mais qui n'est qu'un état provisoire. Et, en supposant que le pape, qui est tolérant parce qu'il a beaucoup souffert, et qui, parce qu'il a été persécuté, ne veut pas qu'on persécute, consentirait à ne pas exiger l'exécution du concordat de 1817, il n'en est pas moins vrai qu'à ses yeux le concordat de 1801 n'existe plus, que c'est le concordat de 1817 qui est la base de la loi religieuse en France; et si un autre Boniface VIII, un autre Grégoire XIII venaient à s'asseoir sur le saint siége, ne devrait-on pas craindre qu'un nouveau schisme ne divisât la France?

Cette situation est réelle; il est impossible à un homme de bonne foi de le nier; elle résulte de ce qu'a dit le ministère, de ce qu'a dit hier M. Laîné; car M. Laîné vous a développé les véritables doctrines de l'église gallicane, il a ajouté que dans cette circonstance il fallait faire ici une délégation de vos pouvoirs. Je ne dirai pas que la commission a reconnu que vous aviez le pouvoir de

concourir à l'établissement des siéges, puisqu'elle
l'a nié tout-à-fait, le rapport de M. de Bonald le
dit expressément.

Vous deviez seulement voter les fonds, rien de
plus; et, en supposant qu'elle vous eût reconnu ce
pouvoir, elle ne l'aurait reconnu que pour vous le
faire abdiquer, comme les états de Danemarck,
qui, en 1760, n'ont reconnu le droit et la liberté de
leur patrie que pour les abdiquer entre les mains
d'un roi héréditaire et absolu.

Quand on nous a proposé de déléguer nos pouvoirs, on s'est fondé d'abord sur la confiance que devait nous inspirer le ministère. Est-ce sérieusement
qu'on nous parle de la confiance que nous devons
avoir dans les ministres? Quels que soient le mérite ou les torts individuels de chacun d'eux, jamais ministère eût-il moins de consistance que le
ministère actuel? Et le ministre dirigeant, le ministre régulateur, celui qui l'an dernier soutenait
tout le fardeau des discussions, s'est-il, je le lui
demande à lui-même, couché un seul soir avec la
certitude d'être ministre le lendemain? Le ministère, pris en masse, n'a aucune opinion, et s'il en
avait une, il en changerait à chaque instant, témoin ce qui est arrivé depuis quatre jours.

On a invoqué comme garantie le nom du roi.
Ce nom sacré ne devrait jamais être prononcé dans
les discussions parlementaires; le roi veut le bien
du pays, il veut les garanties promises par la charte
qu'il a donnée; il veut les libertés de l'église gallicane, qui sont l'ornement du trône et la sécurité

de la France; mais son nom ne doit jamais être prononcé pour déterminer un vote et une délibération.

Enfin on vous a dit que le clergé était une garantie, que l'on ne pourrait rien faire sans l'assentiment des évêques. Je dois dire que je distingue deux clergés; le clergé constitutionnel, c'est-à-dire le clergé qui est dans l'établissement ecclésiastique, qui a une responsabilité morale, car l'évêque est l'homme de son diocèse comme il est l'homme de la religion; le curé est l'homme de sa paroisse comme il est l'homme de la religion. Mais il est une autre espèce de clergé qui n'appartient pas à l'établissement ecclésiastique, qui se montre partout, sur les places publiques, dans les salons, à la cour, qui pullule par toute la France, un clergé ambulant, comme je l'ai dit plusieurs fois. Je n'ignore pas que les ministres ont dit qu'il était sous la direction des évêques; mais la loi organique les plaçait aussi sous la direction des curés, et c'est ce qui ne s'exécute pas.

On vous a dit qu'ils allaient porter les secours de la religion là où ils manquaient, c'est ce que je nie. On les voit rarement dans les campagnes, où ils ne trouveraient que pauvreté et misère; c'est dans les villes qu'ils vont, et dans les villes les plus opulentes et les plus populeuses, où le besoin de pasteurs ne se fait pas sentir.

Les ministres du roi ont dit si positivement qu'ils ne voulaient que douze siéges, et un siége par département, qu'on doit s'étonner de ne pas les avoir vus à cette tribune combattre l'amendement de la commission. Il y a un certain nombre de siéges qui sont désirés moins par des souvenirs chrétiens et historiques qui sont précieux sans doute que par les besoins de la population. Ainsi on ne sera pas étonné de voir relever la métropole de Reims, parce qu'il n'y a pas d'évêque dans le département de la Marne, ni de voir relever la métropole de Sens, parce qu'il n'y a pas d'évêque dans le département de l'Yonne. Mais si à côté des métropoles de Reims et de Sens, on relevait les évêchés de Châlons-sur-Marne et d'Auxerre; il est évident qu'il y aurait superfétation, mauvais emploi des fonds du trésor public.

J'ai entendu donner pour motifs louables, sans doute, mais qui peuvent être adoptés par cette chambre, les vertus consacrées par l'histoire. Je veux parler de M. de Belzunce. Veut-on conclure la nécessité de rétablir un siége épiscopal à Marseille? Eh bien! demain on vous parlera des vertus de MM. de Beauvais et de Noé pour rétablir les siéges de Senez et de Lescar.

Il ne doit point en être ainsi, messieurs; dans la primitive Église, les siéges épiscopaux ont été établis là où la population était agglomérée. Ainsi, en rentrant dans les voies de la primitive Église, on doit placer le pasteur au milieu du bercail.

M. le rapporteur s'est étonné de ce qu'on n'ait pas répondu à une objection de son rapport, relative aux églises consistoriales réformées. Ce ne sont, messieurs, proprement dit, que des fabriques, c'est

le pasteur de la paroisse, réuni avec huit ou dix
plus anciens ou les plus forts imposés, qui se ras-
semblent pour trois objets, la discipline de l'église,
l'administration des biens, et la répartition des
aumônes. Ces églises consistoriales n'entraînent
aucuns frais pour l'état, elles sont nécessairement
plus nombreuses, parce que les réformés sont dis-
persés sur un grand nombre de points. Dans aucun cas il n'y a eu aucun rapport direct ou indi-
rect entre un consistoire de l'église réformée et
un évêché de l'église catholique.

Je vote pour qu'il ne puisse pas y avoir plus d'un
évêché par département.

SUR LA PÉTITION DU GÉNÉRAL BERTON.

SÉANCE DU 22 MAI 1821.

Le général Berton exposait à la chambre qu'après plusieurs accusations et arrestations, dont il était sorti indemne de toute culpabilité, il avait été admis à prendre sa retraite. Alors des contestations s'étaient établies avec le pétitionnaire sur la nature de ses services et de ses droits; en attendant la solution de ces difficultés, le général était sans traitement de demi-solde et ne pouvait toucher celui de sa retraite, que lorsque sa pension serait réglée. Le rapporteur pensait qu'il devait être mis un terme à cet état provisoire, et proposait le renvoi au ministère de la guerre.

J'appuie le renvoi au ministre de la guerre par des motifs que n'a pas développés M. le rapporteur; autrefois on accordait la retraite aux officiers-généraux, maintenant on les force à la prendre; l'article 2 de l'ordonnance du 20 mai 1818 porte que la retraite ne sera donnée aux officiers-généraux que lorsqu'ils auront trente ans de service accomplis, ou cinquante-cinq ans d'âge; M. le général Berton n'est pas dans ce cas; il y a donc violation, à son égard, du droit établi par cette ordonnance. Il y a en outre violation d'un droit plus grand et plus explicite. L'article 4 dit expressément que pour couvrir la lacune entre la radiation de

la solde de disponibilité et l'admission à la pension
de retraite, le militaire doit toucher comme solde
provisoire la moitié du maximum de la solde de
retraite. M. le général Berton n'a point touché
cette solde, ainsi dans deux circonstances l'ordonnance royale et le droit commun ont été violés à
son égard. J'appuie en conséquence le renvoi.

Le renvoi fut ordonné.

SUR LE DOMAINE EXTRAORDINAIRE.

SÉANCE DU 22 MAI 1821.

Messieurs, aux premiers jours de la guerre de la révolution, lorsque l'Europe armée était près d'engloutir la France, la convention nationale décréta que des biens-fonds pour la valeur d'un milliard seraient distribués aux soldats qui resteraient vivants, après que la patrie serait sauvée. Cette solennelle promesse a reçu une espèce d'accomplissement par le sénatus-consulte du 30 janvier 1810, qui institua le domaine extraordinaire.

Pendant les dix-huit ans qui s'étaient écoulés de 1793 à 1810, la France avait changé d'attitude, le gouvernement de forme, et la guerre d'objet. Le milliard de la convention avait dû être pris sur des biens confisqués. Une plus pure et plus noble conception appliqua à la récompense des braves les dépouilles de l'ennemi : mais, au lieu de s'étendre sur tous ceux qui, pendant tant de campagnes également glorieuses, avaient contribué à l'affranchissement du territoire, le bienfait n'atteignit que les services rendus à l'état sous le chef que l'état avait alors. Au lieu d'une répartition, sinon proportionnelle, du moins raisonnable, il y eut des lots gigantesques à côté de choquantes omissions. Bien plus, on imagina de constituer les dotations sous forme de majorats; et, dérogeant à notre loi civile, qui est le fruit de l'expérience des siècles et de la raison moderne, on fit un code d'exception pour les biens qu'apportait le flot de la victoire.

Quoi qu'il en soit, le domaine extraordinaire était un établissement glorieux par son origine, et national par sa destination. Le chef de l'état en disposait, 1° pour subvenir aux dépenses des armées ; 2° pour récompenser les soldats et les grands services civils et militaires; 3° pour élever des monuments, faire faire des travaux publics, encourager les arts et ajouter à la splendeur de l'empire. Le domaine possédait, au 30 mai 1814, en biens affectés et non affectés, un revenu de 40,895,000 francs. Il avait en outre en caisse ou en recouvrement un capital de 358,800,000 francs, et en répétitions valables à exercer 42,000,000.

Le domaine extraordinaire, formé des dépouilles de l'étranger, dut se ressentir des échecs de nos armes. Il eût été facile au gouvernement de 1814, puissant des impressions morales qu'avait laissées notre grandeur récente, de commander la justice dans les négociations : peut-être eût-on pu, alors que nos troupes garnissaient encore presque toutes les forteresses de l'Europe, faire prendre l'article 13 du traité de Fontainebleau du 11 avril pour base de la reconnaissance du droit que les Français avaient sur leurs propriétés de toute nature en pays étranger. C'était au moins un devoir de faire ressortir les classements qu'établissaient entre les dotations leurs origines différentes ; les unes, fruit immédiat de la conquête et périssant avec elle ; les autres légitimées par des actes diploma-tiques ; certaines acquises par le trésor à titre oné-reux ; d'autres enfin situées dans nos départe-ments long-temps réunis, et concédées d'après le droit inhérent à la puissance publique, de dispo-ser du domaine de l'état. Cependant le naufrage a été universel. Tout, tout indistinctement, a péri.

On ne révoque plus en doute l'existence des stipulations clandestines dont nous parlait, il y a peu de temps, un de nos collègues qui a fait partie des commissions mixtes. Elles expliquent l'obsti-nation avec laquelle ont été repoussés des droits qui, indépendamment des intérêts privés, accrois-saient la richesse française d'un revenu supérieur à celui que procurent nos plus riches colonies. Elles expliquent comment notre gouvernement n'a pas osé reprendre un dépôt de vif-argent, appar-tenant au domaine extraordinaire, et qui existe en-core dans les provinces autrichiennes d'Italie, sans que personne en réclame la propriété. Tout le monde sait comment les réclamations de nos vieux guerriers, souvent adressées à cette chambre, sou-vent renvoyées par elle aux ministres, ont ren-contré dans les bureaux des adversaires plus dé-clarés que ne l'étaient les Autrichiens et les Russes.

Vous dirai-je, messieurs, que le congrès d'Aix-la-Chapelle ayant arrêté que les donataires seraient payés de leur arriéré jusqu'au 26 mai 1814, époque du traité de Paris, cet acte du congrès est resté enseveli pendant plus d'une année dans les cartons des affaires étrangères, sans que les intéressés aient pu en avoir connaissance, et qu'au moment où je parle les donataires n'ont encore rien reçu?

Après les événements de 1814, il restait au domaine extraordinaire un fonds considérable qui se composait d'argent en caisse et de biens non affectés, situés en France, et qui était susceptible de s'accroître par le retour des dotations restées intactes ou conservées en partie. Cet état de choses semblait devoir appeler l'attention de la puissance publique.

Dans le courant de l'année, une proposition de réglement de la liste civile fut faite à la chambre des députés et renvoyée à une commission. M. Silvestre de Sacy déclara, au nom de cette commission, dans la séance du 20 août, que ceux-là seraient dans l'erreur qui regarderaient le domaine privé et le domaine extraordinaire comme formant un accroissement à la liste civile ou à la dotation de la couronne. «Le domaine privé, ajoutait-il, n'existe « pas. Quant au domaine extraordinaire, qui se com- « posait des domaines et biens mobiliers et immobi- « liers que le chef de l'ancien gouvernement avait « acquis par des conquêtes ou par des traités, il a « été presque entièrement absorbé. Ce qui peut en « rester aujourd'hui, c'est principalement la réver-

« sibilité éventuelle des dotations, et cette réver-
« sibilité advenant, elle tournerait au profit de
« l'état et n'ajouterait rien à la dotation de la cou-
« ronne. »

On prit texte de cette argumentation pour insérer dans la loi du 8 novembre, constitutive de la
dotation de la couronne, un article suivant lequel
tous les domaines et revenus non compris dans
l'énumération que la loi renfermait feraient partie du domaine de l'état. La loi ici prononçait une
exception pour les biens formant la dotation de
l'ancien sénat. Elle ne disait rien du domaine extraordinaire. Aussi n'y eut-il pas d'opposition à
l'incorporation dans la liste civile de l'hôtel Valen-
tinois et d'autres palais, châteaux et biens divers,
composant ensemble une valeur de 5,453,135 fr.,
extraite du domaine extraordinaire, et aucune réclamation ne s'éleva lorsque le ministre de l'intérieur présenta comme absorbés par la confusion
230,300,000 fr., prêtés à la caisse de service, ou
employés à acquitter les bons de la caisse d'amor-
tissement pendant les derniers temps du gouvernement qui avait précédé.

Une pareille doctrine imposait aux détenteurs
du domaine extraordinaire la rigoureuse obligation
d'en verser au trésor public les revenus et le capital. Les choses, messieurs, se sont passées autrement ; soit en raison de ce que la lettre de la loi
n'était pas précise, soit qu'il entrât dès-lors dans
la pensée royale d'employer ce qui restait à accomplir un acte de justice envers les donataires

23.

dépossédés, le domaine extraordinaire subsista. Il
ne fut pas confondu dans le domaine de l'état; il
ne fut pas soumis à la surveillance du ministre des
finances; sa comptabilité ne fut ni produite aux
chambres, ni apurée par la cour des comptes, ni
même vérifiée chaque année par une commission
du conseil d'état, ainsi que le prescrivait l'art. 25
du sénatus-consulte du 3o janvier 1810. Il est probable que le domaine extraordinaire conserva une
administration spéciale; mais qui était l'administrateur? On ne le sait pas. Pendant 1814 et 1815, tout
s'y est consommé à huis-clos.

Ce n'est pas ordinairement pour faire des économies à la caisse que les comptables s'enveloppent
de ténèbres. Aussi avons-nous appris plus tard que
des sommes énormes avaient été dissipées au mépris du sénatus - consulte et de la charte. Tantôt
on a donné une extension irrégulière à l'un des
emplois réguliers du domaine, comme, par exemple, quand, au moment de la plus grande détresse
des donataires, on appliquait le produit de la vente
non autorisée de six mille actions de la banque de
France à des réparations du château de Versailles,
qui, en supposant qu'elles aient été réellement
faites, devaient être, comme auparavant, à la
charge de la dotation de la couronne; tantôt on a
faussé le but de l'institution, comme lorsqu'on
distribuait, en vertu d'une ordonnance du 18 septembre 1814, 5oo,ooo fr. de rente en *remplacement
des droits, émoluments, taxes et perceptions attribués
par les édits aux charges de grand-maître de France,*

grand-maître de la garde-robe, premier gentilhomme de la chambre, etc. J'ignore si les titulaires de ces charges avaient droit à une indemnité; mais assurément on a eu tort de la prendre sur le domaine extraordinaire, et de se prévaloir pour cela du décret du 13 février 1810, qui affectait un revenu supplémentaire de 500,000 fr. aux grandes charges de la couronne impériale : car ce décret fut rendu (ainsi le dit le considérant) afin que le prince *pût appeler autour du trône des personnes éminentes par leurs services, sans jamais être arrêté par l'insuffisance de leur fortune.* Enfin on s'est écarté tout-à-fait d'une des trois destinations assignées au domaine extraordinaire, en le consommant en pensions, en largesses que ne justifiait aucun service public.

Jusqu'où s'est étendu le désordre? Les ministres ne veulent pas, peut-être ne peuvent-ils pas vous le dire. Cherchons au moins, par le bon emploi de ce qui reste, à faire oublier le mauvais usage de ce qui a disparu.

Commençons par établir nettement le droit des donataires. En remontant au principe de l'institution, gardons-nous de faire un rapprochement entre ce qui s'est passé depuis la révolution et ce qui se pratiquait auparavant. Alors les chefs et les principaux officiers de l'armée appartenaient à une classe privilégiée qui vivait d'emplois publics et de graces de cour, et dont une grande partie avait été primitivement investie de ses propriétés sous la condition du service militaire. Notre armée plébéienne n'avait de richesse que son héroïsme, et de privilége que son dévouement plus absolu à la patrie. Les dotations n'ont pas été accordées seulement aux grades élevés. Parcourez les états qui vous ont été distribués, et vous verrez combien d'officiers particuliers, de sous-officiers et de simples soldats y ont eu part. Ne vous récriez pas sur l'énormité des récompenses qui leur ont été accordées; elles sont loin d'être en proportion avec l'immensité des services. Rappelez-vous, messieurs, qu'aucune époque de la monarchie ne ressemble à l'époque dernière. Ce n'est pas moi assurément qui chercherai à décolorer nos souvenirs historiques; mais réunissez ensemble, si vous le voulez, les exploits des Français depuis Henri IV jusqu'à Louis XVI, et dites avec bonne foi si dix générations qui se sont succédées pendant cet intervalle en ont fait autant, toutes ensemble, que la génération contemporaine à elle seule.

Ainsi, messieurs, votre justice appréciera ce qu'ont dû amener d'extraordinaire des temps qui approchent du merveilleux. Il ne s'agit pas ici de graces et de traitements que le prince donne et retire à son gré. Nous ne réclamons pas pour les dotations la promesse conservatrice renfermée dans l'article 69 de la charte. Cette promesse ne leur est pas applicable. Les dotations étaient des propriétés acquises et possédées comme toutes les autres sous la sauvegarde de la loi, et de plus elles prescrivaient envers l'état des devoirs spéciaux qui ont été et qui seront fidèlement remplis.

Cela posé, le gouvernement a pu, dans l'intérêt du pays et pour obtenir la paix, faire le sacrifice des dotations, comme il aurait fait celui de toute autre propriété privée. L'art. 10 de la charte est là qui le justifie. L'art. 10 dit aussi que les propriétaires dépouillés seront indemnisés ; mais l'indemnité à payer serait énorme. Il faudrait, pour y subvenir, même incomplètement, continuer des impôts onéreux ou en établir de nouveaux. A Dieu ne plaise, messieurs, qu'une pareille demande sorte des rangs de la vieille armée. Ce n'est pas nous qu'on verra réclamer le privilége de gêner le riche et de pressurer le pauvre à notre profit. Ce n'est pas nous qu'on verra inquiéter, agiter le pays par des prétentions insatiables. Ce n'est pas nous, Français de toutes les heures de notre vie, qui demanderons aux Français un supplément aux contributions de guerre dont nos bras n'ont pu les préserver.

Un moyen de réparation s'offre naturellement à un malheur qui ne peut être entièrement réparé. Ce moyen, c'est le roi qui l'a indiqué. L'ordonnance du 22 mai 1816 dit expressément que *l'intention de sa majesté est de reconstituer des dotations équivalentes à celles dont jouissaient les donataires.* La loi du 15 mai 1818 n'a pas réuni le domaine extraordinaire au domaine de l'état; elle l'a maintenu distinct, et n'a fait, en attendant destination, que convertir ces biens-fonds en rentes sur le grand-livre. A chaque session, on nous a promis de le réorganiser : voyons ce que donne le projet de loi.

Il s'agit de la distribution des débris d'un fonds

qui avait une spécialité. Ainsi l'a dit votre commission, et c'est le véritable point de vue sous lequel la question doit être envisagée. Dès-lors les centaines de millions absorbées par les dépenses politiques, par des restaurations de bâtiments et par d'irrégulières largesses, sont considérées comme représentant, et bien au-delà, la quote-part affectée à d'autres emplois que la récompense des services, et le domaine extraordinaire n'a plus rien à faire qu'à indemniser les dépossédés. Dès-lors il n'est pas étrange que le gouvernement vous ait proposé, comme restriction, et dans l'intérêt de l'état, de conserver à l'indemnité le caractère de majorat reversible qu'avait la dotation perdue, quoiqu'il eût été préférable de la soumettre au droit commun. Dès-lors aussi le fonds tout entier, et dans tout son avenir, doit remplir sa primitive destination.

Dans cette persuasion, je rends hommage au principe d'une indemnité énoncée dans l'art. 1er. du projet. Je suis d'accord avec votre commission pour repousser les art. 3 et 7, qui achèvent la destruction commencée par les ennemis; mais je cesse d'être d'accord avec elle lorsque, détournant les fonds de leur assignation naturelle, elle veut altérer une spécialité qu'elle-même a reconnue.

Remarquez, messieurs, que ces fonds ne peuvent être mis à la disposition personnelle du roi; car, en le faisant, on augmenterait la liste civile, et la charte dit (art. 23) que la liste civile est fixée pour la durée du règne.

Aussi n'est-ce pas d'un supplément à la liste civile qu'il s'agit, mais bien d'un nouveau crédit à ouvrir aux ministres pour des pensions. Et pour quelles pensions, messieurs? La réponse est facile : pour les pensions qui n'auront pas été méritées; car la législation actuelle a pourvu à la récompense de tous les services. Mais la commission juge que les pages de notre livre rouge ne sont pas assez chargées, et que les ministres ne trouvent pas dans les fonds secrets dont ils disposent d'assez puissants moyens de séduction. Elle leur en offre qu'ils avaient eu la pudeur de ne pas demander. Elle leur jette à la tête les dépouilles de nos guerriers.

Jusqu'à présent, messieurs, vous avez subvenu aux dépenses publiques par des impôts votés annuellement. La commission vous propose d'affecter pour toujours à une portion de ces dépenses un revenu qui s'accroîtra sans cesse : ce serait une anomalie dans votre législation financière ; ce serait surtout une criante injustice envers les serviteurs de l'état. Le roi a pu, dans sa sollicitude, croire que l'utilité commune exigeait le sacrifice de quelques intérêts particuliers; mais il ne vous a pas proposé, il ne vous eût proposé jamais de faire passer dans la poche des uns le prix du sang et des labeurs des autres.

Ne savez-vous pas que dans le calcul des pensions accordées aux services de guerre, le dernier gouvernement précomptait habituellement les autres récompenses déjà obtenues, et que, sous ce rapport, les dotations des dernières classes représentent une portion des soldes de retraite?

Ne voyez-vous pas que, hâtée par les fatigues et les blessures, la mort moissonne chaque jour les donataires des classes plus élevées, et que la plupart ne laissent à leurs veuves et à leurs fils d'autre héritage que leur immortel renom? J'en appelle à votre délicatesse Qui d'entre vous consentirait à toucher une pension de mille écus aux dépens de ces vétérans amputés, dont nous honorons tous l'infortune? Et qu'on se garde de dire que la pension dont je parle ne serait pas accordée à leurs dépens. En supposant, contre toute vérité, que les donataires dépossédés n'eussent pas eu, en vertu de leurs titres de propriété, un droit explicite sur ce qui reste du domaine extraordinaire, vous l'établissez ce droit, par le principe, par la forme de vos indemnités. Vous autorisez tous les intéressés à y croire. Il faut, messieurs, que justice ou bienfaisance ait son cours; il faut que le débris de nos fortunes guerrières soit employé à de justes réparations envers ceux qui, dans le partage de la masse commune, sont tombés sur des lots plus périssables que les autres.

Vous n'hésiterez pas, messieurs, à faire accomplir au domaine extraordinaire sa destination tout entière. Les indemnités allouées par l'art. 1er du projet, eu égard à la situation de la caisse au jour où ce projet vous est présenté, ne seront pour vous qu'un premier pas dans la carrière de la justice. Vous appliquerez l'excédant en caisse, et le produit éventuel de la réversibilité et des extinctions, à améliorer le sort des donataires, en commençant par les plus malheureux, c'est-à-dire par les moindres dotations, et dans chaque classe, par les militaires amputés.

Ainsi vous avez fait l'an dernier pour la Légion-d'Honneur, et alors votre bienveillance envers les braves était balancée par votre devoir d'épargner la bourse des contribuables. Aujourd'hui vous opérez sur un fonds qui provient de victoires remportées sur l'ennemi, et qui n'a jamais dû être versé au trésor public. En vérité, messieurs, quand je vous propose de donner à ce fonds l'emploi inhérent à sa nature, c'est bien plus pour votre honneur et pour le triomphe des principes que dans la vue de l'avantage qui en reviendra aux donataires. J'ai calculé l'effet qu'aurait cette mesure dans une supposition qui dépasse, pour ainsi dire, les bornes du possible. J'ai vu que, le cas arrivant où ceux qui possèdent encore des dotations mourraient tous dans le courant de l'année sans postérité masculine, il n'y aurait pas de quoi recomposer avec le produit des retours, les dotations perdues des donataires de la cinquième classe.

Dans la monarchie constitutionnelle, le roi est la source de toute justice et de toute grace; mais la grace ne commence que là où la justice n'a plus rien à voir. Avant de donner le superflu à qui on veut, il faut d'abord payer le nécessaire à qui on le doit. C'est la justice qui discipline les armées et les rend citoyennes; c'est la justice qui entre dans les esprits et dans les cœurs; c'est la justice qui fait un peuple fort, fort contre les factions intestines qui menaceraient son repos, fort contre les ennemis extérieurs qui offenseraient sa dignité.

Je dépose sur le bureau plusieurs amendements dont le principal a pour objet d'employer le produit du retour des dotations et des indemnités, 1° à accorder des pensions aux veuves; 2° à recomposer successivement les dotations des dernières classes, en commençant dans chaque classe par compléter les amputés.

Si la chambre n'admet pas mes amendements, ou tout autre fondé sur le même principe, j'adopterai ceux qui laisseraient de l'espoir aux donataires; et cet espoir subsiste tant que le domaine extraordinaire reste debout à quelque titre que ce soit.

Mais si on rejetait les amendements qui tendent à maintenir le domaine extraordinaire distinct et séparé du domaine public, je préférerais de beaucoup le régime provisoire du 5 mai 1818 à la confiscation déguisée qu'on nous propose, et je voterais en conséquence contre le projet de loi.

SÉANCE DU 25 MAI 1821.

M. Piet vous propose de continuer aux donataires les secours accordés par l'ordonnance de 1816 et la loi de 1818; de borner les secours aux donataires, et de laisser au roi la formation de la liste. Tout en combattant l'amendement de M. Piet, je suis d'accord avec lui sur un principe,

celui de la spécialité du fonds. M. Piet reconnaît
que le fonds ne peut être employé qu'à porter des
secours aux donataires : ainsi, il se trouve en opposition avec ceux de ses collègues qui voudraient
accorder une portion de ce secours à d'autres
qu'aux donataires.

M. Piet. Ce n'est pas là mon idée....

Elle ressort des termes mêmes de son amendement : or, l'amendement de M. Piet me paraît
inexécutable. Le ministre a calculé que le revenu
actuel du domaine extraordinaire subviendra à un
secours fixe pour toutes les classes des donataires. M. Piet demande à exclure de ce secours les
premières classes. Il veut cependant qu'il soit accordé seulement à ceux auxquels la loi de 1818 faisait des avantages. Alors, messieurs, il y aurait un
reste, et je vous demande ce qu'en feraient les
ministres.

De plus, vous n'opérez pas ici seulement sur
1,400,000 francs de rente, mais sur la totalité du
domaine extraordinaire, sur les portions qui lui
sont affectées et qui feront retour; et, dans ce
cas, il faut porter à 4,000,000 de rente ce fonds
susceptible d'accroissement continuel.

Quand M. Piet a voulu éloigner les donataires
des trois premières classes, il a été frappé d'une
considération, c'est que plusieurs jouissent d'une
fortune considérable. Je crois qu'il peut être ras-
suré à cet égard; tous les donataires qui n'en auront pas besoin seront les premiers à venir au se-

cours des autres; il y a entre eux tous fraternité; ils ont combattu ensemble, ils ont souffert ensemble, ils ne s'abandonnent jamais.

M. Piet diffère essentiellement du projet de loi sur ce point. Il nie le droit, parce qu'il tire ses raisonnements du droit civil. Ici, messieurs, l'audience s'élargit; ce n'est pas de droit civil qu'il s'agit, mais de droit public. Le domaine extraordinaire est le produit de la conquête, il a été affecté à une destination spéciale; soit qu'on ait entendu ou non le réunir au domaine de la couronne, par le fait il en a toujours été distinct. Les droits des donataires sont bien faciles à établir : l'état les a forcés, dans l'intérêt du pays, au sacrifice de leur propriété; il doit donc venir à leur secours proportionnellement, eu égard aux ressources du fonds qui avait une destination spéciale. Ce principe a été reconnu par la commission elle-même.

Mais il est bien d'autres principes, surtout dans le résumé de M. le rapporteur, qui doivent être combattus.

« L'on peut fort bien, vous a-t-il dit, fort glorieusement servir l'état, sans que l'état doive une dotation à ses serviteurs. Je ne vois, ni dans nos départements, ni sur le grand livre de la dette publique, les traces d'aucune dotation accordée aux vainqueurs de Rocroy, de Denain ou de Fontenoy. »

Il le faut avouer, messieurs, M. le rapporteur n'a pas été heureux dans sa citation. Ce sont

précisément les vainqueurs de Rocroy et de Fontenoy qui ont reçu les dotations les plus considérables. Qu'il se rappelle qu'en 1648, le Clermontois a été donné au Grand-Condé, en récompense
de ses services; que le Clermontois est un domaine d'une valeur immense; que les seuls droits
régaliens attachés à ce domaine ont été rachetés
deux millions par le gouvernement, en 1784 : et
qu'aujourd'hui encore, après toutes les dévasta-
tions de la révolution, il reste sur ce domaine, à
la maison de Condé, 150,000 francs de rentes en
coupes de forêts.

Qui ne sait, messieurs, que Chambord a été la récompense du vainqueur de Fontenoy, et que cette
récompense a été accordée aux acclamations de
toute la France? On n'est donc pas heureux quand
on fait de pareilles citations. Eh! messieurs, ce n'é-
tait pas seulement les grands services à l'état qu'on
récompensait de cette manière! N'avez-vous pas
vu ce livre rouge qui fut déroulé à l'assemblée constituante? Une bonne action, souvent même une
mauvaise action, a fait accorder à toute une famille
des récompenses pécuniaires immenses, qu'on touchait encore au moment de la révolution, et que
peut-être on reçoit encore aujourd'hui.

La différence entre les temps anciens et les nouveaux, la voici ; c'est que dans les temps anciens
on s'occupait beaucoup moins des officiers inférieurs et des soldats. On s'en est occupé davantage
depuis la révolution; et cependant croyez-vous
qu'on ait fait beaucoup pour eux? Ces soldats, ces

malheureux amputés portés sur la liste des donataires, savez-vous qu'ils survivent à des millions
de leurs camarades qu'ils ont vu périr sur le
champ de bataille? Savez-vous que dans les dernières guerres, la chance de mort contre nos
malheureux soldats était dans la proportion de
soixante à un?

Et nos officiers particuliers, dira-t-on jamais
assez comme ils resplendissaient de pureté et de
gloire! Vaillants comme les plus vaillants du temps
de la chevalerie; sobres et durs à la fatigue, parce
qu'ils étaient fils du laboureur, ils marchaient à
pied à la tête des compagnies et couraient les premiers au combat et sur la brèche. Leur existence
journalière était tissue de privations; car l'administration militaire ne pouvait que rarement et im-
parfaitement subvenir à leurs besoins, et ils
avaient le cœur trop haut placé pour prendre
leur part du pillage des soldats. Exempts pour la
plupart des calculs de l'ambition, ces martyrs de
l'honneur vivaient de la vie morale qui se con-
sume dans la résignation au devoir; et après de
pénibles souffrances, qu'avaient-ils à attendre? La
mort sur une terre étrangère, la mort loin de
leurs amis et de leurs parents et pas même l'espoir que leurs noms retentiraient dans la postérité.

Si des officiers particuliers vous passez à une
classe plus élevée; si vous jetez les yeux sur ceux
que leurs talents avaient placés dans une sphère
supérieure; messieurs, ils sont là ces hommes. La

puissance française a passé; et ces hommes qui ont gouverné des provinces envahies, sont rentrés dans la classe des simples citoyens. Cherchez où sont les champs acquis, les palais bâtis avec les larmes des nations. A peine pourriez-vous en citer vingt qui ont conservé quelques portions des largesses dont le gouvernement a payé leurs services. Mais pour les autres, ils n'ont pas un asile pour reposer leur tête. C'est un fait. Les trois quarts de ceux qui sont sur la liste des donataires des trois premières classes, n'ont pas un pouce de terre en propriété. Je pourrrais vous montrer des hommes qui ont joui de 30,000 francs de rentes, et qui aujourd'hui sont réduits à leur simple solde de retraite. Messieurs, les détracteurs de la gloire nationale auront beau faire, qu'ils me citent un pays où, après une guerre si longue, si chanceuse, avec un maître si indulgent par nature, si corrupteur par calcul, il se fût trouvé si peu de Verrès et tant de Curius.

On vous a parlé de l'armée française, c'est toujours au nom de la commission. Il importe d'autant plus de lui répondre, qu'une commission présente ici l'expression d'une masse de députés et même de la majorité, puisqu'elle a été nommée par la majorité.

Cette commission vous parlant des rapports politiques de l'armée française avec les citoyens, l'a comparée à l'armée de César. Assurément la gloire militaire a été le marche-pied sur lequel l'homme extraordinaire est monté au suprême pouvoir; mais que l'armée française puisse être comparée à l'armée de César, comme l'instrument de l'oppression de son pays, c'est ce que vous n'admettrez pas.

Veuillez, messieurs, vous rappeler ce qu'a fait l'armée de César, lorsqu'il n'y avait plus d'ennemis extérieurs à combattre : elle a marché contre ses concitoyens ; licenciée par le sénat romain, elle est restée organisée sous les ordres de César. Elle a passé avec lui le Rubicon ; elle a poursuivi avec lui les débris de la liberté expirante, en Italie, en Espagne, en Asie, en Afrique. Je vous le demande, qu'a fait de semblable l'armée française ? Exista-t-il jamais, à quelque époque que ce soit, une armée plus française, plus obéissante au pouvoir civil, plus dévouée aux intérêts nationaux et à la patrie ? Et savez-vous pourquoi ? C'est que c'était une armée citoyenne ; c'est qu'elle ne se formait plus comme autrefois du trop plein des campagnes et de l'écume des villes, que des recruteurs débauchés allaient attacher sous les drapeaux ; c'était la fleur de la population ; c'était le plus pur sang de la France. Ces hommes sortis comme de dessous terre au cri de la patrie en danger, ont défendu la patrie jusqu'au dernier moment ; inaccessibles à la cupidité comme à la crainte, ils allaient au combat, et souvent à une mort certaine, en chantant.

On nous a parlé de la terreur : elle pesait aussi sur l'armée ; elle pesait sur tous ceux qui étaient restés fidèles au sol de la patrie ; elle n'atteignait point ceux qui étaient sur la rive droite du Rhin avec les étrangers.

Voix à droite : Le roi y était.

Le roi était en France, et vous a sommés officiellement d'y rentrer.

J'ai dit que la terreur qui pesait sur la France, pesait aussi sur l'armée. N'a-t-on pas vu nos chefs les plus illustres, les Custine, les Biron, les Houchard, les Lamorlière et tant d'autres, traînés sur l'échafaud! D'autres officiers, dans un rang inférieur, ont eu le même sort, ou ont couru les plus grands dangers. Moi-même, messieurs, et on peut parler de soi dans de pareilles circonstances, quand chaque jour on est interpellé nominativement, j'étais bien jeune alors; je fus arraché à l'avant-garde de l'armée du Nord, où je combattais les ennemis de mon pays, pour être traîné dans les cachots de Joseph Lebon, à Cambray; et sans le 9 thermidor, j'aurais péri comme tant d'autres victimes. Savez-vous quel était mon crime? C'était alors, comme aujourd'hui, de ne pas savoir dire mollement ce que je sens avec chaleur, ce que je pense avec énergie.

Mon crime alors, comme aujourd'hui, était d'abhorrer le crime, de quelque part qu'il vînt. Mon crime alors, comme aujourd'hui, était de poursuivre avec une exécration égale les jacobins de la guillotine et les jacobins de la potence!...

On vous a rappelé un fait vrai. L'armée d'Italie, par des adresses, avait encouragé le 18 fructidor; mais n'aurait-on pas pu dire que l'armée du Rhin avait fait des adresses en sens contraire? Ces adresses, d'ailleurs, n'ont pas eu la moindre influence sur cet événement. La journée du 18 fructidor a été l'ouvrage d'une portion du gouvernement. L'armée n'y a été pour rien. Il n'y avait pas de corps d'armée, ni de divisions à Paris. Ainsi, les soldats de l'armée française sont tout-à-fait étrangers à l'outrage qui fut fait à la représentation nationale et à la nation.

Quant au 18 brumaire, bien qu'il ait été fait par un chef de l'armée, je ferai observer que la garde ordinaire du directoire est la seule troupe qui ait marché. Elle a été mise en mouvement par un ordre du comité des inspecteurs de la salle. L'armée n'y a contribué en rien. Ici, je dois ajouter que l'invasion de tous les pouvoirs par un général a été reçue dans la totalité de l'armée avec plus de peine peut-être que dans la plus grande partie de la France. C'est un fait dont j'ai été témoin.

Dira-t-on que, sous le régime impérial, l'armée a opprimé la France? messieurs, elle n'était point en France : il n'y avait alors en France que des vétérans....

Voix à droite. Et les colonnes mobiles!...

Les colonnes mobiles étaient composées de vétérans, de gardes nationales, et de quelques dépôts; et dans tout cela, il n'y avait point de forces militaires capables de comprimer l'opinion. Ces colonnes mobiles, c'étaient les préfets qui les mettaient en mouvement. Comment se fait-il que ce soit un préfet de ce temps-là, qui ait pu accuser l'armée française d'oppression?

Messieurs, sous le régime impérial, la loi de la

révolution qui a remis le pouvoir militaire bien au-dessous des pouvoirs civils, a été constamment exécutée. Un maréchal d'empire, quelque puissant qu'il fût, n'aurait pu, dans une ville de France, faire arrêter le coupable le plus obscur, tandis que le préfet pouvait disposer de la fortune et souvent de la liberté des citoyens les plus marquants. Partout, le pouvoir militaire a été subordonné au pouvoir civil. Dans tous les conflits entre ces deux autorités, le chef du gouvernement avait pris à tâche de donner toujours raison à l'autorité civile, et il faisait bien; c'est par la plus fausse des locutions qu'on a pu dire que le gouvernement qui avait régi la France pendant quinze ans était un despotisme militaire. On n'a pas eu plus le droit de le dire, qu'on aurait celui de dire que le despotisme sous lequel la France était pliée du temps du cardinal de Richelieu était le despotisme ecclésiastique.

Voix à droite : À la question.

Je ne m'étonne pas qu'on me dise de rentrer dans la question. C'est toujours ce que vous dites à ceux qui énoncent ici des vérités qui retentissent.

Cette discussion, messieurs, ne sera pas sans intérêt pour la France, elle ne sera pas perdue pour le roi et pour les donataires; car si les donataires recueillent le bienfait que veut leur accorder la justice du roi, la discussion n'aura fait que ressortir davantage la justice de leur cause et l'éclat de leurs services. Si, au contraire, ils échouaient, si

tel était le résultat des invectives qui ont été lan-
cées contre une armée qui appartient à toute la
nation, cette discussion ne servirait que mieux à
faire connaître à la nation où sont ses ennemis, où
sont les ennemis du roi et de la France.

SUR LE BUDGET.

MINISTÈRE DES AFFAIRES ÉTRANGERES.

SÉANCE DU 8 JUIN 1821.

Messieurs, on vous l'a fait observer avec raison ; le département des affaires étrangères est mystérieux de sa nature, et l'on doit s'attendre à y trouver des rapports peu développés, et des comptes peu étendus. Cependant il est des dépenses d'une nature fixe, des dépenses spéciales dont vous devez connaître l'emploi ; sans cela vous ne voteriez pas en réalité le budget.

La loi du 15 mai 1818 a alloué une somme de 200,000 fr. pour les agents diplomatiques et consulaires dont l'activité est supendue momentanément. Ces états doivent venir aux chambres ; on en use ainsi au ministère de la guerre : pourquoi n'en serait-il pas de même pour un autre département ? J'ai en main le tableau certifié des personnes qui touchent aux affaires étrangères un traitement d'inactivité. J'y trouve des traitements plus ou moins forts, sans doute proportionnés aux services. Ici le roi n'était renfermé dans aucune limite, comme il l'est par la loi des pensions. J'y vois des personnes qui ont servi depuis et avant la restauration. J'y vois un honorable pair qui a dignement soutenu les intérêts de la France dans ses ambassades en Hollande et en Espagne. J'y vois aussi deux prélats qui ont chacun un traitement de 16,000 fr. Sans doute ils sont également recommandables par leurs vertus apostoliques; mais un seul d'entre eux a été revêtu d'un caractère diplomatique à Venise et en Portugal; quant à l'autre, je ne l'ai trouvé sur l'Almanach royal, en qualité de diplomate, ni avant ni depuis la restauration.

Si ces éléments étaient soumis aux chambres, vous verriez qu'on n'y trouve pas en jouissance du traitement d'inactivité un seul individu, pris parmi les personnes employées depuis la révolution jusqu'à la restauration. M. le ministre nous a dit hier que ce traitement devait être refusé à certains agents, parce qu'ils ne seraient jamais employés. Je sais qu'il a expliqué ce qu'il fallait entendre par ce mot *jamais;* mais, en supposant qu'il ne fallût pas conclure rigoureusement que l'intention du gouvernement est de ne point employer les hommes qui ont servi depuis la révolution, il s'ensuit au moins une présomption bien défavorable contre les agents diplomatiques supérieurs employés depuis trente années. Mais il y a plus; M. le ministre a ajouté à cet anathème une énonciation plus positive encore; il a dit, en parlant de ces agents, que le gouvernement n'emploierait jamais les ennemis du roi. Je croyais, messieurs, que, dans sa haute sphère, le roi ne pouvait avoir d'ennemis que parmi les rois.... Les autres ennemis que l'on suppose au roi ne peuvent être que les ennemis des principes et du système de ses ministres, et je ne puis concevoir qu'à la vue de tout ce qui se passe tous les jours en Angleterre, on puisse venir nous dire : Tel homme sera perpétuellement éloigné de sa hiérarchie, parce qu'il tient à l'opposition : comme s'il n'était pas évident que, dans cette enceinte, la liberté de notre opinion tient à la nature de notre mandat et à nos institutions constitutionnelles ; et comme si on pouvait comparer une opposition politique, même soutenue avec persévérance, avec une opposition à la personne du roi. C'est donc un anathême positif, c'est donc une exclusion prononcée contre tel de nos collègues qu'on a désigné. On a mal apprécié ses intentions et ses principes ; on a mal compris l'idée qu'il a de ses devoirs. Cet homme qui professe les principes d'une opposition franche et vigoureuse, servirait le prince avec fidélité ; il suivrait le système du gouvernement, car il n'aurait pas accepté de fonctions, si le système du gouvernement était contre ses principes.

On demande une augmentation de fonds pour le traitement d'un sous-secrétaire d'état. Je sais que c'est au roi à décider de quelle manière l'administration publique doit être réglée. Toutefois c'est à vous, qui êtes les bailleurs de fonds, à juger de l'utilité du service. Or, je demande si un sous-secrétaire d'état ne serait pas plus nécessaire à l'intérieur ou à la guerre, dont les ministres sont surchargés de détails ? On conviendra que le ministre des affaires étrangères est le moins occupé de tous, surtout si l'on considére que le président du conseil des ministres, par ses rapports au dehors et par ses antécédents, passe pour se mêler un peu des affaires étrangères [1].

On demande des fonds pour un ambassadeur au Brésil. Il y a trois ans qu'un ministre a été nommé : il n'y a pas été, il est en ce moment à Copenhague. Un autre ministre a été nommé depuis, et les gazettes nous ont annoncé qu'il ne se rendrait pas plus que le premier à sa destination.

Certes, si les fonds demandés avaient l'utile destination que l'on annonce; s'il s'agissait d'établir des rapports avec l'Amérique méridionale, je serais le premier à les voter. Mais je crois qu'on ne le veut pas; et ce qui me le fait croire, c'est que des intérêts beaucoup plus rapprochés me paraissent toutà-fait abandonnés. Je veux parler de Saint-Domingue. M. de Villèle nous a dit qu'il n'y avait pas eu d'ouvertures de faites pour des négociations avec ce pays. Je répondrai qu'il s'est trompé. Nous avons eu sous les yeux les détails d'un commencement de négociation entre la France et Haïti : c'était M. le comte de Fontange qui en était chargé. Les pièces ont été imprimées, et il en résulte évidemment que si on avait agi avec plus d'adresse, de discernement et d'entente des intérêts respectifs des deux pays, non-seulement on aurait pu con-

[1] Le duc de Richelieu était alors président du Conseil.

clure un traité de commerce avantageux, mais même conserver sur cette île quelqu'apparence de suzeraineté, et obtenir des indemnités pour les colons, qui ont fait des pertes si cruelles. Si M. de Villèle n'a entendu parler que de l'époque depuis laquelle il est assis parmi les conseillers naturels et constitutionnels de sa majesté, je répondrai qu'il n'y a pas eu d'ouvertures faites par le gouvernement d'Haïti, parce que ce n'était pas à lui à les faire. Nous avons lu dans les gazettes anglaises (et ici on peut être fondé à les croire), qu'au moment où Christophe a cessé de régner au Cap-Français, et où le président de la république, Boyer, est entré au Cap, des idées de modération et de conciliation qui avaient toujours régné dans la partie occupée par le général Boyer, se sont manifestées avec plus d'éclat. L'amiral qui commande la station française des Antilles s'est approché du Cap; un capitaine de son escadre a été reçu dans cette ville, non pas seulement avec politesse, mais avec empressement et bienveillance. Toutefois n'ayant pas de pouvoirs pour traiter, il n'a pu ni commencer, ni recevoir des ouvertures. On lit à cette occasion, dans les gazettes anglaises, que le président Boyer a montré beaucoup de propension à retourner aux habitudes, aux souvenirs français ; souvenirs qui, je le répète, ont toujours régné dans la partie républicaine du Port-au-Prince, par opposition au système anglais de Christophe qui gouvernait au Cap.

Quant au consulat de la Cochinchine, je le suppose utile, comme tout ce qui tend à accroître nos relations au dehors; mais nous avons des intérêts plus rapprochés à prendre en considération.

Quand je vois ce qui se passe dans la Méditerranée, qui n'était autrefois qu'un lac français : quand je vois ce que nous y sommes, et ce qu'y sont nos rivaux, je m'étonne, je l'avoue, de l'incurie que laisse voir le gouvernement relativement aux événements qui se passent dans les contrées baignées par cette mer.

Il s'opère en ce moment en Turquie un grand déchirement préparé depuis cinquante ans par la politique active de la Russie. Quels en seront les résultats? On peut l'ignorer. Je ne prétends pas dire quelle couleur le gouvernement doit prendre à l'égard de ces événements, ni s'il doit en prendre une; je connais le pays, les situations respectives, les lieux, les points de défense, les mœurs des habitants. Je sais quels ont été nos rapports avec l'empire ottoman, et quels ils peuvent être; et certes, je me garderai bien de dire qu'on puisse adopter ici une politique tranchante. Mais la prévoyance la plus simple, la plus naturelle, ne serait-elle pas de se mettre en mesure pour profiter des événements dans quelque ordre que se présentent les résultats? Eh bien! messieurs, dans cette Méditerranée, quelle est la force avec laquelle notre pavillon se présente pour la défense des intérêts français? Nous n'y avons qu'une corvette et quelques bricks. Le commandant de la station et les officiers ont failli être enlevés, il y a un mois, à Smyrne, dans une bagarre. Voilà ce qui se passe dans la Méditerranée, où nous avons de nombreuses Échelles, de nombreux consuls, et où notre industrie porte encore des capitaux considérables.

Voyez, au contraire, ce qu'ont fait les Anglais. Aussitôt qu'ils ont appris ces événements, ils ont fait sortir lord Exmouth (le même qui a bombardé Alger), avec cinq vaisseaux de ligne, un grand nombre de frégates, de corvettes, et même de bâtiments de transports. Ils ont renforcé leurs garnisons dans les îles Ioniennes. Que vont-ils faire? Je ne le sais pas. Peut-être ne le savent-ils pas eux-mêmes. Ils vont attendre les événements. Mais en les attendant, ils se mettent en mesure d'en profiter dans les intérêts de leur commerce, et ils prennent au Levant la place que laisse vacante l'incurie de notre gouvernement.

M. le rapporteur a demandé quelle était l'influence de l'étranger sur notre système politique. Pour la connaître, messieurs, il suffit d'écouter les conversations diplomatiques de l'Europe. Messieurs, lisez la lettre de M. de Metternich au ministre du grand-duc de Bade; lisez l'*Observateur autrichien* : vous verrez que le gouvernement autrichien, car rien ne s'imprime à Vienne que par et pour le gouvernement, attaque à cette tribune les orateurs et les citoyens qui soutiennent telle ou telle opinion politique. Vous niez l'influence de l'étranger sur la France. Mais n'est-il pas évident que c'est à elle que l'on doit le changement de système politique qui a eu lieu parmi nous, à la fin de 1819? Ne sait-on pas qu'il n'arrive pas un ambassadeur étranger dont on ne recueille avidement les paroles? Ne sait-on pas que tel d'entre eux se prononce, tantôt contre ceux qu'on nomme *ultra*, tantôt contre les libéraux? Ne sait-on pas qu'ils disent, tantôt aux ultra d'enrayer, et tantôt que les libéraux menacent le repos de l'Europe? N'est-ce pas une honte pour nous que des ambassadeurs étrangers se mêlent ainsi de nos affaires, tandis qu'ils ne sont reçus chez nous que pour s'y occuper des affaires de leurs souverains? Si un ambassadeur français à Londres s'avisait de se faire Wight ou Tory, on le croirait fou, on le renverrait à sa cour.

Mais si l'influence de l'étranger est forte chez nous, par compensation la France est impuissante chez l'étranger. J'en citerai quelques preuves entre mille.

Il existait à Trieste un dépôt considérable de vif argent tiré des mines d'Idria, avant 1814 : c'était une propriété française; elle avait été reconnue; elle n'était point contestée. Notre gouvernement en a su l'existence; mais il a craint de se présenter comme propriétaire; il a imaginé de faire passer ce dépôt sur le compte d'une maison de commerce. On s'y est pris trop tard. Les Autrichiens se sont emparés, il y a quelques mois, du vif argent, et le gouvernement français n'ose pas même réclamer.

Autre exemple :

Le roi de Saxe avait fait en France un emprunt de seize millions, hypothéqué sur les mines de Wiliska : cet emprunt était garanti par les puissances qui se sont partagé la Pologne ; mais c'est en vain ; on n'a pu obtenir aucun remboursement.

Le congrès d'Aix-la-Chapelle a décidé que les fruits des dotations nous seraient payés jusqu'à la date du premier traité de Paris. Je dois dire que, dans quelques pays, nos agents ont mis de l'intérêt à seconder les réclamations des donataires français. Eh bien ! on n'a rien pu obtenir. Or, je le demande, si les Prussiens, les Autrichiens ou les Russes avaient des réclamations à faire, et des dettes françaises à revendiquer, je demande s'ils ne sauraient pas se faire payer.

Mais des affaires plus graves doivent fixer l'attention de la chambre : ce sont les événements qui ont eu lieu en Italie. M. le ministre a reproché à l'opposition d'avoir demandé la guerre. Non, nous ne la demandons point ; à moins d'être un fou ou un traître, on ne peut demander que, dans son état actuel, la France entreprenne une guerre extérieure, mais nous avons voulu que la France, au lieu d'une position subalterne, au lieu de se mettre à la queue des grandes puissances, prît l'attitude convenable au chef de la maison de Bourbon, et particulièrement, dans cette circonstance, à l'auteur de la charte. Nous avons voulu que des branches de la maison de Bourbon fussent défendues par leur chef naturel, et non par des cosaques et des houlans. Nous avons désiré que la charte française, où tous les éléments de liberté se trouvent renfermés, que la charte, le plus grand bienfait qu'une nation ait pu recevoir de son souverain, si on voulait l'exécuter, tempérât en Italie des doctrines trop exaltées. Nous désirions, enfin, que la France ne fût pas exposée aux attaques, aux injures, aux calomnies de ceux qui les lui prodiguent, parce qu'elle n'a ni une armée forte, ni une administration franchement nationale à leur opposer.

On a dit que nous étions les apôtres des insurrections populaires et militaires. Je ne connais pas les circonstances dans lesquelles se trouvait l'Italie au moment où les mouvements y ont éclaté. Je ne sais pas s'il y avait nécessité d'un changement; cette nécessité admise, je ne dirai pas si les moyens qu'on a employés étaient légaux et conformes à la raison; cela ne me regarde pas; mais je dirai que, quels que soient les changements qui s'opèrent dans un pays, il n'appartient pas au souverain d'un autre état d'y venir faire la police. Je dirai que la Russie n'a pas plus le droit de descendre en Italie, sous le prétexte qu'il y éclate des révoltes, que l'Italie n'aurait le droit de porter la guerre en Russie, lorsque des révolutions plus ou moins sanglantes souillent le palais de Saint-Pétersbourg.

Non, messieurs, nous ne voulons pas la guerre; nous voulons les intérêts nationaux, l'indépendance de la nation, le maintien de l'ordre social, créé par la révolution et consacré par la charte, parce que, sans la charte, il ne peut y avoir pour la France ni liberté ni sécurité. Lorsque le ministère établira son système politique dans la direction de ces intérêts, je ne demanderai pas s'il veut prendre

5oo,ooo francs ou un million de trop ; mais quand
sa marche est en opposition avec les intérêts généraux de la nation, je m'opposerai toujours à toute
allocation des fonds qui ne serviraient qu'à perpétuer ce système. C'est en ce sens que j'appuie l'a-
mendement de mon honorable ami, M. Labbey de
Pompières, qui propose une réduction sur le budget des affaires étrangéres.

ÉCOLE POLYTECHNIQUE.

SÉANCE DU 12 JUIN 1821.

Messieurs, si le calife Omar, celui-là même qui
brûla la bibliothèque d'Alexandrie, avait eu mission pour examiner et commenter votre budget
de neuf cents millions, il n'aurait pas manqué de
repousser les méthodes qui abrègent et rendent
plus facile l'instruction primaire, parce qu'il aurait trouvé que ces méthodes n'étaient pas en harmonie avec les institutions de la nation ; il aurait
refusé les encouragements aux lettres, aux sciences
et aux arts, parce qu'il aurait regardé les lettres,
les sciences et les arts, comme propres seulement
à former des sujets séditieux ; il aurait supprimé la
souscription aux grands ouvrages de littérature et
de science, parce que, suivant Omar, toute vérité
était dans le Coran, et tout ce que ne renferme pas

le Coran était toujours inutile et souvent dangereux.

Messieurs, vous avez fait justice, dans l'intérêt
bien entendu de la monarchie, de divers amendements contraires à l'état actuel de notre civilisation.
Vous avez prouvé que vous, élément populaire du
gouvernement constitutionnel, vous voulez l'amélioration du sort des pauvres; que vous n'avez
pas de motif pour craindre que le peuple soit instruit, et que vous êtes loin de partager l'opinion
de ceux qui semblent vouloir éteindre tous les ré-
verbères.

Le gouvernement vous demande, dans le chapitre que nous discutons, 225,000 fr. pour l'école
Polytechnique. La commission ne propose pas de
retranchement sur cet article; mais elle émet, à la
page 36 du rapport, son vœu pour que la pension
des jeunes gens placés, aux frais de leurs parents,
à l'école Polytechnique, soit fixée au taux moyen
des dépenses générales de l'établissement, divisées
par le nombre total des élèves gratuits et des élèves
payants; ce qui porterait cette pension beaucoup
au-delà de sa fixation actuelle.

L'école Polytechnique a pour objet spécial de
former des sujets pour l'artillerie, pour le génie,
pour les ponts-et-chaussées et pour d'autres services publics. L'état sera d'autant mieux servi que
l'instruction y sera plus forte, et les examens pour
l'admission plus rigoureux. Or, les examens seront
d'autant plus rigoureux, qu'il y aura plus de candidats, et que ces candidats seront moins contra-

riés par des obstacles étrangers à la science. Il faut bien se garder d'éloigner de l'école les moins riches; car, le plus souvent, ce sont les moins riches qui sont les plus laborieux et les plus habiles. Tel serait cependant l'effet nécessaire de la mesure proposée par la commission, et c'est pour moi un motif de repousser le vœu qu'elle exprime.

Je viens, messieurs, émettre un vœu tout opposé à celui de la commission.

L'école Polytechnique, dans son état actuel, ne donne l'instruction qu'aux élèves destinés aux services publics; le nombre de ses élèves doit aller toujours en décroissant pendant la paix. Cependant les dépenses générales de l'établissement sont toujours les mêmes : il en coûte autant à l'état, quant aux frais de l'instruction, pour deux cents élèves que pour huit cents, et on regrette que les cours des plus illustres professeurs de l'Europe ne renferment pas un plus grand nombre d'auditeurs. On le regrette, surtout quand on se rappelle que l'ordonnance royale du 4 septembre 1816 assigne deux objets distincts à l'institution de l'école Polytechnique. Le premier, dont je vous ai déjà entretenus, consiste à former des élèves pour les services publics; le second est plus vaste, il consiste à répandre dans la société l'instruction des sciences physiques et mathématiques, de la chimie et des arts graphiques.

Pour atteindre ce dernier but, il n'y a qu'un parti à prendre, c'est d'ouvrir l'école Polytechnique à tous les jeunes gens qui, sans être destinés à telle ou telle carrière spéciale, justifieront des connaissances nécessaires pour y être admis, et voudront puiser à leurs frais la haute instruction qu'on y distribue. Leur admission n'empêcherait pas de continuer à former des compagnies séparées des élèves destinés aux services publics. On pourrait même venir au secours de ceux-ci, et diminuer les dépenses générales de l'établissement, en faisant payer des pensions plus fortes aux élèves sans destination, que le désir d'être initiés dans les hautes sciences appellerait à l'école.

En me résumant, je repousse le vœu émis par la commission. Je désire, au contraire, que le gouvernement prenne les mesures nécessaires pour qu'en outre des sujets dont ont besoin les services publics, et sans nuire à la discipline de l'école Polytechnique, cette école reçoive et fasse participer à l'instruction qu'elle donne, un grand nombre d'élèves entrant par les examens et payant pension. Au reste, je vote pour l'article du budget.

CONSEIL ROYAL DE L'INSTRUCTION PUBLIQUE.

SÉANCE DU 18 JUIN 1821.

M. le général Foy répondait à M. le baron Cuvier, commissaire du roi.

M. le commissaire du roi nous avait promis la vérité, et j'ai écouté avec attention, parce que la vérité est bonne à entendre, surtout lorsquelle sort d'une bouche savante. Mais j'ai remarqué que M. le baron Cuvier n'a pas abordé les principales objections qui ont été faites contre le budget de l'université et surtout contre la marche suivie depuis quelque temps en matière d'instruction publique.

Ici, messieurs, se présente une question fondamentale. L'instruction publique est-elle en France une institution ou une industrie? Si c'est une industrie, tout le monde peut exercer cette industrie et se vouer à l'instruction, sauf l'exécution des lois qui ont pour objet le maintien de la morale et de la tranquillité publique. Mais tel n'est pas l'ordre de choses légal dans notre pays. L'instruction publique y est une institution et même un monopole. Comme institution, elle jouit d'un revenu, consistant, d'une part, en une dotation fixe, allouée par la puissance publique; de l'autre, en une rétribution variable, payée par les maisons d'éducation secondaires. Dans cet état de choses, il est du devoir de ceux qui président à l'instruction publique de se réserver exclusivement et de ne déléguer à personne des fonctions et des droits que la loi leur attribue et attribue à eux seuls.

Le conseil royal d'instruction publique a fait tout le contraire. Il a mis sur le rang des colléges royaux certaines maisons particulières qui ne sont pas dans l'état et qui peuvent être souvent contre l'état. Il a admis aux grades de l'université des hommes qui n'ont pas été soumis aux conditions voulues par les lois et qui, par conséquent, sont présumés ne pas pouvoir justifier du savoir et de la bonne conduite que les lois exigent. Il a admis aux plus hautes fonctions de l'instruction publique des hommes qui, n'ayant pas parcouru les différents degrés de cette carrière, n'offrent aucune garantie à la société. En un mot, le conseil royal d'instruction publique s'est écarté sur une foule de points, en vertu des ordonnances de 1820 et 1821, du décret de son institution, décret fondé sur une loi ; car le décret de 1810 n'est que la conséquence et le développement de la loi rendue le 10 mai 1816, pour la formation *sous le nom d'université, d'un corps chargé exclusivement de l'enseignement et de l'éducation publique dans toute la France.*

Le second point remarquable qu'a abordé très-indirectement M. le commissaire du roi, est la différence énorme entre les dépenses de l'année dernière et celles de cette année. Cette différence est de 3o9,ooo francs, dont 125,ooo francs pour le personnel seulement.

Messieurs, il s'est opéré, de l'année dernière à celle où nous sommes, une transition remarquable dans la direction donnée à l'instruction publique. On a passé, ou du moins on en a la prétention, de l'instruction des doctrines constitutionnelles à l'instruction des doctrines monarchiques. D'après l'exposé de ce qu'on vous demande pour le changement du système, il faut conclure que les doctrines monarchiques coûtent beaucoup plus cher que les doctrines constitutionnelles.

Je suis charmé d'apprendre que ceux qui ont la prétention de professer les meilleures doctrines veulent se les faire bien payer. Mais à nous, chargés des intérêts des contribuables, il appartient d'arrêter l'explosion d'un zèle qui n'est pas tout-à-fait désintéressé. Je ne sais pas si M. le commissaire du roi a bien entendu l'intérêt et même la dignité de la noble carrière dans laquelle il occupe lui-même un rang élevé, lorsqu'il a comparé, sous le rapport des traitements, les appointements de M. le président du conseil royal de l'instruction publique avec le traitement des directeurs généraux. Si cette comparaison est admise, non-seulement le président du conseil ne prend pas trop, mais il n'a pas assez. Il faut lui donner davantage. Les directeurs généraux des douanes et des contributions indirectes coûtent beaucoup plus, et assurément sont bien loin d'avoir l'importance de celui qui dirige l'éducation de toute notre jeunesse.

Mais, messieurs, j'avais pensé, jusqu'à ce jour, que l'instruction publique et son chef devaient être considérés sous un point de vue moins fiscal, plus honorable, plus digne de si hautes fonctions. Il s'est présenté à ce sujet à mon esprit un rapprochement qui m'a rendu cette idée plus familière. J'ai vu dernièrement dans une cérémonie auguste, et pour la première fois, M. le président de l'instruction publique, revêtu de la robe qu'ont portée et honorée les Rollin, les Crévier, les Lebeau. Ces hommes-là ne demandaient pas des appointements ou des revenus égaux à ceux des directeurs géné-

raux ou des fermiers généraux ; ils se conten-
taient d'être des modèles de désintéressement, et
la doctrine vivante qu'ils professaient. J'avais cru
jusqu'aujourd'hui, en un mot, que la qualité de
chef de l'instruction publique était de celles qu'on
n'honore jamais assez, et que, pour cette raison
même, il ne fallait pas tant s'occuper de la rétri-
buer. Je vote pour le retranchement de la somme
de 125,000 francs, excédant des dépenses du personnel sur le budget de l'an dernier.

MINISTÈRE DE LA GUERRE.

SÉANCE DU 19 JUIN 1821.

La France est condamnée à un budget annuel de
près de 900 millions ; on lui demande 229 millions
pour l'entretien de ses forces actives de terre et de
mer. Après cette monstrueuse dépense, pouvons-
nous au moins nous flatter d'avoir une marine ?
Avons-nous quelque chose qui ressemble à une armée ? Si on ne parvient pas à le prouver, et s'il est démontré au contraire que nos 229 millions ne nous
procurent ni armée ni marine, il faudra tirer de cet
état de choses une bien affligeante conclusion ; savoir que les impôts actuels, tout énormes qu'ils
paraissent, ne sont cependant que le prélude de
ceux que le peuple aurait à payer dans le cas où,
en conservant la masse d'abus qui nous surchargent, on serait forcé d'entretenir pour tout de bon

une marine et une armée. Je n'ai à examiner, quant à présent, que le dernier objet, les forces de terre.

La loi du 10 mars 1818 a fixé le complet de paix de l'armée à 240,000 hommes, officiers, sous-officiers et soldats. Ces 240,000 hommes, vous disait au commencement de 1819 le personnage honorable qui était alors ministre de la guerre, ces 240,000 hommes, vous les aurez dans trois ans, c'est-à-dire au commencement de 1822; vous les aurez sans qu'il en coûte plus de larmes aux familles, ni plus de dépenses au trésor public; vous les aurez; mais on n'en entretiendra que 160,000 sous les armes; les autres passeront dans leurs foyers une partie du temps qu'ils doivent à la patrie..... Et remarquez, messieurs, que cette rotation fréquente des jeunes Français du toit paternel au drapeau, et du drapeau au toit paternel, est un grand bien pour le pays et pour l'armée; pour le pays, en ce qu'elle perpétue parmi les citoyens les goûts et les habitudes militaires qui garantissent l'indépendance nationale; pour l'armée, en ce qu'elle empêche les soldats de se déshabituer du respect des droits de tous, et des vertus de la vie civile.

A cette force effective de 240,000 hommes devait se joindre l'appareil de 300,000 vétérans, dont le plus vieux n'aurait pas eu 32 ans, et dont les noms, écrits sur le papier, auraient dit à l'Europe : *Ils ne sont pas tous morts, les enfants de la France!*

C'est dans cet esprit de prévoyance patriotique qu'en même temps qu'on s'occupait dans les bureaux de la guerre de la formation du tableau des vétérans, on a, dans l'espace de douze mois, mis en activité les appels tout entiers de 1816 et de 1817, et la moitié de 1818. De nombreux cadres de remplacement attendaient l'autre moitié de cette année, et les produits futurs de 1819 et de 1820. L'enrôlement volontaire encouragé, et les rengagements facilités, devaient compléter ce que les appels ne pourraient pas donner; et, comme les troupes ne sauraient remplir leur utile et glorieuse destination que par une bonne discipline, on établissait cette discipline dans toutes les parties du service.

On l'établissait par un système de législation qui n'indiquait le droit de chacun que pour mieux prescrire à chacun son devoir, et qui, mettant l'armée en harmonie avec nos institutions constitutionnelles, n'aurait laissé d'arbitraire dans son régime que ce qui est indispensablement inhérent à la profession des armes. L'officier et le soldat étaient contents de leur sort, et zélés pour leurs devoirs. Les nuances d'origine s'effaçaient devant la loi commune à tous; les troupes s'attachaient tous les jours plus étroitement à un gouvernement qui les traitait avec justice et honneur; et, si on ne rencontrait plus dans les casernes cet enivrement funeste qui s'attache aux pas du conquérant, on peut assurer du moins que là se confondaient dans un sentiment commun de dévouement et de respect les noms sacrés du roi et de la patrie.

Il restait sans doute beaucoup à faire ; mais on marchait à grands pas vers les améliorations et les perfectionnements, lorsque tout-à-coup le mouvement s'est arrêté. Rétrogradant bientôt après, on s'est appliqué à briser ce qui, depuis deux ans, avait été péniblement reconstruit de puissance militaire ; on a démoli la force de l'état.

Ici, messieurs, je ne m'attache pas aux personnes, et je n'accuse pas les intentions. Mais qui ne sait que, dans les temps de discordes civiles, les plus estimables caractères se trouvent souvent enveloppés par des influences pernicieuses, que l'esprit subit alors même que le cœur les désavoue. Qui ne sait que ces influences peuvent entraîner au mal ceux-là mêmes qui, dans d'autres circonstances, s'étaient signalés par la pratique des hautes vertus sociales ? Je ne dirai, pour la discussion des différents chapitres du budget de la guerre, que ce qui est consigné dans les documents officiels ; ce sont les faits et les chiffres qui parleront pour moi.

M. le ministre de la guerre actuel a pris le portefeuille à la fin de 1819 ; il pouvait en 1821 rendre aux familles, sous la forme des congés, les levées de 1816 et 1817, que trois ans de service ont suffisamment instruites, et leur demander les cent mille hommes que doivent les années 1818, 1819 et 1820. Le ministre n'a rien fait de tout cela ; pendant dix-huit mois d'administration, il a oublié et les vétérans et les jeunes appelés. Pour les vétérans, c'est un oubli funeste et irréparable; car il n'a jamais été question de les mettre en mouvement. Tout le monde sait que les vétérans ne doivent le service qu'en temps de guerre, et que même alors ils ne doivent qu'un service territorial. Il s'agissait seulement de montrer qu'ils étaient là. Cette démonstration n'eût pas été dépourvue de prestige en 1820, époque où le recensement eût présenté l'illustre débris des forces immenses que nous avions encore sur pied en 1813. L'effet moral en sera à peu près nul en 1822, puisque les listes qu'on dresserait alors ne remonteraient pas au licenciement de la vieille armée, et par conséquent ne porteraient d'autres noms que ceux de quelques milliers d'hommes qui auraient appartenu à l'appel ou à l'enrôlement volontaire d'une seule année.

Quant aux jeunes appelés, le ministre s'est contenté de mettre en activité 3,942 hommes sur les cent mille dont il pouvait disposer, et de les placer dans les armes spéciales.

L'enrôlement volontaire offrait des recrues en abondance; l'enrôlement volontaire a été suspendu par une circulaire du 11 septembre 1820, et plus de 8,000 engagements ont été refusés.

Ce moyen ne paraissant pas devoir diminuer assez rapidement nos forces militaires, on a fait faire, contre l'usage, deux réformes dans le courant de la seule année 1820, et les inspecteurs ont reçu l'ordre d'être faciles sur les réclamations des hommes qui demandaient à être réformés.

Enfin, et comme pour rompre dans notre jeune armée la chaîne des souvenirs, les traditions de métier, et toutes ces influences morales qui sont aussi un élément de puissance, le ministre a avancé d'un an la libération des anciens soldats qui ne devaient recevoir leurs congés qu'au 31 décembre 1821; et cette mesure illégale a fait croire que la durée du service serait fixée dorénavant à cinq ans; si bien qu'au moment où je parle, les commandants des divisions militaires disent aux troupes, dans des ordres du jour, que si la loi a été violée, c'est pour une fois seulement.

Tous ces faits, messieurs, vous les lirez dans le rapport au roi sur le recrutement qui vous a été distribué; vous y verrez que le système suivi pour débiliter l'armée n'a pas action seulement sur le présent, mais encore sur l'avenir. Vous y verrez que l'effectif d'aujourd'hui est fort inférieur à celui qui est porté sur le tableau général en tête du budget, et qu'il sera réduit des deux tiers en 1822 et 1823, par les libérations et les mutations qui auront lieu pendant ces deux années. Vous y verrez qu'une partie des appelés qui viendront combler le déficit, ne devront plus que deux ou trois ans de service, et que, par conséquent, les frais de leur mise en activité et de leur instruction seront à peu près en pure perte pour l'état; vous y verrez à quelle époque tardive est ajourné le complet de paix réglé par la loi du 10 mars 1818.

Mais ce complet de paix, veut-on y arriver jamais? Je ne le crois pas, messieurs. Une ordonnance du 23 octobre dernier a supprimé d'une part dix-huit bataillons, et deux cent six compagnies organisées, et d'une autre part plus de cent cadres de bataillons qui devaient, en cas de besoin, recevoir la population militaire de la France. Pendant qu'on supprimait ces cadres, qui ne coûtaient rien à l'état, et qui eussent pu en tout temps être remplis avec facilité, on a laissé subsister les escadrons de remplacement, qui coûtent un excédant de solde au trésor, et qui probablement ne seront jamais complétés, puisqu'il est démontré que nous avons déjà trop de cadres en activité dans la cavalerie.

Le complet de l'infanterie a éprouvé par la même ordonnance une réduction, non pas de 6,000 hommes, comme le dit le ministre, mais de 9,934 officiers, sous-officiers et soldats. L'effectif a été rebaissé bien au-dessous de ce complet. A l'avenir on ne prendra plus la peine de lever et d'exercer les soldats, sauf à les envoyer ensuite en congé dans leurs foyers. On paraît vouloir renoncer d'avance à une portion du contingent annuel que la loi impose aux départements.

Que si vous voulez savoir quels motifs on a eus pour réduire à ce point les forces actives du pays, je ne les chercherai pas dans la rumeur publique, qui voit partout, et peut-être à tort, l'influence étrangère; je repousserai même des allégations flétrissantes, dont heureusement il serait impossible de produire la preuve. Mais écoutez le ministre de la guerre dans son rapport au roi concernant la nouvelle organisation de l'infanterie française ; il assure que les réductions sont commandées par *l'économie*, et qu'elles sont autorisées par le *présage*, qui lui vient de toutes parts, que la paix ne sera pas troublée de long-temps.

L'économie! messieurs, et le ministre qui vous parle d'économie est le même qui, l'an dernier, a reçu plusieurs millions au-dessus des sommes nécessaires pour l'effectif d'alors, comme vous l'apprendrez plus tard par les comptes ; le même qui vous demande aujourd'hui 175 millions pour une armée dont on ne tirerait assurément pas quatre-vingt mille hommes à mettre en campagne.

Quant à l'état de paix, qui, suivant les ministres, est assuré pour long-temps, regardez autour de vous, messieurs ; voyez l'Europe en convulsion, le nord se précipitant sur le midi, l'Autriche inondant l'Italie de ses bataillons ; et, pour parler de ce qui est encore plus rapproché de nous, voyez cent mille Prussiens organisés pour la guerre, et stationnés dans ces mêmes départements qui faisaient partie de notre territoire, et jugez s'il vous convient de payer pour notre armée beaucoup plus que les grandes puissances ne paient pour la leur, afin qu'à ce prix le roi de France ait un état militaire qu'on ne peut comparer qu'à celui de notre voisin le grand-duc de Bade.

Plût à Dieu, messieurs, que notre armée n'eût été amoindrie que pour le nombre! Tout le monde sait combien nos Français ont le caractère belli-

queux, et qu'il suffit de frapper cette terre du pied
pour en faire jaillir des bataillons; mais l'armée a
été aussi attaquée dans les institutions qui devaient
fonder sa force au-dehors, et garantir la monarchie
constitutionnelle au-dedans. La loi du 10 mars
1818, constitutive de notre établissement militaire,
a été violée dans ses dispositions relatives à l'avancement par l'abandon des formes conservatrices de
l'état des sous-officiers; elle a été violée plus nota-
blement et plus explicitement en ce qui concerne
les levées annuelles.

Le code militaire et tous les travaux de législation ont été suspendus, et n'ont plus servi qu'à
fournir des sinécures pour ceux qu'on suppose
passer leur temps à les méditer. L'organisation
nouvelle de l'infanterie n'était commandée par aucune nécessité qu'on puisse avouer; le système légionnaire dont M. le ministre de la guerre vous disait hier les inconvénients n'existait pas dans le
fait, puisqu'on avait renoncé aux compagnies d'é-
claireurs à cheval et aux canonniers de bataillon.
Si la dénomination de *légion*, appliquée à nos corps
d'infanterie, manquait de justesse, on pouvait lui
substituer l'ancien nom de *régiment*, sans pour cela
bouleverser toute l'armée; mais ce bouleversement,
on l'a opéré pour des motifs honteux, on l'a opéré
pour avoir l'occasion d'attaquer impunément les
droits acquis. On s'est rappelé combien l'arrangement des bataillons levés par département avait été
utile pour la première formation de notre vieille ar-

mée, et on a rejeté un mode de répartition militaire qu'on jugeait trop bien approprié aux levées soudaines et à l'organisation des vétérans.

Des légions fortes en nombre ont été incorporées dans d'autres légions également florissantes, tandis qu'on avait annoncé ne vouloir faire peser l'incorporation que sur les légions qui étaient supposées ne pouvoir jamais arriver au complet. De tout temps, le tiercement des officiers appelés à composer des corps nouveaux s'était fait par rang d'ancienneté, et on devait surtout y avoir égard sous l'empire d'une loi positive qui attribue à l'ancienneté les deux tiers des emplois et des grades.

Eh bien! au mépris de cette loi, les officiers ont été classés dans les nouveaux régiments sans considérer ni la durée ni l'état de leurs services; on en a renvoyé onze ou douze cents qui ignorent encore la cause de leur destitution, et ces destitutions n'ont été prononcées ni par les inspecteurs chargés de l'organisation des régiments, ni même de l'avis des chefs de corps; elles ont été suscitées par je ne sais quelle puissance honteuse d'elle-même, et opérées par des lettres de cachet ministérielles.

Aussi, messieurs, il y a plus que de l'inquiétude dans l'armée.

Oui, messieurs, ces injustices ont fait une impression profonde dans l'armée... une impression profonde, je le répète, et plus profonde encore sur ceux qu'elles ont épargnés que sur ceux qu'elles ont frappés; car ces derniers ont pris leur parti.

Mais, pour voir ce que pensent les autres, allez dans les régiments, vous y chercherez en vain cet attachement au drapeau, èt cet enthousiasme pour le roi et pour la France, qui, dans une armée française, sont les plus saints liens de la discipline; on est obligé de s'y cacher pour parler de la gloire nationale.

La désertion à l'étranger, qui avait disparu de nos armées depuis la révolution, a recommencé avec plus d'activité qu'autrefois; on ne trouve plus l'étoffe pour faire des sous-officiers, parce que les anciens soldats ne veulent pas se rengager. Les officiers ont l'ame découragée; mécontents du présent, incertains de l'avenir, fatigués d'être organisés et désorganisés sans cesse, ils ne voient dans leur métier qu'un moyen d'existence insuffisant et précaire; ils tremblent devant les dénonciateurs, les provocateurs et les espions, eux qui ne tremblèrent jamais sous les baïonnettes de l'ennemi.

Ici, messieurs, je ne peux m'empêcher de vous rappeler un fait qui s'est passé il y a peu de jours aux yeux de la France entière. Un sous-officier, appelé en témoignage devant la cour des pairs, faisait une déposition défavorable à un accusé. Celui-ci, dans l'intérêt de sa défense, dit que le témoin passe dans le régiment pour un mouchard. *Je ne suis pas un mouchard*, répond le sous-officier; *et ce qui le prouve, c'est que je n'ai pas eu d'avancement*. Ici, messieurs, je ne chercherai pas à tirer d'une pareille assertion, de la part d'un militaire très-inférieur en grade, des conséquences trop étendues; mais, je le demande à tous ceux qui ont servi, en quelque temps et sous quelque bannière que ce soit; est-il possible d'accoupler ensemble d'impures idées de police et les sentiments de désintéressement et d'honneur qui doivent être la base de la profession des armes? Abordons la question franchement. On veut une armée, ou on n'en veut pas. Si le gouvernement veut en avoir une, qu'il croie à lui-même, qu'il croie à sa justice, à sa nationalité, qu'il accorde confiance aux soldats, et il les trouvera dévoués et fidèles. Mais si l'armée ne lui inspire que méfiance, si elle doit être rétrécie dans son avenir, contrariée dans ses développements, et rester inhabile à remplir de nobles destinées, débarrassons le trésor d'une charge inutile, et contentons-nous d'avoir une garde pour le trône et des gendarmes pour la tranquillité publique.

Il en est au reste à peu près ainsi aujourd'hui; sauf l'économie, que ne fait pas le trésor. Je vois dans l'armée de ligne une force de quinze mille soldats nationaux, la garde royale, qui a de l'organisation et de la vie. J'y vois un corps d'ingénieurs et un cadre trop nombreux d'officiers d'artillerie. Le reste, et surtout l'état-major général, ne me présente guère qu'un assortiment de pensions distribuées sous le titre de solde à des services effectifs, ou à ce qui en tient lieu depuis un certain temps. Je ne crois pas qu'il y ait là un établissement réel pour le présent, ni même un point de départ pour l'avenir. Ce serait donc peine perdue que d'aborder désormais en cette matière les questions d'un intérêt général pour le pays. Je me bornerai à faire ressortir dans chaque chapitre du budget les articles trop ruineux, et ceux qui me paraîtront en opposition trop manifeste avec les lois.

M. le ministre de la guerre fait valoir dans son rapport au roi une diminution de 4,582,350 fr. sur son budget. Devez-vous conclure de là qu'il y a eu des économies faites dans ce ministère? Pas du tout, messieurs; le service a été diminué, les dépenses ont été augmentées; le service a été diminué, en ce qu'on entretiendra six mille soldats de moins, en ce qu'on fera moins d'approvisionnement d'artillerie, en ce qu'on élevera ou qu'on réparera moins de fortifications; mais les dépenses improductives, celles qui tournent au profit des hommes qui exploitent la fortune publique; ces dépenses sont augmentées sur presque tous les articles, ainsi que j'aurai soin de vous le faire remarquer.

Pour ne parler ici que du chapitre 1er, intitulé *Dépenses d'administration centrale*, et sans y comprendre les *impressions générales*, qui, l'an dernier, formaient un chapitre à part, le ministre vous demande 1,425,000 fr.; vous lui avez alloué en 1820, pour le même objet, intitulé alors *Dépenses intérieures*, 1,407,000 fr.; c'est par conséquent une augmentation de 18,000 fr. sur le chapitre, et cette augmentation apparaît lorsqu'il y a diminution dans le service, et même dans le budget général du département.

Remarquez, messieurs, que la somme appliquée réellement aux frais de l'administration centrale de la guerre monte beaucoup plus haut qu'on ne la présente ici. Pour l'apprécier dans sa totalité, il faudrait ajouter à la dépense particulière des bureaux proprement dits les dépenses que font les bureaux de la direction générale des vivres du dépôt de la guerre, des comités centraux, des armes spéciales et de la liquidation de l'arriéré. Il faudrait y ajouter encore la solde de tous les militaires et fonctionnaires du département de la guerre employés en qualité de commis. Le tout réuni va beaucoup au-delà de trois millions.

C'est une somme énorme, et vous êtes menacés de la voir s'accroître chaque année. Vous en êtes menacés parce que les innovations ministérielles tendent à attirer tous les jours plus d'affaires aux bureaux de la guerre, et à grossir encore la masse déjà excessive des écritures. Au nombre des innovations qui doivent avoir ce résultat, je compte l'ordonnance qui atténue les comités centraux de l'artillerie et du génie, celle qui diminue l'importance de l'inspection générale de l'infanterie et de la cavalerie, et avant tout l'augmentation du corps des intendants militaires. Je regarde comme un devoir de combattre une tendance contraire à l'économie, à l'ordre et au bien public.

TROUPES SUISSES

A LA SOLDE DE LA FRANCE.

MÊME SÉANCE.

Je monte à cette tribune pour redresser l'opinion de la chambre sur un fait; j'y monte avec l'envie de dire la vérité, quoiqu'un ministre du roi
vous ait dit d'une manière assez étrange que si l'on
avait à dire des vérités, l'on n'y monterait pas.

Je ne veux pas traiter de la différence de solde
entre les troupes suisses et les troupes françaises ;
je ne m'en occuperai ni sous le rapport financier,
ni sous le rapport politique ; je n'examinerai pas
si leurs services nous sont utiles pendant la paix,
ni s'ils nous seraient utiles si nous avions la guerre ;
je ne calculerai pas s'ils nous coûtent trop, ou si
leurs services ne sont pas payés ce qu'ils valent.
Je répondrai seulement à ce que vous a dit le
préopinant, que l'alliance de la Suisse préservait
une partie de nos frontières : c'est là une vieille
erreur.... La Suisse est un pays ouvert à tous ve-
nants, l'expérience l'a démontré. Des malheurs préparés par des fautes, peut-être par des fautes de la
France, ont constaté le fait.

Il n'est plus possible aujourd'hui de rétablir l'indépendance de la Suisse ; d'abord parce que, quand
la virginité d'un pays a été violée, elle ne se re-
trouve jamais ; et ensuite parce que nous vivons
à une époque où les petites puissances sont anéan-

ties par la coalition des grandes. Et si vous préten-
dez que la Suisse garantit nos frontières, c'est
au budget lui-même qu'il vous faudra répondre.
Il vous dira que la place de Béfort nous coûte
200,000 fr. par an; que cette dépense se continue
depuis plusieurs années à cause de son utilité extrême. Et pourquoi est-elle si utile? C'est parce
que c'est la place la plus rapprochée de la frontière suisse. Ainsi puisque vous supportez la charge
de la perte de l'indépendance de la Suisse, cessez
de vous targuer de cette indépendance comme un
moyen d'alliance et de sécurité.

GENDARMERIE.

SÉANCE DU 20 JUIN 1821.

Messieurs, la commission vous a demandé la
suppression des sommes appliquées à l'enseignement primaire, et en même temps elle a émis le
vœu d'une augmentation de la gendarmerie. La
commission a été conséquente avec elle-même. Elle
a senti que la diminution de l'instruction primaire
devant augmenter les crimes, il y avait lieu à réclamer de plus amples moyens de répression. Vous
n'avez pas adopté la diminution que vous a proposée
la commission sur l'enseignement primaire; c'est
donc déjà un motif pour repousser le vœu qu'elle a
émis sur l'augmentation de la gendarmerie. Je crois
d'ailleurs que la commission, en votant cette aug-

mentation, s'est abandonnée à une influence qui s'est emparée d'elle, pour ainsi dire, à son insu. Sous un règne conquérant on augmente le nombre de troupes. Il n'est pas étonnant qu'à une époque en quelque sorte judiciaire, qui présente en six ans quatre-vingt mille jugements, on propose d'augmenter la gendarmerie.

Nous avons un corps de gendarmerie bien organisé. Il doit être honorablement rétribué, car il se compose de militaires qui ont rendu déjà des services aux armées et qui en rendent tous les jours de nouveaux dans l'exercice de fonctions souvent pénibles et toujours délicates. Mais ce n'est pas une raison pour que nous émettions un vœu qui n'est pas raisonné. La gendarmerie suffit, et au-delà, au besoin du service public. Ce qui le prouve, c'est que le gouvernement ne se propose pas d'augmenter le nombre des gendarmes. La commission vous a dit que c'était une retraite à offrir à de vieux militaires. La commission ignore donc qu'on ne trouve pas dans les rangs de notre jeune armée de quoi recruter la gendarmerie en militaires réunissant les conditions requises pour entrer dans ce corps. L'ordonnance du 2 août 1818 exigeait dix ans de service ; il a fallu y renoncer. D'après une ordonnance nouvelle, on ne demande plus que quatre ans de service, et cependant les régiments ne fournissent pas assez de candidats. C'est au point qu'au moment où je parle, il s'en faut de six cents hommes que les cadres soient au complet. Au reste, vu la tranquillité dont jouit notre pays, il est moins nécessaire

que jamais d'augmenter la gendarmerie ; on pourrait même la diminuer si l'on voulait tirer parti de
l'excellente institution des gardes nationales. C'est
là qu'est le principe de la force attachée à la protection immédiate de l'autorité civile ; c'est là qu'est
la police constitutionnelle et citoyenne.

On s'est plaint de ce que la gendarmerie est habituellement détournée de son service pour des
escortes de préfets, et par d'autres emplois qui ne
font pas partie de ses attributions. Le gouvernement
a cherché à obvier à cet inconvénient par une ordonnance du 20 octobre dernier, qui règle dans
toutes ses parties, avec le plus grand détail, le service de la gendarmerie. Cette ordonnance est en
général rédigée dans un esprit de prévoyance et de
sagesse. Cependant je ne puis me dispenser d'appeler l'attention de la chambre sur une disposition
comprise dans l'article 179. Cet article, renfermant
l'énumération des fonctions habituelles et ordinaires
des brigades, peut être considéré comme le manuel
du gendarme. Il y est dit que le devoir de la gendarmerie est de *dissiper tout attroupement tumul-*
tueux, même non armé, d'abord par la voie de per-
suasion, ensuite par commandement verbal, et enfin,
s'il est nécessaire, par le développement de la force
armée, gradué suivant l'exigence des cas. Je me suis
étonné de ne voir l'autorité civile paraître en rien
dans cet emploi de la gendarmerie. Qui dira aux
gendarmes que tel attroupement est tumultueux,
qu'il faut le dissoudre par la voie de persuasion ou
par la force des armes ? Il n'appartient pas à l'au-

torité militaire, quelque confiance qu'elle inspire, d'être l'arbitre des droits les plus précieux des citoyens.

Je me suis étonné aussi de voir que cette ordonnance impose aux gendarmes l'obligation habituelle et à toujours, de se faire présenter à toutes les heures et dans tous les lieux les passe-ports des voyageurs. Cela peut être supportable dans des temps difficiles, et sous un régime d'exception ; mais à coup sûr c'est une dérogation aux principes généraux de liberté suivant lesquels doit être gouverné un pays constitutionnel. C'est un reste de barbarie ; l'exhibition forcée des passe-ports, autrement que dans des circonstances extraordinaires, prévues et déterminées par la loi, n'appartient pas au droit commun des Français. J'aurais désiré qu'on ne trouvât pas dans un fait particulier et d'exception l'occasion d'un devoir permanent à imposer au corps de la gendarmerie.

Arrivant à l'objet spécial et pécuniaire du chapitre, je ferai remarquer qu'on a demandé l'an dernier, pour ce service, 15,978,757 fr., et qu'on demande cette année 16,283,249 fr., en y comprenant les non-allocations présumées et les réductions qui ne peuvent être qu'éventuelles. Il y a donc augmentation réelle de 304, 492 fr.

Cette augmentation de dépense correspond à une augmentation de cinquante-trois hommes dans l'effectif de la gendarmerie. Eh bien! en comptant cinquante-trois hommes à 1, 500 fr. par gendarme, ce qui monte plus haut que l'estimation du gouvernement, ce serait environ 79, 000 fr. qu'on devrait ajouter à l'allocation de l'année dernière. Par conséquent on demande en trop cette année 225, 492 fr.

Je propose le retranchement.

ÉQUIPAGES MILITAIRES.

SÉANCE DU 21 JUIN 1821.

M. le commissaire du roi s'est étrangement mépris sur les intentions de mon honorable collègue et ami, et sur ses expressions. M. Demarçay n'a pas combattu les rengagements. Il vous a dit : Considérez l'état de la société ; voyez ce qu'un homme valide peut y gagner, et comparez les avantages qu'il y trouve avec ceux que lui offre le rengagement. Ces avantages devraient consister dans un bon traitement, et dans l'exécution de la loi sur l'avancement proposé par la bonté du roi, et qui assure une carrière à chaque sous-officier ; mais si jamais il arrivait que cette carrière pût être brisée par l'arbitraire ; s'il arrivait, lorsqu'un sous-officier est sur le point de recueillir le prix de son labeur, qu'il pût être chassé sous forme de congé illimité ; s'il arrivait, lorsque ce sous-officier a obtenu le grade d'officier, qu'une lettre de cachet ministérielle vînt lui apprendre qu'il n'est plus rien ; alors, les anciens soldats n'ayant plus d'avenir, vous n'auriez plus de rengagements : voilà ce qu'a dit mon honorable collègue.

Arrivant maintenant à l'article, je commencerai par repousser le moyen puisé dans une considération générale qu'a avancée M. le commissaire du roi. M. le conseiller d'état dit que le roi est avant tout le chef suprême de son armée ; mais, puisque vous votez les dépenses, il faut bien, messieurs, que vous examiniez les services auxquels ces dépenses s'appliquent. Vous n'êtes pas des machines à voter ; vous êtes des hommes pensants et réfléchissants ; et, puisqu'on nous dit qu'à côté de telle somme il y aura tel service, vous avez d'abord à examiner si le service est nécessaire et s'il se fera.

Quant au train des équipages militaires, ni le personnel ni le matériel de ce corps n'existaient avant la révolution. En l'année 1733, au commencement de la petite guerre d'Allemagne, les frères Pâris, qui étaient chargés de l'entreprise générale de nos armées, achetèrent le château de Sampigny. Ils y établirent des ateliers où on construisit des caissons de vivres et d'ambulances. Après la paix, comme les frères Pâris avaient beaucoup d'argent, et par conséquent beaucoup de crédit, ils parvinrent à faire conserver l'établissement, quoiqu'il ne s'y fît plus de constructions, de sorte que le loyer du château leur était payé. Pendant la guerre de la succession de Marie-Thérèse et la guerre de sept ans, on s'est servi de Sampigny comme d'un arsenal pour les trains d'équipages de l'armée. A la paix de 1763, les travaux ont cessé. Vingt ans après, le gouvernement a fait l'acquisition de l'établissement, ainsi que des effets qu'il renfermait,

et le château de Sampigny a été réuni au domaine
de l'état.

Je dois faire remarquer à la chambre que les
travaux dont je viens de l'entretenir ont toujours
été faits par entreprise, et qu'il n'a jamais existé
parmi les cadres de l'armée, avant 1789, aucun
corps connu sous le nom de train des équipages
militaires.

Pendant la guerre de la révolution, on s'est sou-
venu de la destination qu'avait eue autrefois le
château de Sampigny, et on s'est mis à y construire
des caissons de vivres et d'ambulances. L'établissement ne suffisant pas à l'énormité de nos besoins,
surtout dans les derniers temps, le gouvernement
a dû y suppléer en faisant construire le plus
grand nombre des voitures d'équipages dans les
arsenaux de terre et de mer, et même par les char-
rons de Paris.

Mais tout cela tenait à un état de guerre, et à
un état de guerre forcé. La paix faite, tous ces
travaux devaient cesser comme n'ayant plus d'objet. Qui croirait, messieurs, que c'est précisément
le moment de la paix qu'on a choisi pour agrandir
le cadre de l'établissement, et augmenter la dépense ? On a jugé que le château de Sampigny,
situé dans le département de la Meuse, était trop
rapproché des frontières, et on a créé successivement deux nouveaux parcs des équipages militaires, l'un à Vernon, l'autre à Châteauroux. Au
moment où je parle, on construit et on dépense
dans les trois parcs à la fois.

Ce que vous a dit M. le général Demarçay sur
l'inutilité de ces travaux est d'une exacte vérité.
Dans l'état actuel de notre industrie, on ferait partout ailleurs plus vite, mieux et à meilleur marché.
On construit sans nécessité dans les établissements
publics, parce qu'on veut occuper ceux qui ont
des appointements fixes et à l'année. Les charrettes
qu'on fait là sont destinées à pourrir sous des han-
gards ; et après tout, ce n'est peut-être pas un malheur, car en cas de guerre il en coûterait plus cher
pour les transporter aux frontières que pour en
fabriquer de nouvelles sur les bords du Rhin, dans
les Alpes ou dans les Pyrénées.

Mais en supposant que ces voitures dussent être
utiles un jour, pourquoi entretenir ruineusement
pendant la paix un corps d'officiers pour commander les hommes qui doivent atteler leurs chevaux
aux caissons pendant la guerre ? Je vous demande
si c'est là une arme dans laquelle on ait besoin
d'instruire et d'exercer à l'avance des officiers et
des soldats. On conçoit que des cadres de cavalerie
et d'artillerie restent constamment formés. Il y a
là de la science théorique et pratique à recueillir,
à conserver et à transmettre dans l'intérêt de l'é-
tat ; mais n'est-il pas ridicule de payer fort cher et
d'avance un service que tous les paysans sont toujours prêts à faire et à faire bien ?

Remarquez, messieurs, que dans ce train des
équipages militaires, l'état entretient deux cent
trois sous-officiers et soldats qui coûtent 55,000
francs et quarante-huit officiers qui coûtent près

du double. Il faut ajouter à la solde, à l'entretien, à l'habillement et à la nourriture de cette troupe le prix d'achat, l'entretien et la nourriture de quatre-vingt-trois chevaux qui y sont attachés. Il faut y ajouter encore les frais du matériel portés au chapitre XII du budget de la guerre. On peut estimer que le tout ensemble monte à 500,000 francs par an. L'inutilité de cette dépense a paru échapper jusqu'à ce jour à l'administration ; mais on finira par la supprimer, parce que tout ce qui est oiseux, inutile et absurde doit tomber tôt ou tard devant la vive lumière que jette la publicité du gouvernement représentatif.

J'appuie l'amendement de réduction sur cet article.

JUSTICE MILITAIRE.

MÊME SÉANCE.

Messieurs, M. le ministre des affaires étrangères disait en 1820 : Une imperfection des tribunaux militaires consiste en ce que cette juridiction, qui ne doit attendre que les délits militaires, confond cependant assez souvent par connexité des personnes civiles avec les militaires. On sait bien que M. le ministre du roi n'a pas voulu dire que les conseils de guerre eussent jugé des citoyens qui n'étaient pas militaires ; d'ailleurs j'aime à croire qu'on n'aurait pas trouvé des Français assez en-

nemis de la justice et de l'honneur, pour s'ériger
en juges et condamner ceux qui n'étaient pas
soumis à leur juridiction; il n'en est pas moins
vrai que dans la législation militaire qui est en
vigueur on ne distingue pas les délits militaires
des délits qui ne le sont pas. On appelle délits
militaires tous délits, quels qu'ils soient, commis
par des militaires; la conséquence de cette défini-
tion de la loi est qu'un citoyen lésé par un militaire ne peut pas obtenir justice. Vous avez pu en
juger par le fait que vous a rapporté M. Benjamin
Constant.

Un citoyen qui se prétendait lésé dans ses droits
par un militaire ne put parvenir à faire entendre des
témoins; le jugement a été précipité, et cependant, messieurs, le conseil de guerre, d'après les
lois existantes a fait pour ce citoyen peut-être plus
qu'il ne pouvait faire, car la loi existante autori-
sait l'autorité militaire à dire au citoyen : Vous
avez été opprimé dans vos droits, affligé, tour-
menté; et il ne vous sera pas rendu justice. Il
n'existe, messieurs, auprès des tribunaux militaires, aucun moyen de leur faire rendre un jugement quand ils ne le veulent pas; c'est le général commandant la division qui juge s'il y a lieu
à poursuivre, et il est à son pouvoir de dire au
citoyen lésé : Il n'y aura pas de jugement.

Je vous demande, messieurs, s'il est possible de
subir une législation semblable sous un régime
constitutionnel?

M. le ministre du roi vous a dit qu'un code militaire avait été préparé et qu'il n'était pas fini; messieurs, ce code a été terminé, c'est un ouvrage complet assorti à nos doctrines constitutionnelles; mais savez-vous ce qu'on veut en faire aujourd'hui; on veut le mutiler, on veut le détruire, oui, messieurs, et déjà on a détruit une foule d'articles qui établissaient les droits du soldat et par conséquent les droits des citoyens. On les a détruits, parce qu'en faisant du soldat un esclave on veut en faire aussi un oppresseur; déjà on a supprimé toutes les parties relatives à la discipline.

Plusieurs voix : A la question.

Messieurs, il faut bien que je réponde à ce qu'a dit le ministre des affaires étrangères; il a prétendu que le code militaire n'était pas fini; je soutiens qu'il l'est. Je l'ai vu il y a dix-huit mois tel qu'il avait été arrêté par la commission, j'en ai lu et médité tous les articles. Je sais que le ministre actuel a voulu faire reviser ce code et que celui qu'il présentera aux chambres, si toutefois on ne change pas d'opinion, sera un autre code que celui dont le travail a été ordonné.

Un nouveau code militaire est d'autant plus nécessaire, que les conseils de guerre ne sont pas constitués légalement; les conseils de guerre actuels ont été créés par la loi du 15 brumaire an V pour n'exister que jusqu'à la paix : ainsi, du jour où la paix a été faite, les conseils de guerre n'existent plus légalement, et cependant leur existence n'a

pas été prolongée par une loi ou par une ordonnance.

M. le ministre des affaires étrangères fait observer ici, que
ce point a été jugé par la cour de cassation, qui a décidé que
le code militaire continuait à être en vigueur.

Je réponds à un ancien ministre de la justice, à
un ancien magistrat, ce qu'il sait sans doute mieux
que moi, que la cour de cassation par sa loi d'institution n'est appelée à juger que des questions de
compétence.... La cour de cassation a pu parler
des tribunaux militaires actuels comme existant,
parce que c'est un fait ; mais elle n'a jamais reconnu
par un arrêt leur existence en droit, elle n'a jamais
dit qu'elle était légale. Ainsi les conseils de guerre
actuels sont sous le poids de la loi qui les a sup-
primés ; d'ailleurs, cette suppression a été dans l'esprit des législateurs qui les ont institués ; ces législateurs ont cru que, la guerre étant terminée, les
tribunaux ordinaires suffiraient pour juger les militaires comme les autres citoyens ; je ne dis pas
que cela fût bien, mais c'est l'idée qui a dominé
les législateurs de cette époque. D'autres législateurs ont conçu la même idée ; vous le trouverez
dans Blackstone, qui s'étonne de ce que les Anglais
ont une loi martiale ; il dit que la loi martiale est nécessaire en temps de guerre parce qu'on n'a pas le
voisinage des tribunaux, mais que là où il y a des
tribunaux la loi martiale est inutile ; je sais fort
bien que les principes de la législation anglaise ne
sont pas applicables à une puissance continentale

essentiellement militaire; mais l'urgence d'une législation qui distingue les délits militaires des délits généraux qui attaquent l'ordre social ne se fait pas moins sentir. Il y a urgence aussi à donner, soit par une loi, soit par une ordonnance du roi, une existence légale à des conseils de guerre qui, quoi que vous en disiez, n'existent pas légalement.

MINISTÈRE DE LA MARINE.

SÉANCE DU 26 JUIN 1821.

Messieurs, *Être ou ne pas être*, voilà la question du pays quand on discute la formation et l'entretien de l'armée de terre. Il n'en est pas ainsi quand c'est l'armée de mer qui est en discussion. Ici, l'intérêt est moins vaste et surtout d'un ordre moins élevé. Un état ne peut exister ou au moins, durer long-temps sans armée; il peut, absolument parlant, se passer de marine.

Toutefois, messieurs, je ne partage pas l'opinion de ceux qui font marcher de front la question de la marine et la question des colonies. Le temps des colonies puissantes et soumises est passé; elles marchent toutes plus ou moins rapidement à l'émancipation; mais, ce n'est pas une raison pour que les métropoles détruisent ou diminuent leurs escadres. La puissance navale est une portion de la puissance publique. Tout pays qui a des côtes, se servira utilement d'une marine militaire pour protéger les richesses qu'il confie à la mer, et pour se défendre contre ses ennemis.

Mais, si une nation avait, à plusieurs reprises, jeté un vif éclat maritime; si la prévoyance de son gouvernement avait dès long-temps commencé des établissements supérieurs même à ceux des peuples les plus renommés; si ses magasins étaient remplis d'un riche et nombreux mobilier naval, il ne serait pas plus permis à cette nation d'abjurer ses souvenirs, que de manquer aux destinées qui l'attendent. Les Français marchent à la tête de la civilisation. L'activité redoublée, donnée dans ces derniers temps à l'industrie et aux sciences, les appelle sur toutes les mers. Ils y sont les premiers après ceux dont la puissance maritime est sans égale, et à ceux-là même notre armée navale est redoutable comme devant être au besoin le ralliement et la tête de colonne des armées navales des deux hémisphères.

Notre marine a constamment souffert pendant les guerres de la révolution. Elle a perdu une grande partie de son matériel, par suite des événements de 1814. Son personnel a été bouleversé par la réaction de 1815. Elle a été promenée de désorganisation en désorganisation. Les services rendus à la patrie ont été méconnus, et on a tenu compte des services rendus contr'elle sur les escadres de l'étranger. On a réformé, licencié, destitué à tort et à travers; 268 millions dépensés de 1815 à 1820 ont payé chèrement des folies coloniales, et n'ont pas même préservé du dépérissement la plus grande partie de nos richesses matérielles.

Mais, il faut le dire, une marche plus droite, plus méthodique, mieux calculée, a commencé en 1820 dans ce département. M. le ministre actuel de la marine a posé nettement la question politique : *Veut-on détruire l'institution pour épargner la dépense ? Veut-on faire la dépense pour conserver l'institution ?*.... Le choix ne pouvait pas être douteux ; le roi et les chambres ont dit : *Nous ferons la dépense, et nous maintiendrons l'institution.* Le roi et les chambres veulent que la France ait une marine. Le ministre a établi que 65 millions par an sont nécessaires pour conserver et perfectionner ce que nous avons, et pour obtenir en l'année 1830 une force maritime de quarante vaisseaux et cinquante frégates, avec le nombre correspondant de bâtiments d'un moindre échantillon.

Ici, messieurs, se développe un système de travaux successifs, qui, s'ils n'étaient pas suivis dans le même esprit, pendant une longue suite d'années, vous feraient dépenser en pure perte les sommes affectées au service de la marine. Cette considération ne vous porte-t-elle pas à reconnaître la nécessité de faire, sinon diriger, du moins influencer la direction de ce département par un conseil chargé de conserver l'esprit de l'institution et la persistance des travaux commencés ? Ce conseil, qu'on l'appelle *conseil d'amirauté ou de marine ;* qu'il ne soit, si l'on veut, qu'un comité consultatif, et qu'on l'organise de manière à ne pas gêner ou rendre illusoire la responsabilité ministérielle, toujours est-il vrai qu'il est bon qu'un point fixe et de raccordement soit établi au milieu des volontés mobiles de ministres qui se succèdent; et que ce conseil, formé d'hommes du métier, supplée en quelques occasions à l'inexpérience et au défaut de spécialité des hommes politiques, étrangers à la marine, auxquels le roi est dans le cas de confier ce département, d'après les considérations puisées dans les intérêts généraux du pays.

Au lieu des 65 millions dont elle a besoin, la marine, prenant en considération les nécessités de l'état, s'est contentée de demander l'an dernier 5o millions, et cette année 53. De cette modération dans la demande est résultée une diminution dans les sommes affectées au service. Il semblerait que la diminution devrait être opérée proportionnellement sur toutes les dépenses. Il n'en est pas ainsi, messieurs. La réduction tout entière pesera sur le matériel et les colonies, qui recevront 12 millions de moins qu'ils n'auraient, si les chambres votaient 65 millions pour le département. Les dépenses du personnel, au contraire, sont portées dès à présent au *maximum* qu'elles atteindraient dans cette hypothèse. On vous demande pour le chapitre que nous discutons [1], 14,199,679 francs. Cependant, dans la marine, le service véritable, c'est le matériel. D'abord les vaisseaux, puis les équipages et les troupes, et ensuite l'administration. L'ordre des idées veut que les dépenses se suivent dans cet ordre.

[1] Solde de terre à la mer, et dépenses y assimilées.

Toutefois, messieurs, je dois à la vérité de dire, qu'indépendamment du développement des forces maritimes qu'on vous promet, il y a augmentation de service dès ce moment. Soixante-seize bâtiments, dont trois vaisseaux de ligne et onze frégates, nous sont présentés comme étant armés en 1821 et comme employant dix mille six cent quatre-vingt-dix hommes d'équipage. Je vois avec plaisir figurer dans ces armements plusieurs bâtiments destinés à protéger notre commerce et à empêcher la contrebande, et parmi les différentes contre-bandes à empêcher, la plus odieuse et la plus criminelle de toutes, je veux parler de la traite des nègres. Mais ces bâtiments remplissent-ils la destination à laquelle ils sont appelés? Les ministres disent oui; l'Europe dit non. Elle dit que le commerce des noirs est fait par les Français tout aussi impunément, tout aussi audacieusement qu'avant l'abolition de la traite. Nous ne voulons pas de l'intervention de l'Europe à quelque titre que ce soit en ce qui concerne notre police intérieure. Ce n'est assurément pas moi qui consentirai jamais au droit de visite, même réciproque, ou à des jugements de commission mixte; mais nous voulons que les ministres du roi fassent enfin exécuter la loi qui abolit à jamais un infame trafic, contraire aux préceptes de la religion et aux droits de l'humanité. Au reste, cette question trouvera plus naturellement sa place dans la discussion du budget des colonies.

D'autres armements sont commandés par les

besoins de la politique. M. le ministre des affaires étrangères nous a dit dernièrement qu'une escadre française serait envoyée incessamment dans les mers de la Grèce. Puisse le départ de cette escadre n'avoir pas été trop long-temps retardé! Là, nous n'avons pas seulement des nationaux à protéger, l'humanité nous appelle à une tâche plus noble et plus chrétienne. L'Europe se souvient qu'en l'année 1770, les vaisseaux et les frégates de la France ont sauvé la vie à une foule de Grecs que la politique russe avait précipités dans l'insurrection, et qu'elle a abandonnés après avoir attiré sur leurs têtes le glaive des Turcs. Peut-être rendrons-nous aujourd'hui le même service à des malheureux; et ce sera une bonne et généreuse action. Nous sauverons peut-être des milliers d'hommes d'un carnage que nous n'avons pas attiré sur eux; tandis que ceux qui les ont plongés dans l'abîme, et qui se disent les défenseurs de la foi et les propagateurs d'une sainte alliance, restent en arrière au moment décisif, et semblent attendre, pour se déclarer, que tous les chrétiens aient été égorgés.

Les autres armements de notre marine ont un objet de haute utilité, la reconnaissance hydrographique des côtes de France et des autres pays. C'est sur les côtes que se livrent presque toutes les batailles navales; c'est sur les côtes que se rencontrent toutes les grandes difficultés de la navigation. Le cabotage est la véritable école de la marine, école infiniment préférable aux grandes évolutions de tactique qui coûtent beaucoup et qui servent à peu de chose. Ayons de bons marins et de bons capitaines de vaisseau, les amiraux et la gloire navale ne nous manqueront pas.

Les officiers de vaisseau sont au nombre de mille cent cinquante-huit. Ce n'est pas trop, sur-tout si on considère que près des trois quarts font partie des équipages embarqués. On est arrivé à ce nombre de mille cent cinquante-huit après des variations continuelles. Il est à regretter que M. le ministre de la marine n'ait pas profité de la der-nière organisation pour rendre du service à quel-ques officiers, jeunes encore, riches de capacité et d'expérience, qu'ont atteints les retraites arbitraires et prématurées prononcées par ses prédécesseurs.

Il est encore plus à regretter qu'il n'y ait eu au-cune réparation faite aux officiers d'artillerie de la marine, qui ont été renvoyés si durement de leur corps, qui n'ont point partagé les récompenses accordées à ceux dont ils avaient partagé les dan-gers à Lutzen, à Bautzen et dans vingt autres com-bats, et qui ont reçu un traitement de retraite in-férieur aux quotités déterminées par les lois. Plus d'un moyen se présentait pour leur rendre justice, et cette justice, bien que tardive, aurait quelque in-fluence sur la constitution morale d'un corps que le ministre vous présente comme tombant en dé-cadence. Le corps royal d'artillerie de la marine n'a plus que quatre mille et quelques cents hommes, au lieu de sept mille dont il aurait besoin pour son service. Il ne se recrute plus, et doit-on s'en éton-ner? Il ne puise pas dans les appels ordonnés par la loi de recrutement; l'enrôlement volontaire est sa seule ressource. Je vous le demande, messieurs, trouvera-t-on des hommes qui s'engagent gratuitement et pour huit ans dans les troupes de mer, lorsque les remplaçants se font payer 15 et 1800 fr., pour servir six ans seulement dans l'armée de terre? Joignez à cela qu'il n'y a pas d'avancement dans l'artillerie de la marine. Depuis 1815 jusqu'à l'an dernier, il n'y a eu qu'un seul sous-officier qui soit devenu lieutenant en second. Qu'arrive-t-il de là? L'effectif des canonniers va toujours en diminuant, au point que la mer est obligée de demander des troupes à la terre pour le service des ports. Cependant le nombre des officiers ne diminue pas, et les dépenses d'état-major et d'établissement général restent les mêmes. Il est temps et plus que temps de réorganiser les troupes de la marine, de manière à procurer de l'économie et à mettre leur service en harmonie avec la constitution qu'on veut donner aux équipages de vaisseaux.

On ne trouverait pas le corps du génie maritime trop nombreux, si on ne considérait que le mérite personnel de ceux qui le composent. Il ne manque à la construction de nos vaisseaux que quelques rectifications partielles pour qu'ils soient, de tous les vaisseaux du monde, les plus propres à recevoir et à livrer bataille. Déjà ce sont ceux qui naviguent le mieux et qui durent le plus long-temps. Mais aussi ce sont ceux qui coûtent le plus cher; car pour évaluer les frais de construction, il ne suffit pas de tenir compte des sommes dépensées pour

la construction de tel vaisseau et de telle frégate qui
descendent du chantier pour être lancés à la mer ;
il faut encore, et avant tout, considérer ce qu'entraîne de dépenses excédantes l'entretien des ingénieurs de tous grades et de ce grand nombre
d'agents des directions forestières qu'il faut toujours payer, soit qu'ils travaillent, soit qu'ils se
reposent. Les Anglais font souvent des vaisseaux
par entreprise. Ils s'en trouvent mieux pour l'é-
conomie et pas plus mal pour le service. Je ne me
hasarderai pas à dire pour cela qu'il faut sortir
brusquement des routes battues et adopter ce
mode pour notre pays. Mais je vous le demande,
messieurs, et ici je parle en thèse générale, à quoi
nous servira jamais d'avoir payé si cher notre
crédit, si nous n'en profitons pas pour diminuer
nos dépenses annuelles, et si nous nous obstinons
à conserver dans toutes les branches de l'administration le vieux système de la régie, de préférence
aux entreprises qui sont plus de la nature d'un
gouvernement constitutionnel ?

L'administration de la marine s'est grossie, et a
augmenté sa dépense à mesure que le matériel s'est
appauvri, et que le service a été diminué ; on s'est
plaint de tout temps, et on se plaint encore des envahissements de cette administration. Elle compte
aujourd'hui à peu près autant de fonctionnaires
que le corps des officiers de vaisseaux ; et, après
tout, messieurs, à quoi servent les administrateurs
de la marine ? Que font-ils ? Ils tiennent registre
de ce que font et consomment les constructeurs

des vaisseaux et les marins. C'est sans doute une branche importante de service; il faut, dans l'intérêt des finances de l'état, que cette branche de service ne soit pas confondue avec le commandement, et qu'elle ne subisse pas ce que l'action militaire peut avoir d'arbitraire et de tranchant. Mais est-ce assez pour établir entre l'armée navale et le corps qui administre son personnel et son matériel une rivalité constante, des prétentions parallèles? Est-ce assez pour mettre l'accessoire sur le niveau du principal?

Plus d'une réclamation s'est élevée sur le collége royal d'Angoulême. J'avais cru jusqu'à ce moment que, si on avait été obligé d'établir une école de marine dans le centre de la France, au moins on y aurait creusé un port dans lequel on aurait attiré les eaux de quelque rivière, afin d'apprendre aux jeunes gens ce que c'est que la navigation. Il n'a jamais pu venir à l'idée de personne que, dans un pays qui a de trois à quatre cents lieues de côtes, on aurait placé le collége d'instruction de la marine sur une montagne, à Angoulême. On me dira qu'il y a de la différence entre l'instruction théorique et l'instruction pratique, et qu'on ne donne à Angoulême que des leçons de théorie. Je le sais bien, messieurs; mais je sais aussi que, même pour apprendre la théorie de la navigation, il vaut infiniment mieux avoir sous les yeux la mer et des vaisseaux, que des champs de blé et des bruyères.

L'objet le plus important du budget de la marine est l'article de 300,000 fr., qui termine le cha-

pitre que nous discutons. Le ministre les demande
comme supplément aux dépenses ordinaires pour
l'entretien de plusieurs équipages de ligne et de
réserve. Tout le monde sent que ces équipages
sont nécessaires, tout le monde sent qu'une troupe
de marins placée sous les ordres constants et im-
médiats des officiers de vaisseaux, faisant corps
avec eux, et formée pendant la paix par la navigation et par la discipline, est préférable de beaucoup aux équipages transitoires, et souvent inhabiles, tirés de l'inscription maritime. On reconnaît
généralement la nécessité de rendre à la marine
les cadres qu'on avait organisés à la fin de la guerre
dernière, et de les remplir par l'application de la
loi du 10 mars 1818, en ce qui concerne les départements du littoral.

Mais c'est ici une vaste combinaison qu'il faut
aborder avec confiance, et sans se laisser effrayer
par les obstacles que rencontre toujours un établissement nouveau. Les chambres législatives ne
s'opposeront pas sans doute à l'institution et à l'entretien d'équipages permanents pour le service
courant; mais elles demanderont que cette dépense fasse disparaître, ou du moins diminue les
dépenses relatives à l'inscription maritime; elles
demanderont que l'artillerie de la marine soit rac-
cordée dans son emploi et dans sa force avec les
équipages de ligne; elles sanctionneront par leurs
votes pécuniaires des mesures dont on aura envi-
sagé toutes les conséquences, et qui ne se borne-
ront pas à des essais timides et coûteux.

En terminant, messieurs, je témoigne mon étonnement de ce qu'hier les orateurs du gouvernement
ont paru vouloir repousser toute comparaison des
dépenses actuelles de la marine avec les dépenses
antérieures à la révolution. Que l'armée de terre
rejette ces comparaisons, je le conçois; là, tout est
changé, tout est amélioré, tout est agrandi. Mais,
en marine, ce que nous avons de mieux à faire,
c'est de revenir à l'ascendant que nous avions acquis à la fin du règne de Louis XVI. Alors, messieurs, et je parle ainsi avec le travail de 1790 sous
les yeux, alors la France avait dix-neuf cent
soixante-quinze officiers de vaisseau ou élèves,
soixante-quinze vaisseaux, soixante-sept frégates,
et un grand nombre de petits bâtiments à flot ou
sur les chantiers. On s'efforçait d'arriver le plus
tôt possible à deux cent quatre-vingt-trois bâtiments de guerre, dont quatre-vingt-un vaisseaux
de ligne et quatre-vingt-une frégates; ce qui était le
complet établi par une ordonnance de 1786, pour
les forces navales de la France. On dépensait près
de six millions pour Saint-Domingue, Sainte-Lucie, Tabago, l'Ile-de-France, et d'autres colonies
que nous n'avons plus; et, malgré tout cela, le
projet de dépense ne montait qu'à une somme de
42 à 45 millions. Peut-être la dépense réelle a-t-elle
dépassé les fixations du projet; mais toujours est-
il certain qu'on nous demande beaucoup plus aujourd'hui pour faire un bien moindre service.

En me résumant, messieurs, je dirai qu'il y a
encore beaucoup d'abus dans le ministère de la

marine. Il y a sur presque tous les articles des économies à faire, il y a partout des améliorations à opérer. Mais je dirai aussi que, dans ce département, et depuis deux ans, on marche du mal au bien. Par ce motif, je vote l'allocation des fonds demandés pour le chapitre II.

MINISTÈRE DE LA JUSTICE.

SÉANCE DU 16 JUILLET 1821.

M. Étienne avait présenté un amendement, afin de faire rendre compte des produits du sceau.

Messieurs, je viens d'entendre parler des droits régaliens, et c'est avec plaisir, parce que les droits régaliens importent à la liberté publique. Mais qu'est-ce que les droits régaliens sous l'empire de la charte? Ce sont des droits que la charte attribue au roi. Or le roi fait des nobles à volonté. La noblesse, ne donnant pas de droits politiques dans l'état, est une grace, et sous ce rapport elle dépend encore plus de la couronne que de toutes les autres concessions qui en dérivent habituellement. En effet, dans une monarchie constitutionnelle, le roi est la source de toutes graces. Ainsi, le roi, en faisant des nobles, peut faire payer un droit à ceux qui sont admis à cette faveur, et il peut dispenser du droit certaines personnes. Cela est dans la nature des choses; cela est dans les convenances; cela est bien. Cela est bien, parce qu'il faut faire une distinction fondamentale entre celui qui veut avoir la noblesse comme complément, comme saturation de sa vanité; celui-là, il faut la lui faire payer cher, et très-cher; et entre celui que la faveur du prince va chercher pour le récompenser des services rendus au roi et à la patrie; celui-là, il faut la lui donner gratis. Ainsi, en principe, le prélèvement du droit est facultatif dans la personne royale.

Mais on vous a dit que le droit du sceau n'était pas un impôt, parce que, n'étant pas obligé de le payer, on peut s'y soustraire. Or, messieurs, c'est le principe de toutes les impositions indirectes. Celui qui ne boit pas de vin ne paiera pas l'impôt des droits réunis. Celui qui n'achète pas un domaine ne paiera pas le droit d'enregistrement. Les contributions indirectes sont de leur nature facultatives, c'est-à-dire qu'on ne les paie qu'en raison de la jouissance qu'on est maître de se donner ou de se refuser. Il n'importe donc pas de savoir si c'est un impôt ou un droit. Mais ce qu'il importe de savoir, c'est que c'est un revenu; et, puisque c'est un revenu, il faut que le compte vous en soit soumis; car, si le compte ne vous en est pas soumis, il y a dilapidation présumée. Je dis qu'il y a dilapidation présumée sans crainte d'être appelé diffamateur.

Le droit ne provient pas seulement des lettres de noblesse, et quand il n'aurait pas d'autre source, vous n'en devriez pas moins connaître de ses produits; car tout ce qui dérive de l'institution de la noblesse est soumis aux formes constitutionnelles. Mais je vais plus loin; la recette ne se compose pas seulement du produit des lettres de noblesse et des lettres de relief dont M. le garde-des-sceaux actuel a enrichi notre législation, elle se compose encore des lettres de naturalisation, des dispenses d'âge, de parenté, et autres accordées par le gouvernement en conformité du Code civil. C'est bien une décision facultative de la part du gouvernement, mais ce n'est pas précisément une grace, car ces dispenses ne s'accordent pas en considération du mérite personnel, mais d'après des considérations tirées de l'état de la société ou de celui de la législation.

Cette recette, dont on ne veut pas rendre compte à la chambre, lui serait d'ailleurs naturellement soumise sous plus d'un rapport. Le roi a déjà rendu plus d'une ordonnance sur l'emploi du droit du sceau. Le roi a ordonné la fondation à Paris d'une école de chartes. Messieurs, ce n'est pas une école de la charte, mais des chartes. Le roi a appliqué une portion du produit du sceau à cette école. Cela est positif. On peut le voir dans le *Bulletin des lois.* Voilà donc un service public auquel un revenu public est appliqué. Il vous importe, à vous, chambre des députés, de savoir si ce revenu est perçu, s'il est employé au service indiqué, et si le service se fait. Le roi a encore ordonné que les Mémoires de l'Académie des inscriptions et belles-lettres seraient continués au moyen de la redevance du droit du sceau. Je crois l'avoir lu dans le *Bulletin des lois.*

Une voix : C'est le *Journal des savants.*

F. I.

28

L'un n'empêche pas l'autre. Voilà donc encore un service public auquel un revenu public est appliqué. Nous devons savoir si le fonds arrive à sa destination, parce que c'est dans l'intérêt public qu'on finira les Mémoires de l'Académie des inscriptions et belles-lettres.

J'ai entendu, dans une séance précédente, M. le garde-des-sceaux nous dire qu'il employait le produit du sceau à faire des pensions à des jurisconsultes, à des magistrats respectables. Je ne vois pas pourquoi le produit du droit du sceau aurait cette destination spéciale, en supposant qu'il fallût une spécialité pour cet objet. Je demande, par exemple, pourquoi l'ordre de Saint-Louis, au secours duquel vient la caisse des invalides, ne toucherait pas des pensions sur le droit du sceau aussi bien que la magistrature? Où est l'ordonnance du roi qui a dit que le produit du sceau s'appliquerait à la magistrature? J'ai bien la parole du ministre, mais cela ne suffit pas. Tout acte du gouvernement se compose de la volonté royale, qui est toujours sacrée, et de la signature ministérielle, qui rend le ministre attaquable et trop souvent condamnable. Où est donc l'acte complet du gouvernement, qui permet au garde-des-sceaux de disposer par an d'une somme considérable sans en rendre compte? Il y a ici illégalité et désordre. Il y a désordre en finances, en ce que toutes ces petites caisses particulières sont une source et une occasion d'abus. Il y a illégalité en principe, parce que la perception du droit, bien qu'elle soit facultative de la part du roi, doit vous être connue : il suffit qu'elle existe pour que le compte doive en être rendu à la chambre. Hé! messieurs, qu'on ne s'y trompe pas : quand vous feriez grace au garde-des-sceaux de cette somme pour cette année, il faudra toujours qu'une autre année il en rende compte, car toutes les petites vanités et toutes les petites cupidités cèderont à la force du gouvernement représentatif, ou bien le gouvernement représentatif périra. Il y a justice à vous rendre tous ces comptes, et il faut toujours finir par céder à l'ascendant de ce qui est juste, et de ce qui est vrai.

Je vote pour l'amendement de M. Étienne.

SUR LA RÉDUCTION DE LA CONTRIBUTION FONCIÈRE APPLIQUÉE AUX ÉLECTEURS.

SÉANCE DU 19 JUILLET 1821.

M. le garde-des-sceaux vient de nous dire que l'inscription aux rôles de 1820 servira pour former les listes électorales de 1821. Je prends acte de la promesse du gouvernement.

M. le garde-des-sceaux a commenté la doctrine exposée par M. de la Bourdonnaye. Il a essayé de prouver que la diminution de cinq centimes, qui atteint tous les départements, influera seule sur la formation des listes électorales, et que le grand dégrèvement ne diminuera pas le nombre des électeurs.

C'est une erreur, messieurs, et cette erreur vient du vicieux emploi qu'on a fait du mot *dégrèvement* dans la rédaction du projet de loi de finances. Assurément, s'il ne s'agissait que d'un simple dégrèvement, quelque considérable qu'il fût, personne ne serait autorisé à réclamer contre les modifications que cette mesure ferait éprouver à l'exercice des droits politiques. En effet, le dégrèvement se présente comme réparation d'une injustice. C'était à tort que certains contribuables étaient cotisés à des sommes disproportionnées avec leur revenu réel ; c'était par conséquent à tort qu'ils figuraient dans les listes d'électeurs et d'éligibles. Le tort est réparé. Ils paieront moins à l'avenir ; ils ne seront plus électeurs ou éligibles. Rien de plus juste ; mais un dégrèvement par lui-même ne suppose pas que la somme totale de la contribution soit diminuée ; il suppose seulement une répartition plus équitable. Dans cette hypothèse, si ceux qui étaient cotisés trop haut vont payer moins, par compensation les contribuables cotisés trop bas viendront à payer davantage. Il y aura dès-lors de nouveaux électeurs et de nouveaux éligibles. Ce que les listes perdront d'un côté, elles le gagneront de l'autre. Le résultat définitif sera le même.

Il n'en est pas ainsi, messieurs, dans la circonstance où nous nous trouvons. Ici, il y a dégrèvement pour un certain nombre de départements, sans qu'il y ait aggravation pour les autres ; la France reçoit le bienfait non-seulement d'un dégrèvement, mais encore d'une modération de l'impôt. Les listes électorales, échancrées par un bout, ne s'allongeront pas par l'autre bout; elles perdent d'une manière absolue et sans compensation. Ce ne sont donc pas seulement les cinq centimes de diminution accordés à tous les départements qui diminuent le nombre des électeurs et des éligibles; c'est la masse de 28 millions en moins sur l'impôt foncier qui pèse tout entière dans la balance électorale.

Qu'on ne vienne pas, dans une question si grave, si décisive pour nos institutions, nous opposer des fins de non-recevoir; qu'on ne vienne pas nous dire que ce que nous demandons doit être l'objet d'une proposition spéciale, et qu'il faut que cette proposition soit déposée sur le bureau, et passe ensuite par la filière du comité secret; qu'on ne nous accuse pas de dépasser les bornes de l'amendement.

L'amendement, messieurs, est illimité dans le droit.

Une voix : Lisez la charte.

La voilà, la charte. L'art. 46 dit : *Qu'aucun amendement ne peut être fait à une loi, s'il n'a été consenti par le roi.* Ainsi, messieurs, d'une part la proposition de la chambre; d'autre part, le consentement du roi, voilà les seules limites de l'amendement.

Faut-il donc s'étonner, d'après cela, que, dans le cas particulier qui nous occupe, la chambre prévoie ce que le ministère paraît ne pas avoir prévu? Lorsque, par un simple réglement de finances, on vous soumet une disposition qui est utile dans ses

rapports financiers, mais qui envahit le domaine
de l'ordre politique, et dont l'effet immédiat est
de dépouiller trente à quarante mille électeurs de
leurs droits électoraux, n'était-ce pas un devoir
de calculer l'influence de cette disposition sur l'accomplissement de nos institutions constitutionnelles et sur les destinées du pays? N'est-ce pas à
vous, lorsque le gouvernement pèche par action
ou par omission, à lui indiquer les voies de redressement? Vous reprochera-t-on de mettre trop de
hâte à réparer un mal qui bientôt serait irréparable?

Non, messieurs, on ne vous fera pas ce reproche; le danger est grand, est imminent pour nos
institutions. C'est ici une question de bonne foi,
de loyauté, et c'est loyalement que je veux l'aborder; il s'agit de l'existence politique du tiers des
électeurs de France. Je l'avoue franchement, ceux
qui veulent les faire disparaître des listes ont pour
eux la lettre de la charte, c'est-à-dire la lettre ex-
pliquée judaïquement. Mais nous, qui voulons les
conserver dans leur état, dans leur possession,
dans leurs droits, nous avons pour nous l'esprit
de la charte, la pensée et l'intention clairement
indiquée du roi législateur.

En effet, messieurs, soit que l'on considère la
charte comme limitant les droits naturels de tous,
soit qu'on la regarde comme attribuant des pouvoirs spéciaux à quelques-uns, toujours est-il certain, 1° qu'elle a voulu établir une proportion
raisonnable entre le nombre des électeurs et des

éligibles, et le nombre des citoyens ; 2° qu'elle a
entendu faire dépendre leurs facultés politiques
d'une capacité authentique et incontestable.

Cette capacité, la charte eût pu la chercher dans
la désignation faite par le prince ou par le peuple,
dans les emplois déjà remplis, dans l'âge, dans la
science, dans la richesse, ou dans un composé de
ces divers éléments de supériorité sociale ; elle l'a
prise exclusivement dans la richesse, ou, pour parler avec plus d'exactitude, dans cette portion
de la richesse qui est évidente aux yeux de tous,
dans la propriété. Elle a établi en fait que la propriété, dans une certaine mesure, offre de la part
de celui qui la possède des garanties suffisantes de
lumières, de patriotisme et d'attachement à l'ordre
public.

La propriété étant admise comme preuve de la
capacité, le législateur a demandé : Quel est le
signe le plus apparent de la propriété? Nos codes
lui ont répondu : C'est l'inscription aux rôles des
contributions directes. Dès-lors l'inscription qui
exprimait une quotité déterminée de cette espèce de contribution, a fait des électeurs et des éligibles.

La charte nous a été donnée en 1814; la France
payait alors près de trois cent millions pour les
quatre contributions que nous appelons directes.
Les Français qui payaient trois cents francs, c'est-
à-dire environ la millionième partie de la somme
totale, ont pu élire des députés; ceux qui payaient
mille francs, c'est-à-dire environ la trois cent mil-

lième partie de cette somme, ont pu être élus. Mais leur droit d'élire et d'être élus leur est venu non pas de ce qu'ils étaient inscrits au rôle pour telle ou telle somme, mais de ce qu'ils possédaient la propriété qui a motivé l'inscription. Le droit, c'est la propriété; l'inscription aux rôles, c'est le signe. La charte a conclu du taux de la contribution à la valeur de la propriété, et de la valeur de la propriété à la capacité électorale ou éligible du propriétaire.

Voilà, si je ne me trompe, la marche des idées, voilà l'esprit de la charte. Que, si méconnaissant cet esprit, on voulait prendre le signe pour la chose signifiée, voyez, messieurs, où l'altération du signe va vous conduire. Je dis l'altération du signe, car il n'y a que le signe d'altéré; la chose signifiée reste la même. Ceux qui étaient électeurs et éligibles il y a quelques années, possèdent aujourd'hui les mêmes propriétés, et, par conséquent, sont pourvus de la même capacité qu'ils avaient alors, et cependant ils cesseraient d'être électeurs et éligibles. Bien plus, leur richesse s'est accrue, puisque, possédant la même propriété, ils ont moins de contributions à payer, et on voudrait les dépouiller de leurs droits politiques, alors même que la pensée de la charte reconnaît en eux plus d'aptitude à les exercer.

Voilà ce qui regarde les individus; mais, en ce qui touche les intérêts généraux du pays, le désordre est bien autrement considérable. Mon honorable ami M. Darrieux avait bien raison d'appeler votre très-sérieuse attention sur les révolutions qu'amenerait immanquablement l'application aveugle à notre système électoral de la réduction décrétée sur l'impôt financier.

Je suppose l'état jouissant d'une paix profonde ; les lois s'exécutent sans effort, l'agriculture et l'industrie sont florissantes ; c'est le moment, ou jamais, de diminuer les dépenses. C'est aussi le moment, si on veut rendre les citoyens plus heureux et plus patriotes, d'en appeler un plus grand nombre à participer aux affaires publiques. Eh bien! ce moment de calme pour le présent, et d'espérance pour l'avenir, sera précisément celui où, par la diminution des impôts, le gouvernement se resserrera, s'aristocratisera, et dégénérera bientôt en une étroite oligarchie, aussi effrayante pour le trône que pour le peuple.

S'il arrive, au contraire, que la paix soit troublée, que l'exécution des lois rencontre des obstacles dans l'intérieur, et qu'on soit menacé au dehors par des ennemis puissants, vous en conviendrez tous, messieurs, il serait désirable, dans de telles circonstances, que la puissance publique reçût un surcroît d'action et d'énergie. Eh bien! dans ce moment-là même, il faudra augmenter les dépenses, et par conséquent les impôts, et par suite le nombre des électeurs et éligibles. Le gouvernement s'élargira et se démocratisera d'autant plus que sa concentration aura été plus nécessaire.

Qu'arriverait-il, messieurs, si, poussant les choses à l'extrême, nous considérions le cas où il n'y aurait plus en France que des contributions indirectes? Un de nos honorables collègues, M. de Lastours, nous a dit, dans une opinion très-remarquable, non-seulement que ce changement dans l'assiette de l'impôt est utile, mais *qu'il ne peut manquer de s'accomplir tôt ou tard par la force de la nécessité.* Si cela est vrai, messieurs, et si on continue à entendre l'article 40 de la charte, comme on l'entend aujourd'hui, il n'y aura bientôt plus en France ni électeurs ni éligibles.

Mais, long-temps avant cette extinction totale, le gouvernement représentatif aura été tué par l'influence de la diminution de l'impôt sur l'exercice des droits politiques. Nos lois électorales, et particulièrement la loi d'exception du 29 juin 1820, qui crée des colléges de département, ont pour effet nécessaire de faire prédominer, dans cette chambre, l'intérêt territorial. L'intérêt territorial appelle les dégrèvements sur l'impôt foncier; chaque dégrèvement concentre l'élection prochaine dans un nombre plus étroit de grands propriétaires. La législature résultant de ces choix est encore plus intéressée que la précédente à demander et obtenir de nouveaux dégrèvements. Il n'y a pas de raison pour s'arrêter dans ce mouvement constamment accéléré vers un but invariable.

Cependant, messieurs, votre système représentatif tout entier repose, non pas seulement sur l'existence de l'impôt foncier, mais encore sur l'mportance de ses produits comparés aux produits des autres contributions. *L'impôt foncier*, dit l'article 49 de la charte, *n'est consenti que pour un an; les impositions indirectes peuvent l'être pour plusieurs années.* Je vous le demande, messieurs, qui préservera le pays de ce consentement constitutionnellement possible pour plusieurs années? N'avons-nous pas déjà des impôts indirects qui ont été votés ainsi? Quand l'impôt foncier aura été encore réduit, et que la presque totalité du revenu public proviendra des contributions indirectes, quelle nécessité forcera donc le gouvernement d'assembler les chambres et d'ouvrir ces longues sessions qui, en dépit des majorités ministérielles, sont et seront toujours l'enfer de certains ministres et le purgatoire des autres?

Vous apercevez, messieurs, de quels immenses développements est susceptible le sujet que je traite. Je pourrais le discuter trois heures entières, et pendant trois heures vous dire des choses vraies et des choses nouvelles. Mais il est temps et plus que temps de terminer nos travaux. En somme, il y avait dans l'année 1817 cent mille électeurs exerçant leur droit politique dans toute sa plénitude, et assurément ce n'était pas trop pour une nation de 30 millions d'ames, pour une nation si active, si riche, si industrieuse, si avancée dans toutes les carrières de l'esprit humain. L'Europe entière nous paie cet hommage. Sera-ce ici qu'il trouvera des contradicteurs?..... Voulez-vous qu'il n'y ait plus en 1822 que 60,000 électeurs, dont 45,000 seront dépouillés des deux cinquièmes de leurs attribu-

tions, et dont 15,000 émettront un double suffrage? Voulez-vous que ce nombre, déjà scanda-
leusement minime, diminue encore dans les années
suivantes? Voulez-vous conserver le gouvernement
représentatif? Voulez-vous garder la charte que
vous avez jurée? C'est là, messieurs, qu'est toute
la question. Vous la résoudrez pour l'affirmative,
si vous votez avec moi en faveur de l'amendement
de M. Darrieux.

DISCOURS

DU GÉNÉRAL FOY.

I.

M. CASIMIR PERRIER.

MESSIEURS,

D'éternels regrets s'attacheront à cette journée de deuil. Le roi et l'armée ont perdu un habile capitaine; la chambre des députés, l'un de ses membres les plus illustres; la nation, un grand citoyen; la liberté du monde, un éloquent interprète : le général Foy n'est plus! Noble France, tu attendais le moment de voir reparaître à la tribune cet athlète infatigable et tant de fois couronné! Pleure maintenant, voilà sa tombe ouverte! Enlevé par un coup de foudre, ton intrépide défenseur, ton mandataire fidèle, interrompt tout-à-coup deux carrières de gloire.

Quelle vie pleine et courte! Né en février 1775, lieutenant d'artillerie à seize ans, officier supérieur à vingt ans, général depuis la première campagne de Portugal, il a servi, commandé, vaincu, presque dans toute l'Europe : cependant il comptait à peine dix lustres accomplis. Ses exploits militaires commencent à Jemmapes et ne finissent qu'à notre dernière bataille, où il fut blessé pour la quinzième fois.

A tous les temps de repos de ce discours, l'air a retenti du cri spontané : HONNEUR ÉTERNEL A LA MÉMOIRE DU GÉNÉRAL FOY !

Ici se prépare pour le général Foy une suite inattendue de nouveaux triomphes ; mais il ne les a remportés que parce qu'il s'y était préparé sans les prévoir, comme la vertu se tient toujours prête pour n'être jamais surprise.

Élevé, jeune encore, à un grade supérieur, le général Foy profita de l'espèce de solitude volontaire que son rang lui permettait, pour transformer sa tente ou son bivouac en un cabinet d'études ; au sortir du champ de bataille, il courait à ses livres. Chez le général Foy, la conception était vive, le coup-d'œil prompt et sûr, et cependant l'esprit observateur. Le caractère des soldats qu'il commandait, la nature du pays, les mœurs des habitants, les ennemis qu'il devait combattre, leur système guerrier, l'art de gouverner les peuples, qui est le plus grand moyen de les soumettre, rien n'échappait à ses regards. Voilà le secret de cette instruction prodigieuse et variée dont il répandait les trésors, du haut de la tribune, sans les épuiser jamais : tel est aussi le secret de son éloquence ; chez lui, la richesse des choses enfantait à la fois la richesse et l'économie des paroles.

Mais ne craignez pas, messieurs, que je sois assez imprudent pour essayer de retracer devant vous les prodiges de la haute éloquence du général Foy : vous l'avez entendu, vous savez comme il était puissant à la tribune ; rien ne lui résistait, soit qu'il entreprît de défendre, ou la liberté individuelle, ou l'inviolabilité des élections du peuple, ou la liberté de la presse, ce palladium de la charte constitutionnelle. Avec quel courage il attaquait les abus de l'administration ; avec quelle sagesse il ré-

clamait pour elle l'appui légitime que lui doivent les
chambres! Dans l'ardeur de son zèle contre le mal, il
était l'opposition vivante et armée; dans la prévoyance
éclairée de son amour pour le bien, on sentait qu'il avait
délibéré en ministre sur les questions qu'il devait traiter
comme interprète de notre chambre des communes;
chez lui, l'homme d'état gouvernait l'orateur.

Ah! qu'il fut touchant, lorsqu'il réclamait pour ses
compagnons d'armes ces faibles dotations que l'on voulait
arracher à quelques pauvres soldats échappés à tant de
chances de mort! Qui de nous put retenir ses larmes,
lorsque, s'exprimant en père et en défenseur des guerriers mutilés qu'il avait conduits jadis à la victoire, il
voulait arracher les vainqueurs de l'Europe à la honte
et au malheur de demander l'aumône comme Bélisaire!
et tout-à-coup quelles inspirations sublimes il puisait
dans les hauteurs de son âme!

Vous souvient-il, messieurs, du jour où, d'un seul
mot, il replaça la majesté royale, presque compromise
par un imprudent organe du pouvoir, dans un sanctuaire inaccessible aux passions humaines? On l'eût pris
pour un interprète de la charte, qui rappelait pour elle
un ministre du prince au plus religieux de ses devoirs.
Mais je me laisse entraîner par mon cœur: excusez ma
témérité, messieurs; parler devant vous du général Foy,
comme orateur, c'est toucher aux armes d'Achille: je
m'arrête; je confie à vos souvenirs ce prince de la tribune.

Pleurons la perte immense que la patrie a faite; pleurons l'élève de nos grands capitaines et le successeur
que toute la France leur eût choisi dans un nouveau
péril; pleurons un citoyen intègre, l'émule de Fox et de
Mirabeau, et le meilleur des hommes. L'amitié seule a

pu le connaître sans aucun voile. Le général avait conservé la simplicité de mœurs et le désintéressement de l'école guerrière, enfantée par l'élan sublime du peuple français. Il servait la patrie et ne lui demandait rien; il ne rapporta des triomphes de la guerre que des couronnes de lauriers; des triomphes de la tribune, que la couronne civique.

Avec des talents d'un ordre si élevé, son commerce était doux et facile; il ne cherchait jamais à vous imposer le joug de sa supériorité; on eût dit qu'il respectait l'égalité jusque dans ses relations sociales; sa conversation avait un charme singulier, parce que les traits de son esprit avaient passé par son cœur. Que ne l'avez-vous vu comme nous, messieurs, au milieu de sa famille! Époux sensible et tendre, père éclairé et plein de bonté, il cherchait dans ses filles, les images fidèles de leur mère; il se réjouissait d'avoir des fils pour les présenter un jour, tout en armes, à l'autel de la patrie, comme il s'y était présenté lui-même au sortir de l'adolescence.

Peut-être espérait-il leur transmettre le courage et les vertus qui s'apprennent surtout par la puissance des exemples. L'infortuné n'aura pas le bonheur d'achever son ouvrage; il expire, au moment où les plus âgés d'entre eux commençaient à pouvoir entendre les hautes leçons du talent. La mort arrache à leur inexpérience un guide qui ne leur laisse peut-être que son nom, et une femme forte pour mère, qui fera ses efforts pour remplacer un tel appui et un tel maître. Ah! si ce soupçon qui m'afflige nous révélait la vérité, la France la saurait bientôt; la France est reconnaissante, elle adopterait la famille de son défenseur!

Au moment où M. Casimir Perrier prononça ces mots, cent

mille voix ont répondu par ce cri unanime : OUI ! LA NATION LES ADOPTERA ! LES DOTERA !

Reposons-nous sur cette pensée, et saluons une dernière fois, au nom de la patrie, au nom de l'éloquence, au nom de la sainte amitié, le guerrier, le citoyen, l'orateur, l'homme d'état illustre, qui a bien mérité d'elles.

Se peut-il qu'une tombe si étroite cache tant de choses enfermées à jamais dans une froide dépouille. Ah ! que la vie serait une déception cruelle, que les pertes de l'amitié seraient une douleur insupportable, et la mort une énigme sans nom, si l'immortalité ne nous apparaissait pas sur la tombe de la gloire et de la vertu !

II.

M. LE GÉNÉRAL MIOLLIS.

La mort a frappé un être digne d'hommages universels. Que nos souvenirs se portent dans les camps, dans la société, à la tribune, ils offriront toujours le nom du général Foy à l'admiration et à la reconnaissance des Français. Ce grand citoyen, enlevé prématurément à nos vœux et à nos espérances, nous laisse à des regrets éternels.

Je vous salue, mânes immortels, avec les larmes de la douleur ! Cette tombe rappellera le génie constamment inspiré par la vertu. Épouse digne d'un si grand caractère, agrée ce témoignage pour la consolation de tes enfants consacrés à la gloire et à l'honneur ! Les éloquents et sensibles collègues de l'illustre ami que nous avons perdu, retraceront cette vie donnée par le ciel, pour exemple à suivre dans les destinées les plus sublimes.

F. I.

III.

M. MÉCHIN.

MESSIEURS,

Les paroles que vous venez d'entendre iront droit au cœur de tous les Français, et, traversant les mers, feront verser des pleurs dans les deux mondes sur la dépouille mortelle qui va disparaître à nos yeux.

Mais nulle part elles ne retentiront avec un éclat plus terrible et plus funèbre que dans nos contrées naguère si heureuses et si fières de leur choix.

Hélas! s'écrieront nos concitoyens, ce jeune soldat qu'on a vu, mûr pour la guerre avant l'âge, s'élancer aux plaines de Jemmapes, et combattre vingt-cinq ans sur tous les champs de bataille, c'était notre député!

Ce général, non moins brillant au *forum* que dans les batailles, dont la parole commandait tour-à-tour l'enthousiasme et le recueillement, l'admiration et le silence, et souvent imposait une trève aux partis; ce grand orateur dont la tribune nationale est aujourd'hui veuve..... c'était notre député!

Ce guerrier, qu'un grand capitaine réservait aux plus hautes destinées militaires, et qui ne laisse pour héritage à ses enfants que des lauriers irréprochables et une épée sans tache; ce citoyen si pur, si dévoué, qui n'eût jamais consenti à acheter la fortune aux dépens de sa conviction, et à échanger contre la faveur des cours ses palmes civiques....., c'était notre député!

Nos suffrages avaient enrichi la patrie de ses talents

féconds et de ses vertus si rares.... Il a cessé de vivre. La patrie n'a-t-elle donc plus besoin de son secours, n'a-t-elle plus d'ennemis à combattre, de conquêtes à faire, et l'heure était-elle arrivée où Dieu devait récompenser une si belle vie par une semblable mort!

Ah! si notre illustre ami eût exhalé son ame au milieu des camps, sur le théâtre de la victoire, son dernier regard eût remercié le ciel de lui avoir réservé une mort si glorieuse!

Il meurt au sein de la paix, entouré de sa femme désespérée, de ses jeunes enfants, de ses amis...! Les larmes, les sanglots de tout un peuple, ce concours, ces gémissements, la consternation de la capitale, les regrets des partis les plus opposés, tout proclame sa gloire, tout dit que Dieu fut bon, même au jour de ses rigueurs; car jamais voie plus brillante ne fut ouverte à l'homme de bien qui va saisir la couronne de l'immortalité.

C'est pour nous, ses collègues et ses amis, c'est pour sa famille éplorée, ses amis dans le deuil, c'est pour le pays qui aimait à lui prodiguer ses suffrages, pour cette France, objet de son culte et de sa passion la plus ardente, que le ciel a réservé la douleur et la consternation.

Bientôt vont commencer nos débats solennels... Nous chercherons en vain autour de nous, nos yeux se fixeront sur cette place d'où nous le vîmes tant de fois s'élancer, pour défendre les libertés du pays et le trône constitutionnel.

Nous interrogerons sa mémoire; nous demanderons des inspirations à nos souvenirs et à ses discours...; mais nous n'entendrons plus cette voix puissante qui frappait tous les cœurs et maîtrisait tous les esprits.

Il nous faudra long-temps plus que du courage, pour

29.

surmonter, par le sentiment de nos devoirs, le poids qui nous accable.

Ombre illustre et chérie! entends nos accents et reçois nos adieux! Par notre voix, ils te saluent, ces guerriers, tes compatriotes, dont tu fus le modèle, le consolateur et l'appui; ils te saluent, ces bons laboureurs que tu aimais et qui te payaient d'un retour si sincère, qui t'attendaient chaque année, avec une si vive impatience, à la fin des travaux qui ajoutaient à ta renommée et à leur reconnaissance.

Reçois les adieux de ces électeurs incorruptibles, fidèles à leur conscience, qui se glorifiaient de te couvrir de leurs suffrages; de ceux-là mêmes qui, en te refusant les leurs, se sentaient subjugués par l'ascendant d'une ame pure et d'un talent admirable.

Ils te pleureront aussi bien amèrement, les citoyens de cette ville industrieuse dont tu te plaisais à visiter les ateliers, et qui, dans ses titres d'illustration, comptera l'honneur de t'avoir adopté.

Le cœur brisé, tes collègues, tes amis te répètent : Adieu! adieu! que la terre te soit légère!

IV.

M. TERNAUX.

MESSIEURS,

Comment trouver assez de larmes pour déplorer dignement la perte que vient de faire, je ne dis pas seulement notre chère patrie, mais l'espèce humaine tout entière, puisque celui qui en faisait l'un des plus beaux ornements vient de descendre au tombeau.

O mort! qui nous arraches le général Foy, au moment où son existence, s'agrandissant avec ses illustres travaux, nous rendait ses services plus utiles et plus précieux, jamais tu ne nous parus plus cruelle que dans cet instant; jamais tu ne prononças un arrêt plus fatal que celui qui enlève à l'humanité l'un de ses plus zélés défenseurs; à l'armée, un de ses meilleurs et de ses plus illustres guerriers; à la tribune, le plus éloquent de ses orateurs; à la politique, celui qui y mettait le plus de vérité, de désintéressement et de probité; à la France, le citoyen qui la servait avec le plus d'ardeur et de talent; à la société, un foyer de lumière, l'exemple de la franchise et de la générosité; à sa famille, le modèle des pères et des époux.

O mort! jamais tu ne prononças un arrêt qui dût retentir plus long-temps, avec plus de violence et de douleur, dans le cœur des Français!

Adieu, général, adieu! mes pleurs étouffent mes paroles. Pendant vingt ans de ta vie, tu m'honoras de ton amitié; pendant le reste de la mienne, tu auras mes regrets les plus amers.

V.

M. LE GÉNÉRAL SÉBASTIANI.

MESSIEURS,

La mort du général Foy enlève à l'armée un vaillant et expérimenté capitaine; à la France un éloquent et courageux défenseur de ses droits, de ses institutions. Les travaux de l'homme d'état ont abrégé des jours qu'avaient respectés vingt-cinq ans de guerre. Cette tombe s'ouvre, à côté de celles de nos plus illustres chefs, Masséna, Davoust, Ney. Le général Foy marche immédiatement après eux dans la carrière des armes; il est le plus grand de nos orateurs. La paix devait ouvrir pour lui de nouvelles sources de gloire; la paix l'a donné à la tribune, où il a continué de combattre pour son pays, et sa noble destinée s'est accomplie : il est mort pour la défense de sa patrie.

Une plus longue carrière lui était promise; mais il a été consumé par le feu qui le dévorait : il est tombé victime de son génie. Il lègue à ses enfants un nom impérissable avec une honorable pauvreté, à ses amis une mémoire chérie, à la France entière d'illustres exemples à suivre. Aucun ne répudiera ce legs d'un grand citoyen. Oui, tant qu'il y aura en France du génie et des vertus, le nom du général Foy y recevra le culte que méritent les vertus et le génie.

VI.

M. BENJAMIN CONSTANT.

MESSIEURS,

Le concours immense de citoyens de tous les âges, de tous les états, de toutes les opinions, la profonde douleur empreinte sur leurs traits, les larmes prêtes à couler de tous les yeux, tant de nobles et brillants souvenirs qui remplissent et qui déchirent toutes les ames, m'avertissent que les paroles sont presque superflues dans cette occasion triste et solennelle. Vous pardonnerez cependant, je l'espère, à un collègue du grand citoyen que nous pleurons, à un témoin de ses efforts constants pour défendre les libertés nationales, à celui qui admira de si près son éclatante et mâle éloquence, s'il vous arrête quelques instants aux bords de la fosse prête à engloutir prématurément tant de vertus, de talents et de courage.

Je ne retracerai point ses faits militaires gravés dans les fastes de la gloire française : ils se rattachent à toutes les époques où le sol français dut être préservé du joug étranger : et c'est en dire assez que de rappeler que son illustre carrière commence à Jemmapes et finit à Waterloo. J'ajouterai seulement que, défenseur ardent de l'indépendance de sa patrie, ami passionné de la liberté, il distingua toujours cette liberté sainte des excès qui la souillèrent ; qu'il ne fut pas moins intrépide devant la hache des proconsuls que devant le canon de l'ennemi ; et que, tandis que Lafayette subissait dans les cachots d'Olmutz une lente agonie, Foy dans les cachots de Valenciennes ou d'Arras attendait l'échafaud plus prompt que lui destinaient les décemvirs ; tant il est vrai que la tyrannie, quelque nom qu'elle porte, se choisit ses victimes parmi les ornements de l'humanité!

C'est sur les travaux législatifs du général Foy que j'appellerai votre attention. Qui de nous n'a pas présente à l'esprit son entrée dans cette chambre élective, destinée par la charte à ne recevoir que des hommes revêtus du suffrage libre de leurs commettans, et qui par là même, sous le rapport de l'intégrité et des lumières, devrait contenir l'élite de la population, et former le boulevart des libertés de la France ? Nous le vîmes prendre place parmi nous déjà couvert de cicatrices glorieuses, mais dans la force de l'âge, et portant sur son front cette noble assurance que justifiaient de nombreux exploits. Nous n'attendions qu'un général célèbre ; et, dès ses

premières paroles, nous reconnûmes en lui le premier
de nos orateurs! Tantôt, riche de faits et d'investigations
infatigables, il poursuivait ses adversaires, au sein du
pouvoir, d'arguments pressans et irrésistibles; tantôt sa
voix tonnante flétrissait du haut de la tribune l'arbitraire
et la corruption. On s'associait, en l'écoutant, à son ame
si pure et si fière; on devenait meilleur à mesure qu'il
parlait; et quand nous l'avions entendu, nos poitrines
long-temps oppressées respiraient plus à l'aise.

Aucun député n'a mieux connu, mieux expliqué tous
les détails de l'administration, en même temps que nul
n'a plus largement développé ces maximes constitutionnelles sur lesquelles reposent l'ensemble de notre gouvernement et les garanties politiques de la France. Lorsqu'il examinait les questions partielles, on eût dit un
administrateur vieilli dans la carrière de l'exactitude et
des faits, et possédant, par une longue routine, tous
les secrets et toutes les dates d'une organisation variable
et compliquée. Lorsqu'il abordait les questions plus
vastes du système représentatif, on croyait entendre, sous
des formes plus rapides et plus entraînantes, un de ces
orateurs d'un parlement éclairé par cent quarante ans
de traditions législatives, et marchant d'un pas ferme,
écartant les sophismes, démasquant les équivoques et
foudroyant les subtilités.

Mais, disons-le ici, tant pour constater la reconnaissance que nous lui devons, que pour l'instruction de
ceux qui auront un jour la glorieuse mission de suivre
son exemple, cette universalité de connaissances, cette
aptitude à tous les sujets, cette clarté sur toutes les
questions, n'étaient pas seulement l'effet des dons d'une
nature prodigue, mais d'un travail opiniâtre. Au milieu de sa supériorité, il ne s'en fiait pas à son génie pour

assurer des succès qui étaient le triomphe des principes
aussi bien que le sien. Son zèle consciencieux étudiait,
sans se rebuter, tous les objets sur lesquels il répandait
à la tribune des clartés si vives. Tandis que ses jours
étaient consacrés à défendre, dans les occasions les plus
imprévues, les droits de toutes les classes, les justes
griefs de tous les opprimés, depuis le vétéran qui réclamait sa solde, jusqu'au fonctionnaire injustement
destitué, ses nuits se consumaient dans la lecture et
dans l'analyse de ces budgets quelquefois si confus, de
ces comptes souvent mystérieux, de cette législation
militaire encore si incomplète, en un mot de ce dédale
de lois qui, dans leurs contradictions et leur obscurité,
sont aujourd'hui un arsenal, au moins autant qu'une
sauve-garde. Ces nuits laborieuses ont abrégé sa vie.
Plus d'une injustice dont il a forcé la réparation, plus
d'une explication qu'il a commandée, et qui, pour être
momentanément stérile, n'a pas été sans fruit dans l'a-
venir, lui ont coûté des veilles qui l'épuisèrent et
dont son noble visage portait les vestiges. Honneur à
lui ! car il a versé vingt ans son sang pour la patrie, et
dix ans il a sacrifié sa trop courte vie à la liberté.

Au reste, quel plus noble usage pouvait-il en faire ?
S'il eût suivi la carrière vulgaire, il eût obtenu du sort
quelques années de plus, de la puissance, des faveurs
et des richesses ; mais il eût fallu pourtant tôt ou tard
descendre dans la tombe. Sa mort eût-elle été, comme
aujourd'hui, un deuil national ? Son nom serait-il dans
toutes les bouches, des larmes dans tous les yeux ? Il a
choisi la bonne part de la vie.

Il la quitte, entouré de respects, de regrets et de
gloire. Son exemple servira cette France qu'il a tant
chérie ; cette France reconnaissante qui environne son

cerceuil de son affection. La génération qui s'élève ne sera point sourde aux enseignements du génie vertueux, et consumé par sa vertu même.

Et nous, ses collègues, nous dont le petit nombre se voit chaque jour diminué, nous qui perdons, par une fatalité imprévue, le guide que nous respections et l'ami dont nous étions fiers, nous prenons sur sa tombe, auprès de laquelle la nôtre s'ouvrira bientôt peut-être, l'engagement de consacrer à notre patrie ce qui nous reste de jours, d'être intègres, indépendans, intrépides comme lui, et, si nous ne l'égalons pas en talent, de l'égaler au moins en courage. »

VII.

M. ÉTIENNE.

La France pleure un de ses plus nobles enfans, l'armée a perdu un de ses plus vaillants capitaines, la liberté le plus éloquent de ses défenseurs. Le général Foy, jeune encore, a terminé ses jours hier, 28 novembre, à une heure trente-huit minutes de l'après-midi, jour d'affliction pour tous les amis de la patrie. Ce sinistre événement a bientôt parcouru la capitale attristée; le soir, on n'entendait de toutes parts que cette douloureuse exclamation: *le général Foy est mort! quelle perte irréparable! quel malheur!* Telles sont les paroles qui sont sorties de tous les cœurs, et que répéteront tous les Français en deuil.

Depuis huit jours, les gens de l'art avaient perdu l'espoir de sauver l'illustre orateur; nous ne l'ignorions pas, et nous le taisions à la France comme on cache à une tendre mère les dangers d'un fils chéri.

Cette nouvelle douleur va la saisir au milieu de toutes les angoisses qui déchirent son sein. Athènes et Rome n'ont pas versé plus de larmes sur les cendres de leurs guerriers que Paris n'en répandra sur la tombe d'un héros citoyen. Et ces larmes ne seront point stériles ! Quand un des nobles défenseurs de la Grèce payait le tribut à la nature, la Grèce entière adoptait les orphelins qui étaient restés en bas âge. « Puissant aiguillon, dit Thucydide, pour exciter la vertu parmi les hommes ! car elle se trouve toujours là où le mérite est le mieux récompensé. » La France suivra un si noble exemple ; elle sera la mère adoptive des jeunes enfants de l'homme illustre qui meurt dans toute la pureté de sa gloire, de l'orateur national qui vécut et qui mourut pour elle. La vie que cent fois il risqua sur les champs de bataille pour l'indépendance de son pays, il l'abrégea en défendant chaque jour ses libertés menacées, car il avait cette ardente sensibilité que donne le génie, et qui fait mourir.

Soldat à dix-huit ans, général à trente, l'armée n'a pas conquis une couronne où il n'ait attaché un laurier. Quand les suffrages de ses concitoyens le revêtirent de la toge législative, il révéla à la France étonnée le talent sublime d'un orateur long-temps exercé aux débats du *forum*; et, comme si toutes les illustrations devaient naître de ce vaste foyer de gloire dont elle a couvert le monde, c'est du sein des défenseurs armés de son indépendance qu'est sorti le défenseur le plus énergique de ses droits ; c'est parmi ses guerriers qu'elle a trouvé son Démosthène.

Ce cœur si noble et si généreux n'avait pas un battement qui ne fût pour son pays. Qui n'a retenu les brillantes improvisations de sa vive éloquence ! Jamais sa voix ne manqua à la défense d'un opprimé, à la dénonciation d'un abus. Il était à la tribune comme au champ d'honneur, toujours le premier, toujours le dernier. Il forçait la haine même à l'admiration de son talent, et la servilité au respect de son caractère ; le pouvoir était forcé de l'entendre, et l'esprit de parti l'écoutait.

Hélas ! le repos était nécessaire à sa vie, et le repos ne pouvait entrer dans une ame toujours agitée des malheurs de son pays ; il fallait, pour qu'il vécût, que la liberté légale ne courût plus de risques : il a dû mourir !

Quelques jours avant la dernière crise qui l'a conduit au tombeau, il était tout entier aux travaux de cette session prochaine qui imposait tant de devoirs et qui promettait tant de triomphes à son éloquence. Je le vois encore dans ce cabinet où ma douleur trace à la hâte ces lignes en désordre ; je le vois s'enflammer à l'aspect des douleurs de la patrie, et m'ouvrir les trésors de cette ame si expansive et si grande ! Je croyais le voir à cette tribune où tant de fois j'admirai son mâle courage et son dévouement sublime ! Hélas ! il n'y devait plus monter ; déjà la tombe était entr'ouverte sous ses pas !

Parlerai-je de ses vertus privées, de cette candeur, de cette simplicité de mœurs, de cet abandon qui donnaient tant de charmes à l'intimité de son commerce ? Des voix plus éloquentes célébreront cette vie si belle, digne d'un homme de Plutarque. Aujourd'hui, je devance mon pays tout entier en répandant la première larme sur une tombe que la France couvrira de ses lauriers et de ses regrets !

Pur comme son talent, il garda sa vertu au milieu du naufrage de tant de renommées. Son désintéressement égalait son courage ; il ne laisse d'autre fortune que son épée et le souvenir de sa vie ; une épouse digne de lui, cinq enfans en bas âge, tels sont les objets chéris qu'il lègue à la France, et que recueillera avec une religieuse douleur la reconnaissance nationale.

La mort de cet illustre orateur n'est pas seulement une perte pour le pays qui l'a vu naître ; sa gloire appartenait à la civilisation, dont il a soutenu les droits ; son deuil sera porté par les deux mondes.

ÉTIENNE,

son ancien collègue et son ami.

VIII.

M. KÉRATRY.

Il y a de l'écho en France, quand on y prononce les mots d'honneur et de patrie, disiez-vous il y aura bientôt sept ans à cette tribune, qui reçut de vous une nouvelle puissance, orateur citoyen, aujourd'hui ombre vénérée ! Je ne saurais mieux décrire ce qui se passe maintenant en France, et mieux exprimer le sentiment profond, unanime, dont votre perte nous pénètre, qu'en vous empruntant à vous-même des paroles immortelles comme l'honneur de notre pays. C'est à vous que je les applique ; car votre nom, accompagné d'un cri de douleur, retentit dans ce moment des Pyrénées aux bords du Rhin, ainsi que dans la journée du 29 novembre il parcourut l'immense Paris pour serrer d'effroi nos cœurs; ainsi que le lendemain, avec l'inflexible force d'une triste conviction, il se mêlait aux sanglots de cent mille hommes qui, sans recourir au luxe mondain des douleurs de commande, sous un ciel rigoureux, formaient votre cortége funèbre.

Puisque la vie de la vertu est à jamais assurée, votre grande ame n'a pu être insensible à ce témoignage de la reconnaissance publique. Vous aurez entendu ces acclamations qui ont succédé à la voix des orateurs par lesquels ont été prononcés sur votre cendre les seules louanges qu'il ne soit pas donné à l'oreille des grands hommes de recueillir ici-bas, et au bruit desquelles pourtant ils marchent vers leur immortalité; vous aurez assisté à cette adoption solennelle de vos enfants, jurée par la patrie, dans une enceinte religieuse, en face des tombeaux dont elle est fière, et sous la voûte des cieux, vers lesquels le cri national a monté! Acte mémorable, s'il en fut jamais, qui reçoit aujourd'hui son exécution; acte par lequel, pour votre jeune et innocente famille, la France entière se transforme tout-à-coup en un immense prytanée! Le peuple est toujours juste quand il est abandonné à lui-même; général, il vous récompense comme vous l'avez servi!

C'est un grand et triste jour, que celui où il acquitte sa dette. Si ce jour est honorable pour vous, s'il donne la sanction des siècles à votre mémoire, il n'est pas moins important pour nous-mêmes, car nos titres les plus beaux à la liberté viennent de s'écrire sur votre tombe. C'est autour de vos restes, c'est en nous ralliant à votre nom, comme des soldats à la voix de leur capitaine, que nous nous sommes comptés. Nous avons vu, avec une joie calme et religieuse, qu'il n'est pas de force sur la terre au pouvoir de laquelle il soit de nous ravir cette charte, dépositaire de notre droit public, palladium sacré que protégera encore votre ombre, comme une sentinelle vigilante. En effet, elle est devenue grave cette nation chez laquelle les bienfaits laissent des traces profondes, et qui, à travers l'orage, silencieuse, accompagne, avec un généreux oubli d'elle-même, le cercueil à son dernier asile.

Homme de bien, malgré des talens si grands, qu'aucune pensée ne rencontre l'être qui pourrait combler le vide creusé par votre absence, et tellement hors de ligne, qu'aucune voix ne prononce encore un autre nom que le vôtre, vous alliez cesser d'être éligible au parlement de France. Vous mourez pauvre ; l'or de la corruption, si vous ne l'avez repoussé, s'est éloigné de vous ; et, tandis qu'avec les éclats de votre voix généreuse vous dépensiez rapidement votre vie, tandis que vous la répandiez dans chaque élan d'une ame dévorée de l'amour du bien public, la triste nécessité était prête à frapper à votre porte. Les ministres du jour, certes, ne l'eussent pas écartée, car vous ne serviez que votre pays et ses saintes lois ! Graces soient rendues au ciel de cette honorable pauvreté ! Dans un siècle vénal, elle atteste l'alliance possible du talent et de la vertu, du courage civil et du courage militaire ; graces vous en soient rendues, ombre vénérée ! Ainsi vous avez laissé à la patrie le champ vierge de la reconnaissance ! Ainsi, non moins utile que votre belle vie, votre mort aura partout réveillé le sentiment de l'honneur !

J'étais votre collègue, avant le règne d'une loi que vous avez combattue. Le premier, j'ai dit à la France que vous alliez lui donner un orateur ; le premier, j'ai salué un soleil qui était prêt à réchauffer de ses vifs rayons notre terre de liberté. Hélas ! pouvais-je prévoir qu'il toucherait bientôt à son déclin ? Illustre défenseur de la sainte égalité des hommes, vous daignâtes plus d'une fois m'honorer du nom d'ami ; ma main n'a pas été sans sentir la loyale étreinte de la vôtre ; confondu avec vous par la haine dans ses accusations, je pus être fier d'avoir un moment attiré ses regards, quand elle ne voulait que frapper de grands citoyens plus dignes que moi de vous être associés : permettez que je recueille ces souvénirs, non pour m'en glorifier; mais pour m'avancer d'un pas plus ferme vers le but que vous avait marqué votre ame non moins forte que généreuse.

KÉRATRY, *ancien député.*

IX.

M. Dupin a terminé ainsi sa réplique dans la défense du *Constitutionnel.*

Hélas! messieurs, quand les orateurs périssent, comment imposerait-on encore silence aux écrivains? Quand la tribune est veuve, voudrait-on encore faire taire la presse? Si jusqu'ici vous aviez pu douter un seul instant du besoin qu'a la société du secours indispensable de la publicité, pour se maintenir contre tant d'agressions, pourriez-vous balancer, aujourd'hui que l'impitoyable mort, triste auxiliaire des ennemis de nos libertés, vient de jeter la France entière dans le deuil, en la privant d'un de ses plus énergiques défenseurs, de ce brillant orateur dont l'éloquence chevaleresque rappelait, dans ses tournures libres et fières, l'air martial des combats? Il a vécu dans la disgrace du pouvoir, mais en possession de la plus haute faveur auprès d'une nation qui admirait en lui un talent qui ne rencontra point d'égal, une réputation sans tache, un caractère incorruptible, un patriotisme éprouvé dans la paix comme dans la guerre! La grandeur de son ame se trouve révélée dans ce genre de supplice tout nouveau que sa parole législative inventa pour punir la vanité ministérielle, en la condamnant à jeter les yeux sur les statues de nos grands hommes! Modeste possesseur d'une gloire qu'il sut rendre immortelle, ses rayons resplendiront sur sa postérité la plus reculée! Elle fera le douaire de sa veuve et la première dot de ses jeunes enfants!

Quels regrets unanimes n'a-t-il pas excités! quelles funérailles! quelles obsèques! En voyant l'affluence, l'ordre et le sentiment de décence autant que de douleur qui régnaient dans toute cette population, on aurait pu dire ces paroles de l'Écriture : Voilà un peuple sage et intelligent, une grande nation! (*En populus sapiens et intelligens, gens magna!*)

Quel encouragement pour tous ceux qui, à son exemple, sauront défendre et protéger les libertés et les justes droits d'une nation aimante et reconnaissante au-delà du tombeau!

X.

DYTHYRAMBE

PRONONCÉ SUR LA TOMBE DU GÉNÉRAL FOY, PAR M. VIENNET.

Foy n'est plus! Liberté! prends tes voiles de deuil,
Et qu'un torrent de pleurs sillonne ton visage :
Dans l'éclat de sa gloire, au midi de son âge,
Ton plus cher défenseur vient d'entrer au cercueil.
Déesse du vieux Tibre et de Sparte et d'Athènes,
Foy n'est plus! la tribune a perdu son flambeau,
    Et la France son Démosthènes;
Viens pleurer avec nous autour de son tombeau.
O ma patrie! objet de son pieux hommage,
Toi que depuis trente ans s'honoraient de servir

Son éloquence et son courage;
Toi dont l'oreille avide aimait à recueillir
  Les prodiges de sa parole,
Au cœur de tes enfants va long-temps retentir
Le coup affreux, le coup dont la Parque l'immole.
  Ils répondront par des sanglots
Au cri que va pousser la triste Renommée,
  Et les vétérans de l'armée
Rediront en pleurant les exploits du héros.
Vous ne l'entendrez plus répéter vos louanges,
Vainqueurs de Marengo, d'Austerlitz, d'Iéna,
Compagnons de Kléber, guerriers de Masséna,
Vestiges mutilés de nos vieilles phalanges.
  A vos impuissants détracteurs
Vous ne l'entendrez plus opposer votre gloire,
Ennoblir vos revers, et devancer l'histoire
  Dans ses arrêts consolateurs.
Eh! quelle voix plus digne eût loué ces vainqueurs,
Sous qui tomba cinq fois une ligue d'esclaves!
  Le modèle des orateurs
Ne fut-il pas aussi le modèle des braves?
A peine sur nos bords, cernés de toutes parts,
Retentit de Brunswick l'insolente menace,
Il suit de nos vengeurs les nouveaux étendards;
Son âge est oublié par sa bouillante audace,
Et des jeux de l'enfance il vole aux jeux de Mars.
Il a vu Dumouriez, dans les plaines belgiques,
Étouffer sous ses pieds les foudres germaniques,
Qu'agitait sur nos fronts le courroux des Césars.
Il apprit les combats sous Custine et Dampierre.
Son coursier triomphant souleva la poussière
  Des champs d'Hondschote et de Fleurus.
Aux rives de la Sambre il suivit la bannière

De cette phalange guerrière
Où Rome eût retrouvé ses antiques vertus.
Mais qui pourrait compter les jours et les armées
Où ce grand citoyen, objet de ma douleur,
Parmi tant de héros et tant de renommées,
A fait de tant d'éclat resplendir sa valeur!
Son bras de l'Hellespont a défendu les rives;
Son sang a ruisselé sur les plages captives
Du Tage et du Wahal, du Danube et du Pô.
L'ennemi jusqu'au bout l'a trouvé dans nos lices;
Et celui dont Jemmape avait vu les prémices
N'a déposé le fer qu'aux champs de Waterloo.
Il est tombé sanglant dans ce champ de carnage,
Où les rois ont vengé leurs vingt ans d'esclavage,
Où les destins de l'aigle ont fini sous leurs coups.
Ses amis éplorés frémissaient pour sa vie,
Et la fille d'Hilliers, à ce héros unie,
 Pleurait le meilleur des époux.
Mais pour lui s'est ouverte une lice nouvelle,
Et ses vertus alors ont fléchi le tombeau.
A de nouveaux lauriers la liberté l'appelle,
 Et la palme de Mirabeau
Aux palmes de Desaix sur sa tête se mêle.
De nos droits menacés éloquent défenseur,
Il laisse aux courtisans encenser la fortune;
Et tel qu'aux champs de Mars, il s'offre à la tribune
 Sans reproche et sans peur.
Aux bienfaits du pouvoir, à son or corrupteur,
 Son cœur préfère les hommages
D'un peuple généreux dont sa noble candeur
N'a jamais acheté ni trompé les suffrages;
Et ceux qu'il a blâmés, ceux qu'il a combattus,
Comme sa loyauté, proclament son génie:

Et la haine et la calomnie
Ont, comme ses talents, respecté ses vertus.
Eh! qui pourrait flétrir cette noble existence!
Qu'ils viennent, ces mortels dont la servilité,
     Dans les fils de la liberté,
Ne voit que les enfants de l'impure licence!
Ce tombeau leur dira que cet homme de bien,
Dans les jours de terreur où périssait la France,
Se fit des opprimés l'intrépide soutien;
     Que le fer des bourreaux fut levé sur sa tête,
Et que de nos tyrans la trop lente défaite
Fut l'unique salut de ce grand citoyen.
La mort dans aucun temps n'effraya sa grande ame;
Il s'était, dès l'enfance, instruit à la braver.
Vers sa couche, à pas lents, il l'a vue arriver.
Les combats de ses jours avaient usé la trame.
Quand la mort l'a frappé, le héros était prêt:
Il consolait encor sa famille attendrie.
Il est tombé sans peur, mais non pas sans regret;
     Car il vivait pour la patrie.
Te voilà maintenant sans voix et sans chaleur,
     Noble débris de cent batailles;
Magnanime guerrier, vertueux orateur,
Ah! la patrie en deuil marche à tes funérailles,
Et paie à ta mémoire un tribut de douleur.
Du séjour radieux où l'Éternel réside,
Ombre illustre, vois-tu cet immense concours?
La froide vanité, l'ambition perfide,
N'y traînent point la pompe et le faste des cours;
C'est un peuple éperdu, qui te donne des larmes;
Députés, citoyens, guerriers et magistrats,
     Tous les rangs et tous les états
Sont ici confondus dans les mêmes alarmes.

Reçois l'adieu plaintif de ce peuple attristé ;
Et jouis des honneurs que l'avenir t'apprête.
Ce peuple, dont ici ma voix est l'interprête,
    Est déjà la postérité.
Pour toi vient de s'ouvrir le temple de mémoire ;
Et les fastes français, enrichis de ta gloire,
T'ont voué dès long-temps à l'immortalité.

XI.

En général, au nom d'une jeune Muse française [1], a lu sur
le tombeau les stances suivantes :

Pleurez, Français, pleurez ! la patrie est en deuil ;
Pleurez le défenseur que la mort vous enlève ;
Et vous, nobles guerriers, sur son muet cercueil,
Disputez-vous l'honneur de déposer son glaive !

Vous ne l'entendrez plus l'orateur redouté
Dont l'injure jamais ne souilla l'éloquence ;
Celui qui, de nos rois respectant la puissance,
En fidèle sujet parla de liberté :
Le ciel, lui décernant la sainte récompense,
A commencé trop tôt son immortalité !

Son bras libérateur dans la tombe est esclave ;
Son front pur s'est glacé sous le laurier vainqueur,
Et ce signe sacré, cette étoile du brave,
    Ne sent plus palpiter son cœur.

Hier, quand de ses jours la source fut tarie

[1] Mademoiselle Delphine Gay.

La France, en le voyant sur sa couche étendu,
Implorait un accent de cette voix chérie.....
Hélas! au cri plaintif jeté par la patrie,
C'est la première fois qu'il n'a pas répondu!

FIN DU PREMIER VOLUME.

TABLE DES MATIÈRES

CONTENUES DANS CE VOLUME.

SESSION DE 1820.

FIN DE LA TABLE.